心态是一种主宰一切的巨大力量

# 心态决定人生

文德◎编著

中國華僑出版社
北 京

**图书在版编目(CIP)数据**

心态决定人生 / 文德编著 . —北京：中国华侨出版社， 2014.12（2019.07 重印）

ISBN 978-7-5113-5024-4

Ⅰ.①心… Ⅱ.①文… Ⅲ.①人生哲学－通俗读物 Ⅳ.① B821-49

中国版本图书馆 CIP 数据核字（2014）第 274010 号

**心态决定人生**

编　　著：文　德
责任编辑：子　轩
封面设计：李艾红
文字编辑：刘雅君
美术编辑：李丹丹
经　　销：新华书店
开　　本：720mm × 1020mm　1/16　印张：20　字数：360 千字
印　　刷：北京市松源印刷有限公司
版　　次：2015 年 1 月第 1 版　2019 年 7 月第 5 次印刷
书　　号：ISBN 978-7-5113-5024-4
定　　价：68.00 元

中国华侨出版社　北京市朝阳区静安里 26 号通成达大厦 3 层　邮编：100028
法律顾问：陈鹰律师事务所
发 行 部：（010）58815874　　传　　真：（010）58815857
网　　址：www.oveaschin.com
E-mail：oveaschin@sina.com

# 前言

曾有这样一个真实的故事：甲、乙二人是两个多年不见的中学同学，在火车站相遇，他们在候车室里闲聊。甲原打算去上海，但当他听到别人说“上海人精明，连问路都要收钱”时，心里立刻打起了退堂鼓；而对“北京人厚道，即使什么都不干也不会让你饿着”的环境心存向往。而乙的想法恰恰相反，认为在上海给人带路都能赚钱，那干什么不能赚钱呢？于是，甲提出与准备去北京的乙交换车票的要求，乙欣然同意了。

甲顺利到了北京，整日无所事事，靠着别人的施舍和超市的免费食品悠闲度日。而乙在上海靠智慧掘到第一桶金后，开了个清洗公司，专门替商店清洗牌匾。这桩生意越做越大，后来他又开了很多家分公司。一次他去北京考察，在火车站有一个捡垃圾的人跟他要啤酒瓶，在递啤酒瓶的瞬间，这两个人都惊呆了：递酒瓶的是那位坚信去上海一定能赚到钱的乙，接酒瓶的是那位向往北京人乐善好施的甲。

从上面这个故事中，我们可以看出心态在一个人的人生发展历程中所起的作用是多么的重要。甲之所以没有成功，最大的问题就是心态的问题；而乙之所以成功，最大的秘诀就是心态的秘诀。造成两个人不同命运的不是能力，不是机遇，而仅仅是心态。

心态是人们对事物的看法和认识，是内心的想法，是一种稳定的思维方式。有什么样的心态就决定着你对事物有什么样的看法，而这种看法直接决定着你的行为。一系列的行为组合起来就是一个人的人生，就是一个人的命运。有的人坚强乐观，成为生活中的强者；有的人胆小懦弱，被生活所奴役；有的人平和豁达，是生活的智者；有的人斤斤计较，永远被得失困扰；有的人志存高远，成就了一番事业；有的人目光短浅，只能困在自己的一方小天地中……好的心态，可以塑造成功的人生；而坏的心态，则会让你的人生暗淡无光。所以，使人走向成功的好心态，就像闪闪发光的金子，璀璨耀眼，弥足珍贵。

一位哲人说：“你的心态就是你真正的主人。”一位伟人说：“要么你去驾驭生命，要么生命驾驭你。你的心态决定谁是坐骑，谁是骑师。”其实，客观事物是很难改变的，但是当我们改变不了外物时，却可以改变自己的心态，所谓“境由心生”便是由此而发。正是因为心态的不同，才使人看到了不同的世界：消极的人看到的永远是失败和痛苦，而积极的人总会看到阳光和希望。心态可以靠自己把握，能不能登上成功的峰巅，取决于你对待这座山峰的心态。记住，你的脚永远比山要高。人生在世，每个人都不可避免地要经历苦雨凄风，面对艰难和诱惑，拥有什么样的心态，将直接决定你的人生轨迹。

在现代社会中，心态已经成为竞争的制胜武器，专业知识的拥有很容易，技能的完善也不难，只有心态才是体现一个人价值的重要因素。心态是学历、经验、人格和内在精神的总和，心态比教育、金钱、环境更重要。就像一位哲人说的："人生所有的一切都必须排在心态之后。"的确，在心态这一内在力量的驱动下，我们常常会激发自身的无限潜能，而这种潜能，如果被正确地运用，结果会远远超出我们最美好的构想。有人说，就算我们到最后什么都失去了，但至少我们还能以踏踏实实的心态去生活。的确，心态永远是你成功的基石。无论你想要金钱、权力，还是想要幸福的家庭，只要你拥有了积极快乐的心态，你就什么都可以得到。在未来的人生和世界里，心态是最根本的竞争力。

为了让更多的人懂得心态的重要性，我们推出了这本《心态决定人生》。本书介绍了潜藏于人类内心的一些精神能量，如潜意识、自我暗示、潜能等，逐一分析它们在心态中所起的作用，全面揭示了心态与我们的生活、工作、学习、爱情与婚姻、人际关系、未来发展的关系，同时从反面深刻揭示了消极心态所带来的巨大毁灭性影响，并告诉读者怎样摆脱消极心态的束缚，塑造积极心态，从而驾驭自己的心态，去面对和解决成长和发展中所遇到的种种问题，打造一个完美的人生。走进这本书，你即将开始的不仅仅是一个阅读的旅程，更是一个打造心态、学习掌控自己人生命运的旅程。托尔斯泰说过："我劝所有的人都要想到自己的翅膀，要向上高飞。"其实每个人都有自己的理想，心态就是你理想的翅膀，改变你的心态，你就能张开翅膀，飞向理想的天堂，成为一个卓尔不凡的人，拥有一个卓越的人生。

目录

## 第一章　心态决定人的一生



## 第二章　做自我心态的主宰

## 第三章　你是最好的自己



## 第四章　在难搞的日子笑出声来

## 第七章 善待自己，别让压力毁了你



## 第八章 给自己一个“不抱怨的世界”

## 第十五章 好婚姻，靠修行



## 第十六章 由心出发，创造成功幸福的人生

# 第一章

# 心态决定人的一生

## 改变心态，改变人生

一个人一生的境遇与他的心态密切相关。例如，同一个人在不同的时刻，因为思想、性情、情绪的不同，就会怀有不同的心态，于是所表现出的精神状态也截然不同——或强或弱，或和谐或紊乱，等等。

正因如此，每个人可以通过改变自己的心态来改变自己的生活和命运。对此，著名的心灵励志大师安东尼·罗宾斯曾在课堂上讲述过一位叫汤姆森太太的经历，恰巧是非常好的印证。

二战时，汤姆森太太的丈夫到一个位于沙漠中心的陆军基地驻防。为了能经常与他相聚，她也搬到那儿附近去住。那实在是个可憎的地方，她简直没见过比那里更糟糕的地方。她丈夫出外参加演习时，她就一个人待在那间小房子里。那里热得要命——仙人掌树荫下的温度高达50摄氏度，没有一个可以谈话的人；风沙很大，到处都充满了沙子。

汤姆森太太觉得自己倒霉到了极点，觉得自己好可怜，于是她写信给她父母，告诉他们她放弃了，准备回家，她一分钟也不能再忍受了，她宁愿去坐牢也不想待在这个鬼地方。她父亲的回信只有三行，这三句话常常萦绕在她的心中，并改变了汤姆森太太的一生：

有两个人从铁窗朝外望去，

一人看到的是满地的泥泞，

另一个人却看到满天的繁星。

于是她决定找出自己目前处境的有利之处。她开始和当地的居民交朋友。他们都非常热心。当汤姆森太太对他们的编织和陶艺表现出极大的兴趣时，他们会把拒绝卖给游客的心爱之物送给她。她开始研究各式各样的仙人掌及当地植物，试着认识土拨鼠，观赏沙漠的黄昏，寻找300万年以前的贝壳化石。

是什么给汤姆森太太带来了如此惊人的变化呢？沙漠没有改变，改变的只是她自己。因为她的心态改变了，正是这种改变使她有了一段精彩的人生经历，她发现的新天地令她既兴奋又刺激。于是她开始着手写一部小说，讲述她是怎样逃出了自筑的牢狱，找到了美丽的星辰。

故事的最初，汤姆森太太感觉自己“倒霉到了极点”，这种消极的心态引发了自身的消极状态——相信自己就是倒霉的、无力改变现状的，于是“宁愿去坐牢也不想待在这个鬼地方”。后来，父亲的回信改变她的心态，使她“决定找出自己目前处境的有利之处”。这种由内心发出的状态改变，激发她的积极力量——相信自己是可以改变自身处境的。于是，她唤起了自己对编织和陶艺的兴趣，挖掘出自己对当地动植物研究的兴趣及潜能，并最终找到生命中“美丽的星辰”。

汤姆森太太由消极向积极、由失败向成功的人生转变说明了一个朴素的道理：人可以通过改变心态来改变自己的人生。这也充分证明了心态的强大能量，心态革命是开启人生动力的神奇之门。

有人说，困难、挫折、失败是胜利、喜悦、幸福的双生儿。没错，人生总是这样顺逆交替，犹如黑夜、白天或四季之变更。但是在现实生活中，真正能看清这一点的人其实并不多，这是因为有些人并没有意识到心态对人生的强大影响，并没有明白心态的能量究竟有多大。对此，美国科学家曾通过研究发现，一个人一生的能量全部收集起来换算成电能，可以照亮北美大陆一个星期，如果用金钱去衡量，相当于数百亿美金。

当我们为“心态→人生”的强大力量咋舌的同时，似乎更应该认真思考一下：困境时常来临，大的叫苦难、失败，小的叫失落、挫折，大大小小、林林总总的困境构成人生特有的色彩，人们给予它们的颜色或黑或灰，然而，这一切不正是我们的心态所赋予的吗？

最后，不妨思考一下：此刻，自己的人生处于什么样的位置？自己心境处于什么样的状态？无论答案是什么，你都要清楚地知道，遭遇逆境并不等于宣判我们命运的“死刑”，真正的法官永远是我们自己。只有我们自己才有资格对神圣的生命做出判决，而调整心态的能力将影响你手中的判笔。

大文豪巴尔扎克说：“世界上的事情永远不是绝对的，结果完全因人而异。苦难对于强者是一块垫脚石，对于能干的人是一笔财富，对弱者是一个万丈深渊。”不同的心态，直接影响着我们人生的状态和发展趋势。修炼黄金心态，提高心灵力量，也会随之激发人生的强劲动力。

## 真正的魅力不是外表，是心态

众所周知，艺术院校的女孩一般都青春靓丽，优雅动人，举手投足间散发着强大的气场。这是为什么呢？难道这种充满魅力的气场是天生的吗？不！好莱坞经典电影《出水芙蓉》中的一个片段为我们揭秘了这种神奇的心态养成术：在形体室里，女孩们一字排开，练习着芭蕾手位。这时，老师对她们说：“你们想不想成为世界上最有魅力的女人？”“想！”“那就从现在开始，告诉自己——我就是世界上最有魅力的女人！”

由此可见，真正的魅力不是来自于脸蛋，而是源自心态。也许外表会让你拥有比较强大的气场，但是想要让自己的气场散发无穷的魅力，我们就必须拥有阳光心态。因为阳光心态会让你的能量不断向外涌动，在与他人进行能量交流时有效地感染对方，让对方感受到自己的强大魅力。

美国内华达州有一个13岁的女孩儿，叫玛丽。她总觉得自己不讨男孩子喜欢，因此很自卑。一天，玛丽在上学的路上经过一个商店，被里面一只绿色蝴蝶结发卡深深吸引住了。她戴上它的时候，人们都说很漂亮，这个发卡很适合她，于是玛丽用所有的零用钱买下了这只蝴蝶发卡，她兴致勃勃地去了学校。

“玛丽！你今天看起来真漂亮！”平时不怎么跟她说话的同桌赞美她；老师也在课前拍拍玛丽的肩膀说：“你昂起头的样子真美！可爱的玛丽！”真是神奇的发卡！她那天收到了很多夸奖和赞美，这是以前从来没有过的！甚至有男孩子约她出去玩！玛丽变得开朗、活泼了，同学们更加夸她比以前漂亮了许多。

玛丽心想，这一切都是因为这只神奇的发卡啊！既然它这么有魔力，为什么不再买一只呢？放学后，她立即跑到那个商店。

这时，店主笑呵呵地迎上来说：“可爱的小姑娘，我就知道你会回来取你的发卡的，早上我发现它躺在地上的时候，你已经跑远了。喏，现在物归原主。”

原来玛丽的头上根本没有戴所谓的发卡！是信念使她变得漂亮，让玛丽拥有了无与伦比的魅力气场，她才能在一天里吸引那么多人的注意和赞美！真正吸引人的不是外表，而是心态。当你相信自己是最美丽的女孩时，让自己的心中充满阳光时，你的身上就会散发出光彩夺目的气场，让周围的人不由自主被你吸引；而如果你认为自己的心中充满了乌云，那么即使是再美丽动人的外表也会黯然失色的。如果能够时刻让自己拥有阳光心态，总是愿意从积极的角度去看待问题、不断强化你的气场，那么你就会如太阳一样散发自己的魅力光芒。

那么，在竞争激烈的社会中，我们又如何拥有阳光心态，散发自己的魅力呢?

第一，要树立多元化成功思维模式。

在现代社会中，太多的人不由自主地陷入了一元化成功的陷阱和圈套中。其实，条条大路通罗马，成功的道路不止一条，成功的标准也不止一个。在竞争中脱颖而出是成功，有勇气不断超越自己、不断超越过去的人，同样是成功者。做最阳光的自己就要求我们抛弃一元化成功思维模式，树立多元化成功思维模式，完整、均衡、全面地理解和阐释成功的定义，在活出真实的自我中享受到阳光般的幸福和快乐。

第二，要能够做到操之在我，褒贬由人。

每个人都希望能够得到别人的认可与肯定，这是人的基本心理需求之一。其实，在很多情况下，我们真的没有自己想象的那么重要。别人邀请你参加晚会或发言，有时只是出于礼貌，甚至希望你最好能知趣地谢绝，或者简单地应付一下即可。因此，不必处处要求别人的认可，如果认可降临，你就坦然地接受它；如果它未能如期而至，你也不要过多地去想它。你的满足应该来自于你的工作和生活本身，你的快乐是为你自己，而不是为别人。

第三，时刻审视“职业竞争不相信眼泪”的道理。

在崇尚效率和结果的今天，职业竞争是不相信眼泪的，一个人的成功速度取决于他对不良情绪的调整速度。在日新月异的竞争时代，我们没有时间为刚才发生的事情懊恼不已或追悔莫及，我们能做的就是让那些不愉快的事情如瞬间飘逝的烟云，用阳光迅速驱除消极的阴霾，让自己去享受工作的挑战、生活的美好和生命的过程。

拥有阳光心态，不仅可以让我们拥有强大的魅力，也会让我们周围的人感受到生活中的阳光。阳光心态会让每个人都拥有真正的魅力，让我们的未来更加美好。

## 冲破禁锢心态的心茧

心态是无法伪装的，也是无法修饰的。从一个人的眼神，面部表情，以及他的言行举止，我们都可以感知这个人的心态处于什么样的水平。一个总是将自己内心的能量禁锢起来的人，即便他伪装得对未来充满信心，总是向他人露出笑脸，我们还是能够感受到他的内心的虚弱。

不信的话，你可以观察生活中那些总是陶醉在回忆旋涡中的人，他们对眼前的世界和生活，要么觉得索然无味，要么觉得百般煎熬，总是打不起精神。在他们的身上，我们不仅看不到任何激情的影子，更感受不到他们的任何力量和气势。

客观地讲，时光不能倒流，无论过去怎样，是失败抑或辉煌，我们都无法回到过去。我们若身处当下，心境却一直处在过去的日子里，就造成心态消极下去，内心情绪就会发生紊乱，无法帮助我们走出困境。

一个夏天的下午，在纽约的一家中国餐厅里，奥里森·科尔在等待着，他感到沮丧而消沉。由于在工作中有几个地方出现错误，他没有做成一项相当重要的项目。即使在等待见他一位最珍视的朋友时，他也不能像平时一样感到快乐。

科尔的朋友终于从街那边走过来了，他是一名了不起的精神病医生。医生的诊所就在附近，科尔知道那天他刚刚和最后一名病人谈完了话。

“怎么样，年轻人，”医生不加寒暄就说，“什么事让你不痛快？”科尔直截了当地告诉他使自己烦恼的事情。医生说：“来吧，到我的诊所去。我要看看你的反应。”

医生从一个硬纸盒里拿出一卷录音带，塞进录音机里。“在这卷录音带上，”他说，“一共有三个来看我的人所说的话。当然没有必要说出来他们的名字。我要你注意听他们的话，看看你能不能挑出支配了这三个案例的共同因素，只有四个字。”他微笑了一下。

在科尔听起来，录音带上这三个声音共有的特点是不快活。第一个是男人的声音，显示他遭到了某种生意上的损失或失败。第二个是女人的声音，说她为了照顾寡母，以至于一直没能结婚，她心酸地述说她错过了很多结婚的机会。第三个是一位母亲，因为她十几岁的儿子和警察有了冲突，她一直在责备自己。

在三个声音中，科尔听到他们一共六次用到四个字——“如果，只要”。

“你一定大感惊奇，”医生说，“你知道我坐在这张椅子里，听到成千上万用这几个字做开头的内疚的话。他们不停地说，直到我要他们停下来。有的时候我会要他们听刚才你听的录音带，我对他们说：如果，只要你不再说“如果”“只要”，我们或许就能把问题解决掉！现在就拿你自己的例子来说吧。你的计划没有成功，为什么？因为你犯了一些错误。那有什么关系？每个人都会犯错误，错误能让我们学到教训。但是在你告诉我你犯了错误，而为这个遗憾、为那个懊悔的时候，你并没有从这些错误中学到什么。”

“你怎么知道？”科尔问道。

“因为，”医生说，“你的心态没有脱离过去式，你没有一句话提到未来。从某些方面来说，你十分诚实，你内心还以此为乐。我们每个人都有一点不太好的毛病，就是喜欢一再讨论过去的错误。因为不论怎么说，在叙述过去的灾难或挫折的时候，你还是主要角色，你还是整个事情的中心人……”

无论是科尔，还是录音中的三位自述者，都是被过去绊住了自己前进的步伐。于是，遗憾、懊恼、抱怨、悔恨等，诸多不良的心态侵袭着自身，禁锢了潜能的自由发挥。同时在这些人的现实生活中也大有体现：他们消沉、沮丧，做什么都打不起精神，甚至本该做起来很快乐的事情也感觉不到丝毫的快乐，更不用谈前进和成功了。

一个人要及时走出过去的阴影。因为没有一个人是没有过失的，如果有了过失能够决心去修正，即使不能完全改正，只要继续不断地努力下去，也就对得住自己的良心了。徒有感伤而不从事切实的补救工作，那是最要不得的！

我们应当吸取过去的经验教训，但也不能总在阴影下活着。内疚是对错误的反省，是人性中积极的一面，却属于心态中消极一面。我们应该分清这二者之间的关系，反省之后迅速调整心态，把消极的一面变积极，让积极的一面更积极。

## 始终拥有积极心态

“君不见，黄河之水天上来，奔流到海不复回。君不见，高堂明镜悲白发，朝如青丝暮成雪。”伟大诗人李白这样感慨时间的有限以及生命的易逝。百年不过为一梦，这一梦，就需要自己好好去设计。既然生命那么有限，我们更不能浪费时间去哀叹这种短暂了，而要用一种积极的心态去面对眼前的生活。这里说到的积极的心态，包含触及内心的每件事情——荣誉、自尊、怜悯、公正、勇气与爱。

心态影响着我们潜能的发挥，能够让天堑变通途，腐朽化神奇。积极的心态，能在任何时候享受到花的芳香、阳光的温暖，没有一种东西能阻止积极心态的力量。积极心态帮助人们成就事业。它能使人在忧患中看到机会，看到希望，保持进取的旺盛斗志去克服一切困难。美国心理学家杰弗·P. 戴维森认为：“积极的心态源于对工作和学习的乐观精神，凡事不要想得太悲观、太绝望，否则你眼中的世界将是一片灰暗、一片混沌，工作起来自然也就打不起精神。”

看待同样的事情，不同的心态，就会拥有不同的想法，吸引来不同的结局。成功无处不在，只有怀着一种积极乐观的态度，才能收获成功。积极与不积极，决定着自身能量的走向。人们不管做什么事情，都要保持良好的心态，抱什么样的心态，就会导致相应结果的产生。行走在生命中的此刻，你不愿意生活没有激情，也不愿意经历失败吧？那么，随时保持一颗积极向上的心，是很有必要的。

1939 年，德国军队占领了波兰首都华沙，此时，卡亚和他的女友迪娜正在筹办婚礼。卡亚做梦都没想到，他和其他犹太人一样，在光天化日之下被纳粹推上卡车运走，关进了集中营。卡亚陷入了极度的恐惧和悲伤之中，在不断的摧残和折磨中，他的情绪极其不稳定，精神遭受着痛苦的煎熬。一同被关押的一位犹太老人对他说："孩子，你只有活下去，才能与你的未婚妻团聚。记住，要活下去。"卡亚冷静下来，他下定决心，无论日子多么艰难，一定要保持积极的精神和情绪。

所有被关在集中营的犹太人，他们每天的食物只有一块面包和一碗汤。许多人在饥饿和严酷刑罚的双重折磨下精神失常，有的甚至被折磨致死。卡亚努力控制和调适着自己的情绪，把恐惧、愤怒、悲观、屈辱等抛之脑后，虽然他的身体骨瘦如柴，但精神状态却很好。

5 年后，集中营里的人数由原来的 4000 人减少到不足 400 人。纳粹将剩余的犹太人用脚镣铁链连成一长串，在冰天雪地的隆冬季节，将他们赶往另一个集中营。许多人忍受不了长期的苦役和饥饿，最后死于茫茫雪原之上。在这人间炼狱中，卡亚奇迹般地活下来。他不断地鼓舞自己，靠着坚韧的意志力，维持着衰弱的生命。1945 年，盟军攻克了集中营，解救了这些饱经苦难、劫后余生的犹太人。卡亚活着离开了集中营，而那位给他忠告的老人，却没有熬到这一天。若干年后，卡亚把他在集中营的经历写成一本书。他在前言中写道："如果没有那位老者的忠告，如果放任恐惧、悲伤、绝望的情绪在我的心间弥漫，很难想象，我还能活着出来。"是卡亚自己救了自己，是他用积极乐观的情绪救了自己。

卡亚正是凭着这样一种积极的心态才在存活率微乎其微的困境中活了过来，这是积极的想要生存下去的气场在起作用。卡亚的积极心态救了他自己，让他能够运用自己的气场能量抵抗悲观、恐惧、绝望等情绪的侵袭，度过一个又一个艰难的日子。正是因为他积极的心态，他才最终度过了艰难的岁月。如果我们想获得生活的幸福与美满，或者事业的成功与辉煌，不再成为阴霾的奴隶，那么我们就要让心态永远积极。

拥有积极的心态，做自己想做的事，而不是被动地做别人告诉你做的事，你的力量就会逐渐强大起来。这时候，你会发现，任何挫折和困难都不是问题。因为积极的心态、会让自己不再胆怯和退缩，让自己永远昂首阔步，走向成功。

## 完美心态在于容纳不完美

"喜欢月亮的明亮，就要接受它有黑暗与不圆满的时候；喜欢水果的甜美，也要容许它通过苦涩成长的过程。"人生总是"一半一半"，永远都是有缺憾的。

每个人心里都有追求完美的冲动，当他对现实世界的残酷体会得越深时，对完美的追求就会越强烈。这种强烈的追求会使人充满理想，但追求一旦破灭，也会使人充满绝望，他们永远只朝着一个最完美的方向，他们不惜耗尽所有能量，只为追求那精彩的完美一瞬。在生活中，很多人对爱情或者友情给予过高的厚望，当对方不能满足他时，就产生了强烈的负面情绪，损耗了自身的能量。

追求完美能够让我们强大，其本身也并不是错误的。但是，如果我们无法承受自己的不完美，也不能接受在追求完美过程中的失败，那么这种追求对我们所造成的损失会远远超过追求中带来的好处。

要知道，这个世界上没有任何一种事物是十全十美的，或多或少总有瑕疵，我们只能尽最大的努力使之更加美好，却永远不可能做到完美。

有个叫伊凡的青年，读了契诃夫“要是已经活过来的那段人生，只是个草稿，有一次誊写，该有多好”这段话，十分神往，打了份报告递给上帝，请求在他的身上做个试验。上帝沉默了一会儿，看在契诃夫的名望和伊凡的执着份上，决定让伊凡在寻找伴侣一事上试一试。

到了适婚年龄，伊凡碰上了一位绝顶漂亮的姑娘，姑娘也倾心于他，伊凡感到非常理想，他们很快结成夫妻。不久伊凡发觉姑娘虽然漂亮，可她一说话就“豁边”，一做事就“翻船”，两人心灵无法沟通，他把这一次婚姻作为草稿抹了。

伊凡第二次的婚姻对象，除了绝顶漂亮以外，又加上绝顶能干和绝顶聪明。可是也没多久，他发现这个女人脾气很坏，个性极强，聪明成了她讽刺伊凡的利器，能干成了她捉弄伊凡的手段，他不像她的丈夫，倒像她的牛马、她的工具。伊凡无法忍受这种折磨，他祈求上帝，既然人生允许有草稿，请准予三稿。上帝笑了笑，也答应了。

伊凡第三次成婚时，他妻子的优点，又加上了脾气特好一条，婚后两人和睦亲热，都很满意。半年下来，不料娇妻患上重病，卧床不起，一张病态的脸很快抹去了年轻和漂亮。

从道义角度看，伊凡应与她厮守终生；但从生活角度看，无疑是相当不幸的。伊凡的每个婚姻对象都有优点，但也有缺点。伊凡无法忍受这种能量偏差，他认为，人生只有一次，一次无比珍贵，他试探能否再给他一次“草稿”和“誊写”。上帝面有愠色，但最后还是宽容他再作修改。

伊凡经历了这几次折腾，个性已成熟，交际也老练，最后终于选到了一位年轻漂亮能干温顺健康要怎么好就怎么好的“天使”女郎。他满意透了，正想向上帝报告成功时，不想“天使”却要变卦：因为她了解了伊凡是一个朝三暮四、贪得无厌、连病中人也不体恤的浪荡男人，提出要解除婚约。这对伊凡来说是个讽刺，他对“天使”百分百满意，但他曾经对其他人的不公待遇却在“天使”这里得到了回应。“力的作用是相互的”，能量永远是守恒的，他追求完美的气场终于导致这种“被选择”的命运降临在自己身上。

“天使”说，我们许多人被伊凡做了草稿，如果试验是为了推广，难道我们就不能有一次草稿和誊写的机会？满腹狐疑的伊凡，正在人生路上踟蹰，忽见前方新竖一杆路标，是契诃夫二世写的：“完美是种理想，允许你修改 10 次也不会没有遗憾！”

过分苛求完美只能带给自己终身遗憾，允许不完美存在，才是真正完美的心态。

苏轼词曰：“月有阴晴圆缺，人有悲欢离合，此事古难全。”能够包容不完美的存在，我们才会拥有完美的心态。因为凡事都追求完美的人就会经常去抱怨、去嫉妒等等，这些情绪都会影响自己的心态，让自己的人生充斥着消极和悲观。自己的心态无法积极起来，自然无法发挥出强大的作用了。

## 改变自己，世界因你而不同

当一个人想要改变世界的时候，必定会做出很多努力和付出，如果把希望寄托在改变别人上，难免会受限于别人而止步不前。智者懂得，改变自己是改变世界的最好方式，他们会把自己当作中心，用心经营自己的心态、改变自己的心态，让自己以更积极的心态对世界作出影响，让自己独立强大的心态对外界进行冲击和引导，无形中对世界做出改变。而在改变世界的过程中，他们的心态日益积极。

在威斯敏斯特教堂地下室里，英国圣公会主教的墓碑上刻着这样的一段话：

当我年轻自由的时候，我的想象力没有任何局限，我梦想改变这个世界。

当我渐渐成熟明智的时候，我发现这个世界是不可能改变的，于是我将眼光放得短浅了一些，那就只改变我的国家吧！但是我的国家似乎也是我无法改变的。

当我到了迟暮之年，抱着最后一丝努力的希望，我决定只改变我的家庭、我亲近的人。但是，唉！他们根本不接受改变。

现在在我临终之际，我才突然意识到：如果起初我只改变自己，接着我就可以依次改变我的家人。然后，在他们的激发和鼓励下，我也许就能改变我的国家。再接下来，谁又知道呢，也许我连整个世界都可以改变。

这段墓志铭令人深思。是的，很多人从一开始，就跟墓碑主人一样，选错了前进的方向，越走反而离自己所定的目标越远。这时，我们就要反思自己了，既然改变不了世界，也改变不了别人，那就从改变自己开始吧。方向改变了，你看到的将是另外一种别样的风景。

原一平，美国百万圆桌会议终生会员，荣获日本天皇颁赠的“四等旭日小绶勋章”，被誉为日本的推销之神。其实他小时候脾气暴躁、调皮捣蛋、叛逆顽劣，被乡里人称为无药可救的“小太保”。

有一天，他来到东京附近的一座寺庙推销保险。他口若悬河地向一位老和尚介绍投保的好处。老和尚一言不发，很有耐心地听他把话讲完，然后以平静的语气说：“听了你的介绍之后，丝毫引不起我的投保兴趣。年轻人，先努力去改造自己吧！”“改造自己？”原一平大吃一惊。“是的，你可以去诚恳地请教你的投保户，请他们帮助你改造自己。我看你有慧根，倘若你按照我的话去做，他日必有所成。”

从寺庙里出来，原一平一路想着老和尚的话，若有所悟。接下来，他组织了专门针对自己的“批评会”，请同事或客户吃饭，目的是为让他们指出自己的缺点。原一平把大家的看法一一记录下来。通过一次次的“批评会”，他把自己身上的劣根性一点点消除了。与此同时，他总结出了含义不同的39种笑容，并一一列出各种笑容要表达的心情与意义，然后对着镜子反复练习。他像一条成长的蚕，悄悄地蜕变。

最终，他成功了，并被日本国民誉为“练出价值百万美金笑容的小个子”，且被美国著名作家奥格·曼狄诺称为“世界上最伟大的销售人员”。

“我们这一代最伟大的发现是，人类可以由改变自己而改变命运。”原一平用自己的行动印证了这句话。你无法让别人对你微笑，但你可以对别人微笑，对每一个你见到的人微笑，你慢慢会发现，你的周围，在不知不觉中，已经被微笑包围了。这种心态可以帮助我们淡然地看待生命中出现的各种情况，解决眼前遇到的各种问题。

生活对每个人都是公平的，就看你有没有把握住自己的人生。有的人用习惯的力量让自己抓住了命运的手；有的人虽然最初与命运擦肩而过，但是他们改变了自己，又让命运转回了微笑的脸。

做好你自己吧！也许你不能改变别人、改变世界，但你可以改变自己，进而改变身边的环境，改变自己的生存状态，慢慢地实现自己的梦想。幸福、成功、快乐，一切都掌握在你自己手里。

拿破仑说：“一个人能飞多高，并非由其他因素决定，而是由他的心态所致。假如你对自己目前的环境不满意，想力求改变，则首先应该改变你自己。”我们要知道，你才是你自己的中心，一个人无须刻意追求他人的认可，只要你保持这种心态，按自己的方式生活，生活中没有什么可以压倒你，你可以活得很快乐、很轻松。因为生活中原本就没有什么一成不变的条条框框，只要你去改变，世界也会随着你变。成为通过改变自己而改变世界的人，你就是最聪明、最强大的人！

# 心中洒满阳光，世界才会透亮

实际上，生活的现实对于我们每个人本来都是一样的，但一经各人心态诠释后，便代表了不同的意义，因而形成了不同的事实、环境和世界。心态改变，事实就会改变；心中是什么，世界就是什么。心里装着哀愁，眼里看到的就全是黑暗；心中装着阳光，眼里看到的就全是透明的光亮。所以，在这个复杂的世界，若想生活得泰然自得，多一点幸福，就应该抛弃已经发生的令人不痛快的事情或经历，在好心情下迎接新乐趣。

有一天，詹姆斯忘记关上餐厅的后门，结果早上三个武装歹徒闯入抢劫，他们要挟詹姆斯打开保险箱。由于过度紧张，詹姆斯弄错了一个号码，造成抢匪的惊慌，开枪射伤詹姆斯。幸运的是，詹姆斯很快被邻居发现了，送到医院紧急抢救，经过18小时的外科手术以及长时间的悉心照顾，詹姆斯终于出院了。

事件发生六个月之后，有人遇到詹姆斯，问起当抢匪闯入时他的心路历程。詹姆斯答道："当他们击中我之后，我躺在地板上，还记得我有两个选择：我可以选择生，或选择死。我选择活下去。"

"你不害怕吗？"那个人问他。詹姆斯继续说："医护人员真了不起，他们一直告诉我没事，放心。但是在他们将我推入紧急手术间的路上，我看到医生跟护士脸上忧虑的神情，我真的吓坏了，他们的脸上好像写着"他已经是个死人了"！我知道我需要采取行动。"

"当时你做了什么？"那个人继续问。

詹姆斯说："当时有个护士用吼叫的音量问我一个问题，她问我是否对什么东西过敏。我回答：'有。'这时，医生跟护士都停下来等待我的回答。我深深地吸了一口气，喊着：'子弹！'等他们笑完之后，我告诉他们：'我现在选择活下去，请把我当作一个活生生的人来开刀，不是一个活死人。'"

詹姆斯能活下来当然要归功于医生的精湛医术，但同时也由于他令人惊异的态度。我们从詹姆斯身上学到，每天你都能选择享受你的生命，或是憎恨它。这是唯一一件真正属于你的权利。没有人能够控制或夺去的东西，是你的态度。如果你能时时注意这个事实，你生命中的其他事情都会变得容易许多。

心情的颜色会影响世界的颜色。如果一个人，对生活抱持一种阳光的心态，就不会稍有不如意便自怨自艾。现实生活中那些终日苦恼的人，实际上并不是因为他们遭受了多大的不幸，而是因为他们的内心素质存在着某种缺陷，对生活的认识存在偏差，由此导致他们精神上的萎靡和失落。唯有抱持阳光心态的人，才称得上是坚强的人。他们在遭遇不幸时，面对世界依然会微笑、乐观，用积极的态度去面对、处理、放下、重生。唯有像他们一样，生活中才会充满快乐、溢满阳光！

## 内心有阳光，世界就是温暖的

阳光是世界上最美好的东西，它驱除阴暗，照耀四方，让人心旷神怡；它沐浴万物，让世界充满向上和成长的力量；它坦荡无私，播撒着快乐与博爱的光芒。

生活中，每一个人都会拥有阳光，例如幸福时的欢畅、顺利时的激动，但也不可避免地会遭遇黑暗，比如委屈时的苦闷、挫折时的悲观和选择时的彷徨，这就是人生。人生就是一碗酸、甜、苦、辣、咸五味俱全的汤，每种滋味都有可能品尝到。

然而，人的生活并非只是一种无奈，而是可以由自身主观努力去把握和调控的。塑造阳光的心态，人生就可以操之在我。

只要心态是阳光的，纵使周围是无边的黑暗和寒冷，你的世界也会明媚而温暖。掬一把阳光，整个太阳便在你的掌心里，光芒四射。

有阳光，当然也会有阴影。当阴影来临时，就是自我沉潜、韬光养晦的时机。即使阴影仍在头顶上盘旋，阳光的人却不会悲伤，因为在他们的内心还留有幸福的余温。

无论在和平昌盛的时期，还是经济萧条的环境下，总会有种种不如意的事情给我们心头的快乐与幸福蒙上一层灰尘，但一个心态阳光的人，总是能够在生活中自由自在地挥洒，他不会逃避生活的责任，不受尘世的约束却又能够做到深情细致；不管是任性还是认真，他都能在漂泊贫苦的生活中，快乐地体悟人生。

第二次世界大战后，很多国家发生了不同程度的经济危机。在美国一座曾经很繁华的城市里，有一条人来人往的街道，有一个盲乞丐每天都在街边坐着。他总是笑眯眯的，每当感觉到有人走近时，他就会友好地跟他们打招呼。大家非常好奇，为什么这个盲乞丐每天都如此快乐，他难道不为乞讨不到更多的钱忧愁，不为自己的境况悲伤吗？于是有人猜测，那个乞丐不是凡人，所以无忧无虑；也有人说，他可能是个来自疯人院的疯子。终于有一天，一个年轻的小伙子按捺不住自己的好奇心，上前询问盲乞丐为什么每天都如此开心。盲乞丐开心地笑了，他说："因为无论怎么样，我每天都能看到太阳从东方冉冉升起，我看到世界是光明的，所以就无比的快乐。"小伙子很不解，于是又问道："您分明是个盲人，怎么能看到太阳升起呢？"那乞丐捋捋长须，说："孩子，难道双目失明就无法看到这世上的阳光了吗？”

人生阳光与否，其实是一种感觉、一种心情。外部环境是一回事，我们的内心又是另外一种境界。如果我们的内心觉得满足和幸福，我们就快乐；我们的心中充满灿烂的阳光，外面的世界也就处处充满阳光。

面对生命，每个人都有自己独特的解释和看法。在解读生命的同时，每个人也有一套自己的生活哲学和处世智慧。在生命停泊的港湾，你可以沉淀、驻足、优游，也可以暂停、休息、思考，或者选择暂时的空白，也许你还可能因此而获得生命的觉悟。

我们何不为自己的心灵敞开一扇门，让自己通向更高层次的觉悟，让自己的生命可以得到更多的能量，和本我愈加接近，最后，获得成功的人生。

## 心向太阳，你就不会悲伤

1987年3月30日晚上，洛杉矶音乐中心的钱德勒大厅内灯火辉煌，座无虚席，人们期盼已久的第59届奥斯卡金像奖的颁奖仪式正在这里举行。在热情洋溢、激动人心的气氛中，玛莉·马特琳走上领奖台，从上届影帝——最佳男主角奖获得者威廉·赫特手中接过奥斯卡金像。

手里拿着金像的玛莉·马特琳激动不已。她把手举了起来，但不是那种向人们挥手致意的姿势，眼尖的人已经看出她是在向观众打手语。原来，这个奥斯卡金像奖最佳女主角奖获得者竟是一个不会说话的哑女。

玛莉·马特琳不仅是一个哑巴，还是一个聋子。

玛莉·马特琳出生时是一个正常的孩子，但她在出生18个月后，被一次高烧夺去了听力和说话的能力。

这位聋哑女对生活充满了激情。她从小就喜欢表演。8岁时加入伊利诺伊州的聋哑儿童剧院，9岁时就在《盎司魔术师》中扮演多萝西。

但16岁那年，玛莉被迫离开了儿童剧院。所幸的是，她还能时常被邀请用手语表演一些聋哑角色。正是这些表演，使玛莉认识到了自己生活的价值，克服了自卑心理。她利用这些演出机会，不断锻炼自己，提高演技。

1985年，19岁的玛莉参加了舞台剧《上帝的孩子》的演出。她饰演的是一个次要角色。可就是这次演出，使玛莉走上了银幕。

女导演兰达·海恩丝决定将《上帝的孩子》拍成电影。可是为物色女主角萨拉的扮演者时，她发现了玛莉高超的演技，决定立即启用玛莉担任影片的女主角，饰演萨拉。

玛莉扮演的萨拉，在全片中没有一句台词，全靠极富特色的眼神、表情和动作，揭示主人公矛盾复杂的内心世界——自卑和不屈、喜悦和沮丧、孤独和多情、消沉和奋斗。玛莉十分珍惜这次机会，她勤奋、严谨、认真对待每一个镜头，用自己的心去拍，因此表演得惟妙惟肖，让人拍案叫绝。

就这样，玛莉·马特琳实现了人生的飞跃。她成为美国电影史上第一个聋哑影后。正如她自己所说的那样：我的成功，对每个人，不管是正常人，还是残疾人，都是一种激励。

尽管生活不可能一帆风顺，但是只要我们的心是向着阳光的，就不会感受到悲伤。找一件自己喜欢的事情，全身心投入地去做，本身就是一种快乐的享受。

快乐本来不需要刻意为之，为快乐而快乐，抓住生活中的每一个小惊喜，尽情发挥，你会发现，这种“碰巧为之”的乐趣是任何既有的娱乐形式都无法比拟的。

## 心态对了，状态就对了

美国的一位牧师正在家里准备第二天的布道。他的小儿子在屋里吵闹不止，令人不得安宁。牧师从一本杂志上撕下一页世界地图，然后撕成碎片，丢在地上说：“孩子，如果你能将这张地图拼好，我就给你 1 元钱。”

牧师以为这件事会使儿子花费一上午的时间，但是没过 10 分钟，儿子就敲响了他的房门。牧师惊愕地看到，儿子手中捧着已经拼好了的世界地图。

“你是怎样拼好的？”牧师问道。

“这很容易，”孩子说，“在地图的另一面有一个人的照片。我先把这个人的照片拼到一起，再把它翻过来。我想，如果这个人是正确的，那么，世界地图也就是正确的。”

牧师微笑着给了儿子 1 元钱，“你已经替我准备好了明天的布道，如果一个人的心态是正确的，他的世界就是正确的。”

心态决定状态，你的心态对了，状态也就不会错了。

## 心态决定你的人生，不要试图和自己过不去

有两个都有着亚洲血统的孤儿，后来都被来自欧洲的外交官家庭所收养。两个人都上过世界各地有名的学校。但他们两个人之间存在着不小的差别：其中一位是40岁出头的成功商人，他实际上已经可以退休享受人生了；而另一个是学校教师，收入低，并且一直觉得自己很失败。

有一天，他们在一起吃晚饭。晚餐在烛光映照中开场了，不久话题进入了在国外的生活。因为在座的几个人都有过周游列国的经历，所以他们开始谈论在异国他乡的趣闻轶事。随着话题的一步步展开，那位学校教师开始越来越多地讲述自己的不幸：她是一个如何可怜的亚细亚孤儿，又如何被欧洲来的父母领养到遥远的瑞士，她觉得自己是如何的孤独。

开始的时候，大家都表现出同情。随着她的怨气越来越重，那位商人变得越来越不耐烦，终于忍不住在她面前把手一挥，制止了她的叙述："够了！你说完了没有？！你一直在讲自己有多么不幸。你有没有想过如果你的养父母当初在成百上千个孤儿中挑了别人又会怎样？"

学校教师直视着商人说："你不知道，我不开心的根源在于……"然后接着描述她所遭遇的不公正待遇。

最终，商人朋友说："我不敢相信你还在这么想！我记得自己25岁的时候无法忍受周围的世界，我恨周围的每一件事，我恨周围的每一个人，好像所有的人都在和我作对似的。我很伤心无奈，也很沮丧。我那时的想法和你现在的想法一样，我们都有足够的理由报怨。"他越说越激动。"我劝你不要再这样对待自己了！想一想你有多幸运，你不必像真正的孤儿那样度过悲惨的一生，实际上你接受了非常好的教育。你负有帮助别人脱离贫困漩涡的责任，而不是找一堆自怨自艾的借口把自己围起来。在我摆脱了顾影自怜，同时意识到自己究竟有多幸运之后，我才获得了现在的成功！"

那位教师深受震动。这是第一次有人否定她的想法，打断了她的凄苦回忆，而这一切回忆曾是多么容易引起他人的同情。

商人朋友很清楚地说明他二人在同样的环境下历经挣扎，而不同的是他通过清醒的自我选择，让自己看到了有利的方面，而不是不利的阴影。"凡墙都是门"，即使你面前的墙将你封堵得密不透风，你也依然可以把它视作你的一种出路。

人，就是一条河，河里的水流到哪里都还是水，这是无异议的。但是，河有狭、有宽、

有平静、有清澈、有冰冷、有混浊、有温暖等现象，而人也一样。

## 信念达到了顶点，就能够产生惊人的效果

信念是欲望人格化的结果，是一种精神境界的目标。信念一旦确定，就会形成一种成就某事或达到某种预期的巨大渴望，这种渴望所激发出来的能量，往往会超出我们的想象。由信念之火所点燃的生命之灯是光彩夺目的。

美国的罗杰·罗尔斯是纽约的第53任州长，也是纽约历史上的第一位黑人州长。他出生于纽约声名狼藉的大沙头贫民窟。那里环境肮脏，充满暴力，是偷渡者和流浪汉的聚集地，他也从小就学会了逃学、打架，甚至偷窃。直到一个叫皮尔·保罗的人当了罗杰·罗尔斯那座小学的校长。

有一天，罗杰·罗尔斯正在课堂上捣乱，校长就把他叫到了身边，说要给他看手相。于是罗尔斯从窗台上跳下，伸着小手走向讲台，皮尔·保罗先生说，我一看你修长的小拇指就知道，将来你是纽约州的州长。当时，罗尔斯大吃一惊，因为长这么大，只有他奶奶让他振奋过一次，说他可以成为5吨重的小船的船长。这一次，皮尔·保罗先生竟说他可以成为纽约州的州长，着实出乎他的预料。他记下了这句话，并且相信了它。

从那天起，纽约州州长就像一面旗帜飘扬在他的心间。他的衣服不再沾满泥土，他说话时也不再夹杂污言秽语，他开始挺直腰杆走路，他成了班主席。在以后的几十年里，他没有一天不按州长的身份要求自己。51岁那年，他真的成了州长。在他的就职演说中有这么一段话，他说：信念值多少钱？信念是不值钱的，它有时甚至是一个善意的欺骗，然而你一旦坚持下来，它就会迅速升值。这正如马克·吐温所说的：信念达到了顶点，就能够产生惊人的效果。

信念不但能够唤起一个人的信心，更能够延续一个人的信心，它既是信心的开始，也是信心的归宿。但是，信心时常有，信念却不常有，所以成功的人总是少数。随大流的人，把握不住自己的人，看不清趋势的人，即使找到信心，也发展不到信念。急功近利的人会在信心走向信念的过程中崩溃，浮躁的人会葬送从信心走向信念的坦途。

成功者的人生轨迹告诉我们：信念，是立身的法宝，是托起人生大厦的坚强支柱；信念，是成功的起点，是保证人追求目标成功的内在驱动力。信念，是一团蕴藏在心中的永不熄灭的火焰，是一条生命涌动不息的希望长河。

著名的黑人领袖马丁·路德·金说过："这个世界上，没有人能够使你倒下，如果你自己

的信念还站立着的话。”所以，信念的力量，在于使身处逆境的你，扬起前进的风帆；信念的伟大，在于即使遭受不幸，亦能召唤你鼓起生活的勇气；信念的价值在于支撑人对美好事物一如既往地孜孜以求。

当然，如果一个人选择了错误的信念，那必将是对生命致命的打击，起码也会让人导致平庸。错误的信念会夺去你的能量、你的欲望和你的未来。曾有研究者做过这样一个实验：他们把善于攻击鲦鱼的梭鱼放在一个玻璃钟罩里，然后把这个玻璃钟罩放进一个养着鲦鱼的水箱中。罩里的梭鱼看到鲦鱼后，立刻发动了几次攻击，结果它敏感的鼻子狠狠地撞到了玻璃壁上。几次惨痛的尝试之后，梭鱼最终放弃，并完全忽视了鲦鱼的存在。当钟罩被拿走后，鲦鱼们可以自由自在地在水中四处游荡，即使当它们游过梭鱼鼻子底下的时候，梭鱼也继续忽视它们。由于一个建立在错误信念基础之上的死结，这条梭鱼终因不顾周围丰富的食物而把自己饿死了。在现实生活中，又有多少错误的信念成了束缚我们的玻璃钟罩呢？

人生是一连串选择的结果，而选择一个正确的信念，会成就我们的一生。弥尔顿说过：“心灵是自我作主的地方。在心灵中，天堂可以变成地狱，地狱也可以变成天堂。”人们的生活由自己选定，而幸福，抑或悲哀，全在于心灵的阴晴。强者的天总是蓝的，因为他们坚信乌云终将被驱散；弱者的眼里总是风霜雨雪，漫布着无奈、无望、无尽的悲哀与叹息。人生的变数很多，然而，不管外界多么的不易把握，只要心中升腾着信念的火焰，艰难险阻就都将不复存在。

## 自信能使一个人征服他相信可以征服的东西

年轻是一种很重要的资源，这种资源专属于青年人。自信能引爆年轻的力量，希望能诠释年轻的真意。充满自信与希望，每个人就都能把握未来。

所以，对于年轻人，自信和敢于希望是必要的，一个人在年轻的时候，宁肯自负一点，也要自信一点。只有学会自信，我们才会有勇气对未来的生活充满希望和憧憬，也只有这样，人生才会丰富而充满激情。

既然“自信和希望是青年的特权”，那我们就应该好好地去享受这份特权，应当摒弃自卑与懦弱的性格。年轻人，应该要用足够的时间去做自己想做的事情，要用足够的精力与自信去实现自己的目标和希望。这就是年轻人的“特权”，把握住这种独特的优势，不灰心，不退却，前途必然无比宽阔和明亮。

希望必然是由自信所带来，所以年轻人学会自信是首要的事情。

一些年轻人之所以缺乏自信、甚至自卑，就在于对自己有过高的、不切实际的期望。有了愿望却总是无法实现，有了目标却总是达不到，这样就会一次次地信心受打击，甚至迁怒于别人，怨恨社会。事实上只要他们降低期望，把目标定得切合实际，多几次成功，就能够将心态纠正过来。

自信需要不断地实践，并从实践中获得积极的反馈。

自信在于准备充分。心里没底，当然难以积聚信心。准备包括情况的了解、知识的积累、特征信息的收集以及必要的计划、物质和关系准备。但是，高明的领导者往往在情景不明朗、准备不充分的情况下也能够积聚信心，积聚力量，并把信心坚决地表达出去，表现得信心十足，充分地感染下级，让大家同心协力，共渡难关，突破瓶颈。

生活是个两面体，站在一个视点我们可以看到它的阴暗面，站在另外一个视点上，又能看到它的积极向上的灿烂的一面。这或许是个悖论，但作为年轻人，我们的任务就是去揭示这些悖论，绕开陷阱，把握它的朝阳的一面，对自己充满信心，对前途充满希望。

一个年轻人跟一位非常有名的画师学绘画，学了几年之后，老师建议他举办一次个人画展。为了虚心向观众求教，他在一幅他自认为较好的画的旁边放了一支笔和一张纸条，上曰：如果您认为此画有败笔之处，请在上面作标记。结果画展第一天就有很多人在上面作了无数个标记。年轻人看了，认为自己根本就不是搞绘画的料，他大为泄气，自信心受到极大打击，不想再继续做下去。老师看到他这个样子，哈哈大笑。

第二天，老师让年轻人另准备一幅水准一般的作品挂在展览室内，在作品的旁边仍放着一支笔和一个纸条，不过这次纸条的内容跟上一次不一样：如果您觉得此幅作品有精妙之处，请作上标记。到了晚上，年轻人惊奇地发现，他的这幅画上被作上了密密麻麻的标记，他兴奋不已，原来自己的画还是蛮受欢迎的嘛。

这个故事说明了这样一个道理：当你因触及生活的阴暗面而感到灰心泄气的时候，请记住这样一句话：我还年轻，我有自信，有希望——这是我的特权！

第二章

# 做自我心态的主宰

## 自我暗示：成功旅程的开始

心理暗示是我们日常生活中最常见的心理现象，它是人或环境以非常自然的方式向个体发出信息，个体无意中接受这种信息，从而做出相应的反应的一种心理现象。暗示是一种被主观意愿肯定了的假设，不一定有根据，但由于主观上已经肯定了它的存在，心理上便竭力趋于结果的内容。

暗示有着令人不可抗拒和不可思议的巨大力量。心理学家普拉诺夫认为，暗示是人类最简单、最典型的条件反射。暗示的结果使人的心境、兴趣、情绪、爱好、心愿等方面发生变化，从而又使人的某些生理功能、健康状况、工作能力发生变化。暗示是影响潜意识的一种最有效的方式，它超出人们自身的控制能力，指导着人们的心理、行为。暗示往往会使别人不自觉地按照一定的方式行动，或者不假思索地接受一定的意见和信念。

暗示有正面暗示与反面暗示两种。

人因悲伤而哭泣，但往往也因哭泣而悲伤，世界上有许多被不安、自卑感所苦恼的人，他们总以为自己对任何事都无能为力。这显然是陷入了副作用的自我暗示的陷阱中。自我暗示的正作用，乃训练我们如何增进自信心，如何从失败中体验成功，又如何克服恶劣的情绪，等等。自我暗示能使人把面粉当药剂治好了病，也能使人把药水当毒液喝下而送了命。正确使用自我暗示如何，乃是人生历程中不可避免且必须弄透彻的一门学问。

美国有两位心理学家曾经做过这样一个实验：

为了证实他们的研究成果，他们选择了一所小学的一个班级，帮全班的小学生做了一次测验，并于隔日批改试卷后，公布了该班5位天才儿童的姓名。

20年后，追踪研究的学者专家发现，这5名天才儿童长大后，在社会上都有极为卓越的成就。这项发现马上引起教育界的重视，他们请求那两位心理学家公布当年测验的试卷，弄清其中的奥秘所在。

那两位已是满头白发的心理学家，在众人面前取出一只布满尘埃、封条完整的箱子，打开箱盖后，告诉在场的专家及记者："当年的试卷就在这里，我们完全没有批改，只不过是随便抽出了5个名字，将名字公布。不是我们的测验准确，而是这5个孩子的心意正确，再加上父母、师长、社会大众给予他们的协助，他们才得以成为真正的天才。"

如果有人曾经告诉过你，你是一位天才，你会怎么样？

如果你在幼年时，也像那5名幸运的儿童一样，被告知自己是一位杰出的天才儿童。那么，你今天的成就会有什么不同？

或许你对自己的期望与要求会更高；或许你每天愿意多花一个钟头去看书，而不是看电视；或许你会更卖力地投入自己的工作中，以获得更佳的成果。这一切都是你自愿的，因为你是一位天才。而你的父母、老师又将如何看待你呢？或许他们会更用心、更努力地来教导你；而你周围的朋友、同学、同事们，也将提供给你更多协助，充分地帮助你。这一切也是他们自愿的，因为你是一位天才；而他们也有这份使命感来协助你，帮你完成天才与生俱来的责任。

当你知道自己是天才人物之后，自己、父母、老师、亲友的使命感便油然而生，非得将你推上天才的巅峰不可，不达目的誓不罢休。

或许在过去的岁月中，你并未被告知是一位天才，所以不知道自己的使命何在。但就在此刻，在看完这个故事之后，相信你已清楚地明了，自己将是一位大师，一位顶尖的大师，你已被确切地通知了。

你是否曾经仔细地思考过，上天赋予你的重大使命是什么？而你是否已经在这一使命的激励下勇敢地前行？任何时候，每个人都别忘记对自己说一声："我天生就是奇迹。"本着上天所赐予我们的最伟大的馈赠，积极暗示自己，你便能开始成功的旅程。

拿破仑·希尔给我们提供了一个自我暗示公式，他提醒渴望成功的人们，要不断地对自己说："在每一天，在我的生命里面，我都有进步。"暗示是在无对抗的情况下，通过议论、行动、表情、服饰或环境气氛，对人的心理和行为产生影响，使其接受有暗示作用的观点、意见或按暗示的方向去行动。

对此，拿破仑·希尔补充道："自我暗示是意识与潜意识之间互相沟通的桥梁。"通过自我暗示，可以使意识中最具力量的意念转化到潜意识里，成为潜意识的一部分。也就是说，我们可以通过有意识的自我暗示，将有益于成功的积极思想和感觉洒到潜意识的土壤里，并在成功过程中减少因考虑不周和疏忽大意等招致的破坏性后果，全力拼搏，不达目的不罢休。所以，如果你能够通过想象不断地进行自我暗示，就可能会成为一个杰出者。

## 描绘自己的心灵地图

“思维”这个词来自希腊文，最初是一个科学名词，目前多半用来指某种理论、典范或假说。不过广义而言，它是指我们看待外在世界的观点。我们的所见所闻并非直接来自感官，而是透过主观的了解、感受与诠释。

无论是面对自我，还是面对世界，每个人都有一定的思维方式。例如说，在人类的思想行为中，有“五大基本问题”：

1. 我是谁?

2. 我如何成为今天的我?

3. 为什么我会有这样的思考、感受和行动?

4. 我能改变吗?

5. 最重要的问题是——怎么做?

延续这五大问题，我们的心灵告诉我们该怎么去认识世界、进行自我行动。所以说思维对一个人的发展来说是至关重要的，它决定了我们对待自我、对待世界的态度。思维可以说是对于我们所能感知的世界的一个认知缩写——无论这个认知正确与否。

我们可以把思维比作地图。地图并不代表一个实际的地点，只是告诉我们有关地点的一些信息。思维也是这样，它不是实际的事物，而是对事物的诠释或理论。

很多人经常会遇到这样一种情况：到了一处陌生的地方，却发现带错了地图，结果寸步难行，感觉非常尴尬与无助。同样的道理，若想改进缺点，但着力点不对，你将徒然白费工夫，与初衷背道而驰。或许你并不在乎，因为你奉行“只问耕耘，不问收获”的人生哲学。但问题在于方向错误，“地图”不对，因此努力便等于浪费。唯有方向(地图)正确，努力才有意义。在这种情况下，只问耕耘，不问收获也才有可取之处。我们常常嘲笑“南辕北辙”的人，却不知自己也会在错误的心灵地图的带领下犯着同样的错误。

在前面我们已经说过，思维不仅面对世界，还面对自我，那么心灵地图大致上也可分为两大类：一个是关于现实世界的，这是我们的世界观；另一个是有关个人价值判断的，这是我们的价值观。我们以这些心灵的地图诠释所有的经验，但从不怀疑地图是否正确，有的人甚至不知道它们的存在。我们理所当然地以为，个人的所见所闻就是感官传来的信息，也就是外界的真实情况。我们的态度与行为又从我们的认知中衍生而来，所以说，世界观和价值观决定一个人的思想与行为。

自我是在不断发展的，世界也是在不断进步的，所以我们行动的世界观和价值观也应该不断地完善与进步，要随时随地来完善我们的心灵地图。

打个比方，现在无数的城市旧貌换新颜，尤其是近几年来发生了翻天覆地的变化，如果有人使用三年前的地图，恐怕已经找不到原来的道路，不知道如何才能找到目标了。地理如此，时空如此，何况人心呢？许多人，他们之所以感到困惑、挫折，甚至感到迷失了自我，就在于他们仍然使用着过去的“心灵地图”，仍然按照旧有的生活轨道在向前走，他们不知道这幅地图其实早已需要修改了。

其实，我们的思维从童年就已开始发展，经过长期的艰苦努力形成了一个认识自我和世界的自我思维方式，形成了一幅表面上看来十分有用的心灵地图。我们要按这幅地图去应对生活中的各种坎坷，寻找自己前进的道路。

但是未必有了心灵地图，我们就保证会有正确的行动。如果这幅地图画得很正确、也很准确，我们就知道自己在哪个位置上；如果我们打算去某个地方，就知道该怎么走。如果这幅图画得不对、不准确，我们就无法判断怎么做才正确，怎样决定才明智，我们的头脑就会被假象所蒙蔽，因为这幅图是虚假的、错误的，我们将不可避免地迷失方向。

我们不能一辈子就带着永远不变的“地图”，我们应该不断地描绘它、修改它，力求准确地反映客观现实。前人诗云：“流水淘沙不暂停，前波未灭后波生。”我们必须要下功夫去观察客观现实，这样画出来的“地图”才能尽可能准确。但是，很多人过早地停止了描绘“地图”的工作，他们不再汲取新的信息，而自以为自己的“心灵地图”完美无缺。这些人是不幸的，而且是可怜的，所以他们多半有心理问题。只有幸运的少数人能自觉地探索现实，永远扩展、冶炼、筛选他们对世界的理解，他们的精神生活也因此而丰富多彩。所以，我们要不断地修改这幅反映现实世界的“心灵地图”，要不断地获取世界的新信息。如果新信息表明，原先的“地图”已经过时，需要重画，我们就要不畏修改“地图”的艰难，勇敢地进行自我更新。

## 自我期待，让梦想成真的“皮格马利翁”效应

古希腊有一则寓言：一个塞浦路斯雕刻师，名字叫作皮格马利翁。他倾注了毕生的心血，废寝忘食、夜以继日地工作，用象牙雕刻了一尊爱神雕像。

这尊雕像经过他的艰辛雕琢，显得形神兼备、超凡脱俗。他爱上了这尊雕像，逐渐相思成疾、憔悴不堪，最终奄奄一息。

最后，他一再恳求维纳斯给这尊雕像以生命，维纳斯为他的痴迷所感动，终于答应了他的请求。他如愿以偿，和有了生命的雕像结了婚。

皮格马利翁的故事一直被人们传诵至今，足见其对后人生活态度的影响之深。心理学家还从这个故事中演绎出一个新的名词：皮格马利翁效应。在自我塑造的过程中，每个人都是自己的“皮格马利翁”，而在塑造的心理动机上，自我期待起了关键的推动作用。

心理学家认为：自我期待是自我塑造的根本源泉。一个人必须有所期待，才会在实际行动中对自己进行塑造。一旦这种期待消失了，自我塑造也就不复存在了。

自我塑造，犹如生命美丽的翅膀。海伦说：“当你感到塑造自己的力量推动你去翱翔时，你是不应该爬行的。”

自我期待是一种无形但巨大的力量，它推动人们不断地塑造、完善自我。存在主义哲学家萨特说：“你想成为什么，你就会成为什么。”

有这样一则故事：20世纪40年代，美国费城的一个深夜，有一家酒店突然起火。当时258名旅客中多数正在酣睡，那些还没有睡的人们，看到旅馆所有的房间已被滚滚浓烟笼罩，就拨打了火警电话，然后一边救火，一边等着火警救援。尽管消防队员赶来了，但求生的本能还是使许多人开窗从高楼跳下，一个个躯体直挺挺地砸在人行道上，发出恐怖而沉闷的响声，然后归于寂静。

这时，有一个姑娘和跳下楼的游客一样，也站在7楼的一个窗口准备往下跳，她的背后熊熊的火光正在燃烧。只见她镇静地看了看窗下，大声高喊着：“我希望活着，我希望活着！”然后纵身跃下……

奇迹发生了，她成了几百人中唯一一名幸存者。而且这个姑娘空中跃下的惊人一瞬被过路的大学者阿诺德抓拍了下来，定格在历史写真的胶片里，供更多活着的人们回味……

那个幸运的姑娘也许并不知道什么是自我期待，什么是皮格马利翁效应，但她在关键时刻却用它救了自己的生命。

自我期待的作用是巨大的，很多人在关键时候往往是通过一种强烈的欲望催发成功的心态，使问题迎刃而解的。

有一位学习优秀的高中生，他的梦想是考上万众瞩目的清华大学。他虽然知道梦想的遥远，但同时，他总在内心告诉自己一定能实现。他的方法是每天在清晨醒来时对自己说：“今天要为清华的生活努力学习。”而晚间入眠时则告诉自己说：“真好，今天为上清华的梦想做了许多努力。”

就是靠着一种不可思议的信念，这名高中生从普通到优秀，再到终于实现了“清华梦”。

这中间起作用的就是自我期待，而且至关重要的是梦想作用。我们希望，每个人都可以成为自己的皮格马利翁。

走进过美国航天基地的人，会看到一根大圆柱上镌刻着这样的文字：“If you can dream it, you can doit.”这句话可译为：“如果你能想到，你就一定能做到。”要知道，心有多大，梦想就有多大，梦想有多大，成就就有多大。

## 有效的自我激励：让你在任何情况下都不会被打倒

自我激励就是给自己打气，鼓励自己。我们自小就被教育要争气，在逆境中要奋起，而支持“崛起”的信念则来自于自我激励。

当我们遇到不顺心的事时，一定要告诉自己：一切都会过去的，这没有什么大不了的。相信自己通过努力可以改变目前的状态，这是一种神奇的力量，来自于心的力量，也是情商的重要内容之一。

自我激励可以分为两种：一种是外部激励，借助于外物给予自己胜利的信念和希望；一种是内部激励，就是在内心始终存在乐观积极的心态，无论遇到什么样的困境都不动摇。

关于外部激励，我们可以通过一个小故事得到一些启发：

一位弹奏三弦琴的盲人，渴望在有生之年看看世界，但是遍访名医，都说没有办法。有一日，这位盲人碰见一个道士，道士对他说：“我给你一个保证能治好眼睛的药方，不过，你得弹断一千根弦，方可打开这张药方。在这之前，它是不会生效的。”

于是这位琴师带了一个同样双目失明的小徒弟游走四方，尽心尽意地以弹唱为生。一年又一年过去了，在他弹断了第一千根弦的时候，这位民间艺人迫不及待地将那张一直藏在怀里的药方拿了出来，请明眼的人代他看看上面写着的是什么药材，好医治他的眼睛。

明眼人接过药方一看，说：“这是一张白纸嘛，并没有写一个字。”那位琴师听了，潸然泪下，突然明白了道士那“一千根弦”背后的意义。就是这一个“希望”，支撑他尽情地弹下去，漫长的53年，他就如此充满希望地活了下来。

这位老了的盲眼艺人，没有把这故事的真相告诉他的徒弟。他将这张白纸郑重地交给了他同样也渴望能够看见光明的弟子，对他说：“我这里有一张保证能治好你眼睛的药方，不过，你得弹断一千根弦才能打开这张纸。现在你可以去收徒弟了，去吧，去游走四方，尽情地弹唱，直到那一千根琴弦弹断，就有了答案。”

那位盲人正是借助了外部激励的力量，将希望传达于内心。希望是人生的方向，是人们心中一盏不灭的明灯，是我们前进的动力。面对恐惧时，希望使人从容淡定；面对挫折危险时，希望让人获得巨大的能量。

大凡成就一番事业的人物都是善于内部激励的人，面对困境，他们表现出很高的逆境情商。而逆境情商是情商中特别重要的内容，这在许多出色的人身上都有所体现，和田一夫便是其中著名的一位。

"八佰伴"曾经是日本最大的零售集团。总裁和田一夫经过长达半个世纪的苦心经营，将一家小蔬菜店发展成为在世界各地拥有400家百货店和超市，员工总数达2.8万人，年销售额突破5000亿日元的国际零售集团。1997年，正当他努力开拓中国市场之际，留在日本总部坐镇的弟弟因经营不慎，使得整个集团遭遇重大挫折，最后不得不宣布破产。

从国际大集团总裁到一文不名的穷光蛋，从住寸土寸金的深院豪宅到租住一室一厅的公寓，从乘坐劳斯莱斯专车到自己买票乘坐公共汽车……这对于已经68岁的和田一夫而言，无异于是从天堂跌到了地狱。

一时之间，舆论哗然，众说纷纭。有人说他肯定爬不起来了，只能在穷困潦倒中悄悄地了此残生；有人甚至猜测，他应该会自杀，就像很多在一夜之间破产的人一样。然而事实出乎所有人的意料，和田一夫没有一蹶不振，更没有懦弱地选择自杀，反而抖擞精神重新"复活"了。他从经营顾问公司迈开第一步，后来又和几个年轻人合作，开办了网络咨询公司。虽然进入的是陌生领域，但凭借努力和过去的经验教训，他的生意一步步红火起来。

很多人对他在人生如此的大起大落面前仍然能反败为胜、东山再起表示敬佩之余也十分好奇，认为他一定有什么"秘密武器"。对此，他的回答是，如果说有秘诀，那就是自我激励。他又解释说，是不断的自我激励使他能做到即使面对巨大失败也没有失去希望，即使处在事业的低潮和人生的谷底也仍然相信有光明的前途。在这种信念的支撑下，他才有决心重新上路。

和田一夫有一套独特的自我激励方法，那就是他多年来一直坚持的"心灵训练"。他曾说："如果想真正获得人生幸福，就需要有'没关系，一切都会好起来的'这种豁达的想法。"这种心灵的训练是很有必要的。从他涉足商场起，他就一直坚持写"光明日记"，记录每天让他感到快乐的事。和田一夫说："如果想使自己的命运得以好转，就必须不断地用积极向上的语言来鼓励自己，并使自己保持开朗的心情。这是非常重要的。"

除了"光明日记"外，和田一夫还独创了"快乐例会"。即在每月的工作例会中，和田一夫规定：在开会前每个人要用3分钟的时间，从这个月发生的事情中找出3件快乐的事情告诉大家。“刚开始的时候，大家很难找出 3 件快乐的事。后来，养成习惯后，别说 3 件，人人都想发表 10 件快乐的事。每月这样延续下来，公司里人人都逐渐露出笑脸。”和田一夫对自己的成绩很自豪，这种别开生面的方式，的确有效地调动了员工的乐观情绪。

许多不成功的人不是没有成功的能力与潜质，而是他们在思想上根本不想成功。因为他们在受到羞辱时除了暗自神伤、叹息命运不济外，从未意识到要给自己打气，他们习惯处于劣势，久而久之真的只有失败与之为伍。

也有一些人并不是不懂得给自己一点激励，而是很快就把对自己的承诺抛在脑后，未能认真地去实现当时的目标。所以他们也只会失败。

自我激励其实就是给内心找一个希望，给行动找一种信念的动力。能够自我激励的人，在何种情况下都不会被打倒，即使暂时失败了，他们也能够重新找到成功的信念，再次登上成功的顶峰。

## 学会心理调控

人的一生不可能总是一帆风顺，在遇到挫折和失败时，适当的心理调控可以帮助我们战胜它们。

杰克逊是一位犹太裔心理学家，第二次世界大战期间，他和全家人都被关押在纳粹集中营里，而且受尽了折磨。没多久，家人不堪忍受纳粹的残酷折磨纷纷离他而去，只留下一个妹妹和他相依为命。当时，他的处境也十分艰难，随时都面临着死亡的威胁。

刚开始的时候他痛苦不堪，难以忍受。后来有一天，他忽然悟出了一个道理：就客观环境而言，我受制于人，没有任何自由；可是，我的自我意识是独立的，我可以自由地决定外界刺激对自己的影响程度。他认为自己完全有选择如何作出反应的自由与能力。

于是，他靠着各种各样的记忆、想象与期盼不断地充实自己的生活和心灵，不断磨炼自己的意志，让自由的心灵超越了纳粹的禁锢，看到了生命的希望。他的这种行为和手段也影响了其他狱友，他们之间相互鼓励，一直到战争结束，最后，他们终于重见天日。

杰克逊后来这样写道：

每个人都有自己的特殊工作和使命，他人是无法取代的。生命只有一次，不可重

**复。所以，实现人生目标的机会也只有一次……归根到底，其实不是你询问生命的意义何在，而是生命正在向你提出质疑，它要求你回答：你存在的意义何在？你只有对自己的生命负责，才能理直气壮地回答这一问题。**

在杰克逊生命中最痛苦、最危难的时刻，在他精神行将崩溃的临界点，他靠自己的顿悟，不仅挽救了他自己，而且还挽救了许多与他患难与共的生命。其关键在于他能通过成功的心理调控，战胜自我，战胜环境，安然渡过心理危机。

在日常生活中，当你面临困境时，学会心理调控至关重要。冷静地处理心理压力不是难事，那些在绝境中不惊不慌、保持冷静的人并非天生就有这份能耐，他们也都是在生活中逐渐学会的。每一个人也可从中学到减轻压力的自我心理调节方法。

1. 找到控制压力反应的方法

生活中的压力可能并非来源于我们所陷入的生活困境，而是来源于我们对这些生活经历所采取的反应。你无法控制生活降临于你头上的打击，但你却能控制自己对待这一打击的态度。所以，在面临心理压力时，你一定要做到：不要让压力占据你的头脑。保持乐观是控制心理压力的关键，我们应将挫折视为鞭策我们前进的动力，不要养成消极的思考习惯，遇事要多往好处想，洞察你自己的心声。许多人对一些情形已形成条件反射，不假思索就作出反应。我们应多聆听自己的心声，给自己留一点时间，平心静气地想一想，努力在消极情绪中加入一些积极的思考。

2. 尝试创造一种内心的平衡感

心理学家认为，保持冷静是防止心理失控的最佳方法。而每天早晨或晚上进行 20 分钟的盘腿静坐或自我放松术，就能创造一种内心平衡感。这种屏除杂念的静坐冥想能降低血压，减少焦虑感。有一项研究表明，过度焦虑烦躁的人每天花 10 分钟静坐，集中注意数心跳，能使自己心跳的速度逐渐变得缓慢。10 个星期后，他们的心理紧张均有一定程度的减轻。此外，按摩对减轻压力感也非常有效。

3. 懂得平衡你的生活

生活中，经常听见许多人抱怨：时间老是不够用，事情老也干不完。这种焦虑和受压感对许多人来说已成为他们生活的一部分。实际上，那些为工作或生活疲于奔命的人，并不懂得生活的真正含义。要平衡自己的生活，就应尝试换个角度想问题，抽空去想一想或回味一下那些令自己快乐的事情。你为琐事而紧张不安、忧心忡忡是无济于事的，你应想个办法来解决这一问题。一个行之有效的方法是把一切都写下来。每天早起 10 分钟，把自己的感受写满 3 页 16 开的纸，事后不要修改，也无须再重读。过一段时间，当你把自己的烦恼都表达出来之后，你会发现自己的头脑变得更为清楚了，也能更好地处理这些问题了。这种自我交谈的方法能帮助你解决许多问题。

其实，在我们走向成功的道路上，也会面临大大小小的心理压力，我们都应该通过成功的心理调控去掌握自我，战胜自我，迎接前面更为绚丽的风景，让人生处处充满阳光。

## 操之在我

操之在我可以理解为：自己情绪的控制完全在于自己，要完全把握自己的情绪，积极主动，使得自己的情绪不会被别人所左右。

不能操之在我，你将受制于人。受制于人的人容易被自然环境左右，被天气环境左右，天气好心情好，天气不好心情也不好；受制于人的人容易被别人左右，别人的行为会伤害他，别人的语言也会伤害他。受制于人的人往往过于感性，但操之在我的人是理智重于感情的人，不会让别人的行为伤害自己。

很多乐观的人都善于控制自己的情绪，能够让自己活在快乐之中。人生在世，总会遇到很多悲伤与痛苦，如果不能操之在我，不能掌控自己的情绪，就会成为情绪的奴隶，又何来乐观心态？斯摩尔曾经说过：“做情绪的主人，驾驭和把握自己的方向，使你的生命按照自己的意图提供报酬。记住，你的心态是你——而且只是你——唯一能够完全掌握的东西，学着控制你的情绪，并且利用积极心态来调节情绪，就能超越自己，走向成功。”

悲观的人总是受累于情绪，似乎烦恼、压抑、失落甚至痛苦总是接二连三地袭来，于是频频抱怨生活对自己不公平，企盼某一天欢乐从此降临。但喜怒哀乐是人之常情，想让自己生活中不出现一点烦心之事几乎是不可能的，关键是如何有效地调整、控制自己的情绪，做生活的主人，做情绪的主人。

其实，在我们的精神活动领域，在我们的日常生活里，在我们的事业中，在我们渴望成功，甚至正在走向成功的道路上，都会出现大大小小、不同程度的挫折和失败，我们应该尝试通过心理调控去战胜自我、战胜环境，使自己安然地渡过危机。

由于苦难、逆境，甚至是生理缺陷，产生和造就了一些伟大的人物，因此在很多人的心目中便形成了一种对苦难和逆境的崇拜，而这种崇拜往往是盲目和消极的，实际上并非如他们想象的那样。不论逆境还是顺境，都要有一种积极健康的人生态度，即使步入顺境也要努力为自己设置新的高尚目标，并在追求这一目标中迎接新的困难和挑战，从而发展和完善自己的人格，绝不可以倒退或停留。总之，在困苦中应该保持积极的心态。

一个有抱负的人，必定想在社会中实现自己的理想，让自身价值得到社会承认。但是我们每跨出一步，必然会遇到一些意料不到的阻力。不同的环境对人们的作用是不同的。顺境与逆境、苦难与幸福使当事者付出的代价也是不同的。

人生的哲学不是在陈述和分析这些代价后，使人见异思迁或替自己的堕落与沉沦辩护，而是帮助人们认清现实，更好地适应自身地位的沉浮与所处环境的变迁，应明白一点：操之在我，做自己的主人。

## 积极自我暗示，重塑成功形象

积极的自我暗示，是对某种事物的有力、积极的叙述，这是一种使我们正在想象的事物坚定和持久的表达方式。进行肯定的练习，能让我们开始用一些更积极的思想和概念来替代我们过去陈旧的、否定性的思维模式，这是一种强有力的技巧，一种能在短时间内改变我们对生活的态度和期望的技巧。

约翰·伍登在自己40年的教练生涯中，他所带领的高中和大学球队获胜的概率在80%以上，在全美12年的篮球年赛当中，他所带领的球队曾替加州大学洛杉矶分校赢得10次全国总冠军。如此辉煌的成绩，使伍登成为大家公认的有史以来最称职的篮球教练之一。

曾经有记者问他："伍登教练，请问你如何保持积极的心态？"

伍登很愉快地回答："每天在睡觉以前，我都会提起精神告诉自己：我今天的表现非常好，而且明天的表现会更好。"

"只有这么简短的一句话吗？"记者有些不敢相信。

伍登惊讶地问道："简短的一句话？这句话我可是坚持了20年！重点和简短与否没关系，关键是在于你有没有坚持去做，如果无法持之以恒，就算是长篇大论也没有帮助。"

伍登教练不仅在工作中时刻保持积极的心态，在生活中他也是一个积极乐观的人。例如有一次他与朋友开车到市中心，面对拥挤的车潮，朋友感到非常不满，继而频频抱怨，但伍登却欣喜地说："这真是个热闹的城市。"

朋友好奇地问："为什么你的想法总是异于常人？"

伍登回答说："一点都不奇怪，我总是用心寻找积极的一面，不管是悲是喜，我的生活中永远都充满机会，这些机会的出现不会因为我的悲或喜而改变。只要不断地让自己保持积极的心态，我就可以掌握机会，激发更多的潜在力量。"

积极的心态能够催人上进，激发人潜在的力量。时刻鼓励自己，给自己积极的暗示，有助于我们走出困境，保持积极进取的精神。

自我暗示有很多种方法：可以默不作声地进行，也可以大声地说出来，还可以在纸上写下来，更可以歌唱或吟诵，每天只要进行10分钟有效的练习，就能抵消我们许多年的思想习惯。但归根到底，都是一种积极的心态在起作用。我们经常性地意识到我们正在告诉自己的一切，选择积极的语言和概念，就能够很容易地创造出一个积极的现实。

摩拉里在很小的时候，就梦想站在奥运会的领奖台上，成为世界冠军。

1984年，一个机会出现了，他成了全世界最优秀的游泳者之一，但在洛杉矶的奥运会上，他却只拿了亚军，梦想并没有实现。

他没有放弃希望，仍然每天在游泳池里刻苦训练。这一次目标是1988年韩国汉城奥运会金牌，但他的梦想在奥运预选赛时就烟消云散，他竟然被淘汰了。

带着失败的不甘，他离开了游泳池，将梦想埋于心底，跑去康乃尔念律师学校。有三年的时间，他很少游泳。可是他心中始终有股烈焰，他无法抑制这份渴望。

离1992年夏季赛前不到一年的时间，他决定再孤注一掷。在这项属于年轻人的游泳比赛中，他算是高龄选手了，就像拿着枪矛戳风车的现代堂吉河德，想赢得百米蝶泳的想法简直愚不可及。

这一时期，他又经历了种种磨难，但他没有退缩，不停地告诉自己："我能行。"结果，在不停地自我暗示下，他终于站在世界泳坛的前沿，不仅成为美国代表队成员，还赢得了初赛。

他的初赛成绩比世界纪录只慢了一秒多，奇迹的产生离他仅有一步之遥。

决赛之前，他在心中仔细规划着比赛的赛程，在想象中，他将比赛预演了一遍。他相信最后的胜利一定属于自己。

比赛如他所预想的，他真的站在领奖台上，星条旗冉冉上升，美国国歌响起，他颈上挂上了梦想多年的奥运金牌。

摩拉里没有被消极思想所打败，在艰苦的环境中，他不断地进行积极的自我暗示，终于打破常规，获得了奇迹般的胜利。

自我暗示是世界上最神奇的力量，积极的自我暗示往往能唤醒人的潜在能量，将他提升到人生更高的境界。

自我暗示对于我们的生活如此重要，几乎是无时不在的魔术。因此，每天清晨不妨先告诉自己今天会有个好心情；每当有重大选择和决定的时候，暗示自己：我的选择和决策是明智的。选择积极的自我暗示，等于选择幸福生活，选择与成功人生为伴，它会带来魔术般的奇迹。

# PMA 黄金定律：走向成功的黄金法则

PMA 黄金定律是积极心态的缩写——Positive Mental Attitude。它是成功学大师拿破仑·希尔数十年研究中最重要的发现，他认为之所以人与人之间会有成功与失败的巨大反差，心态起了很大的作用。积极的心态是人人都可以学到的，无论他原来的处境以及他自身的气质与智力怎样。

拿破仑·希尔还认为，我们每个人都佩戴着隐形护身符，护身符的一面刻着 PMA（积极的心态），一面刻着 NMA（消极的心态）。PMA 可以创造成功、快乐，使人到达辉煌的人生顶峰；而 NMA 则会使人终生陷在悲观沮丧的谷底，即使人爬到巅峰，也会被它拖下来。最根本之处在于：这个世界上没有任何人能够改变你，只有你能改变你自己；没有任何人能够打败你，能打败你的也只有你自己。

很多人都认为是环境决定了他们的人生位置，这些人常说他们的想法无法改变。但实际上，我们的境况不是单纯由周围环境造成的。说到底，如何看待人生，由我们自己决定。

只要人活在这个世界上，各种问题、矛盾和困难就不可能避免，拥有积极心态的人能以乐观进取的精神去积极应对，而被消极心态支配的人则悲观颓废，他们在逃避问题和困难的同时也逃避了人生的责任。

对于 PMA 的阐述，拿破仑·希尔是这样认为的：

1. 言行举止像自己希望成为的人

许多人总是要等到自己有了一种积极的感受再去付诸行动，这些人是在本末倒置。心态是紧跟行动的，如果一个人从只想被动地等待着感觉把自己带向行动，那他就永远成不了他想做的积极心态者。

2. 要心怀必胜、积极的想法

谁想收获成功的人生，谁就要当个好“农民”。我们绝不能播下几粒积极乐观的种子，然后指望不劳而获，我们必须不断给这些种子浇水，给幼苗培土施肥。要是疏忽这些，消极心态的野草就会丛生，夺去土壤的养分，甚至让“庄稼”枯死。

3. 用美好的感觉、信心和目标去影响别人

随着你的行动与心态日渐积极，你就会慢慢获得一种美满人生的感觉，信心日增，人生中的目标感也会越来越强烈。紧接着，别人会被你吸引，因为人们总是喜欢和积极乐观者在一起。

4. 使你遇到的每一个人都感到自己很重要、被需要

每一个人都有一种欲望，即感觉到自己的重要性，以及别人对他的需要与感激，这是普通人的自我意识的核心。如果你能满足别人心中的这一欲望，他们就会对自己，也对你抱有

积极的态度，一种你好我好大家好的局面就形成了。

5. 心存感激

如果你常流泪，你就看不到星光。对人生、对大自然的一切美好的东西，我们要心存感激，这样的话，人生会显得美好许多。

6. 学会称赞别人

在人与人的交往中，适当地赞美对方，会增加和谐、温暖和美好的感情。你存在的价值也就会被肯定，使你得到一种成就感。

7. 学会微笑

面对一个微笑的人，你会感到他的自信、友好，同时这种自信和友好也会感染你，使你的自信和友好也油然而生，并使你和对方亲近起来。

8. 到处寻找最佳新观念

有些人认为，只有天才才会有好主意。事实上，要找到好主意，靠的是态度，而不全是能力。一个思想开放、有创造性的人，哪里有好主意，就往哪里去。

9. 放弃鸡毛蒜皮的小事

有积极心态的人不会把时间和精力花费在小事上，因为他们知道小事会使他们偏离主要目标和重要事项。

10. 培养一种奉献的精神

曾任通用面粉公司董事长的哈里·布利斯曾这样忠告属下的推销员："谁尽力帮助其他人活得更愉快、更潇洒，谁就达到了推销术的最高境界。"

11. 自信能让人做好想做的事

永远也不要消极地认定什么事情是不可能的，首先你要认为你能，再去尝试，不断尝试，最后你就会发现你确实能。

或许你无法选择出身、天赋、环境，但你可以选择态度，可以用积极的心态去面对自己的人生，面对这个纷繁复杂的世界。

马尔比·D. 马布科克说："最常见同时也是代价最高昂的一个错误，是认为成功有赖于某种天才、某种魔力、某些我们不具备的东西。"其实并非如此，成功的要素其实掌握在我们自己的手中。成功是运用 PMA 的结果。一个人能飞多高，并非由人的其他因素所决定，而是由他自己的心态所制约。

当然，有了 PMA 并不能保证事事成功，但积极地运用 PMA 可以改善我们的日常生活。在 PMA 的帮助下，我们能够给自己创造一个良好的心灵空间，导引成功之路；而一味沉浸于 NMA 的人却一定不能成功。拿破仑·希尔说："从来没有见过持消极心态的人能够取得持续的成功。即使他们碰运气能取得暂时的成功，那也是昙花一现、转瞬即逝。"

# 不可能？不，可能！

从前有位国王，想挑选一名官员担当一个重要的职务。

他把那些智勇双全的官员全都招集了来，想试试他们之中究竟谁能胜任。

官员们被国王领到一座大门前。面对这座国内最大的、来人中谁也没有见过的大门，国王说：“爱卿们，你们都是既聪明又有力气的人。现在，你们已经看到，这是我国最大最重的大门，可是一直没有打开过。你们中谁能打开这座大门，帮我解决这个久久没能解决的难题？”

不少官员远远地望了一下大门，就连连摇头。有几位走近大门看了看，退了回去，没敢去试着开门。另一些官员也都纷纷表示，没有办法开门。

这时，有一名官员走到大门下，先仔细观察了一番，又用手四处探摸，用各种方法试探开门。几经试探之后，他抓起一根沉重的铁链子，没怎么用力拉，大门竟然开了！

原来，这座看似非常坚牢的大门，并没有真正关上，任何一个人只要仔细察看一下，并有胆量去试一试，比如拉一下看似沉重的铁链，甚至不必用多大力气推一下大门，都可以打得开。如果连摸也不摸，看也不看，自然会对这座貌似坚牢无比的庞然大物感到束手无策了。

国王对打开了大门的大臣说：“朝廷那重要的职务，就请你担任吧！因为你不局限于你所见到的和听到的，在别人感到无能为力时，你却会想到仔细观察，并有勇气冒险试一试。”他又对众官员说：“其实，任何貌似难以解决的问题，都需要我们开动脑筋，仔细观察，并有胆量冒一下险，大胆地试一试。很多问题其实并不像你们想的那么难。”

那些没有勇气试一试的官员们，一个个都低下了头。

对于消极失败者来说，他们的口头禅永远是“不可能”，这已经成为他们的失败哲学，他们“遵循”着“不可能”哲学，一直走向失败，做什么都不会成功。

那些成功的人们，如果当初都在一个个“不可能”的面前，因恐惧失败而退却，放弃尝试的机会，就不可能等到成功的降临，他们也只能一生平凡。不经过勇敢的尝试，就无从得知事物的深刻内涵而勇敢作出决断，即使失败了，也会由于对实际的痛苦亲身经历而获得宝贵的体验，从而在命运的挣扎中愈发坚强，愈发有力，愈接近成功。

只要敢于蔑视困难，把问题踩在脚下，最终你会发现：所有的“不可能”，最终都有可能变为“可能”！

“不可能”只是失败者心中的禁锢，具有积极态度的人，从不将“不可能”当作一回事。

科尔刚到报社当广告业务员时，经理对他说："你要在一个月内完成20个版面的销售。"

20个版面，一个月内？科尔认为这很困难。因为他了解到报社最好的业务员一个月最多才销售15个版面。

但是，他不相信有什么是"不可能"的。他列出一份名单，准备去拜访别人以前招揽不成功的客户。去拜访这些客户前，科尔把自己关在屋里，把名单上客户的名字念了10遍，然后对自己说："在本月之前，你们将向我购买广告版面。"

第一个星期，他一无所获；第二个星期，他和这些"不可能的"客户中的5个达成了交易；第三个星期他又成交了10笔交易；月底，他成功地完成了20个版面的销售。

在月度的业务总结会上，经理让科尔与大家分享经验。科尔只说了一句："不要恐惧被拒绝，尤其是不要恐惧被第1次，第10次，第100次，甚至上千次的拒绝。只有这样，才能将不可能变成可能。"

报社同事给予他最热烈的掌声。

在生活中，我们时常碰到这样的情况：当你准备尽力做成某项看起来很困难的事情时，就会有人走过来告诉你，你不可能完成。其实，"不可能完成"只是别人下的结论，能否完成还要看你自己是否去尝试，是否去尽力。是否去尝试，需要你克服恐惧失败的心理；是否尽力，需要你克服一切障碍，获得力量。以"必须完成"或者"一定能做到"的心态去拼搏奋斗，你一定会做出令人羡慕的成绩。

在积极者的眼中，永远没有"不可能"，取而代之的是"不，可能"。积极者用他们的意志、他们的行动，证明了"不，可能"的"可能性"。

"只要有足够的意志力、足够的头脑和足够的信心，几乎任何事情都可以做到。"不是不可能，只是暂时没有找到方法。不要给自己太多的框框，不要总是"自我设限"，你应该将注意的焦点集中在找方法上，而不是放在找借口上。正如哈瑞·法斯狄克所说："这世界现在进步得太快了，如果有人说某件事不可能做到，他的话通常很快就会被推翻，因为很可能另一个人已经做到了。在信心和勇气之下，只要我们认为可以做到，就可以以科学的方法推翻．不可能．的神话，我们就可能做成任何我们想做的事情。"

## 不被环境摆布，掌握人生主动权

决定我们命运的不是环境，而是心态。无论身处什么样的环境，一旦养成了消极被动的工作态度和习惯，人就很容易不思进取、目光狭隘，慢慢地丧失活力与创造力，忘记了自己当初信誓旦旦的人生信条与职业规划，最终走向好逸恶劳、一事无成的深渊。而最可怕的是生活态度的消极，工作上的消极、失败与无望，这些必然会对人产生非常可怕的负面影响。想想看，一个人消极地面对世界，满眼的灰色，为周围的朋友、同事所不屑，该是多么的可悲！

环境怎样是好？怎样是坏？标准并不在环境本身，而在于人如何自处：置身其间，不迷失自己，保持积极主动的精神，这样的环境再“坏”也是好环境，反之，再“好”的环境也是坏环境。环境对人确实有一定的影响，而最关键的还是人自身，归根结底，顺境或逆境都不能成为消极被动的借口。

1940年10月，贝利生于巴西古拉斯州的一个小镇。

在巴西，男孩子要做的第一件事就是踢球。贝利很小的时候便和小伙伴们玩起了足球。贝利与其伙伴们都是贫穷人家的孩子，他们买不起足球。但困难没有阻挡他们踢球的爱好，于是他们就自己做了一个：找一只最大的袜子，在里面塞满破布和旧报纸，然后把它尽量按成球形，最后将补袜口用绳子扎紧。他们的球越踢越精，球里面塞的东西也越来越多，越来越重。一个男子汉夏天不穿袜子照样可以走路，可是到了冬天，贝利他们仍然没有袜子穿。他们只是这样想：有了东西当球踢，这是多么快乐的事啊！

7岁那年，贝利的姑姑送给他一双半新的皮鞋。他把这双鞋当成了宝贝，只有星期日上教堂才舍得穿，穿上它他感到很神气。他永远不会忘记这双鞋，因为有一天他穿了它踢球，结果鞋子被踢坏了，为这还挨了妈妈的罚。他本来只是想知道穿着鞋踢球是什么滋味。

也就是从那时起，贝利经常去体育场，一边看球，一边替观众擦鞋。球赛结束后爸爸来接他时，他已经赚了不少钱！他们手拉手地回家，非常高兴：父子俩都是有收入的人了！

贝利8岁时进入包鲁市的一所学校学习。他仍然光着脚踢球，不管严冬还是酷暑。他的球技在这日复一日的磨炼中已经让许多大人刮目相看了。就在这之后不久，人们就见识到了这个孩子精彩绝伦的球技。

从球王贝利的成长故事中，我们可以得出这样一个道理：决定我们命运的不是外在的环境、条件，而是我们自身奋斗的程度。只有不被环境摆布，掌控人生主动权的人才配拥有胜利的光环。环境如何并不能成为消极被动的借口。一味把责任推给环境，一个人一旦养成了这种消极的习惯，那么处于顺境或遇到成功时就容易自我满足、停滞不前；处于逆境或遇到困难时就容易轻言放弃、怨天尤人，极难成功。

卡耐基曾经说过：“我的成功原则就是主动。在任何行业里，能达到自己主要人生目标的每一个人，都必须运用这项原则。它之所以十分重要，是因为没有一个人的成功，能够不借助于它的力量。你可以称之为‘主动’的原则。研究一下任何一位被视为确实有所成就的人，你会发现，他都有一个明确的主要目标，也有一个完善的计划以达到他的目标，他的大部分心思和努力，都投注在如何主动去达到这一目标上。”

多数人之所以把自己的生活弄得一团糟，没能获得成功，至少有部分原因是因为他们不能够正确地看待自己，他们对自己往往抱有一种消极悲观的态度。

有些人虽然有目标和理想，而且努力工作，但是最终仍然失败了；有些人希望做些有创造性的事，偏偏无所表现，为什么？问题或许就出在他自己的内心。记住，“人是他自己最可恶的敌人”。

每个人的内心都有一个属于自己的小宇宙，当我们有了某种决心，并且相信它会变为事实时，我们小宇宙里的所有力量就会动起来，进而把自己的决心推向实现的方向。在不经意的某一天，你会发现，自己的梦想真的成为现实了。回头看一看，这些都是当初你自己的选择，重要的是那种认为自己行的念头一直在支撑着你，正是它改变并影响着你的行为。你将自己潜藏的能力表现出来，就像将深深沉睡在地下的矿藏挖掘出来一样，它本是属于你的，关键在于你是否知道自己有，是否相信自己才是自己命运的决定者。

## 积极是永不服老的“年轻态”

每个人都希望自己永远年轻，因而在祝福别人的时候，我们常常会说：青春永驻，永远年轻。但一个人的生命从年轻到衰老，是无法抗拒的自然规律。为了能延缓衰老，让自己多拥有一些年轻时光，一些人追寻各种养生秘方，保健品、保健器械、化妆品、医疗美容
过分关注外在的同时，却忽略了保持青春的另一个重要方面：保持一颗年轻的心。

一个人年轻与否，除了看他（她）的生理年龄和外表，更重要的是看他（她）的心理年龄，即看他是否拥有年轻的心态。如果你徒有一个年轻的外表，而失去了年轻的心，那你的“年轻”必然不会保持多久。保持年轻的心态并不意味着要放弃做一个成年人，回归孩童的幼稚，而是要求我们对待现实的心态更积极一些、热情一些。

对于一个积极生活、热爱生命的人来说，年龄只是一个数字。你若认为自己衰老，你就会变得老气横秋；你若认为自己年轻，你就会变得生机勃勃。岁月只能在人的皮肤上留下皱纹，失去对生活的热情才能使人的心灵起皱。人的一生必然从青年走向老年，只要珍惜和把握，无论在哪一个年龄段，都可以创造人生美景。

美国前总统克林顿在白宫办公桌的玻璃板底下压着一张便条，上书：“年轻，只是一种心态。”克林顿正是以此来不断鞭策自己，始终以饱满的精神状态投入工作。

麦克阿瑟是美国历史上卓有成就的一名五星上将，同时也是获得功勋最多的军人之一。他投身军旅52载，身经两次大战，时时刻刻都以“责任、荣誉、国家”为念。他的名言“老兵不死，只有逐渐凋零”在人们心中留下了深远的回响。

麦克阿瑟一生都十分自信，满怀希望，积极而不疑虑。他晚年时，发表了一篇关于年轻的文章：“年龄使皮肤和灵魂起皱纹，并使你放弃兴趣、爱好，你有信仰就年轻，你若疑虑就年老；你有自信就年轻，你若恐惧就年老；你有希望就年轻，你若绝望就年老。在心底深处藏有一间记录室，如果永远收到美丽、希望、愉快和勇气的讯号，你就永远年轻；当你的心房被悲观和怯懦主义所掩蔽，你就只有渐渐变老，渐渐凋零了。”

无独有偶，塞缪尔·尤尔曼，一个大器晚成、70多岁才开始写作的作家，在作品《年轻》中这样写道：“年轻，不是人生旅程中的一段时光，也不是红颜、朱唇和轻快的脚步，它是心灵中的一种状态，是头脑中的一个意念，是理性思维中的创造潜力，是情感活动中的一股勃勃生机，是使人生春意盎然的源泉。”

年轻，意味着放弃固执的温室和停滞的享受而去开创生活，意味着具有超越羞涩、怯懦的胆识和勇气。这样的人永远不会服老，即使到了60岁，其积极性也不逊于20岁的年轻人。没有人是仅仅因为时光的流逝而衰老的，只有放弃了自己的理想，消极面对世事的人才会变为真正的老人。

欧阳自工作后，一直在镇上教书。因为离农村老家不远，每隔一段时间他便要回家看望父母。走到村上，经常会碰到范大爷正专心致志地在他的那块蔬菜地里忙碌着。他70好几的人，耳不聋，眼不花，筋骨好得很，将那菜园管理得很好。他还经常将菜挑到附近的小集镇上去卖，换些零花钱。因为种得多，卖不了、吃不完，他就经常送些给左邻右舍，连欧阳这个“村外人”也好几次受到了他的“恩惠”。因此欧阳心中特别过意不去，就经常主动地跟他打招呼：“范大爷，您都近80的人啦，儿孙都已成家立业了，您也该享享清福啦！”谁知他一拍大腿：“我年纪不大，才78岁，小着呢！”说完，朗声大笑，担起水桶浇水去了。因为有追求，近80的老人并不觉得自己苍老，每天忙碌在田头。

中科院博导张梅玲教授已年过七旬，但她却风采依旧。还有活跃在教育界的全国著名特级教师王芳、李吉林　　在广大教师的心目中，他们永远是那么年轻、充满活力。是什么让他们如此年轻，如此青春永驻？是不断地追求，对事业的无比热爱。

岁月不可避免地在你的皮肤上留下苍老的皱纹，但若保持热情，岁月就无法在你心灵上刻下痕迹，只有忧虑、恐惧和自卑等消极情绪才会使人苟活于尘世。

无论是70岁还是17岁，每个人的心里都会蕴含着奇迹般的力量，都会对进取和竞争怀着孩子般的无穷无尽的渴望。在每个人的心灵之中，都拥有一个类似无线电台的东西，只要能源源不断地接收来自人类和造物主的美好、希望、欢乐、勇气和力量的信息，你就会永远年轻。

永远年轻的状态是需要用对生活的热情和对人生的挑战去保持的，否则，你的心便会被玩世不恭的冷漠和悲观绝望的严酷所覆盖，哪怕你只有20岁，你也会衰老。但如果你永远保持热情和“不服老”的精神，捕捉每一个积极进取的音符，那你就会有希望在古稀之年依然年轻。

## 积极塑造高情商的自我

情商EQ是Emotional Quotient的简称，翻译过来是情感智慧的意思。

这个概念首先是由美国耶鲁大学教授彼得·沙洛维和新罕布什尔大学教授约翰·梅耶在1990年提出的。1995年10月，美国《纽约时报》专栏作家丹尼尔·戈尔曼出版了《情感智商》一书，把情商这一研究新成果介绍给大众，该书迅速成为世界性的畅销书。一时间，“情感智商”这一概念在世界各地得到了广泛的宣传。

简单地说，情感智商是自我管理情绪的能力。和智商一样，情商是一个抽象的概念，情商是一个度量情绪能力的指标。

关于它的重要性，各方面的专家学者都发表了自己的见解。丹尼尔·戈尔曼认为：“仅有IQ是不够的，我们应用EQ来教育下一代，帮助他们发挥与生俱来的潜能。”EQ的创始人沙洛维博士和梅耶博士说：“EQ已成为20世纪最重要的心理学研究成果。”

如果说智商来自于遗传，即先天既定的因素，那么情商则是来自心灵深处的力量，可以后天培养。

“智商决定论”容易让人们陷入一种被动的、宿命论的境况，而情商则不同，我们可以用这种情绪的智慧来主宰我们的命运。心理学家霍华·嘉纳说：“一个人最后在社会上占据什么位置，绝大部分取决于非智力因素。”

关于情商和智商对于人们成功的影响，在西方一直流传着这么一句话：“智商（IQ）决定录用，情商（EQ）决定提升。”

情商的关键是控制自我，没有自制力的人终将一无所成，因为一点的小刺激和小诱惑他都会抵制不了，进而深陷其中。

控制自我情绪是种重要的能力，也是人区别于动物的重要标志。人是有理性的人，不能单纯依赖感情行事。

卡耐基的经历给了我们很好的启示。

有一次，卡耐基和办公大楼的管理员发生了一场误会，这场误会导致了他们之间相互的憎恨。这位管理员为表示对卡耐基的不满，便时不时给卡耐基添些小麻烦。一天，管理员知道整栋大楼里只有卡耐基在办公室里时，立刻把全楼的电灯关了。这样的情形发生了好几次，最后，卡耐基忍无可忍，决定“反击”。

某个周末，机会来了。卡耐基正在他的办公室里准备一份计划书，忽然电灯熄灭了。卡耐基立刻跳起来，奔向楼下的地下室，他知道在那儿可以找到这位管理员。当卡耐基到那儿时，发现管理员正倚在一张椅子上看报纸，还吹着口哨，仿佛什么事情都未发生似的。

卡耐基立刻破口大骂。一连5分钟之久，他用尽了天下所有的脏字来侮辱管理员。最后，卡耐基实在想不出什么骂人的词句，只好放慢语速。这时候，管理员放下手中的报纸，脸上露出微笑，并以一种充满自制和镇静的声音说：“呀，你今天有点儿激动，不是吗？”他的话像一支利箭，一下子刺进了卡耐基的心。

卡耐基羞愧难当：站在自己面前的是一位只能以开关电灯为生的工人，但在这场战斗中他却打败了自己，而且这场战斗的场合和武器，都是他自己挑选的。

卡耐基一言不发，转过身，以最快的速度回到办公室。他再也做不了任何事了。当卡耐基把这件事反省了一遍又一遍后，他立即看出了自己的错误。坦率地说，他很不愿意采取行动来改正自己的错误，但卡耐基知道，必须向那个人道歉，内心才能平静。最后，他花了很久的时间才下定决心，到地下室去忍受必须忍受的那种羞辱。

卡耐基到地下室后对那位管理员说道：“我回来为我的行为道歉，如果你愿意接受的话。”管理员脸上露出了微笑，说：“凭着上帝的爱心，你用不着向我道歉。除了这四堵墙壁，以及你和我之外，并没有人听见你刚才说的话。我不会把它说出去的，我知道你也不会说出去的，因此，我们不如就把此事忘了吧。”

卡耐基听了这话，羞愧再次刺痛了他的心。他抓住管理员的手，使劲握了握。卡耐基不仅是用手和他握手，更是用心和他握手。在走回办公室途中，卡耐基心情十分愉快，因为他终于鼓起勇气，解决了自己做错的事。由此卡耐基一再告诫我们，自制是一种十分难得的能力，它不是枷锁，而是对你有利的警钟。

那些以为自制就会失去自由的人，对“自由”与“自制”的意义显然还没有深刻的领会。因为自制不是要你失去自由，而它恰恰是为了保证自由在最大限度内得以实现。

追求自由是无可非议的，但我们不能放任自流。一点也不加以限制的自由，本身就潜藏着无穷的害处与危险，严重的时候，它会像脱缰的马儿一样难以控制。世界上不存在绝对的自由，真正意义上的自由是“戴着镣铐跳舞”。

给情绪一个自制的阀门，塑造一个高情商的自我，我们自然会做到潇洒自如，赢得卓越的人生。

# 相信“天生我材必有用”

今天，有太多太多的人不相信自己能够成功，反而质疑自己是否具有成功的能力。对于自己的一事无成，他们常常能找到各种借口、理由来搪塞。悲观主义、消极情绪泛滥，是我们时代的一个特点，弥漫在我们的社会当中。在很多人身上，我们看不到一点渴望追求成功的影子，相反，他们给人的印象倒像是某种力量的受害者。

怀疑主义是一切进步事业的死敌，也是个人追求自我完善的死敌。不相信自己的人，多半从来不能实现自己的梦想。要相信你自己，相信你的朋友、你的家庭，相信你所希望拥有的最终几乎都可以得到，相信你的成功是来自自己的努力，而非侥幸，相信你向生活投资一分，最终生活会回报你一分。

在儿童时代，我们就常常被告知，雪花是独一无二的，没有任何两片雪花是相同的。我们的指纹、声音和DNA也是如此。因此可以肯定，我们每一个人都是独一无二的个体。

畅销书《世界上最伟大的推销员》的作者奥格·曼狄诺说：“我是自然界最伟大的奇迹。自从上帝创造了天地万物以来，没有一个人和我一样，我的头脑、心灵、眼睛、耳朵、双手、头发、嘴唇都是与众不同的。言谈举止和我完全一样的人以前没有，现在没有，以后也不会有。虽然四海之内皆兄弟，然而人人各异。我是独一无二的。”

每个人都是独一无二的，而使我们独一无二的标志就是，我们通过思想意识的作用而在自己内部带来变化的能力。我们对自己的认知、对自己的定位以及我们将要实现的目标决定着我们在这个世界上独特的位置。

客观地认识你自己当然是困难的，然而作为一个想正正经经做一番事业的人，我们首先对自己要有个正确的认识。比如说，你可能解不出那样多的数学难题，或记不住那样多的外文单词，但你在处理事务方面却有着特殊的本领，能知人善任，具有高超的组织能力；你在物理和化学方面也许差一些，但在写小说、诗歌方面却是能手；也许你分辨音律的能力不行，但却有一双极其灵巧的手；也许你连一张桌子也画不像，但却有一副动人的歌喉；在认识到自己的长处这个前提下，如果你能扬长避短，认准目标，抓紧时间把一件工作或一门学问刻苦地、认真地做下去，久而久之，自然会结出丰硕的成果。你要相信：天生我材必有用！

柯南道尔作为医生并不著名，写小说却名扬天下——每个人都有自己的特长，都有自己特定的天赋与素质，如果你选对了符合自己特长的努力目标，就能够成功，否则就多少会自己埋没自己。

在成才的道路上，我们不仅要认识自己、相信自己，而且还需要一点点勇气。

巴罗·罗特希尔德一生的座右铭是“勇往直前”，这也是世界上大多数成功者的成功秘诀。

自信，往往能使平凡的男男女女做出惊人的事业来。胆怯和意志不坚定的人即便有出众的才干、优良的天赋、高尚的性格，也终难成就伟大的事业。

一个人的成就，绝不会超出他自信所能达到的高度。如果拿破仑在率领军队越过阿尔卑斯山的时候，只是坐着说：“这件事太困难了。”那么他就永远不会越过那座高山。所以，无论做什么事，坚定不移的自信心是达到成功所必需的和最重要的因素。

自信，是伟大成功的源泉。不论才干大小、天资高低，成功都取决于坚定的自信力。相信能做成的事，一定能够成功。反之，不相信能做成的事，那就绝不会成功。

只有领悟到这一点，并且不断努力，你才可能成为杰出的人物。所以，任何人都有坚强的意志，要相信自己，要坚定“天生我材必有用”的意识。

英国著名的评论家海斯利特曾说：“低估自己者，必为别人所低估。”

体育界盛行一句话：“不用，就会失去。”肌肉如果不运用，就会萎缩，而这种萎缩程度之大，足可以加害于身体。如果我们不去唤醒我们的潜在能力，这些能力会转化成自我毁灭的渠道。如果你不断地挖掘你的潜能，你的一生都会充满令人激动的探险。为了充分挖掘自身的潜力，我们首先应该认识它们。

一个人只有具备积极的自我意识，才会知道自己是个什么样的人，并知道自己能够成为什么样的人。因而他能积极地开发和利用自己身上的巨大潜能，干出非凡的事业来。罗斯福曾说过：“杰出的人不是那些天赋很高的人，而是那些把自己的才能尽可能发挥到最高限度的人。”

想象自己能够成功，用积极的动机推动行为的发展，通过不懈的努力，你就能达到目标。

第三章

# 你是最好的自己

## 每个生命都从不卑微

著名企业家迈克尔出身贫寒，家境穷困潦倒。在从商以前，他曾是一家酒店的服务生，干的就是替客人搬运行李、擦车的活。

有一天，一辆豪华的劳斯莱斯轿车停在酒店门口，车主人吩咐一声：“把车洗洗。”迈克尔那时刚刚中学毕业，还没有见过世面，从未见过这么漂亮的车子，不免有几分惊喜。他边洗边欣赏这辆车，擦完后，忍不住拉开车门，想上去享受一番。这时，正巧领班走了出来，“你在干什么？穷光蛋！”领班训斥道，“你不知道自己的身份和地位吗？你这种人一辈子也不配坐劳斯莱斯！”

受辱的迈克尔从此发誓：“这一辈子我不但要坐上劳斯莱斯，还要拥有自己的劳斯莱斯！”

他的决心是如此强烈，以至于成了他人生的奋斗目标。许多年以后，当他事业有成时，果然买了一辆劳斯莱斯轿车！

如果迈克尔也像领班一样认定自己的命运，那么，也许今天他还在替人擦车、搬运行李，最多做一个领班。霍兰德说：“在最黑的土地上生长着最娇艳的花朵，那些最伟岸挺拔的树木总是在最陡峭的岩石中扎根，昂首向天。”而高普更是一语道破天机，他说：“并非每一次不幸都是灾难，早年的逆境通常是一种幸运，与困难作斗争不仅磨炼了我们的人生，也为日后更为激烈的竞争准备了丰富的经验。”

美国NBA男子职业联赛中有一个夏洛特黄蜂队，黄蜂队有一位身高仅1.60米的运动员，他就是蒂尼·伯格斯——NBA最矮的球星。伯格斯这么矮，怎么能在巨人如林的篮球场上竞技，并且跻身大名鼎鼎的NBA球星之列呢？这是因为伯格斯的自信。

伯格斯自幼十分喜爱篮球，但由于身材矮小，伙伴们瞧不起他。有一天，他很伤心地问妈妈：“妈妈，我还能长高吗？”妈妈鼓励他：“孩子，你能长高，长得很高很高，会成为人人都知道的大球星。”从此，长高的梦像天上的云在他心里飘动着，每时每刻都闪烁着希望的火花。

“业余球星”的生活即将结束了，伯格斯面临着更严峻的考验——1.60米的身高能打好职业赛吗？

伯格斯横下心来，决定要在高手如云的NBA赛场上闯出自己的一片天地。“别人说我矮，反倒成了我的动力，我偏要证明矮个子也能做大事情。”在威克·福莱斯特大学和华盛顿子弹队的赛场上，人们看到蒂尼·伯格斯简直就是个“地滚虎”，从下方来的球90%都被他收走……

后来，凭借精彩出众的表现，蒂尼·伯格斯加入了实力强大的夏洛特黄蜂队，在他的一份技术分析表上写着：投篮命中率50%，罚球命中率90%……

一份杂志专门为他撰文，说他个人技术好，发挥了矮个子重心低的特长，成为一名使对手害怕的断球能手。“夏洛特的成功在于伯格斯的矮”，不知是谁喊出了这样的口号。许多人都赞同这一说法，许多广告商也推出了“矮球星”的照片，上面是伯格斯淳朴的微笑。

成为著名球星的伯格斯始终牢记着当年妈妈鼓励他的话，虽然他没有长得很高很高，但可以告慰妈妈的是，他已经成为人人都知道的大球星了。其实，每个生命都不卑微。在我们的生活中，也许我们常常会看到这样的人，他们因自己角色的卑微而否定自己的智慧，因自己地位的低下而放弃自己的梦想，有时甚至因被人歧视而消沉，因不被人赏识而苦恼。这个时候，我们就应该给予他们更多的支持和鼓励，而不是冷漠的鄙视和嘲笑。

## 强悍的自信心是远离痛苦的唯一方法

自信的释义是：对自己恰当、适度的信心，也是心理健康的重要标志。如果你有了自信，你就是最有魅力的人。做一个不依不靠、独立自主的人，并不一定非得是那种自主创业的强人，但是在内心深处必须要有一个信念，一定要做强者！

俗话说心态决定一切，尤其是你对自己本人的态度，这不仅决定着每一件具体事情的结果，更决定着你将面临一个什么样的命运。

老天对每一个人都是公平的：如果他没给你一个漂亮的面孔，一定会给你相当高的智商；如果没有给你一副苗条的身材，一定会给你一个健壮的身体；如果没有给你白皙的皮肤，一定会给你一张可人的笑脸……总之，不会厚此薄彼。只有最自信的人、最有勇气追求的人才最有魅力可言。

小青是一个极其普通的农村女青年，当年高考落榜后，她不甘消沉，勤奋苦学。后来，她到大城市去打工，日子的艰苦自然能够想象得到。一个外地人受本地人欺压不说，有时一天三餐都吃不饱，可是小青并没有因为生活的艰辛而放弃梦想，她一直坚信自己可以摆脱这种穷苦的生活。

后来，她到一家报社毛遂自荐要当一名记者，她的文笔确实不错，思维很敏捷，并且不要一分工资，因而成功被录用。小青的日常生活就靠写稿来维持。经过几年的努力，她成了一位颇有名气的记者，而且在所有女记者当中，她是最年轻的一位。

自信是成功人生最初的驱动力，是人生的一种积极的态度和向上的激情。在我们周围，有许多人或许没有迷人的外表，或许没有骄人的年龄，但是他们拥有自信，每天都开心地面对工作和生活，给朋友的笑容永远是最灿烂的，声音永远是最甜美的，祝福也是最真诚的。他们总是给人一种赏心悦目、如沐春风的感觉，他们凭着自己的信心去过自己想要的生活，这样的人永远自信快乐。

自卑的人，可以从下面这些途径和方法中找到自己的自信。

1. 挑前面的位置坐

日常生活中，在教室或教堂的各种聚会中，不难发现后排的位置总是先被坐满。大部分选择后面座位的人有个共同点，就是缺乏自信。坐在前面能建立自信，把它作为一个准则试试看。当然，坐在前面会惹人注目，但是要明白，有关成功的一切都是显眼的。

2. 试着当众发言

许多有才华的人却无法发挥他们的长处参与到讨论中，他们并不是不想发言，而是缺乏自信。从积极这个角度来说，尽量地发言会增强自己的信心，不论是赞扬还是批评，都要大胆地说出来，不要害怕自己的话说出来会让人嘲笑，总会有人同意你的意见，所以不要再问自己："我应该说出来吗？"

该说的时候一定要大声说出来，提高自信心的一个强心剂就是语言能力。一个人如果可以把自己的想法清晰、明确地表达出来，那么他一定具有明确的目标和坚定的信心。

3. 加快自己的走路速度

通常情况下，一个人在工作、情绪上的不愉快，可以从他松散的姿势、懒惰的眼神上看出来。心理学家指出，改变自己的走路姿势和速度，可以改变心理状态。看看周边那些表现出超凡自信心的人，走路的速度肯定比一般人要快一些。从他们的步伐中可以看到这样一种信息：我自信，相信不久之后我就会成功。所以，试着加快自己的走路速度。

4. 说话时，一定要正视对方

眼睛是心灵的窗户，和对方说话时眼神躲躲闪闪就意味着：我犯了错误，我瞒着你做了别的事，怕一接触你的眼神就会穿帮。这是不好的信息。而正视对方就等于告诉他：我非常诚实，我光明正大，我告诉你的话都是真的，我不心虚。想要你的眼睛为你工作，就要让你的眼神专注别人，这样不但能增强自己的信心，而且能够得到别人的信任。

5. 不要顾忌，大声地笑

笑可以使人增强信心，消除内心的惶恐，还能够激发自己战胜困难的勇气。真正的笑不但能化解自己的不良情绪，还能够化解对方的敌对情绪。向对方真诚地展露微笑，相信对方也不会再生你的气了。当你生气时，一定要对自己大声地笑，能大笑的时候就大笑，微微一笑是起不到什么大作用的，只有露齿大笑才能看到成效。

自信的人是最美的，他所散发出来的魅力不会因外表的平凡而有丝毫的减少。要用一种欣赏的眼光看世界，更要用欣赏的眼光看自己。好好欣赏你自己，因为自信，所以你魅力四射，让世界更加五彩缤纷，绚丽多姿。

## 信心是力量与希望的源泉

并不是每一个贝壳都可以孕育出珍珠，也不是每一粒种子都可以萌生出幼芽，流水也会干涸，高山也可崩塌，而自信的人，可以在纷乱红尘中自由驰骋，游刃有余。

凡是自信的人都具有独立思考的能力以及忍辱负重的耐力，以智慧判断出自己所需要的东西，树立正确的理想并且为之奋斗。人的一生，只有为自己作出了准确定位，放稳了自己的脚步，才能做到有目的而不盲从，遇挫折而不退缩，才能活出生命的意义。

沙粒之所以能成为珍珠，只是因为它有成为珍珠的信念。芸芸众生都只是一粒粒平凡的沙子，但只要怀有成为珍珠的信念，就能长成一颗颗珍珠。

很久以前，有一个养蚌人，他想培养一颗世上最大最美的珍珠。

他去海边沙滩上挑选沙粒，并且一颗一颗地问那些沙粒，愿不愿意变成珍珠。那些沙粒一颗一颗都摇头说不愿意。养蚌人从清晨问到黄昏，他都快要绝望了。

就在这时，有一颗沙粒答应了他。

旁边的沙粒都嘲笑起那颗沙粒，说它太傻，去蚌壳里住，远离亲人、朋友，见不到阳光、雨露、明月、清风，甚至还缺少空气，只能与黑暗、潮湿、寒冷、孤寂为伍，不值得。

可那颗沙粒还是无怨无悔地随着养蚌人去了。

斗转星移，几年过去了，那颗沙粒已长成了一颗晶莹剔透、价值连城的珍珠，而曾经嘲笑它傻的那些伙伴们，依然只是一堆沙粒，有的已风化成土。

也许你只是众多沙粒中最最平凡的一粒，但只要你有要成为珍珠的信念，并且忍耐着、坚持着，当走过黑暗与苦难的长长隧道时，你就会惊讶地发现，在不知不觉中，你已长成了一颗珍珠。每颗珍珠都是由沙子磨砺出来的，能够成为珍珠的沙粒都有着成为珍珠的坚定信念，并为之无怨无悔。

很多人都曾有过怀才不遇的感觉，自认为自己的才华未得到别人的认可，能力无处施展，这时候，不妨反观自身，以弥补自己的缺陷，使自己的满腔热情与自信在沉淀之后变得更加坚韧。

其实，人最佳的心态莫过于能屈能伸，既要有成为珍珠的信念，也要在信念的实现过程中承受必要的压力，甚至屈辱。在现实生活中，有的人会“为了理想把侮辱当饭吃”，还有的人会为了坚持理想，不惜忍辱负重。

这些人的做法，在很多人看来，是无法理解的。也许他们认为自己的行为有意义，因而不在意别人的侮辱，一心一意只为了实现理想。

我们常常将理想比作前行路上的灯塔，即使海面波浪翻滚，狂风暴雨，依然能够为船只照亮前行的方向，这理想即是信念，更是智慧的导航。

## 我们真正恐惧的其实只是恐惧本身

自卑使他们不敢主动与人交往，不敢在公共场合发言，消极应付工作和学习，不思进取。古人说，“有长必有短，有明必有暗”，所以每个人都是一样的，人人都有自卑的一面。而在通往成功的路上，只有战胜自卑，才能成为一个自信的成功者。

米勒太太年纪轻轻就已经是有作品出版的作家，可是仍然举止笨拙，常感自卑。她有点儿胖，因此她总是觉得衣服穿在别人身上比较好看。她在赴宴会之前要打扮好几个小时，可是一走进宴会厅就会感到自己一团糟，总觉得每个人都在对她评头论足，在心里耻笑她。

有一天晚上，米勒太太忐忑不安地去参加一个宴会，在门外碰见一位年轻女士。“你也是要进去的吗？”“大概是吧，”她扮了个鬼脸，“我一直在附近徘徊，想鼓起勇气进去，可是我很害怕。我总是这样子的。”“为什么？”米勒太太在灯光下看看她，觉得她很漂亮。“我也害怕得很。”米勒太太坦言，她们都笑了，不再那么紧张。她们走向人声嘈杂的地方。米勒太太的紧张心理油然而生。“你没事吧？”她悄悄问道。这是她生平第一次心不在自己身上，而在另一个人身上。这对她自己也有帮助，她们开始和别人谈话，米勒太太开始觉得自己是这群人中的一员，不再是个局外人。

在回家的路上，米勒太太和她的新朋友谈起各自的感受。“觉得怎么样？”“我觉得比先前好多了，米勒太太。”“我也如此，因为我们并不孤独。”米勒太太想：这句话说得真对！我以前觉得孤立，认为世界其余的人都自信十足，可是如今遇到了一个和自己同样自卑的人，之前我让不安全感吞噬了，根本不会去想别的。现在我得到了另一个启示：会不会有很多人看来谈笑风生，但实际上心中也忐忑不安？米勒太太想起本地报馆那个态度无礼的编辑来，那个编辑似乎总是对她不冷不热的，问他问题，他只草草答复。米勒太太觉得他的目光永远不和自己的目光接触，她总觉得他不喜欢自己，现在，米勒太太怀疑会不会是他怕自己不喜欢他。

第二天去报馆时，米勒太太深吸一口气，对那位编辑说：“你好，安德森先生，见到你真高兴！”米勒太太微笑着。以前，她习惯一面把稿子丢在他桌上，一面低声说道：“我想你不会喜欢它。”这一次米勒太太改口道：“我真希望你喜欢这篇稿子，你的工作一定非常吃力。”“的确吃力。”那位编辑叹了口气。米勒太太没有像往常那样匆匆离去，她坐了下来。米勒太太问起他的家人，那位编辑露出了微笑，严峻的脸变得柔和起来。米勒太太感到自己自在多了。

哈佛大学拉德克利夫女子学院的海伦·凯勒说：“对于凌驾于命运之上的人来说，信心是命运的主宰。”自卑就是一种过多的自我否定而产生的自我贬低的情绪体验，是一种认为自己在某些方面不如他人的自我意识和自己瞧不起自己的消极心理，是由主观和客观原因造成的。长期被自卑情绪笼罩的人，一方面感到自己处处不如别人，一方面又害怕别人瞧不起自己，逐渐形成了敏感多疑、胆小孤僻等不良的个性特征。就像最初的米勒太太那样。

# 勇敢地做自己的上帝

人生总是会遇到不顺的情况，很多人处于不利的困境时总期待借助别人的力量改变现状，殊不知，在这个世界上，最可靠的人不是别人，而是你自己，为何总想着依赖别人，而不是依赖自己呢？在这个世界上，你要勇敢地做你自己的上帝，因为，你的命运只能由你自己来主宰。

从事个性分析的专家罗伯特·菲利浦有一次在办公室接待了一位因自己开办的企业倒闭、负债累累、离开妻女四处为家的流浪者。那人进门打招呼说："我来这，是想见见这本书的作者。"说着，他从口袋里拿出一本名为《自信心》的书，那是罗伯特多年前写的。流浪者说："一定是命运之神在昨天下午把这本书放入我的口袋里的，因为我当时决定跳入密歇根湖，了此残生。我已经看破一切，认为一切已经绝望，所有的人（包括上帝在内）已经抛弃了我。但还好，我看到了这本书，它使我产生了新的看法，为我带来了勇气及希望，并支持我度过昨天晚上。我已下定决心，只要我能见到这本书的作者，他一定能协助我再度站起来。现在，我来了，我想知道你能替我这样的人做些什么。"

在他说话的时候，罗伯特从头到脚打量着这位流浪者，发现他眼神茫然、神态紧张。这一切都显示，他已经无可救药了，但罗伯特不忍心对他这样说。因此，罗伯特请他坐下，要他把自己的故事完完整整地说出来。

听完流浪汉的故事，罗伯特想了想，说："虽然我没有办法帮助你，但如果你愿意的话，我可以介绍你去见一个人，他可以帮助你赚回你所损失的钱，并且协助你东山再起。"罗伯特刚说完，流浪汉立刻跳了起来，抓住他的手，说道："看在上天的分上，请带我去见这个人。"

他会为了"上天的分"而提此要求，显示他心中仍然存在着一丝希望。所以，罗伯特拉着他的手，引导他来到从事个性分析的心理试验室，和他一起站在一块窗帘之前。罗伯特把窗帘拉开，露出一面高大的镜子，罗伯特指着镜子里的流浪汉说："就是这个人。在这个世界上，只有这个人能够使你东山再起，除非你坐下来，彻底认识这个人——当作你从前并未认识他——否则，你只能跳到密歇根湖里。因为在你对这个人未作充分的认识之前，对于你自己或这个世界来说，你都将是一个没有任何价值的废物。"

流浪汉朝着镜子走了几步，用手摸摸他长满胡须的脸孔，对着镜子里的人从头到脚打量了几分钟，然后后退几步，低下头，开始哭泣起来。过了一会儿，罗伯特领他走出电梯间，送他离去。

几天后，罗伯特在街上碰到了这个人。他不再是一个流浪汉形象，他西装革履，步伐轻快有力，原来的衰老、不安、紧张已经消失不见。他说，感谢罗伯特先生让他找回了自己，并很快找到了工作。

后来，那个人真的东山再起，成为芝加哥的富翁。

人要勇敢地做自己的上帝，因为真正能够主宰自己命运的人就是自己，当你相信自己的力量之后，你的脚步就会变得轻快，你就会离成功的目标越来越近。只有做自己的上帝，你才能充分发挥你自身的潜能。如果你还在等待别人的帮助，那就在这一刻改变吧。

从 21 世纪人才的竞争来看，社会对人才素质的要求是很高的，除了具备良好的身体素质和智力水平，还必须具备生存意识、竞争意识、科技意识，以及创新意识。这就要求我们从现在开始注重对自己各方面能力的培养，只有使自己成为一个全面的、高素质的人，才可能在未来的竞争中站稳脚跟，取得成功。

人若失去自我，是一种不幸；人若失去自主，则是人生最大的缺憾。赤、橙、黄、绿、蓝、靛、紫，每个人都应该有自己的一片天地和特有的亮丽色彩。你应该果断地、毫无顾忌地向世人宣告并展示你的能力、你的风采、你的气度、你的才智。在生活的道路上，必须自己做选择，不要总是踩着别人的脚印走，不要总是听凭他人摆布，而要勇敢地驾驭自己的命运，调控自己的情感，做自己的主宰，做命运的主人。

善于驾驭自我命运的人，是最幸福的人。只有摆脱了依赖，抛弃了拐杖，具有自信、能够自主的人，才能走向成功。自立自强是走入社会的第一步，是打开成功之门的金钥匙。

真正的自助者是令人敬佩的觉悟者，他会藐视困难，而困难也会在他面前轰然倒地。

行动起来，因为只有你自己才能真正帮助自己。依赖别人，不如期待自己。

## 从现在起，不再对自己进行否定

英国著名政治改革家和道德家塞缪尔·斯迈尔斯认为，一个人必须养成肯定事物的习惯。如果不能做到这一点，即使潜在意识能产生更好的作用，仍旧无法实现愿望。与肯定性的思考相对的，就是否定性的思考，凡事以积极的方式即是肯定，而以消极的方式则是否定。

人类的思考容易向否定的方向发展，所以肯定思考的价值愈发重要。如果经常抱着否定的想法，必然无法期望理想人生的降临。有些人嘴里硬说没有这种想法，事实上已经受到潜在意识的不良影响了。

有些人经常否定自己，“凡事我都做不好”，“人生毫无意义可言，整个世界只是黑暗”，“过去屡屡失败，这次也必然失败”，“没有人肯和我结婚”，“我是个不善交际的人”……持这类想法的人，生活往往不快乐。

当我们问及此种想法由何产生，得到的回答多半是：“这是认清事实的结果。”尤其是忧郁者，他们会异口同声地说：“我想那是出于不安与忧虑吧！我也拿自己没办法。”然而，换一个角度去想，现实并不如你所想象的那么糟，例如有些人会想：“我虽然一无是处，但也过得自得其乐，不是吗？”

肯定自我，有了乐观而积极的想法，你才会找到新的人生方向和意义。诸如失恋、失业之类的残酷事实，有时会不可避免地发生，但千万不要因此而绝望地否定自己，从此一蹶不振。肯定思考不涉及任何意念智慧的高低，而全赖思考的层面而定，亦即对于事物所思考的结果。

当人处于绝望状态时，更应肯定思考，如在人生遭遇悲惨的时刻告诉自己：“与其呼天唤地，不如以积极的态度来面对。”

俩兄弟相伴去遥远的地方寻找人生的幸福和快乐。他们一路上风餐露宿，在即将到达目的地的时候，遇到了一条风急浪高的大河，而河的彼岸就是幸福和快乐的天堂。关于如何渡过这条河，两个人产生了不同的意见，哥哥建议采伐附近的树木造成一条木船渡过河去，弟弟则认为无论哪种办法都不可能渡得了这条河，与其自寻死路，不如等这条河流干了，再轻轻松松地走过去。

于是，建议造船的哥哥每天砍伐树木，辛苦而积极地制造木船，同时也学会了游泳；而弟弟则每天躺在床上睡觉，然后到河边观察河水流干了没有。直到有一天，已经造好船的哥哥准备扬帆的时候，弟弟还在讥笑他的愚蠢。

不过，哥哥并不生气，临走前只对弟弟说了一句话：“你没有去做这件事，怎么知道它不会成功呢？”

能想到等河水流干了再过河，这确实是一个“伟大”的创意，可惜这是个注定永远失败的创意。这条大河终究没有干枯，而造船的哥哥经过一番风浪最终到达彼岸，俩人后来在这条河的两岸定居了下来，也都有了自己的子孙后代。河的一边叫幸福和快乐的沃土，生活着一群我们称之为积极思考的人；河的另一边叫失败和失落的荒地，生活着一群我们称之为消极空虚的人。

积极和消极这两种截然相反的心态会带给人们巨大的反差。如果以消极的态度来对待一件事，这种态度就决定了你不能出色地完成任务；只有以积极的态度来对待，你才能出色地、超乎寻常地完成这件事。当然，持有消极心态的人并非完全不能转变成一个具有积极心态的人。

总之，任何事物都有两面性，至于我们所知所欲的境地，其实都是基于自己将意愿刻印在潜意识中的结果之故。如果对此一味悲哀，或无所适从，不但无法改变目前状况，也很难实现人生理想。所以说，即使身处绝境，仍应保持肯定的思考态度，积极的思考能使你集中所有的精力去成就一番事业。

## 自卑就是对自己的抱怨

自卑就是对自己的抱怨。抱怨自己，就会在士气上削减自己的能量，使自己变得更加懦弱，更加没有信心。

自卑的人，情绪低沉，郁郁寡欢，常因害怕别人看不起自己而不愿与人来往，只想与人疏远，缺少朋友，顾影自怜，甚至自疚、自责、自罪；自卑的人，缺乏自信，优柔寡断，毫无竞争意识，抓不住稍纵即逝的机会，享受不到成功的乐趣；自卑的人，常感疲劳，心灰意懒，注意力不集中，工作没有效率，缺少生活情趣。

如果一个人总是沉迷在自卑的阴影中，那无异于给自己套上了无形的枷锁。但是如果能够认清自己，懂得换个角度看待周围的世界和自己的困境，那么许多问题就会迎刃而解了。

一位父亲带着儿子去参观凡·高故居，在看过那张小木床及裂了口的皮鞋之后，儿子问父亲："凡·高不是位百万富翁吗？"父亲答："凡·高是位连妻子都没娶上的穷人。"

第二年，这位父亲带儿子去丹麦，在安徒生的故居前，儿子又困惑地问："爸爸，安徒生不是生活在皇宫里吗？"父亲答："安徒生是位鞋匠的儿子，他就生活在这栋阁楼里。"

这位父亲是一个水手，他每年往来于大西洋的各个港口；这位儿子叫伊东布拉格，是美国历史上第一位获普利策奖的黑人记者。20年后，在回忆童年时，他说："那时我们家很穷，父母都靠卖苦力为生。有很长一段时间，我一直认为像我们这样地位卑微的黑人是不可能有什么出息的。好在父亲让我认识了凡·高和安徒生，这两个人告诉我，上帝没有轻看卑微。"

富有者并不一定伟大，贫穷者也并不一定卑微。上帝是公平的，他把机会放到了每个人面前，自卑的人也有相同的机会。

自卑常常在不经意间闯进我们的内心世界，控制着我们的生活，在我们有所决定、有所取舍的时候，向我们勒索着勇气与胆略；当我们碰到困难的时候，自卑会站在我们的背后大声地吓唬我们；当我们要大踏步向前迈进的时候，自卑会拉住我们的衣袖，叫我们小心地雷。一次偶然的挫败就会令你垂头丧气，一蹶不振，将自己的一切否定，你会觉得自己一无是处，窝囊至极，你会掉进自罪的旋涡。

自卑就像蛀虫一样啃噬着你的人格，它是你走向成功的绊脚石，它是快乐生活的拦路虎。如果一个人很自卑，那他不仅不会有远大的目标，他也永远不会出类拔萃。

自卑是一种压抑，一种自我内心潜能的人为压抑，更是一种恐惧，一种损害自尊和荣誉的恐惧，所以，我们只有比别人更相信并且珍爱自己，我们才能发挥自己最大的潜力，开创出属于自己的天地。

## 克服自卑的 11 种方法

自卑，就是自己轻视自己，认为自己不如别人。自卑心理严重的人，并不一定就是他本人具有某种缺陷或短处，而是不能悦意容纳自己，自惭形秽，常把自己放在一个低人一等，不被自己喜欢，进而演绎成别人看不起的位置，并由此陷入不能自拔的境地。

自卑的人心情低沉，郁郁寡欢，常因害怕别人瞧不起自己而不愿与别人来往，只想与人疏远，他们缺少朋友，甚至自责、自罪；他们做事缺乏信心，没有自信，优柔寡断，毫无竞争意识，享受不到成功的喜悦和欢乐，因而感到疲劳，心灰意懒。

征服畏惧，战胜自卑，不能夸夸其谈，止于幻想，而必须付诸实践，见于行动。建立自信最快、最有效的方法，就是去做自己害怕的事，直到获得成功。

1. 认清自己的想法

有时候，问题的关键是我们的想法，而不是我们想什么事情。人的自卑心理来源于心理上的一种消极的自我暗示，即“我不行”。正如哲学家斯宾诺莎所说：“由于痛苦而将自己看得太低就是自卑。”这也就是我们平常说的自己看不起自己。悲观者往往会有抑郁的表现，他们的思维方式也是一样的。所以先要改变带着墨镜看问题的习惯，这样才能看到事情乐观的一面。

2. 放松心情

努力放松心情，不要想不愉快的事情。或许你会发现事情并没有原来想的那么严重，会有一种豁然开朗的感觉。

3. 幽默

学会用幽默的眼光看事情，轻松一笑，你会觉得其实很多事情都很有趣。

4. 与乐观的人交往

与乐观的人交往，他们看问题的角度和方式，会在不知不觉中感染你。

5. 尝试小小的改变

先做一点小的尝试。比如，换个发型，画个淡妆，买件以前不敢尝试的比较时髦的衣服……看着镜子中的自己，你会觉得心情大不一样，原来自己还有这样一面。

6. 寻求他人的帮助

寻求他人的帮助并不是无能的表现，有时候当局者迷，当我们在悲观的泥潭中拔不出来的时候，可以让别人帮忙分析一下，换一种思考方式，有时看到的东西就大不一样。

7. 要增强信心

只有自己相信自己，乐观向上，对前途充满信心，并积极进取，才是消除自卑、走向成功的最有效的补偿方法。悲观者缺乏的，往往不是能力，而是自信。他们往往低估了自己的实力，认为自己做不来。记住一句话：你说行就行。事情摆在面前时。如果你的第一反应是我能行，那么你就会付出自己最大的努力去面对它。同时，你知道这样继续下去的结果是那么诱人，当你全身心投入之后，最后你会发现你真的做到了。反之，如果认为自己不行，自己的行为就会受到这个念头的影响，从而失去太多本该珍惜的好机会，因为你一开始就认为自己不行，最终失败了也会为自己找到合理的借口："瞧，当初我就是这么想的，果然不出我所料！"

8. 正确认识自己

对过去的成绩要作分析。自我评价不宜过高，要认识自己的缺点和弱点，充分认识自己的能力、素质和心理特点。要有实事求是的态度，不夸大自己的缺点，也不抹杀自己的长处，这样才能确立恰当的追求目标。特别要注意对缺陷的弥补和优点的发扬，将自卑的压力变为发挥优势的动力，从自卑中超越。

9. 客观全面地看待事物

具有自卑心理的人，总是过多地看重自己不利、消极的一面，而看不到有利、积极的一面，缺乏客观全面地分析事物的能力和信心。这就要求我们努力提高自己透过现象抓本质的能力，客观地分析对自己有利和不利的因素，尤其要看到自己的长处和潜力，而不是妄自嗟叹、妄自菲薄。

10. 积极与人交往

不要总认为别人看不起你而离群索居。你自己瞧得起自己，别人也不会轻易小看你。能不能从良好的人际关系中得到激励，关键还在自己。要有意识地在与周围人的交往中学习别人的长处，发挥自己的优点，多在群体活动中培养自己的能力，这样可预防因孤陋寡闻而产生的畏缩躲闪的自卑感。

11. 在积极进取中弥补自身的不足。

有自卑心理的人大多比较敏感，容易接受外界的消极暗示，从而愈发陷入自卑中不能自拔。而如果能正确对待自身的缺点，变压力为动力，奋发向上，就会取得一定的成绩，从而增强自信，摆脱自卑。

## 自信，人生才能有幸

从小到大，我们听过长辈无数次的教诲要对自己有信心，要自信，可每到关键时刻都会不由自主的怀疑自己。我可以吗？我真的行吗？等事情结束了又在抱怨："如果当初坚持我的看法就好了，我明明是对的。"我们就在自己的抱怨声中错过了一次又一次接近成功的机会。

拳击运动员在看准目标后，收拢五指，攥紧拳头，积聚全身的力量用力出击，一拳又一拳地打在对手身上，扎扎实实。我们看到的是力量。

春天小草破土而出，歪歪斜斜的扎根在属于它的土壤里，即便忍受风吹雨打，即便遭人践踏，仍然顽强的生存着。我们看到的是韧性。

诸葛亮大开城门，城楼拂琴，童子侍立，卒扫西街，虽无兵迎敌，却逼得司马懿引兵而退。我们看到的是沉着冷静，气若神闲。

很多时候，自信对我们而言，就是一种积蓄了很久突然迸发出的力量，是来自生命力中不屈不挠的韧性，是内心的淡定和坦然。孔子说，"仁者不忧，智者不惑，勇者不惧"，能做到不忧、不惑、不惧的人，内心必然是无比强大和自信的。不看重外在世界的纷繁变化，不在意个人利益的得与失，内心的强大与坦然，能够化解许许多多的遗憾。而内心的这份强大与坦然，就是来自自信，只有相信自己，才能调动起你所有向上的潜能。

萧伯纳曾经说过，"有信心的人，可以化渺小为伟大，化平庸为神奇"。俗话说，能登上金字塔的生物只有两种，老鹰和蜗牛。虽然我们不能人人都能像雄鹰一样展翅翱翔、一飞冲天，但至少我们可以像蜗牛那样凭着自己的信念和耐力不断前行。每个人生来都是不同的个体，但我们每个人都有对生活的热爱，有对高尚的渴望，有对真理的追求。自信能让我们感到生命的活力，保持勇往直前、奋发向上的劲头。人生需要进取的力量，而自信是和力量成正比的。只有具备了足够进取力量的认识，才是激昂向上的人生。但是，在这个过程中，我们要认清自己，不能盲目自信。每个人都有优点，自信是在内心提醒自己看到自己的优点，从而把优点变成行动力，而不是明知做不到却故意为之。蜗牛可以爬上金字塔，但如果说它也能翱翔在蓝天，那就是自欺欺人了。

如果把我们的生命比作一片沃土，那么，自信心就是一粒生命的种子，它深藏在每个人心里，随时都可能发芽并开出绚烂夺目的花朵。不要让属于你的这粒生命种子永远埋在土里。

# 只要心中有灯，就能驱散黑暗

真正的智者，总是站在有光的地方。太阳很亮的时候，生命就在阳光下奔跑。当太阳熄灭，还会有那一轮高挂的明月。当月亮熄灭了，还有满天闪烁的星星，如果星星也熄灭了，那就为自己点一盏心灯吧。无论何时，只要心灯不灭，就有成功的希望。

紫霄未满月就被白发苍苍的奶奶抱回家。奶奶含辛茹苦把她养到小学毕业，狠心的父母才从外地返家。父母重男轻女，对女儿非常刻薄。她生病时，父母会变本加厉地迫害她，母亲说："我看你就来气，你给我滚，又有河又有老鼠药又有绳子，有志气你就去死。"还残忍地塞给她一瓶"安定"。13 岁的小姑娘没有哭，在她幼小的心灵里，萌生了强烈的愿望——她一定要活下去，并且还要活出一个人样来！

被母亲赶出家门，好心的奶奶用两条万字糕和一把眼泪，把她送到一片净土——尼姑庵。紫霄满怀感激地送别了奶奶后，心里波翻浪涌，难道我的生命就只能耗在这没有生气的尼姑庵吗？在尼姑庵，法名"静月"的紫霄得了胃病，但她从不叫痛，甚至在她不愿去化缘而被老尼姑惩罚时，她不皱眉也不哭。但是叛逆的个性正在潜滋暗长。在一个淅淅沥沥的清晨，她揣上奶奶用鸡蛋换来的干粮和卖棺材得来的路费，踏上了西去的列车。几天后，她到了新疆，见到了久违的表哥和姑妈。在新疆，她重返课堂，度过了幸福的半年时光。在姑妈的建议下，她回安徽老家办户口迁移手续。回到老家，她发现再也回不了新疆了，父母要她顶替父亲去厂里上班。

她拿起了电焊枪，那年她才 15 岁。她没有向命运低头，因为她的心中还有梦。紫霄业余苦读，通过了《写作》《现代汉语》和《文学概论》自学考试。第二年参加高考，她考取了安徽省中医学院。然而她知道因为家庭的原因自己是无法实现的，上大学成了她的梦想。

1988 年底，紫霄的第一篇习作被《巢湖报》采用，她看到了生命的一线曙光，她要用缪斯的笔来拯救自己。多少个不眠之夜，她用稚拙的笔饱蘸浓情，抒写自己的苦难与不幸，倾诉自己的顽强与奋争。多篇作品飞了出去，耕耘换来了收获，那些心血凝聚的稿件多数被采用，还获了各种奖项。1989 年，她抱着自己的作品叩开了安徽省作协的门，成了其中的一员。

文学是神圣的，写作是清贫的。紫霄毅然放弃了从父亲手里接过的"铁饭碗"，开始了艰难的求学生涯。因为她知道，仅凭自己现在的底子，远远不能成大器。她到了北京，在鲁迅文学院进修。为生计所迫，生性腼腆的她当起了报童。骄阳似火，地面晒得冒烟，紫霄挥汗如雨，怯生生地叫卖。天有不测风云，在一次过街时，飞驰而过的自行车把她撞倒了。看着肿起的脚踝，紫霄的第一个反应是这报卖不成了。她没有丧失信心，用那几天卖报赚来的钱补交了学费，只休息了几天，就开始了半工半读的生活。命运之神垂怜她，让她结识了莫言、肖亦农、刘震云、宏甲等作家，有幸亲聆他们的教诲，她感到莫大的满足。

为了节省开支，紫霄住在某空军招待所的一间堆放杂物的仓库里。晚上，这里就成了她的“工作室”，她的灯常常亮到黎明。星期天，她包揽了招待所上百床被褥的浆洗活，有一次她累昏在水池旁，幸遇两位女战士把她背回去，灌了两碗姜汤，她苏醒过后，便接着去干剩下的活。

紫霄后来的经历就要“顺利”得多。随文怀沙先生攻读古文、从军、写作、采访、成名，这一切似乎顺理成章，然而这一切又不平凡。

她是一个坚强的女子，是一个不向困难俯首称臣的奇女子。她把困难视作生命的必修课，而她得了满分。“一个人最大的危险是迷失自己，特别是在苦难接踵而至的时候……命运的天空被涂上一层阴霾，她始终高昂那颗不愿低下的头。因为她胸中有灯，它点燃了所有的黑暗。”一篇采访紫霄的专访在题词中写了这样的话，在主人公心中，那盏灯就是自己永远也未曾放弃过的希望。

## 每个人都有未知的可能性

成功学大师卡耐基曾说：“多数人都拥有自己不了解的能力和机会，都有可能做到未曾梦想的事情。”生活中，许多人都以为自己能力有限，但是只要尽力而为，往往能做出骄人的成绩。其实，每个人身上都隐藏着无穷无尽的潜能，只要在恰当的时机来引爆，他就能做出令自己都无法想象的事情来。

小山真美子是一位年轻的妈妈，她身材矮小。一天，她在楼下晒衣服，忽然发现她4岁的儿子从8楼的家里掉了下来。见此情景，她飞奔过去，赶在孩子落地之前将孩子接在了怀里，俩人仅仅受了一点儿轻伤。这条消息在《读卖新闻》发布后，引起了日本盛田俱乐部的一位法籍田径教练布雷默的兴趣。因为根据报纸上刊出的示意图，他算了一下，从20米外的地方接住从25.6米高处落下的物体，必须跑出约每秒9.65米的速度，而这是一个无人能及的短跑速度！

为此，布雷默专门找到小山真美子，问她那天是怎样跑得那么快的。“是对孩子的爱，”小山这样回答，“因为我不能看到他受到伤害！”小山的回答给了布雷默一个重要的启示：人的潜力其实是没有极限的，只要你拥有一个足够强烈的动机！

布雷默回到法国后，专门成立了一家“小山田径俱乐部”，把小山的故事作为激励运动员突破自我极限的动力。结果他手下的一位名叫沃勒的运动员在世界田径锦标赛上获得了 800 米比赛的冠军。当记者问他是怎样在强手如林的比赛中夺冠时，沃勒回答说：“是小山真美子的故事。因为当我在跑道上飞跑时，我就想象我就是小山真美子，是去救我的孩子！”小山真美子能创造短跑奇迹，靠的是她刹那间迸发出来的巨大潜力。沃勒 800 米比赛夺魁，靠的是对小山真美子救子的激励，从而引爆体内的潜能。

人的潜力是无穷的，有了刺激，才会往前跑、向上跳。有了机会，才知道自己的实力有发挥的空间。

生活中，很多人总是在想，这不可能的，我学历那么低，怎么敢应聘那家公司；我长得不够漂亮，他怎么会喜欢我；我表达能力不好，怎么敢在会议上发言；我五音不全，怎么好意思在大家面前唱歌……事实上，你虽然没有别人英俊潇洒，但你可能身强体壮；你虽然不会琴棋书画，但你可能思维敏捷，逻辑清晰……上帝不会给人全部，但他绝对不会亏待你，所以你一定要做自己的伯乐，发掘自己的潜能。

拿破仑·希尔曾经说过：“抱着微小希望，只能产生微小的结果，这就是人生。”美好的人生始自你心里的想象，即你希望做什么事，成为什么人。在你心里的远方，应该稳定地放置一幅自己的画像，然后向前移动并与之吻合。如果你替自己画一幅失败的画像，那么，你必将远离胜利；相反，替自己画一幅获胜的画像，你与成功即可不期而遇。

生命蕴藏着巨大的潜能，这种潜能无法估量。对自己的生命拥有热爱之情，对自己的潜能抱着肯定的想法，这样，生命就会爆发出前所未有的能量，创造令人惊奇的成绩。

## 要心存盼望地看待未来

对尚未到来的事情，不要总是表现出忐忑不安，而是要心存盼望地看待未来。因为有时候，命运会受控于我们的思想，如果自己希望发生好的事情，那么就可能发生好的事情，但是如果自己一直都在恐惧和不安中度过，那么很可能命运就会顺从你的意愿，给你安排更多的苦难和不幸。

她只是一个平凡而普通的妇人。1937 年她丈夫死了，她觉得非常颓丧，而且她几乎一文不名。她写信给她以前的老板李奥罗区先生，请他让她回去做她以前的工作。她以前靠推销《世界百科全书》过活。两年前，她丈夫生病的时候，她把汽车卖了，现在她勉强凑足钱，分期付款才买了一部旧车，又开始出去卖书。

她原本想，再回去做事或许可以帮她摆脱困境。可是要一个人驾车，一个人吃饭，这几乎令她无法忍受。有些区域简直就做不出什么成绩来，虽然分期付款买车的数目不大，她却很难付清。

1938 年的春天，她在密苏里州的维沙里市，看到那里的学校条件都很差，路又很坏，很难找到客户，她一个人又孤独又沮丧，有一次甚至想要自杀。她觉得成功是不可能的，活着也没有什么希望。每天早上她都很怕起床面对生活。她什么都怕，怕付不出分期的车款，怕付不出房租，怕没有足够的东西吃，怕她的健康状况变糟而没有钱看医生。让她没有自杀的唯一理由是，她担心她的姐姐会因此而觉得很难过，而且她的姐姐也没有足够的钱来支付自己的丧葬费用。

然而有一天，她读到一篇文章，使她从消沉中振作起来，使她有勇气继续活下去。她永远感激那篇文章里那一句很令人振奋的话："对一个聪明人来说，太阳每天都是新的。"她把这句话打印下来，贴在车子前面的挡风玻璃上，这样，在她开车的时候，就能看见这句话。她发现每次只活一天并不困难，她学会忘记过去，每天早上都对自己说："今天又是新的一天。"

她成功地克服了对孤寂的恐惧和对生存的恐惧。她现在很快活，并对生命保持着热忱和爱。她现在知道，不论在生活上碰到什么事情，都不要害怕；她现在知道，不必惧怕未来；她现在知道，只要活一天，而"对一个聪明人来说，太阳每天都是新的"。

在日常生活中可能会碰到令人兴奋的事情，也同样会碰到令人消极的、悲观的事情，这本来是正常现象，如果我们的思维总是围着那些不如意的事情，就很容易失去前进的动力。因此，我们应尽量做到脑海想的、眼睛看的，以及口中说的都应该是光明的、乐观的、积极的，相信每天的太阳都是新的，明天又是新的一天，发扬向前看的精神才能使我们在事业中获得成功。

古希腊诗人荷马曾说过："过去的事已经过去，过去的事无法挽回。"泰戈尔在《飞鸟集》中也写道："只管走过去，不要逗留着去采了花朵来保存，因为一路上，花朵会继续开放的。"的确，昨日的阳光再美或者风雨再大，也移不到今日的画册，我们为何不好好把握现在，充满希望地面对未来呢?

# 勇于将愿望付诸行动

有一位老教授，一生爱好收藏，早年收藏了许多价值连城的古董。他的老伴很早就死了，留下三个孩子。后来，孩子们长大以后就出国了，很少回来看他。

孩子不在身边，老教授一直很寂寞，所幸还有一个昔日的学生经常来陪着他。

许多人都说："这位年轻人放着自己的正事不干，成天陪着老头子，好像很孝顺的样子，他这样做都是为了老头子的钱！"

老教授的孩子们，也常从国外打电话回来，叮咛老教授务必小心，千万不要被骗。

"我当然知道，"老教授总是这么说，"我又不是傻瓜。"

后来老教授死了。律师宣读遗嘱时，三个孩子都从国外赶回来，老教授的那一位学生也到了。遗嘱宣读之后，三个孩子的脸都绿了，因为听到老教授居然把大半的收藏都留给了那个学生。

同时，老教授在遗嘱上向孩子们解释说："我知道他可能看上我的古董收藏。但是，在我寂寞的晚年，只有他才是真正照顾我的人！孩子们尽管爱我，但是说在嘴里、挂在心上，却从不伸出手来照顾我。就算我这位学生的热心都是假的，但是，能够这样陪我、照顾我十几年，连句怨言都没有，这是你们都没有做到的。"

诚如老教授所说，只是在嘴上说出美好的愿望却没有实际行动的人是多么不正常和不真诚啊，虽然我们在做事情的时候没有必要提前宣布，但我们必须要在行动中表现出我们的愿望。尽管行动有时候并不能帮助我们达成自己的愿望，但是没有行动的愿望就只能是空想，它永远都不可能被落实在生活的深处。

有一个一贫如洗的年轻人总是想着如何能够摆脱贫穷，但又不想付诸行动，于是他每隔两三天就到教堂祈祷，而且他的祷告词几乎每次都相同。

第一次他到教堂时，跪在圣坛前，虔诚地低语："上帝啊，请念在我多年来敬畏您的分上，让我中一次彩票吧！"

几天后，他又垂头丧气地回到教堂，同样跪着祈祷："上帝啊，为何不让我中彩票？我愿意更谦卑地来服侍您，求您让我中一次彩票吧！"

又过了几天，他再次出现在教堂，同样重复着他的祈祷。如此周而复始，他不间断地祈求着。

到了最后一次，他跪着说："我的上帝，您为什么不垂听我的祈求呢？让我中彩票吧！只要一次，让我解决所有困难，我愿终身奉献，专心侍奉您。"

就在这时，圣坛上空发出了一阵宏伟庄严的声音："我一直在垂听你的祷告。可是——最起码，你老兄也该先去买一张彩票吧！"

现实生活中没有如此愚蠢的事，但却有如此愚蠢的人。心中有好的想法却不愿或不敢行动起来，类似的事情在你身上也可能发生。想想你是不是常常渴望成功，却没有为成功做出过一丝一毫的努力？

你应该懂得，要成功，光有愿望是不够的，还必须拥有一定要成功的决心，配合确切的行动，坚持到底，方能成功。

行动，是通往成功的清幽小路。只有下定决心，历经学习、奋斗、成长这些不断的行动，才有资格摘下成功的甜美果实。而大多数的人，在开始时都拥有很远大的梦想，如同故事中那位祈祷者。但却从未掏腰包真正去买过一张彩票。缺乏决心与实际行动的梦想，于是开始萎缩，种种消极与不可能的思想衍生，甚至于就此不敢再存任何梦想，过着随遇而安、乐于知命的平庸生活。

这也是为何成功者总是占少数的原因。了解了一些成功哲学后的你，是否真心愿意在此刻为自己的理想，认真地下定追求到底的决心，并且马上行动呢？

## 相信美好的存在

人只有相信一些东西，才会真的感觉到它的存在，哪怕生活中的美好只是一个遥远而模糊的印象，也要用你纯净的心使它变得清晰。

曾经蚂蚁对大象说，请你相信生活是美好的！因为你是那么的强壮，能够轻易地搬动一块石头；曾经小草对大树说，请你相信生活是美好的！因为你是那么的高大，能够最早看到美丽的阳光；曾经麻雀对雄鹰说，请你相信生活是美好的！因为你是那么的有力，能够翱翔在蓝天白云之际。

请你相信一些美好的存在，尽管在你我的身边总有一些不尽如人意的地方，请把你的眼光拿开，不要专注于那些痛苦哀愁、烦恼忧伤。换一种眼光，换一种心情，去看看生活中那些开心的事，那些感觉到希望的事，你难道不觉得生活是美好的吗？

不要猜测所有的疑问，因为你的信任会美化了所有的瑕疵。当你无端的猜测，好多看似完美的东西，不顾一切地寻找真相时，你会很难过！那我们最好不要那么做，不是吗？与其找到了他的残缺后失望的心痛，还不如保留那些美好还带着满足的微笑！有时欺骗也是很美好的！不是我们丢失了寻找瑕疵的勇气，而是我们生活中的一切都并不完美。

所以，请选择相信，相信美好是存在的，这不是懦夫所为，而是懂得了一份可贵的美丽。我们也许为了别人的快乐放弃了自己的求真，那样并不是错误的。那只是成就了一种善意的幸福。也许我们无法正常地理解这种幸福，那是需要细细品味的。我想我们都要学会成全、学会放弃，那样的生活或许更美好。

当我们不断地执着于一些早就名存实亡的事物时，那不如早点儿放弃这样无谓的牺牲。放弃其实也是很美丽的。我们要正确地对待一切事物，该执着固然要努力追求，而对于一些早已磨灭的东西我们该放在记忆的盒子里，当作一种奇异的珍宝收藏。生活本该是美好单纯的，不要让它复杂!

请相信一切都是美好的，不要去扭曲他的姿态，相信生活就这样——如朝霞的绚烂、如海的广阔、如露水的晶莹。

# 第四章

# 在难搞的日子笑出声来

## 人生没有真正的难题

“经营之神”松下幸之助从不向命运低头。9岁时，因为家境贫困，他不得不外出赚取生活费。他远赴大阪谋职，母亲为他准备好行囊，并送他到车站。临行前，母亲特地向同行的人诚恳地拜托：“这个孩子要单独去大阪，请各位在旅途中多多关照。”母亲悲凄的背影给他留下了深刻的印象。不久，松下幸之助来到大阪，在船场火盆店当学徒，开始了艰苦的谋生。小小年纪，远离亲人，他感到孤单无助，甚至丧失了生活的信心。有一次，店主叫住他，递给他一个五钱的白铜货币，说是薪水。他吃惊极了，他从来没有见过五钱的白铜货币，这对穷人家的孩子来说，是一个相当可观的数目。报酬激起了他工作的激情，也扬起了他奋斗的风帆。靠着不可思议的欲望的支持，他变得更加坚强。他不辞辛苦地打杂，磨火盆，有时，一双手磨得皮破血流，连提水、打扫的活儿都干不了，但他咬牙挺了过来。渐渐地，松下幸之助掌握了自己的命运。

俄国作家列夫·托尔斯泰说：“人生不是一种享乐，而是一桩十分沉重的工作。”人生不可能永远一帆风顺，人生旅程中，如同穿越崇山峻岭，时而风吹雨打，困顿难行，时而雨过天晴，鸟语花香。当苦难来临时，有的人自怨自艾，意志消沉，一蹶不振；而有的人则不屈不挠，与苦难作斗争，成为生活的强者。苦难是人生的必修课，强者视它为垫脚石。

在希腊神话中，西绪弗斯是仅次于俄狄浦斯王的悲剧人物。他触犯了众神，众神为了惩罚他，要求他把一块巨石推上山顶。由于那巨石太重了，每每未上山顶就又滚下山去，前功尽弃，于是他就不断重复、永无止境地做这件事。持续重复无效无望的劳动确实是最严厉的惩罚了。

有一天，一位哲人遇见正在下山的西绪弗斯。他本能地想要逃避，因为他很怕见到这种身受大不幸的人，譬如说身患绝症的人，或刚死了亲人的人。因为对他们的不幸，他既不能有所表示，怕犯忌，又不能无所表示，怕显得没心没肺。正在犹豫之间，他瞥见西绪弗斯并不是一副愁眉苦脸的神态，而是吹着口哨，迈着轻盈的步伐，看上去无忧无虑。不过，哲人还是有些局促不安，不知道怎么和这样一个苦命的神祇打招呼。

没想到西绪弗斯先开口了，他举起手，满怀欢喜地对哲人说："喂，你瞧，我逮了一只漂亮的蝴蝶！"

哲人望着他渐渐远去的背影，不禁思忖：总有一些事情是宙斯的神威鞭长莫及的，那是一些太细小的事情，因此便有了西绪弗斯的幸福。

能够克服困难，首先就向成功迈进了一大步。成功者首先是从困境中崛起的。困境可以锻炼一个人的品格，也可以激发一个人向上发展的勇气和潜力。在困境中，当被逼得无路可退，无路可走时，人们往往会想出办法来自救，无形之中反而促成了人生的辉煌。所以，人应该感谢苦难，感谢苦难中所孕育的成功。

在巴西，男孩子主要做的一件事就是踢球，贝利很小的时候便和小伙伴们玩起了足球（当然是光着脚踢）。贝利与伙伴们都是贫穷人家的孩子，他们买不起球。但困难没有阻挡他们踢球的爱好，于是他们就自己做了一个：先找一只最大的袜子，塞满了破布或旧报纸，然后把它尽量揉成球形，最后外面用绳子扎紧。他们的球越踢越精，球里面塞的东西也越来越多，越来越重。有些袜子是他们从晒衣绳上直接取下来的。到了冬天，贝利他们仍然没有袜子穿，他们只是这样想：有了东西当球踢，这是多么快乐的事啊！

7岁那年，贝利的姑姑送给他一双半新的皮鞋。他把这双鞋当成了宝贝，只有星期日上教堂才舍得穿，穿上它感到很神气。他特别记得这双鞋，因为有一天他穿着它踢球，结果鞋踢坏了，为此还挨了妈妈的罚。他本来只是想知道穿着鞋踢球是什么滋味！也就是从7岁起，贝利经常去体育场，一边看球一边替观众擦鞋挣钱。贝利8岁时进入包鲁市的一所学校学习。他仍然光着脚踢球，不管严冬，还是酷暑。他的球技在这日复一日的磨炼中已经让许多大人刮目相看了。人们开始带着赞美之意叫他"贝利"了。

如果幸福是人生的目标，那么，苦难就是人们达到这一目标必不可少的条件。要享受成功的快乐就必须承受痛苦和挫折。事实上，苦难往往是化了妆的幸福，人生从来没有真正的绝境，无论遭受多少艰辛与苦难，只要我们仍具有坚持信念的勇气，总有一天，我们能走出困境，让生命重新开花结果。

## 人生没有绝对的苦乐

《周易》的乾卦中有一则关于神龙的故事：

一位哲人站在深渊旁，看着深渊里潜藏的神龙。

神龙问哲人："啊！尊敬的老先生，我有呼风唤雨的神通，通天彻地的变化，却不得不深藏在深渊之中。请问我何时才能昂首挺胸，飞腾在蓝天之上呢？"

哲人回答："现在冰天雪地，阴气正盛，你不要轻举妄动，否则会招来灾祸。"

过了几天，春雷滚动了，哲人呼唤道："神龙啊，快快腾飞吧！现在正是你一展身手的时候！"于是，波翻浪涌，神龙跃出深渊，盘旋了一圈，驾着白云向青天飞去。

在空中，它播云降雨，地上的人们纷纷仰望。神龙得意了，向更高的天空上升，哲人赶紧呼喊道："神龙啊，停下来吧！上到极点，你还要去哪里呢？"可是神龙不听，继续升高，地上的人们看不到它了，云气也托不住它了，它的身子迅速坠落，这时它开始后悔，可惜为时已晚。

这则故事暗含的人生哲理可谓丰富：人面临的境遇是不断变化的，就如变化是这个世界的本质状态一样。潜藏在深渊的时候，不能焦急丧气，要心怀乐观；一飞冲天时，更不能骄傲自满，盲目乐观，要居安思危。

海伦·凯勒对生活的乐观情绪感染着全世界，星云大师也对她在坎坷命运面前表现出的乐观态度大为赞赏。"面对阳光，你就会看不到阴影。"这句话既是海伦的生命写照，也是星云大师所提倡的生活态度。

好事不一定全好，坏事不一定全坏，"人生没有绝对的苦乐"，只有每个人在苦乐面前表现出的不同态度，而这种态度在很大程度上取决于心量的大小。

有位信徒问无德禅师说："同样一颗心，为什么心量有大小的分别呢？"

禅师并未直接回答，他对信徒说："请你将眼睛闭起来，默造一座城垣。"

于是，信徒闭目冥思，心中构想了一座城垣。

信徒说："城垣造完了。"

禅师说："请你再闭眼默造一根毫毛。"

信徒又照样在心中造了一根毫毛。

信徒说:“毫毛造完了。”

禅师问:“当你造城垣时，是否只用你一个人的心去造?还是借用别人的心共同去造呢?”

信徒回答道:“只用我一个人的心去造。”

禅师问道:“当你造毫毛时，是否用你全部的心去造?还是只用了一部分的心去造呢?”

信徒回答道:“用全部的心去造。”

接着，禅师就对信徒开释:“你造一座大的城垣，只用一个心;造一根小的毫毛，还是用一个心，可见你的心能大能小啊!”人心能大能小，痛苦和快乐也源于人心的不同。张中行先生曾在《快乐》一文中说:“快不快乐，完全是由自己的想法决定。”

生活中，每个人都会遇到一些让人伤心或烦恼的事情，作为生活主角的我们，应该学会适应自己所处的环境，不死钻牛角尖，乐观地面对生活。从心理学的角度来看，这是一种积极的“心理自我调整”，只有善于调整自我的人，才能健康、快乐地生活。

## 生活是一片百花园，苦难也芬芳

逆境也可以说是一种挫折，面对挫折时我们不要退缩，更不要埋怨挫折对你无休止的磨难，要学会用心灵打磨挫折，用热情去迎接挫折，用坚韧不拔的意志去战胜挫折。

命运是无情的，也许我们每个人都无法选择它。即使经历苦难，我们也只有默默地承受而无处躲藏，但是，很多时候，我们会发现，在经历了苦难之后，我们的心开始变得勇敢，我们的意志开始变得坚强……

贝蒂天资聪颖，思维敏捷，从小就被称为难得一见的“神童”。

15 岁时，当别的孩子还在中学嬉笑打闹，她已经成为巴西第一学府圣保罗大学德语系的一名学生，毕业之后直接留校，教授德语精读课。23 岁时，以优异的成绩赴德留学。

然而，天妒英才，谁能想到正值人生最璀璨阶段的她，患上了一种叫作“黄斑变性”的眼疾。五彩斑斓的世界慢慢从她眼前消失了，由雾蒙蒙到白花花，直到完全黑暗。无数人为她扼腕叹息，深深忧虑，不知道这个天才怎么渡过这从天而降的劫难。

然而，勤奋好学的贝蒂并没有让自己长时间处于消极低落中，而是坦然接受了失明的事实，还积极地行动起来适应这种生活。

首先，她用超乎常人的毅力学会了盲文。其次，作为一个老师，她开始艰难地练习在黑板上写字。自从患病后，贝蒂总是随身携带一个袖珍型的小录音机，就是一个简单的电话号码，她也会用录音机录下来。上课的时候，左手贴在黑板上悄悄估计字的大小，右手紧跟着奋笔疾书。为了一行漂亮的板书，她不知在家里练了多少遍，在房门上、在硬纸板上，让自己慢慢感觉以往所忽略的身体律动，来协调左右手之间的搭配。

就是这样坚韧不拔的努力，让她在教学品质评量表上屡屡收获100分的骄人成绩。

而贝蒂只是平淡地说："我从没觉得自己与其他人有什么不同，站到讲台上我就是老师，和其他所有的老师一样，把自己所知道的教给学生。或许我们每个人的人生道路不一样，但我相信每个人都有一种强烈的生存欲望，我只是尽全力让这种欲望变成现实而已。"

人的天性就是敬仰强者，唾弃弱者。想得到他人的认可，自己先要变得强而有力。也许生活是有缺陷，但生活的意义却是给人们同样的机会，有信心和勇气去争取，就会战胜自身的缺陷，在生命的困顿中出人头地，找到生活的意义。

在坎坷的路途上，坚强勇敢的人捉得住机会，他们战胜了，他们存活下来了，他们就出人头地！我们每一个人都要经历磨难，我们不应该被磨难压弯了脊柱，而应做一个把苦难打倒的坚韧之人。

在弱者眼里，苦难是鞋里的细沙；而在强者眼里，苦难则是一颗华丽的珍珠。苦难让我们变得更加坚强，苦难让我们始终保持着清醒的头脑，苦难让我们知道我们所拥有的都是来之不易的，它让我们学会了对生活的感恩，学会了对生活的珍惜……

感谢苦难，感谢那曾经带给我们无限痛苦的命运女神。

## 没有永久的不幸

有人说："没有永久的幸福，也没有永久的不幸。"尽管在生活中，我们每个人都会遇到各种各样的挫折和不幸，而且有的人不仅仅要承受一种磨难，有的人受打击的时间可以长达几年、十几年，但是让人极度讨厌的厄运也有它的"致命弱点"，那就是它不会持久存在。

人们在遭受了生活的打击之后，总是习惯抱怨自己的命运不好，身边没有能够帮忙的朋友，家世也不好，没有可依靠的父母，等等。其实抱怨并不能解决问题，当问题发生的时候，我们一定要相信——厄运不久就会远走，转运的一天迟早会到来。

宾夕法尼亚州匹兹堡有一个女人，她已经35岁了，过着平静、舒适的中产阶层的家庭生活。但是，她突然连遭四重厄运的打击。丈夫在一次事故中丧生，留下两个小孩；没过多久，一个女儿被烤面包的油脂烫伤了脸，医生告诉她孩子脸上的伤疤终生难消，母亲为此伤透了心；她在一家小商店找了份工作，可没过多久，这家商店就关门倒闭了；丈夫给她留下一份小额保险，但是她耽误了最后一次保费的续交期，因此保险公司拒绝支付保费。

碰到一连串不幸事件后，女人近于绝望。她左思右想，为了自救，她决定再做一次努力，尽力拿到保险补偿。在此之前，她一直与保险公司的下级员工打交道。当她想面见经理时，一位多管闲事的接待员告诉她经理出去了。她站在办公室门口无所适从，就在这时，接待员离开了办公桌。机遇来了，她毫不犹豫地走进里面的办公室。结果，看见经理独自一人在那里。经理很有礼貌地问候了她。她受到了鼓励，沉着镇静地讲述了索赔时碰到的难题。经理派人取来她的档案，经过再三思索，决定应当以德为先，给予赔偿，虽然从法律上讲公司没有承担赔偿的义务。工作人员按照经理的决定为她办了赔偿手续。

但是，由此引发的好运并没有到此中止。经理尚未结婚，对这位年轻寡妇一见倾心。他给她打了电话，几星期后，他为她推荐了一位医生，医生为她的女儿治好了病，脸上的伤疤被清除干净；经理通过在一家大百货公司工作的朋友给她安排了一份工作，这份工作比以前那份工作好多了。不久，经理向她求婚。几个月后，他们结为夫妻，而且婚姻生活相当美满。

这个故事很好地阐释了“厄运”的寿命，厄运不会一直存在于我们的生活里。

易卜生说：“不因幸运而故步自封，不因厄运而一蹶不振。真正的强者，善于从顺境中找到阴影，从逆境中找到光亮，时时校准自己前进的目标。”

任何时候都不要因厄运而气馁，厄运不会时时伴随你，阴云之后的阳光很快就会来临。

## 苦难让生命散发芳香

人生路漫漫，充满了鲜花，也充满了荆棘；充满了幸福，也充满了痛苦。不测是时时刻刻都存在的，学业的失意、疾病的折磨、自信的受损、亲人离去的悲痛……在踏上人生路途的时候，我们就该明白前途的坎坷。要接受温润的春和赤烈的夏，就必须接受清冷的秋和寒冽的冬，正像茶叶一样，我们要坦然面对沉浮，让生命散发芳香……

高尔基曾说：“苦难是人生最好的大学。”生活中，不是因为苦难本身有多么神秘和令人向往，而是因为经历了苦难后，人就会愈挫愈坚，无往不胜。

在一次宴会上，人们就一幅油画是表现古希腊神话还是历史发生了争论。主人眼看争论越来越激烈，就转身找他的一个仆人来解释这幅画。使客人们大为惊讶的是，这个仆人的说明是那样清晰明了，那样深具说服力。争论马上就平息了下来。

“先生，您是从什么学校毕业的？”一位客人很尊敬地问道。

“我在很多学校学习过，先生。”年轻人回答，“但是，我学的时间最长、收益最大的学校是苦难。”

这个年轻人为苦难的课程付出的学费是很有益的。尽管他当时只是一个贫穷低微的仆人，但不久以后他就以其超群的智慧使整个欧洲为之震惊。他就是那个时代法国最伟大的天才——法国哲学家和作家卢梭。上帝创造天才的方式常常独特得不可思议，其实，这其中秘密之一即是苦难。

其实对于每一个人来说，苦难都可以成为礼物或是灾难，你无须祈求上帝保佑、菩萨显灵，选择权就在你自己手里。一个人的可贵之处，就是不轻易被苦难压倒，不轻易因苦难放弃希望，不轻易让苦难伤害自己蓬勃向上的心灵。

弥尔顿，这位英国伟大的诗人，这位失去了光明的战士，这位坚强地立足于苍茫大地的人，在描述自我的境遇时，是这样自勉的：“在茫茫的岁月里／我这无用的双眼／再也瞧不见太阳、月亮和星星／男人和女人／但我并不埋怨／我还能勇往直前。”弥尔顿、贝多芬和帕格尼尼，他们三位被称为世界文艺史上的三大怪杰，居然一个成了盲人、一个成了聋人、一个成了哑巴！或许这正是上帝用他的搭配论摁着计算器早已计算搭配好了的。

苦难，在这些不屈的人面前，会化为一种礼物，一种人格上的成熟与伟岸，一种意志上的顽强和坚韧，一种对人生和生活的深刻认识。然而，对大多数人来说，苦难是噩梦、是灾难，甚至是毁灭性的打击。

苦难是最好的大学，当然，你必须首先不被其击倒，然后才能成就自己。在弱者的眼里，苦难是魔鬼；在强者的眼里，苦难则是天使。苦难让我们变得坚强，苦难让我们始终保持着清醒的头脑，苦难让我们知道一切都是如此来之不易……感谢苦难，感谢那曾经带给我们无限苦痛的“命运女神”。

## 困难是弹簧，你弱它就强

成就平平的人往往是善于发现困难的“天才”，他们善于在每一项任务中都看到困难。他们莫名其妙地担心前进路上的困难，这使他们勇气尽失。他们对于困难似乎有惊人的“预见”能力。一旦开始行动，他们就开始寻找困难，时时刻刻等待着困难的出现。当然，最终他们发现了困难，并且被困难击败。这些人似乎戴着一副有色眼镜，除了困难，他们什么也看不见。他们前进的路上总是充满了“如果”“但是”“或者”和“不能”。这些东西足以使他们止步不前。

一个向困难屈服的人必定会一事无成，很多人不明白这一点。一个人的成就与他战胜困难的能力成正比。他战胜越多别人所不能战胜的困难，他取得的成就也就越大。如果你足够强大，那么困难和障碍会显得微不足道；如果你很弱小，那么障碍和困难就显得难以克服。有的人虽然知道自己要追求什么，却畏惧成功道路上的困难。他们常常把一个小小的困难想象得比登天还难，一味地悲观叹息，直到失去了克服困难的机会。那些因为一点点困难就止步不前的人，与没有任何志向、抱负的庸人无异，他们终将一事无成。

成就大业的人，面对困难时从不犹豫徘徊，从不怀疑自己克服困难的能力，他们总是能紧紧抓住自己的目标。对他们来说，自己的目标是伟大而令人兴奋的，他们会向着自己的目标坚持不懈地攀登，而暂时的困难对他们来说则微不足道。伟人只关心一个问题：“这件事情可以完成吗？”而不管他将遇到多少困难。只要事情是可能的，所有的困难就都可以克服。

我们随处可见自己给自己制造障碍的人。在每一个学校或公司董事会中或多或少地都有这样的人。他们总是善于夸大困难，小题大做。如果一切事情都依靠这种人，结果就会一事无成。如果听从这些人的建议，那么一切造福这个世界的伟大创造和成就都不会存在。

一个会取得成功的人也会看到困难，却从不惧怕困难，因为他相信自己能战胜这些困难，他相信一往无前的勇气能扫除这些障碍。有了决心和信心，这些困难又能算得了什么呢？对拿破仑来说，阿尔卑斯山算不了什么。并非阿尔卑斯山不可怕，冬天的阿尔卑斯山几乎是不可翻越的，但拿破仑觉得自己比阿尔卑斯山更强大。

虽然在法国将军们的眼里，翻越阿尔卑斯山太困难了，但是他们那伟大领袖的目光却早已越过了阿尔卑斯山上的终年积雪，看到了山那边碧绿的平原。

乐观地面对困难，多一些快乐，少一些烦恼，你会惊奇地发现，这不仅会使你的工作充满乐趣，还会让你获得幸福。你会发现，自己成了一个更优秀、更完美的人。你用充满阳光的心灵轻松地去面对困难，就能保持自己心灵的和谐。而有的人却因为这些困难而痛苦，失去了心灵的和谐。

你怎样看待周围的事物完全取决于你自己的态度。每一个人的心中都有乐观向上的力量，它使你在黑暗中看到光明，在痛苦中看到快乐。每一个人都有一个水晶镜片，可以把昏暗的光线变成七色彩虹。夏洛特·吉尔曼在他的《一块绊脚石》中描述了一个登山的行者，突然发现一块巨大的石头摆在他的面前，挡住了他的去路。他悲观失望，祈求这块巨石赶快离开。但它一动不动。他愤怒了，大声咒骂，他跪下祈求它让路，它仍旧纹丝不动。行者无助地坐在这块石头前，突然间他鼓起了勇气，最终解决了困难。用他自己的话说：“我摘下帽子，拿起我的手杖，卸下我沉重的负担，我径直向着那可恶的石头冲过去，不经意间，我就翻了过去，好像它根本不存在一样。如果我们下定决心，直面困难，而不是畏缩不前，那么，大部分的困难就根本不算什么困难。”

## 解除对你痛苦之身的认同

在一个偏僻的村落里，有一位历尽沧桑的老人。由于命运的安排，她几乎经历了一个女人所能遭遇的一切不幸。然而，她却用一颗满盛着希望的心灵演绎了一个幸福美丽的人生。18 岁时，她嫁给了邻村的一个生意人，可刚结婚不久，丈夫外出做生意，便一去不回。有人说他死在了响马的枪下，有人说他病死他乡了，还有传说他被一家有钱人招了养老女婿。当时，她已经怀了孩子。丈夫不见踪影几年以后，村里人都劝她改嫁。没有了男人，孩子又小，这寡居生活到什么时候是个头？她没有走，她说丈夫生死不明，也许在很远的地方做了大生意，没准哪一天发了大财就回来了。她被这个念头支撑着，带着儿子顽强地生活着。她甚至把家里整理得更加井井有条。她想，假如丈夫发了大财回来，不能让他觉得家里这么窝囊寒酸。

这样过去了十几年，在她儿子 17 岁那一年，一支部队从村里经过，她的儿子跟部队走了。儿子说，他到外面去寻找父亲。不料儿子走后又是音信全无。有人告诉她，说她儿子在一次战役中战死了。她不信，一个大活人怎么能说死就死呢？她甚至想，儿子不仅没有死，反而做了军官，等打完仗，天下太平了，就会衣锦还乡；她还想，也许儿子已经娶了媳妇，给她生了孙子，回来的时候是一家子人了。尽管儿子依然杳无音信，但这个想象给了她无穷的希望。她是一个小脚女人，不能下田种地，她就做绣花线的小生意，勤奋地奔走四乡，积累钱财。她告诉人们，她要挣些钱把房子翻盖一下，等丈夫和儿子回来的时候住。

有一年她得了大病，医生已经判了她死刑，但她最后竟奇迹般地活了过来。她说，她不能死，她死了，儿子回来到哪里找家呢？这位老人一直在村里健康地生活着，过了百岁的年龄，她依然做着她的绣花线生意。她天天算着，她的儿子生了孙子，她的孙子也该生孩子了。这样想着的时候，她那布满皱纹与沧桑的脸上，即刻会容光焕发。

幸福来自于一颗乐观豁达的心，希望能够使我们淡忘自己的痛苦，为我们汲取继续走向成功的力量。每天给自己一个希望，我们就能够充满勇气地面对自己的生活，而不是将时间花费在无尽的悲哀和苦闷上。

上帝把一捧快乐的种子交给幸福之神，让她到人间去撒播。临行前，上帝仍不放心地问："你准备把它们撒在什么地方呢？"幸福之神胸有成竹地回答说："我已经想好了，我准备把这些种子放在最深的海底，让那些寻找快乐的人，经过惊涛骇浪的考验后，才能找到它。"上帝听了，微笑着摇了摇头。幸福之神思考了一会儿，继续说："那我就把它们藏在高山之上吧，让寻找快乐的人，通过艰难跋涉才能发现它的存在。"上帝听了之后，还是摇了摇头。幸福之神茫然无措了。上帝意味深长地说："你选择的这两个地方都不难找到。你应该把快乐的种子撒在每个人的心底。因为，人类最难到达的地方，就是他们自己的心灵。"

"有些人累积金钱换取财富，智者累积快乐，与人分享仍取之不竭。"快乐是种子，它能生出更多的快乐。生活里有着许许多多美好的事物、许许多多的快乐，关键在于我们能不能发现。而要发现它，关键在自己。可见，生活得快乐不快乐，幸福不幸福，全在自己对生活的态度和理解。一切的美好都在我们心里。当你跋山涉水寻找幸福时，为什么不去自己心里找一找？

## 不能改变环境，就学着适应它

诸葛亮说："腐儒俗士岂识时务，识时务者在乎俊杰。"什么是识时务呢？识时务即指认清事物的变化方向，了解问题的特征，就如同垂钓之人了解鱼的习性，懂得这样做的人才是高明之人，才堪称俊杰。

很多人都在问："社会变化了，我能够做什么？"这个问题给很多人造成了心理障碍，让他们陷入了痛苦的深渊。如果你的天赋和内心要求你从事木工工作，那么你就做一个木匠；如果你的天赋和内心要求你从事医学工作，那么你就做一名医生。人的生存离不开环境，环境一旦变化，我们就必须随时调整自己的观念、思想、行动及目标以适应这种变化，这是生存的客观法则。

但是，有时环境的发展与我们的事业目标、欲望、兴趣、爱好等发展是不合拍的，有时甚至会阻碍、限制我们的欲望和能力的发展。在这种时候，如果我们有能力、有办法来适应环境，使之满足我们能力和欲望的发展需求，则是最难能可贵的。

刚刚从某高校音乐学院毕业的小李，被分配到一家国企的工会做宣传工作。刚开始，他很苦恼，认为自己的专业才能与工作不对口，在这里长期干下去，不但自己的前途会耽误，而且自己的专长也可能被荒废。于是，他四处活动，想调到一个适合自己发展的单位。可是，几经折腾，终未成功。之后，他便死心塌地地安守在这个工作岗位上，并发誓要改变“英雄无用武之地”的状况。他找到单位工会主席，提出了自己要为企业组建乐队的计划。正好这个企业刚从低谷走出来，扭亏为盈，开始进入高速发展时期，自然也想大张旗鼓地宣传企业形象，提高产品的知名度，就欣然同意了他的计划。他来了精神，跑基层、寻人才、买器具、设舞台、办培训，不出半年，就使乐团初具规模。两年以后，这个企业乐团的演奏水平已成为全市一流，而且堪与专业乐团相媲美，而他自己也成了全市知名度较高的乐队经理。

通过自己的努力，他完全改变了自己所处的环境，化劣势为优势，不但开辟出自己施展才能的用武之地，而且培养了自己的领导管理才能，为自己以后寻求更大的发展奠定了坚实的基础。

适应环境需要许多条件，但最重要的是你的信心与智慧，它们相辅相成、缺一不可，有了适应环境的决心和勇气，肯定能够想出解决问题的好方法。但现实生活中，有的人却不这样，他们改变不了环境，也不利用环境去努力寻找、创造新的机会，而是怨天尤人、自暴自弃，以致一生难有任何作为。

其实，我们经常会身处一种陌生、被动的环境中，而环境本身往往又是不容易被改变的。这时正确的做法就是适应环境，在适应中改变自己、提升自己。正如一句话所说的：“自己的命运掌握在自己手中。”当你无法改变身处的环境时，就应该以一种积极、向上的态度去适应它，当你付出勤奋、努力后，便会发现成功已悄然来临。如果有一天你实现了自己的人生目标，你应该自豪地对自己说：“我掌握了命运，这都是我适时调整自己的结果。”

环境是一个极其复杂的人生大背景、大舞台。在这个大环境中，个人的命运与时代的脉搏、国家的兴衰、工作群体的变化息息相关。无论是国家形势的大变，还是工作环境的小变，都可能引起个人前途命运的变化，或是给个人的事业带来发展的机遇，或是限制阻碍个人的前进道路。

一个人要想生存，要想成为强者，就必须紧跟时代的步伐一起前进。也就是说，我们要想改变生存环境，必须首先顺应生存环境的发展变化。如果一个人想改变生存环境，却不能首先顺应环境的发展变化，那么，想改变环境的目的则是不可能达到的。

# 化困境为一种历练

亨利的父亲过世了，他还有一个两岁大的妹妹，母亲为了这个家整日操劳，但是赚的钱难以让这个家的每个人都填饱肚子。看着母亲日渐憔悴的样子，亨利决定帮妈妈赚钱养家，因为他已经长大了，应该为这个家贡献一份自己的力量了。

一天，他帮助一位先生找到了丢失的笔记本，那位先生为了答谢他，给了他 1 美元。亨利用这 1 美元买了 3 把鞋刷和 1 盒鞋油，还自己动手做了个木头箱子。带着这些工具，他来到了街上，每当他看见路人的皮鞋上全是灰尘的时候，就对那位先生说："先生，我想您的鞋需要擦油了，让我来为您效劳吧？"他对所有的人都是那样有礼貌，语气是那么真诚，以至于每一个听他说话的人都愿意让这样一个懂礼貌的孩子为自己的鞋擦油。他们实在不愿意让一个可怜的孩子感到失望，面对这么懂事的孩子，怎么忍心拒绝他呢！就这样，第一天他赚了 50 美分，他用这些钱买了一些食品。他知道，从此以后每一个人都不再挨饿了，母亲也不用像以前那样操劳了，这是他能办到的。当母亲看到他背着擦鞋箱，带回来食品的时候，她流下了高兴的泪水，说："你真的长大了，亨利。我不能赚足够的钱让你们过得更好，但是我现在相信我们将来可以过得更好。"就这样，亨利白天工作，晚上去学校上课。他赚的钱不仅为自己交了学费，还足够维持母亲和小妹妹的生活了。

其实，生活中有许多人与亨利一样，但是有很多人却被环境的困难和阻碍击倒了。然而，有许多人，因为一生中没有同"阻碍"搏斗的机会，又没有充分的"困难"足以刺激起其内在的潜伏能力，于是默默无闻。阻碍不是我们的仇敌，而是恩人，它能锻炼起我们"战胜阻碍"的种种能力。森林中的大树，要不经历暴风猛雨，树干就不能长得结实。同样，人不遭遇种种阻碍，他的人格、本领是不会得到提高的，所以一切的磨难、困苦与悲哀，都是足以锻炼我们的。

一个大无畏的人，愈为环境所困，反而愈加奋勇。不战栗，不逡巡，胸膛直挺，意志坚定，敢于对付任何困难，轻视任何厄运，嘲笑任何阻碍。因为忧患、困苦，反而可以加强他的意志、力量与品格，而使他成为人上之人——这才是世间最可敬佩、最可羡慕的一种人物。

# 人这一辈子总有一个时期需要卧薪尝胆

看一个人是否成功，我们不能看他成功的时候或开心的时候怎么过，而要看其在不顺利的时候，在没有鲜花和掌声的落寞日子里怎么过。

有句话是这么说的："在前进的道路上，如果我们因为一时的困难就将梦想搁浅，那只能收获失败的种子，我们将永远不能品尝到成功这杯美酒芬芳的味道。"

20世纪90年代，史玉柱是中国商界的风云人物。他通过销售巨人汉卡迅速赚取超过亿元的资本，凭此赢得了巨人集团所在地珠海市第二届科技进步特殊贡献奖。那时的史玉柱事业达到了顶峰，自信心极度膨胀，似乎没有什么事做不成。也就是在获得诸多荣誉的那年，史玉柱决定做点儿"刺激"的事：要在珠海建一座巨人大厦，为城市争光。

大厦最开始是18层，但史玉柱的手在一次又一次地跟中央高层握过之后，层数节节攀升，一直飚到72层。此时的史玉柱，明知大厦的预算超过十亿，手里的资金只有两亿，还是不停地加码。最终，巨人大厦的轰然倒地让不可一世的史玉柱尝尽了苦头。他曾经在最后的关头四处奔走寻觅资金，但"所有的谈判都失败了"。

随之而来的是全国媒体的一哄而上，成千上万篇文章骂他，欠下的债也是个极其恐怖的数字。史玉柱最难熬的日子是1998年上半年，那时，他连一张飞机票也买不起。"有一天，为了到无锡去办事，我只能找副总借钱，他个人借了我一张飞机票的钱——1000元。"到了无锡后，他住的是30元一晚的招待所。女招待员认出了他，没有讽刺他，反而给了他一盆水果。那段日子，史玉柱一贫如洗。如果有人给那时的史玉柱拍摄一些照片，那上面的脸孔必定是极度张狂到失败后的落寞，焦急、忧虑是那时史玉柱最生动的写照。

经历了这次失败，史玉柱开始反思。他觉得性格中一些癫狂的成分是他失败的原因。他想找一个地方静静，于是就有了一年多的南京隐居生活。

在中山陵前面有一片树林，史玉柱经常带着一本书和一个面包到那里充电。那段时间，他读了许多书，在史玉柱看来，这些书都比较"悲壮"。那时，他每天10点多左右起床，然后下楼开车往林子那边走，路上会买好面包和饮料。部下在外边做市场，他只用手机遥控。晚上快天黑了就回去，在大排档随便吃一点儿，一天就这样过去了。

后来有人说，史玉柱之所以能"死而复生"，就是得益于那时候的"卧薪尝胆"。他是那种骨子里希望重新站起来的人。事业可以失败，精神上却不能倒下。经过一段时间的修身养性，他逐渐找到了自己失败的症结：之前的事业过于顺利，所以忽视了许多潜在的隐患。不成熟，盲目自大，野心膨胀。这些，就是他性格中的不安定因素。

他决心从头再来，此时，史玉柱身体里“坚强”的秉性体现出来。他在那次珠峰以及多次省心之旅后踏上了负重的第二次创业。这次事业的起点是保健品脑白金。

因为之前的巨人大厦事件，全国上下已经没有几个人看好史玉柱。他再次的创业只是被更多的人看作赌徒的又一次疯狂。但脑白金一经推出，就迅速风靡全国，到 2000 年，月销售额达到 1 亿元，利润达到 4500 万。自此，巨人集团奇迹般的复活。虽然史玉柱还是遭到全国上下诸多非议，但不争的事实却是，史玉柱曾经的辉煌确实慢慢回来了。

赚到钱后，他没想着为自己谋多少私利，他做的第一件事就是还钱。这一举动，再次使其成为众人的焦点。因为几乎没有人能够想到史玉柱有翻身的一天，更没想到这个曾经输的一贫如洗的人能够还钱。但他确实做到了。

认识史玉柱的人，总说这些年他变化太大。怎么能没有变化呢？一个经历了大起大落的人，内心总难免泛起些波澜。而对于史玉柱，改变最多的，大概是心态和性格。几番沉浮，很少有人再看到他像早些年那样狂热、亢奋、浮躁，更多的是沉稳、坚韧和执着。即使在十分危急的关头，他也是一副胸有成竹、不慌不忙的样子。

回想自己早年的失败时，史玉柱曾特意指出，巨人大厦“死”掉的那一刻，他的内心极其平静。而现在，身价百亿的他也同样把平静作为自己的常态。只是，这已是两种不同的境界。前者的平静大概象征一潭死水，后者则是波涛过后的风平浪静。

起起伏伏，沉沉落落，有些人生就是在这样的过程中变得强大和不可战胜。良好的性情和心态是事业成功的关键，少了它们，事业的发展就可能徒增许多波折。人生难免有低谷的时候，在这样的时刻，我们需要的就是忍受寂寞，卧薪尝胆。就像当年越王勾践那样，在三年的时间里，作为失败者他饱受屈辱。被放回越国之后，他选择了在寂寞中品尝苦胆，铭记耻辱，奋发图强，最终得以雪耻。

不要羡慕别人的辉煌，也不要眼红别人的成功，只要你能忍受寂寞，满怀信心地去开创，默默付出，相信生活一定会给你丰厚的回报。

## 祸福相依，悲痛之中暗藏福分

托尔斯泰在他的散文名篇《我的忏悔》中讲了这样一个故事：

一个男人被一只老虎追赶而掉下悬崖，庆幸的是在跌落过程中他抓住了一棵生长在悬崖边的小灌木。此时，他发现，头顶那只老虎正虎视眈眈，低头一看，悬崖底下还有一只老虎；更糟的是，两只老鼠正在啃咬悬着他生命的小灌木的根须。绝望中，他突然发现附近生长着一簇野草莓，伸手可及。于是，这人拽下草莓，塞进嘴里，自语道：“多甜啊！”生命进程中，当痛苦、绝望、不幸和危难向你逼近的时候，你是否还能享受一下野草莓的滋味？

“尘世永远是苦海，天堂才有永恒的快乐”，是禁欲主义编撰的用以蛊惑人心的谎言，而苦中求乐才是快乐的真谛。

人生是一张单程车票，一去不复返。陷在痛苦泥潭里不能自拔，只会与快乐无缘。告别痛苦的手得由你自己来挥动，享受今天盛开的玫瑰的捷径只有一条：坚决与过去分手。

“祸福相依”最能说明痛苦与快乐的辩证关系，贝多芬“用泪水播种欢乐”的人生体验生动形象地道出了痛苦的正面作用，传奇人物艾柯卡的经历更传神地阐明了快乐与痛苦的内在联系。艾柯卡靠自己的奋斗终于当上了福特公司的总经理。1978 年 7 月 13 日，有点儿得意忘形的艾柯卡被大老板亨利·福特开除了。在福特工作已 32 年，当了 8 年总经理，一帆风顺的艾柯卡突然间失业了。艾柯卡痛不欲生，他开始酗酒，对自己失去了信心，认为自己要彻底崩溃了。

就在这时，艾柯卡接受了一个新挑战——应聘到濒临破产的克莱斯勒汽车公司出任总经理。凭着他的智慧、胆识和魅力。艾柯卡大刀阔斧地对克莱斯勒进行了整顿、改革，并向政府求援。他舌战国会议员，取得了巨额贷款，重振企业雄风。在艾柯卡的领导下，克莱斯勒公司在最黑暗的日子里推出了 K 型车的计划，此计划的成功令克莱斯勒起死回生，成为仅次于通用汽车公司、福特汽车公司的第三大汽车公司。1983 年 7 月 13 日，艾柯卡把生平仅有的面额高达 813 亿美元的支票交到银行代表手里，至此，克莱斯勒还清了所有债务，而恰恰是 5 年前的这一天，亨利·福特开除了他。事后，艾柯卡深有感触地说：奋力向前，哪怕时运不济；永不绝望，哪怕天崩地裂。“痛苦像一把犁，它一面犁破了你的心，一面掘开了生命的新起源。”古人讲：“不知生，焉知死？”不知苦痛，怎能体会到幸福和快乐？痛苦就像一枚青青的橄榄，品尝后才知其甘甜，这品尝需要勇气！其实，要让自己幸福非常简单，那就是少一分欲望，多一分自信；在身处绝境时，懂得苦中求乐，懂得咬牙坚持才是人生的真谛。

## 精神的喜悦能够弥补肉身的苦楚

从疾病中战胜病魔，从奄奄一息中战胜死亡，从逆境中战胜困难，这些都是真正的胜利。尽管在这个过程中，当事人的身体上可能要承受很大的痛苦，可是等到了胜利以后，那份来自精神上的喜悦，早已经让人们忘记了最初的疼痛。

1985 年，美国女孩辛蒂还在医科大学念书。有一次，她到山上散步，带回一些蚜虫。她拿起杀虫剂为蚜虫去除化学污染，却感觉到一阵痉挛，原以为那只是暂时性的症状，谁料她的后半生从此陷入不幸。

杀虫剂内所含的某种化学物质使辛蒂的免疫系统遭到破坏，使她对香水、洗发水以及日常生活中接触的一切化学物质一律过敏，连空气也可能使她的支气管发炎。这种“多重化学物质过敏症”，到目前为止仍无药可医。

起初几年，她一直流口水，尿液变成绿色，有毒的汗水刺激背部形成了一块块疤痕。她甚至不能睡在经过防火处理的床垫上，否则就会引发心悸和四肢抽搐。后来，她的丈夫用钢和玻璃为她盖了一所无毒房间，一个足以逃避所有威胁的“世外桃源”。辛蒂所有吃的、喝的都得经过选择与处理，她平时只能喝蒸馏水，食物中不能含有任何化学成分。

很多年过去了，辛蒂没有见到过一棵花草，听不见一声悠扬的歌声，感觉不到阳光、流水和风。她躲在没有任何饰物的小屋里，饱尝孤独之余，甚至不能哭泣，因为她的眼泪跟汗液一样也是有毒的物质。

然而，坚强的辛蒂并没有在痛苦中自暴自弃，她一直在为自己，同时更为所有化学污染物的牺牲者争取权益。1986 年，她创立了“环境接触研究网”，以便为那些致力于此类病症研究的人士提供一个窗口。1994 年辛蒂又与另一组织合作，创建了“化学物质伤害资讯网”，保证人们免受威胁。目前这一资讯网已有来自 32 个国家的 5000 多名会员，不仅发行了刊物，还得到美国、欧盟及联合国的大力支持。

在面对记者的采访时，她说：“如果是曾经的苦难换回了今天的成绩，那么我所承受的一切痛苦都是值得的。”

很多人抱怨苦难，害怕苦楚，是因为他们没有体会到胜利后的喜悦。真正有成就的人，他们不会惧怕生活的考验，而只怕生活给予他们的考验不够多。

上帝似乎很热衷这种游戏，即在经过了苦楚之后再赠与人们甘甜。所以，如果我们的身体还在受苦，就应该提前释放自己的精神，用自己的思想指引行动，从而战胜一切的困难。而当我们实现了最终的胜利，得到了精神上的喜悦时，我们就会像辛蒂一样，对曾经承受的肉体上的苦难报以感谢了。

## 正确和欣然地去接受痛苦

很多人惧怕悲哀的事情，因为忧愁和损失同时到来的时候，我们很容易产生万念俱灰的沮丧情绪。而那个时候正是我们是在跟命运作战的时候，即使是受了打击也不能消沉，因为一旦我们自己失去了作战的信心和动力，那么我们就只能做失败者了。所以，要勇敢地面对悲哀，又要做命运的胜者，是一件太难的事情。

这样的思想是不正确的，因为它夸大了悲哀的负面效应。其实有时候悲哀不是单纯的苦涩，乐观自信的人即使是面临困境，也能找到对自己的有利之处。

莲娜有一个悲惨的童年，10岁时母亲因病去世，由于父亲是一个长途汽车司机，经常不在家，也无法提供莲娜正常的生活所需。因此，莲娜自从母亲过世以后，就必须自己洗衣做饭，照顾自己。

然而，老天爷并没有特别关照她。当她17岁时，父亲在工作中不幸因车祸丧生。从此莲娜再也没有亲人能够倚靠了。

可是，噩梦还没有结束，在莲娜走出悲伤，开始独立养活自己之时，却在一次工程事故中，失去了左腿。

然而，一连串的意外与不幸，反而让莲娜养成了坚强的性格。她独立面对随之而来的生活不便，也学会了拐杖的使用，即使不小心跌倒，她也不愿伸手请求别人帮忙。最后，她将所有的积蓄算了算，正好足够开一个养殖场。

但老天爷似乎真的存心与她过不去，一场突如其来的大水，将她的最后一丝希望都夺走了！

莲娜终于忍无可忍了，她气愤地来到神殿前，怒气冲冲地责问上帝“你为什么对我这么不公平？”

上帝听到责骂，现身后满脸平静地反问：“哪里不公平了？”

莲娜将她的不幸，一五一十地仔细说给上帝听。

上帝听完了莲娜的遭遇后，又问：“原来是这样啊！的确很凄惨，那么，你干吗还要活下去呢？”

莲娜听到上帝这么嘲讽她，气得颤抖地说：“我不会死的！我经历了这么多不幸的事，已经没有什么能让我感到害怕。总有一天我会靠着自己的力量，创造自己的幸福！”

上帝这时转身朝向另一个方向，“你看！”他对莲娜说，“这个人生前比你幸运许多，他可以说是一路顺风地走到生命的终点。不过，他最后一次的遭遇却和你一样，在那场洪水里，他也失去了所有的财富。不同的是，他之后便绝望地选择了自杀，而你却坚强地活了下来！”

正是悲惨的生活成就了莲娜的坚强，所以生活的悲哀并不仅仅如同表象展示出来的那样，只是带给我们伤痛的，而是在用另一种方式来完善我们的精神。

在哀痛者的心里，悲伤的往事无疑会划下不可磨灭的痕迹，然而若能正确和欣然地接受它，就能发挥出巨大的作用。因为没有经历过苦楚的人，内心之中不能升华出伟大的情操。而只有经历过哀伤的人，才能在重压之下变得更加坚强、更加勇敢。

## 人生没有绝境，只有绝望

企业家卡尔森原是一个身无分文的穷光蛋，但是他从没对自己有一天能成为富翁产生过怀疑。即使在十分被动和不利的条件下，他依然能够顽强进取，积极寻找成功的机会。他这种积极的心态帮助了他，面对现状，他没有沮丧和气馁，而是力求向上，力求改变现状，这种心态终于使他创富成功。

有一次，卡尔森发现了一个商机。于是他借钱办了一个制造玩具沙漏的厂。沙漏是一种古董玩具，它在时钟未发明前用来测每日的时辰；时钟问世后，沙漏已完成它的历史使命，而卡尔森却把它作为一种古董来生产销售。本来，沙漏作为玩具，趣味性不多，孩子们自然不大喜欢它，因此销量很小。但卡尔森一时找不到其他比较适合的工作，只能继续干他的老本行。沙漏的需求量越来越少，卡尔森最后只得停产。但他并不气馁，他完全相信自己能够克服眼前的困难，于是他决定先好好休息，轻松一下，他便每天都找些娱乐项目，看看棒球赛，读读书，听听音乐，或者领着妻子、孩子外出旅游，但他的头脑一刻也没有停止思考。

机会终于来了，一天，卡尔森翻看一本讲赛马的书，书上说："马匹在现代社会里失去了它运输的功能，但是又以高娱乐价值的面目出现。"在这不引人注目的两行字里，卡尔森好像听到了上帝的声音，高兴地跳了起来。他想："赛马骑用的马匹比运货的马匹值钱。是啊！我应该找出沙漏的新用途！"就这样，从书中偶得的灵感，使卡尔森精神重新振奋起来，把心思又全都放到沙漏上。经过几天苦苦的思索，一个构思浮现在他的脑海：做个限时 3 分钟的沙漏，在 3 分钟内，沙漏里的沙子就会完全落到下面来，把它装在电话机旁，这样打长途电话时就不会超过 3 分钟，电话费就可以有效地控制了。

想好了以后，他就开始动手制作。这个东西设计上非常简单，把沙漏的两端嵌上一个精致的小木板，再接上一条铜链，然后用螺丝钉钉在电话机旁就行了。不打电话时还可以作装饰品，看它点点滴滴落下来，虽是微不足道的小玩意儿，却能调剂一下现代人紧张的生活。担心电话费支出的人很多，卡尔森的新沙漏可以有效地控制通话时间，售价又非常便宜。因此一上市，销量就很不错，平均每个月能售出 3 万个。这项创新使原本没有前途的沙漏转瞬间成为对生活有益的用品，销量成倍地增加，面临倒闭的小厂很快变成一个大企业。卡尔森也从一个即将破产的小业主摇身一变，成了腰缠万贯的富豪。卡尔森成功了，赚了大钱，而且是轻轻松松，没费多大力气。

如果他不是一个心态积极的人，如果他在暂时的困难面前一蹶不振，那么他就不可能东山再起，成为富豪。困境的存在与否，不是你能左右的，然而，对困境的回应方式与态度却完全操之在你。你可能因内心痛苦而恶言恶行，也可以将痛苦转化为诗篇，而是此是彼，则有待于你来抉择。艰苦岁月中，你也许没有选择的余地，但是，你却可以决定自己怎样去面对这种岁月。积极面对问题也许要有无比的勇气。“天无绝人之路”的想法，就是所谓的“可能性思考”。它代表一种积极进取的心态。但说它积极并不等于说它是万灵丹，能解决人生的所有问题。不过，你若相信“天无绝人之路”，以积极的态度面对困境，那么，在“天助自助”的情况下，你大部分的问题是可以解决的。

# 第五章

# 别让坏脾气害了你

## 世上难以突破的关口是“心狱”

在成长的过程中，很多人因为遭受来自社会、家庭的议论、否定、批评和打击，奋发向上的热情便慢慢冷却，逐渐丧失了信心和勇气，对失败惶恐不安，变得懦弱、狭隘、自卑、孤僻、害怕承担责任、不思进取、不敢拼搏。事实上，他们不是输给了外界压力，而是输给了自己。很多时候，阻挡我们前进的不是别人，而是我们自己。因为怕跌倒，所以走得胆战心惊、亦步亦趋；因为怕受伤害，所以把自己裹得严严实实。殊不知，我们在封闭自己的同时，也封闭了自己的人生。

世界上最难攻破的不是那些坚固的城堡和城池，而是自己为自己编织的“心狱”。因此，我们要想走上成功的道路，摆脱不顺的现状，必须勇敢地冲出“心狱”。

一个人在他25岁时因为被人陷害，在牢房里待了10年。后来沉冤昭雪，他终于走出了监狱。出狱后，他开始了几年如一日的反复控诉、咒骂：“我真不幸，在最年轻有为的时候竟遭受冤屈，在监狱度过本应最美好的一段时光。那样的监狱简直不是人居住的地方，狭窄得连转身都困难，唯一的细小窗口里几乎看不到阳光；冬天寒冷难忍，夏天蚊虫叮咬……真不明白，上帝为什么不惩罚那个陷害我的家伙，即使将他千刀万剐，也难解我心头之恨啊！”

75岁那年，在贫病交加中，他终于卧床不起。弥留之际，牧师来到他的床边：“可怜的孩子，去天堂之前，忏悔你在人世间的一切罪恶吧……”

牧师的话音刚落，病床上的他声嘶力竭地叫喊起来：“我没有什么需要忏悔，我需要的是诅咒，诅咒那些造成我不幸命运的人……”

牧师问：“您因受冤屈在监狱待了多少年？离开监狱后又生活了多少年？”他恶狠狠地将数字告诉了牧师。

牧师长叹了一口气：“可怜的人，你真是世上最不幸的人，对你的不幸，我真的感到万分同情和悲痛！他人囚禁了你区区 10 年，而当你走出监牢本应获取永久自由的时候，你却用心底里的仇恨、抱怨、诅咒囚禁了自己整整 40 年！”

现实生活中，有不少人和故事中的人一样，给自己编织了“心狱”。别人做得不对，就一味地诅咒、仇恨；自己做错了一丁点儿事情，就念念不忘，责备自己的过失；有些人总是唠叨自己的坎坷往事、身体疾病，或抱怨自己的不平待遇和生活苦难；有些人还喜欢用自己不懂的事情塞满自己的脑袋，把一些不相干的事与自己联系在一起，造成了心理障碍。殊不知，那些过去的往事、不平的经历，甚或想不明白的事情，一味地责怪和抱怨是于事无补的。如果总是对想不通、想不开的事情患得患失，就很容易使自己失去判断能力，最后被囚禁的就是自己的整个人生。

人的心理牢笼千奇百怪、五花八门，但它们都有一个共同的特点，那就是这些所谓的“心理牢笼”都是人自己营造的。时间一长，个人就会不知不觉地把自己囚禁在“心狱”之中，就像故事中的那个可怜的人那样，至死都被囚禁在无尽的怨恨当中，哪还有时间去追求丰富多彩的人生呢？

一个渴望有所成就的人，必须走出自己的“心狱”。正如一位哲人所说：“世界上没有跨越不了的事，只有无法逾越的心。”心中有“牢笼”，便限制了人潜质的发挥。所以，要想开放自己的人生，取得骄人的成绩，关键在于冲出“心狱”。

那些给自己编织“牢笼”的人，他们日复一日在迷宫般的、无法预测又乏人指引的茫茫人生中损坏了“罗盘”，这坏掉的罗盘可能是扭曲的是非感，或蒙蔽的价值观，或自私自利的意图，或是未设定的目标，或是无法分辨轻重缓急，简直不胜枚举。卓越人士会保护好人生罗盘，维持正确的航线，不被沿路上意想不到的障碍困住，坚定地向前行进，最终轻松而顺利地抵达终点。

有句话这样说：“自己把自己说服了，是一种理智的胜利；自己被自己感动了，是一种心灵的升华；自己把自己征服了，是一种人生的成熟。大凡说服了、感动了、征服了自己的人可以凭借潜能的力量征服一切挫折、痛苦和不幸。”其实，许多人的悲哀不在于他们运气不好，而在于他们总爱给自己设定许多条条框框，这种条框限制了他们想象的空间和奋进的勇气，模糊了他们前行的航向和人生的追求。他们看似一天到晚忙个不停，实际上已经套上了可怕的枷锁，注定碌碌无为。可见，敢于打破自我设定的障碍，冲出“心狱”，多一点儿超越，多一点儿豁达，生活就会不一样。

## 与沮丧为伍，人生就会成为一场噩梦

美国著名作家海明威的生活经历中，充满了紧张与压力，他的内心经受着剧烈痛苦而复杂纷呈的变化。他企图利用各种各样的方式摆脱和逃避沮丧的情绪，如不停歇地旅行冒险，寻求各种刺激的生活等。他在身体上企求生存，在心理上却渴望死亡。小说《老人与海》的主人公桑提亚哥在海上与鲨鱼搏斗的经历与内心活动诠释了这一矛盾的心态。打鱼老头儿连续 84 天在海上一条鱼也未捕到。第 85 天出海，经历了三天两夜的搏斗，终于捕到一条巨大肥硕的大马林鱼，归途中却不断遭到鲨鱼的袭击。为不使马林鱼被鲨鱼吃掉，老人奋力还击，凭着超人的勇气和力量，一次次把凶残的鲨鱼击退，但最终船上的马林鱼只剩下一副骨架。尽管老人失败了，但“你尽可能把他消灭掉，可就是打不败他”。老人的内心独白，简直是海明威一生的写照。作家诺曼·迈勒鲁入木三分地剖析道：“海明威这种漂泊不定的生活之真正的根源，是他的一生都在跟沮丧、恐惧和自杀的念头作斗争。他的内心世界犹如一场噩梦。他的夜晚是在同死神的搏斗中度过的。”

为挣脱焦虑与沮丧的罗网，海明威寻求女人与烈酒的刺激，他跟许多女人有过关系，结过多次婚，搬过很多次家；饮酒从红葡萄酒到威士忌，最后到伏特加，但是仍无济于事。他像只被凶恶老雕穷追不舍的猎物，被追得走投无路、无处躲藏。在 1961 年夏天的一天，海明威终因沮丧的困扰而用子弹结束了其顽强拼搏的一生。倘若遇到一点儿困难或者挫折，就长吁短叹，消沉绝望，觉得那些光明、美丽的希望似乎都与自己断绝了关系，这与现代人应该具备的自信气质和宽广胸怀是格格不入的，必须引起人们的警觉和注意。

## 多疑的人首先猜测的是自己

有一个寓言，说的是“疑人偷斧”的故事：

一个人丢失了斧头，怀疑是邻居的儿子偷的。从这个假想目标出发，他观察邻居儿子的言谈举止、神色仪态，无一不是偷斧的样子，思索的结果进一步巩固和强化了原先的假想目标，他断定贼非邻子莫属了。可是，不久他在山谷里找到了斧头，再看那个邻居的儿子，竟然一点儿也不像偷斧者。

这个人从一开始就自己给自己先下了一个结论，然后自己走进了猜疑的死胡同。由此看来，猜疑一般总是从某一假想目标开始，最后又回到假想目标，就像一个圆圈一样，越画越粗，越画越圆。最典型的恐怕就是上面这个例子了。现实生活中猜疑心理的产生和发展，同这种作茧自缚的封闭思路主宰了正常思维密切相关。

猜疑是建立在猜测基础之上的，这种猜测往往缺乏事实根据，只是根据自己的主观臆断毫无逻辑地去推测、怀疑别人的言行。猜疑的人往往对别人的一言一行很敏感，喜欢分析深藏的动机和目的，看到别的同学悄悄议论就疑心在说自己的坏话，见别人学习过于用功就疑心他有不良企图。好猜疑的人最终会陷入作茧自缚、自寻烦恼的困境中，结果导致自己的人际关系紧张，失去他人的信任，挫伤他人和自己的感情，对心理健康是极大的危害。为此英国思想家培根曾说过："猜疑之心如蝙蝠，它总是在黄昏中起飞。这种心情是迷惑人的，又是乱人心智的。它能使你陷入迷惘，混淆敌友，从而破坏你的事业。"因此，消除猜疑之心是保持心理健康的方法之一。

怎样矫正自己的猜疑心理呢?

1. 自信最重要

相信自己，相信他人。在自己的心理天平上增加"自信"和"他信"这两块砝码。首先是"自信"。"自疑不信人，自信不疑人。"猜疑心理大多源于缺少自信。其次是"他信"，即相信别人，不要对别人报以偏见或者是成见。当你怀疑别人的时候，一定要想想如果别人也这样怀疑你，你会是什么样的感受，这样去将心比心，换位思考就能真正去信任别人了。

注意调查研究。俗话说："耳听为虚，眼见为实。"不能听到别人说什么就产生怀疑，不要听信小人的谗言，不能轻信他人的挑拨，要以眼见的事实为据。况且，有时眼见的未必是实。因此，一定要注重调查研究，一切结论应产生于调查的结果。否则就会被成见和偏见蒙住眼睛，钻进主观臆想的死胡同出不来。

2. 坚持"责己严，待人宽"的原则

猜疑心重的人，大多对自己的要求不严、不高，对别人的要求却很苛刻，总是要求别人做到什么程度，没有想一想自己会不会做到。因此克服疑心必须从严格要求自己做起，对别人过高的要求，别人达不到，就认为人家存在问题，必然会妨碍你对别人的信任。因此，坚持宽以待人，严于律己的原则，这也是克服猜疑心的一条重要途径。

3. 采取积极的暗示，为自己准备一面镜子

平时，不要总想着自己，想着别人都盯着自己。要对自己说，并没有人特别注意我，就像我不议论别人一样，别人也不会轻易议论我。只要自己行得正，站得直，又何必怕别人议论呢？有时不妨采用自我安慰的"精神胜利法"，别人说了我又能如何呢？只要我自己认为，

或者感觉绝大多数人认为我是对的，我的行为是对的就可以了，这样在心理的疑心自然就会越来越小了。

4. 抛开陈腐偏见

记得有一位哲人说过："偏见可以定义为缺乏正当充足的理由，而把别人想得很坏。"一个人对他人的偏见越多，就越容易产生猜疑心理。我们应抛开陈腐偏见，不要过于相信自己的印象，不要以自己头脑里固有的标准去衡量他人、推断他人。要善于用自己的眼睛去看，用自己的耳朵去听，用自己的头脑去思考。必要时应调换位置，站在别人的立场上多想想。这样，我们就能舍弃"小人"而做君子。

5. 及时开诚布公

猜疑往往是彼此缺乏交流，人为设置心理障碍的结果，也可能是由于误会或有人搬弄是非造成的，因此一旦出现猜疑，如果自己去想，不如开诚布公地和对方谈一谈，这样才能消除疑云，才能彻底解决问题。

## 仇恨的阴影下不会有多彩的天空

我们常常在自己的脑子里预设一些规定，以为别人应该有什么样的行为，如果对方违反规定就会引起我们的怨恨。其实，因为别人对"我们"的规定置之不理就感到怨恨，是一件十分可笑的事。大多数人都一直以为，只要我们不原谅对方，就可以让对方得到一些教训，也就是说，只要我不原谅你，你就没有好日子过。而实际上，不原谅别人，表面上是那人不好，其实真正倒霉的人却是我们自己，生一肚子窝囊气不说，甚至连觉都睡不好。这样看来，报复不仅让我们不能实现对别人的打击，反倒对自己的内心是一种摧残。有一位好莱坞的女演员，失恋后，怨恨和报复心使她的面容变得僵硬而多皱，她去找一位最有名的美容师为她美容。这位美容师深知她的心理状态，中肯地告诉她："你如果不消除心中的怨和恨，对他人多一点儿包容，我敢说全世界任何美容师也无法美化你的容貌。"对待自己的最好方式唯有宽容，宽容能抚慰你暴躁的心绪，弥补不幸对你的伤害，让你不再纠缠于心灵毒蛇的咬噬中，从而获得自由。

生活中，我们难免与别人产生误会、摩擦。如有的伤了自己的面子，有的让自己下不了台，有的当众给了自己难堪，有的对自己有成见，等等。如果不注意，仇恨在心底悄悄滋长，你的心灵就会背负上报复的重负而无法获得自由。

乔治·赫伯特说："不能宽容的人损坏了他自己必须去过的桥。"这句话的智慧在于，宽容使给予者和接受者都受益。当真正的宽容产生时，没有疮疤留下，没有伤害，没有复仇的念头，只有愈合。宽容是一种医治的力量，不仅能医治被宽容者的缺陷，还可以挖掘出宽容者身上的伟大之处，正如美国作家哈伯德所说："宽容和受宽容的难以言喻的快乐，是连神明都会为之羡慕的极大乐事。"

1944 年冬天，苏军已经把德军赶出了国门，上百万的德国兵被俘虏。一天，一队德国战俘从莫斯科大街上穿过，所有的马路上都挤满了人。她们每一个人，都和德国人有着一笔血债。

妇女们怀着满腔仇恨，当俘虏出现时，她们把手攥成了拳头。士兵和警察们竭尽全力阻挡着她们，生怕她们控制不住自己。

这时，最令人意想不到的事情发生了：一位上了年纪的犹太妇女，从怀里掏出一个用印花布方巾包裹的东西。里面是一块黑面包，她不好意思地把它塞到一个疲惫不堪的、几乎站不住的俘虏的衣袋里。

她转过身对那些充满仇恨的同胞们说："当这些人手持武器出现在战场上时，他们是敌人。可当他们解除了武装出现在街道上时，他们是跟所有别的人，跟.我们.和.自己.一样的人。"

于是，整个气氛改变了。妇女们从四面八方一齐拥向俘虏，把面包、香烟等各种东西塞给这些战俘。

仇恨是带有毁灭性的情感，只会激化矛盾，酿成大祸。宽容的心却能轻易将恨意化解，让紧张的气氛化成脉脉温情。能将宽容之心给予敌人，已经可以称得上圣洁了，即便只是一个贫苦的犹太老妇人，也完全担得起"伟大"两个字。

人生总有存在的意义，如果只为一个仇恨的目的而生存，那么仇恨会毁掉你的心智、迷惑你的眼睛、吞噬你的心灵。报复是一把双刃剑，它不但会伤害到别人，还会使你自己落入恨的陷阱，恨会使你看不到人间的关爱与温暖，即使在夏日也只能感受到严冬般的寒冷。

既然我们都举目共望同样的星空，既然我们都是同一星球的旅伴，既然我们都生活在同一片蓝天下，那我们为什么还总是彼此为敌呢？请不要忘记世间唯有两个字可使你和他人的生活多姿多彩，那就是宽容。

## 疏导压抑，给当下解绑

压抑心理是一种较为普遍的病态社会心理现象。它存在于社会各年龄阶段的人群中，它与个体的挫折、失意有关，继而产生自卑、沮丧、自我封闭、孤僻等病态心理行为。挫折与压抑感之间互为因果，形成一个恶性循环。压抑的心理就好像一条无形的绳索，将人们的精神紧紧抓牢，让人们每时每刻都觉得痛苦、压抑、无法释放自己。那么怎样才能疏导压抑，为自己的当下解绑呢？具体方法如下：

1. 运动法

压抑情绪能量的发泄的确是来势汹汹，好像不可阻挡。实际上，在一定控制范围内的适当宣泄，可以改善自己的情绪健康状态。比如，当你感到压抑时，不妨赶快跑到其他地方宣泄一下，干脆出去跑一圈，或做一些能消耗体力又能转移自己思想的体育运动，踢足球和打篮球都是不错的选择。特别是在活动中与人的合作和接触，又让我们有了新的交流。当你累得满头大汗气喘吁吁时，你会感到精疲力竭，相信这时你的压抑情绪已经基本被抚平了。

2. 眼泪法

对于压抑情绪的能量发泄，还有一种方法，就是在我们感到十分压抑时不妨大哭一场。哭，也是释放积聚能量、调整机体平衡的一种方式。在亲人面前的痛哭，是一次纯真的感情爆发。如同夏天的暴风雨，越是倾盆大雨越是晴得快。许多人在痛哭一场之后，觉得畅快淋漓，压抑的心情也会随着泪水的流落而减少许多。为什么会这样呢？人们经过研究，发现奥秘在于眼泪。美国生物学家曾挑选了一批志愿者，组织他们观看一些令人悲痛欲绝的电影或戏剧，并要求他们在痛哭时把事先发放的试管放在眼睛下面，将眼泪收集起来。他们发现，一个正常的人在哭泣的时候，流出的眼泪有 100 ~ 200 微升，即使一场号啕大哭，眼泪也只有 1 ~ 2 毫升。在哭泣以后，对心动过速、血压偏高者均有不同程度的减轻。经过化学分析得知，原来在这些流出的眼泪中，含有一些生物化学物质，正是这些生化物质能引起血压升高、消化不良或心率加剧。把这些物质排出体外，对身体当然是有利的。

3. 倾诉法

倾诉，是缓解压抑情绪的重要手段。当一个人被心理负担压得透不过气来的时候，如果有人真诚而耐心地来听他的倾诉，他就会有一种如释重负的感觉。所谓“一吐为快”正是这个道理。对此，现代心理学中有“心理呕吐”的说法。美国心理学家罗杰斯认为，倾听不仅能使听者真正理解一个人，对于倾诉者来说，也有奇特的效果，心理上会出现一系列的变化。他会感觉到他终于被人理解了，内心有一种欣慰之感进而使压抑感得到缓解，心理上似乎感到一种解脱，还会产生某种感激之情，愿意谈出更多心里话，这便是转变的开始。一个人如能从混乱的思绪中走出来，换一个角度去思考问题，重新审视自己的内心世界，那些原来以为无法解决的问题，就会迎刃而解。

4. 宣泄法

如果以上三种方法对你均没有产生效果，那么你就必须寻求心理医生的帮助了。心理医生会引导人们把自己心中的积郁倾吐出来，这称为宣泄疗法。宣泄疗法在现实表现中有一定的功效。当人们把自己的压抑情绪体验宣泄出来时，不仅能减轻宣泄者心理上的压力，也能减轻或消除他们的紧张情绪，容易使发泄者恢复到平静的心情。在生活中，我们经常可以看到有些心胸开阔、性情爽朗的人，他们心直口快把自己的压抑情绪诉说出来，便不再愁眉苦脸了。所以，这种人的心理矛盾往往能获得及时解决。可是我们也常看到一些心胸狭窄的人，爱生气，心中总是闷闷不乐，由于心理压抑长期得不到解决而容易发生心理疾病。

## 放下焦虑，才能得到安宁

焦虑已成为现代人的通病。随着社会节奏的加快，人们越来越担心未来的工作、生活，他们整天在焦虑中度过，从而无暇顾及享受眼前的美好生活。

人们为什么会面临如此多的焦虑，从自然界、社会、人的心理和认识活动以及人体的特征来分析，这些因素可以概括为：

1. 在工作、生活等方面追求完美

生活稍不如意，就十分遗憾，心烦意乱，长吁短叹，老担心出问题，惶惶不可终日。须知，世间只有相对完美，绝无绝对完美；世界及个体就是在不断纠正不足，追求真善美的过程中前进的。应该“知足常乐”“随遇而安”，绝不做追名逐利的奴隶，为自己设置太多精神枷锁，让自己太累，把生命之弦拉得太紧。

2. 没有迎接人生苦难的思想准备，总希望一帆风顺

我们来到人间，就会面临各种各样的磨难。没有迎接苦难思想准备的人，一遇到困难，就会惊慌失措，怨天尤人，大有活不下去之感。其实，“吃得苦中苦，方为人上人”，要学会解决矛盾并善于适应困境。

3. 意外的天灾人祸

破产或死亡等会引起紧张、焦虑、失落感或绝望，甚至认为一切都完了，等等。假如碰到意外的不幸时，建议你正视现实、不低头、不信邪、昂起头、挣扎着前进，灾难是会有尽头的，忍耐下去，一定会走出困境的。

4. 神经质人格

这类人的心理素质差，对任何刺激均敏感，一触即发，会对刺激做出不相应的过强反应。他们承受挫折的能力低，自我防御本能过强，甚至无病呻吟、杞人忧天。他们眼中的世界，无处不是陷阱，无处不充满危险。如此心态，怎能不焦虑呢？

综上所述，焦虑产生的原因往往来自人们的心理。所以，人们只有在心理上释放，才能免除焦虑的情绪，得到生活的安宁。

通常情况下，我们可以这样排除焦虑：

（1）可以向自己信任的亲朋好友倾诉内心的痛苦，也可以用写日记、写信的方式宣泄，或选择适当的场合痛哭或大声喊出来。

（2）焦虑是人在应激状态下的一种正常反应，要以平常心对待，顺应自然，接纳自己、接纳现实，在烦恼和痛苦中寻求战胜自我的理念。

（3）无论是学习还是工作，没有目标就会茫然不知所措。要根据人生不同发展阶段确立目标，而且要适度。

（4）回忆或讲述自己最成功的事，从而引起愉快情绪，忘掉不愉快的事，消除紧张、压抑的情绪。

（5）积极参加文体活动。研究表明，音乐能影响人的情绪、行为和生理功能；不同节奏的音乐能使人放松，具有镇静、镇痛作用。

（6）多参加集体活动。在集体活动中发挥自己的优势，增强人际交往的能力。和谐的人际关系会使人获得更多的心理支持，从而缓解紧张、焦虑的情绪。

使用上述的方法，也许并不能完全见效，可是去除忧虑，你必须从心灵上放松自己。只有这样，你才能缓解生活的压力，从内心深处释放自己。

## 悲伤会遮盖了你的理智

悲观和失望等消极的情绪常常会让人们失去正常的判断力。所以，一个人在沮丧难过的时候，一定不要马上着手重要事情的裁决，特别是可能会对我们的生活产生深远影响的人生大事，因为沮丧会使你的决策陷入歧路。一个人在看不到希望时，仍能够保持乐观，仍能善用自己的理智，这是十分不容易的。

当一个人在事业上经历挫折的时候，身边的人会劝你放弃，这个时候，如果听从了他们的话，那么我们注定会失败，如果能够再坚持一下，摆脱悲观的情绪，也许我们就能成功。

许多年轻人，他们在工作遭遇困难的时候选择了放弃，换成了自己完全不熟悉的领域，可是这样面对的困难更大，如果还是没有信心，任由悲观失望的情绪控制，那么就注定了一事无成。

悲观的时候，智慧才是最有用的，它能够帮助你做出正确的抉择：当有人引诱你放弃自己的道路时，你能坚定自己的目标而不受外界的影响；当自己的心开始动摇的时候，能够宽慰自己，让自己冷静下来。

杰克就是这样做的。一直以来，当医生是他最大的梦想，为此他考上了医学院。刚开始学习的时候，他满心欢喜，完全沉浸在了幸福的氛围里。可是，好景不长，基础知识学完了，他们进入了解剖学和化学的课程。每天都要面对着不同的尸体，杰克感觉到恶心。在以后的日子里，他每天走进实验室都心惊胆战，唯恐又见到什么让人想呕吐的景象。

恐惧的心情一直折磨着杰克。他开始怀疑自己的选择是错误的，自己并不适合医生的行业。思考了之后，他决定退学，选择一个更适合自己的职业。他把自己的决定告诉教授，教授说："再等等吧，你现在的决定并不能代表你的心声。等到你的决定忠于你的心的时候，你再来找我。"

日子一天一天过去，开始的时候，杰克每天都在受着煎熬，时间长了，他习惯了实验室里消毒水的气味，熟悉了各种尸体的结构，也就不再对实验室感觉到畏惧了。四年后，杰克以优异的成绩毕业，他接受了一家大医院的聘请，成了那里最年轻的医生。

有一次，杰克回去看教授，他笑着对杰克说："还记得吗？你当年想放弃。""是的，教授，您阻止了我。"教授说："那时候你太悲观，还不能了解自己的心，所以我让你冷静下来。杰克，你记着，人在悲观失望的时候，千万别马上做决定，要给自己一点儿时间想一想，之后得到的答案也许就跟原来不同了。"

一个人失意时，头脑一片混乱，甚至会因此产生绝望的情绪，这是一个人最危险的时候，最容易做出糊涂的判断、糟糕的计划。一个人悲观失望时，就没有了精辟的见解，也无法对事物认识全面，也就失去了准确的判断力。所以忧郁悲观的时候，一定不能做出重要决断，等到头脑清醒、心情平复的时候，我们才可以设计更好的计划。

## 悲观的人要懂得自我救赎

人们都经历过一些小的失意，有人遇到这些失意时，觉得一切都不尽如人意，忧郁不安，悲观自怜，结果更加失意，以致失去了幸福和欢乐。正确的做法是寻找产生沮丧悲观心理的原因，一旦找到并能作出答复，就可能翻然醒悟，得以解脱。

多数沮丧悲观者对未来的担忧，正为自己建立越来越狭窄、有限的世界；假如你做些与他人合作的工作，受到他人的约束，你就得考虑自己以外的事情，生活也就会出现新的意义。愉快的社交活动对人们情绪的影响是任何一项奖赏都不能比拟的。当人们掌握了处理人际关系的技巧后，自重感增加，也会慢慢地赶走沮丧心情。

一个沮丧悲观的人老待在屋子里，便会产生禁锢的感觉。然而，当他离开屋子，漫步在林荫大道，就会发现心绪突然变了，怒气和沮丧也消失了，心中充满了宁静，自然的色彩给人带来阵阵快意。另外，体育锻炼有助于克服沮丧，经常参加体育锻炼会使人精神振奋，避免消极地生活下去。

因此，转换自己的悲观情绪，其实并不难。

人类的所有行为，无论乐观，还是悲观，都是“学”得的。因而悲观者的悲观性格，并非“命中注定”，而是“后天养成”的。悲观者可以力强而至，学成乐观。那么，哪些办法能帮助我们正确地克服悲观性格所带来的负面影响呢？当我们遭遇到失败或挫折而沮丧时，不妨试试下面这几招：

（1）越担惊受怕，就越遭灾祸。因此，一定要懂得积极心态所带来的力量，要相信希望和乐观能引导你走向胜利。

（2）即使处境危难，也要寻找积极因素。这样，你就不会放弃取得微小胜利的努力。你越乐观，克服困难的勇气就越会倍增。

（3）以幽默的态度来接受现实中的失败。有幽默感的人，能轻松地克服厄运，排除随之而来的倒霉念头。

（4）既不要被逆境困扰，也不要幻想出现奇迹，要脚踏实地，坚持不懈，全力以赴去争取胜利。

（5）不要把悲观作为保护你失望情绪的缓冲器。乐观是希望之花，能赐人以力量。

（6）当你失败时，你要想到你曾经多次获得过成功，这才是值得庆幸的。如果 10 个问题，你做对了 5 个，那么还是完全有理由庆祝一番，因为你已经成功地解决了 5 个问题。

（7）在闲暇时间，你要努力接近乐观的人，观察他们的行为。通过观察，你能培养起乐观的态度，乐观的火种会慢慢地在你内心点燃。

（8）要知道，悲观不是天生的。就像人类的其他态度一样，悲观不但可以减轻，而且通过努力还能转变成一种新的态度——乐观。

（9）如果乐观态度使你成功地克服了困难，那么你就应该相信这样的结论：乐观是成功之源。

## 别被恐惧的魔鬼“附身”

恐惧能摧残一个人的意志和生命，它能影响人的胃、伤害人的修养、减少人的生理与精神的活力，进而破坏人的身体健康。它能打破人的希望、消退人的志气，而使人的心力衰弱至不能创造或不能从事任何事业。在一个人的生活中，几乎没有比恐惧或者沮丧的念头更加折磨人的了。

卫斯里为了领略山间的野趣，一个人来到一片陌生的山林，左转右转，迷失了方向。正当他一筹莫展的时候，迎面走来了一个挑山货的美丽少女。

少女嫣然一笑，问道："先生是从景点那边迷失的吧？请跟我来吧，我带你抄小路往山下赶，那里有旅游公司的汽车在等着你。"

卫斯里跟着少女穿越丛林，阳光在林间映出千万道漂亮的光柱，晶莹的水汽在光柱里飘飘忽忽。正当他陶醉于这美妙的景致时，少女开口说话了："先生，前面就是我们这儿的鬼谷，是这片山林中最危险的路段，一不小心就会摔进万丈深渊。我们这儿的规矩是路过此地，一定要挑点儿或者扛点儿什么东西。"

卫斯里惊问："这么危险的地方，再负重前行，那不是更危险吗？"

少女笑了，解释道："只有你意识到危险了，才会更加集中精力，那样反而会更安全。这儿发生过好几起坠谷事件，都是迷路的游客在毫无压力的情况下一不小心摔下去的。我们每天都挑东西来来去去，却从来没人出事。"

卫斯里冒出一身冷汗，对少女的解释并不相信。他让少女先走，自己去寻找别的路，企图绕过鬼谷。

少女无奈，只好一个人走了。卫斯里在山间来回绕了两圈，也没有找到下山的路。

眼看天色将晚，卫斯里还在犹豫不决。夜里的山间极不安全，在山里过夜，他恐惧；过鬼谷下山，他也恐惧；况且，此时只有他一个人。

后来，山间又走来一个挑山货的少女。极度恐惧的卫斯里拦住少女，让她帮自己拿主意。少女沉默着将两根沉沉的木条递到卫斯里的手上。卫斯里胆战心惊地跟在少女身后，小心翼翼地走过了鬼谷。

过了一段时间，卫斯里故意挑着东西又走了一次鬼谷。这时，他才发现鬼谷没有想象中那么可怕，最可怕的是自己心中的"恐惧"。

恐惧是人生命情感中难解的症结之一。面对自然界和人类社会，生命的进程从来都不是一帆风顺、平安无事的，总会遭到各种各样、意想不到的挫折、失败和痛苦。当一个人预料将会有某种不良后果产生或受到威胁时，就会产生这种不愉快情绪，为此紧张不安，程度从轻微的忧虑到惊慌失措。现实生活中每个人都可能经历某种困难或危险的处境，从而体验不同程度的焦虑。恐惧作为一种生命情感的痛苦体验，是一种心理折磨。人们往往并不为已经到来的，或正在经历的事而惧怕，而是对结果的预感产生恐慌，人们生怕无助、生怕排斥、生怕孤独、生怕伤害、生怕死亡的突然降临；同时人们也生怕失官、生怕失职、生怕失恋、生怕失亲、生怕声誉的瞬息失落。

马克·富莱顿说："人的内心隐藏任何一点儿恐惧，都会使他受到魔鬼的利用。"当人们的心中充满了恐惧的时候，就会变得不自信、盲从，看不清前面的路，也就失去了自我的评判标准。因为恐惧，人们会失去很多做大事的机缘，停止住了探索的脚步。所以，我们一定要忘记心中的恐惧，大胆的前行。只有这样，我们才能没有因为胆怯而错过了太多的机遇。

## 烦躁成不了大事，持重守静才是根本

稳重是轻率的根基，沉静是烦躁的主宰，非淡泊无以明志，非宁静无以致远，持重守静乃是抑制轻率躁动的根本。故而简默沉静者，大用有余；轻薄浮躁者，小用不足。

烦躁就是种种杂念惑乱了我们的心，蒙蔽了我们对事物整体的理智见识，从而忽视或排斥了理性而任由感情发泄。言轻则招扰，行轻则招辜，貌轻则招辱，好轻则招淫，轻忽烦躁乃为人之大忌。烦躁的对立面是认真、稳定、踏实、深入。无论是治学、为人，还是做事、管理，如果你能远离浮华躁动，梦想就会成为现实。

在华为公司，就有这样一个不躁动的优秀员工小刘。小刘刚进华为的时候，公司正提倡“博士下乡，下到生产一线去实习、去锻炼”。实习结束后，领导安排他从事电磁元件的工作。堂堂的电力电子专业博士理应干一些大项目，不想却坐了冷板凳，搞这种不起眼的小儿科，小刘实在有些想不通。想法归想法，工作还要进行。

就在小刘接手电磁元件的工作之后不久，公司电源产品不稳定的现象出现了，结果造成许多系统瘫痪，给客户和公司造成了巨大损失，受此影响公司丢失了5000万以上的订单。在这种严峻的形势下，研发部领导把解决该电磁元件问题故障的重任，交给了刚进公司不到三个月的小刘。在工程部领导和同事的支持与帮助下，小刘经过多次反复实验，逐渐清晰了设计思路。又经过60天的日夜奋战，小刘硬是把电磁元件这块硬骨头啃下来了，使该电磁元件的市场故障率从18%降为零，而且每年节约成本110万元。现在，公司所有的电源系统都采用这种电磁元件，时过近两年，再未出现任何故障。

这之后，小刘又在基层实践中主动、自觉地优化设计和改进了100A的主变压器，使每个变压器的成本由原来750元降为350元，且消除了独家供应商，减小了体积和重量，每年为公司节约成本250万元，并对公司的产品战略决策提供了依据。

小小的电磁元件这件事对小刘的触动特别大，他不无感慨地说：“貌似渺小的电磁元件，大家没有去重视，结果我这样起初‘气吞山河’似的‘英雄’在其面前也屡次受挫、饱受煎熬，坐了两个月冷板凳之后，才将这件小事搞透。现在看起来，之所以出现故障，不就是因为绕线太细、匝数太多了吗？把绕线加粗、匝数减少不就行了？而我们往往一开始就只想干大事，而看不起小事，结果是小事不愿干，大事也干不好，最后只能是大家在这些小事面前束手无策、慌了手脚。当年苏联的载人航天飞机在太空爆炸，不就是因为将一行程序里的一个小数点错写成逗号而造成的吗？！电磁元件虽小，里面却有大学问。更为重要的是它是我们电源产品的核心部件，其作用举足轻重，得要潜下心、冷静下来，否则不能将貌似小小的电磁元件弄透、搞明白。

"做大事，必先从小事做起，先坐冷板凳，否则，在我们成长与发展的道路上就要做夹生饭。现在看来，当初领导让我做小事、坐冷板凳是对的，而自己又能够坚持下来也是对的。有专家说：'我们有许多研究学术的、搞创作的，吃亏在耐不住寂寞，内心躁动，浮夸，总是怕别人忘记了他。由于这些毛病，就不能深入地做学问，不能勤学苦练。'这段话推而广之，适合于各行各业和各类人员，凡想做点儿事情的人，都应该先学会耐得住寂寞，控制自己躁动烦恼的心，先学会坐冷板凳，先学会做小事，然后才能做大事，才能取得更大的业绩和成效。"

看完小刘的故事，再回过头来看老子"轻则失本，躁则失君"这句话，我们会更加明确地知道，老子是想给我们这样的忠告：不管你的能力有多强，无论是生活还是工作，都必须从一点一滴做起。想要成功，唯一的方法就是把现在的工作做好，在普通平凡的工作中创造奇迹。

## 生活需要阳光心态

对幸福生活主动追求时，需要你乐观，只有乐观的人才能以阳光的心态迎接生活。

琳达是个不同寻常的女孩。她的心情总是非常好，因为她对事物的看法总是正面的。

当有人问她近况如何时，她就会回答："我当然快乐无比。"她是个销售经理，也是个很独特的经理。她换过几家公司，每次离职的时候都会有几个下属跟着她跳槽。她天生就是个鼓舞者。如里哪个下属心情不好，她就会告诉他怎么看事物的正面。

一天一个朋友追问琳达："一个人不可能总是看事情的光明面。这很难办到！你是怎么做到的？"琳达回答道："每天早上我一醒来就对自己说，琳达你今天有两种选择，你可以选择心情愉快，也可以选择心情不好。我选择心情愉快，然后我命令自己要快快乐乐地活着。于是，我真的做到了。每次有坏事发生时，我可以选择成为一个受害者，也可以选择从中学些东西。我选择从中学习。我选择了，我做到了。每次有人跑到我面前诉苦或抱怨，我可以选择接受他们的抱怨，也可以选择指出事情的正面。我选择后者。”

“是！对！可是并不是那么容易做到吧？”朋友立刻回应。

“就是那么容易。”琳达答道，“人生就是选择。每一种处境面临一个选择。你选择如何面对各种处境，你选择别人的态度如何影响你的情绪，你选择心情舒畅还是糟糕透顶。归根结底，你自己选择如何面对人生。”

琳达曾被确诊患上中期乳腺癌，需要尽快做手术。手术前期，她依然过着正常而有规律的生活。所不同的是，每天下午三点半的时候她要接受医院规定的检查。对于来检查的医生，她总是微笑接待，让他们感到无比轻松，尽管检查的时候，感觉十分不舒服。

直到手术麻醉之前，她仍然对主治医师说：“医生，你答应过我，明天傍晚前用你拿手的汉堡换我的插花！别忘了！上次的自制汉堡，味道真好，让人难以忘怀！”手术果然进行得很顺利。两个月后的一天，朋友来探望她，她竟然忘记疼痛，要送朋友一件自己刚刚被医院允许做好的插花。等到她出院时，竟然与医院一半的人交上了朋友，包括那些病友。因为人们都被她的轻松、坚强感染和征服了。

如果一个人，对生活抱一种达观的态度，就不会稍有不如意，便自怨自艾。大部分终日苦恼的人，实际上并不是遭受了多大的不幸，而是自己的内心素质存在着某种缺陷，对生活的认识存在偏差。事实上，生活中有很多坚强的人，即使遭受不幸，他们在精神上也会岿然不动。

## 内心有阳光，世界就是光明的

一样的事情，可以选择不同的态度对待。选择积极的方面，并作出积极努力，就一定会看到前方的风景。

两个小桶一同被吊在井口上。

其中一个对另一个说：“你看起来似乎闷闷不乐，有什么不愉快的事吗？”

另一个回答：“我常在想，这真是一场徒劳，没什么意思。常常是这样，装得满满地上去，又空着下来。”

第一个小桶说：“我倒不觉得如此。我一直这样想：我们空空地下来，装得满满地上去！”

很多事情，站在不同的立场，便有不同的看法，正面的想法产生积极的效果，负面的想法产生消极的效果。乐观的人，在每一个忧患中看到机会；悲观的人，在每一个机会中看到忧患。

普希金说，假如生活欺骗了你，不要忧郁，也不要愤慨。我们的心憧憬着未来，现实总是令人悲哀。一切都是暂时的，转瞬即逝，而那逝去的将变为可爱。鲁滨孙太太这样描述她的经历：

美国庆祝陆军在北非获胜的那一天，我接到国防部送来的一封电报，我的侄儿——我最爱的一个人在战场上失踪了。过了不久，又来了一封电报，说他已经死了。

我悲伤得无以复加。在那件事发生以前，我一直觉得生命非常美好，我有一份自己喜欢的工作，并努力带大了侄儿。在我看来，他代表着美好的一切。我觉得我以前的努力，现在都有很好的收获……然而，收到了这些电报，我的整个世界都粉碎了，我觉得再也没有什么值得我活下去。我开始忽视自己的工作，忽视朋友，我抛开了一切，既冷淡又怨恨。为什么我最疼爱的侄儿会离我而去？为什么一个这么好的孩子，还没有真正开始他的生活，就死在战场上？我没有办法接受这个事实。我悲痛欲绝，决定放弃工作，离开我的家乡，把自己藏在眼泪和悔恨之中。

就在我清理桌子、准备辞职的时候，突然看到一封我已经忘了的信，从我已经死了的侄儿那里寄来的信。是几年前我母亲去世的时候，他给我写来的一封信。“当然我们都会想念她的，”那封信上说，“尤其是你。不过我知道你会撑过去的，以你个人对人生的看法，就能让你撑过去。我永远也不会忘记那些你教我的美丽的真理：不论活在哪里，不论我们分离得多么远，我永远都会记得你教我要微笑，要像一个男子汉一样承受所发生的一切。”

我把那封信读了一遍又一遍，觉得他似乎就在我的身边，正在对我说话。他好像在对我说：“你为什么不照着你教给我的办法去做呢？撑下去，不论发生什么事情，把你个人的悲伤藏在微笑底下，继续过下去。”

于是，我重新开始工作。我不再对人冷淡无礼。我一再对自己说：“事情到了这个地步，我没有能力改变它，不过我能够像他所希望的那样继续活下去。”我把所有的思想和精力都用在工作上，我写信给前方的士兵——别人的儿子们。晚上，我参加成人教育班，寻找新的兴趣，结交新的朋友。朋友们都不敢相信发生在我身上的种种变化。我不再为已经永远过去的那些事悲伤，我现在每天的生活都充满了快乐，就像我侄儿要我做到的那样。

鲁滨孙太太讲完这些话，嘴角泛起一丝笑意。你知道汽车轮胎为什么能在路上跑那么久，忍受那么多颠簸吗？起初，制造轮胎的人想制造一种轮胎，能够抗拒路上的颠簸，结果轮胎不久就被切成了碎条。然后他们又做了一种轮胎来，吸收路上新碰到的各种压力，这样的轮胎可以“接受一切”。在曲折的人生路上，如果我们也能够承受所有的挫折和颠簸，化解与消释所有的困难与不幸，我们就能够活得更长久，我们的人生之旅就会更加顺畅、更加开阔。

## 孤独永远是一个人的舞蹈

孤独，是一种常见的心理状态。

孤独是既不爱人也不被人爱的一种失重状态，是处于不关心他人也不被他人关心的人生夹壁，摆脱孤独的方法在人而不在物，即以爱人之心冰释不被人爱的人生尴尬。孤独感在人的思想、行为上的体现，有两种情况：一种是因为客观条件的制约，长期脱离人群的“有形”的孤独，比如远离人们生活中心的边疆哨所中的战士、长期坚持在高山气象观测站工作的科技工作者、长期游弋五洲四海的海员等。他们远离亲人朋友，在工作之余没有与更多的人相互交往的机会，没有丰富多彩的精神生活，有时不免感到寂寞和孤独。另一种是身处人群之中，但内心世界与生活格格不入造成了“无形”的孤独。这种孤独对人的伤害十分严重。一个长期被孤独感笼罩的人，精神受到长时间的压抑，不仅会导致心理失去平衡，影响智力和才能的发挥，还会引起人的心理上、思想上的一系列变化，使人思想低沉、精神委靡，失去对事业的进取心和对生活的信心。

五年前，马丽失去了丈夫，她悲痛欲绝。自那以后，她便陷入一种孤独与痛苦之中。“我该做些什么呢？”在丈夫离开一个月之后的一天晚上，她对朋友哭诉，“我将住到何处？我要怎样度过孤独而漫长的岁月？”

朋友安慰她说，她的孤独是因为她身处不幸之中，才五十多岁便失去了丈夫，自然悲痛异常，但时间一久，这些伤痛和孤独会慢慢消失，她也会开始新的生活，从痛苦的灰烬中建立起自己新的幸福。

“不！”她绝望地说道，“我不相信自己还会有幸福。我已不再年轻，孩子也都长大成人，成家立业。我孑然一身还有什么乐趣可言呢？”抱着这种孤独，马丽得了严重的自怜症，而且不知道该如何治疗。好几年过去了，她的心情一直没有好转。

有一次，朋友忍不住对她说：“我想，你并不需要别人的同情或怜悯。无论如何，你可以开始自己的新生活，结交新的朋友，培养新的兴趣，千万不要沉溺在旧的回忆里。”她没有把朋友的话听进去，因为她还在为自己的孤独自怨自艾。后来，她觉得孩子们应该为她的幸福负责，便搬去与一个结了婚的女儿同住。

但事情的结果并不如意，她的孤僻，使她和女儿都面临一种痛苦，甚至恶化到母女反目成仇。马丽后来又搬去与儿子同住，但也好不到哪里去。后来，孩子们只好买了一间公寓让她独住，但这更加重了她的孤独感。

她对朋友哭诉说，所有的家人都弃她而去，没有人要她了。

马丽一直都没有再享受到快乐的生活，因为她认为全世界都在孤立她。她实在是既可怜，又可悲，虽然年过半百了，但还是像小孩一样没有成熟。大多有孤独感的人，并不情愿离群索居、孤身独守。他们有的是在坎坷难行的人生路上遭遇了痛苦，因而或嗟叹人生艰难，埋怨命运刻薄，或痛恨世态炎凉，咒骂人心虚伪；有的是感到自己怀才不遇，知音难觅，得不到别人的理解，因而不愿去理解别人，索性独处一隅，洁身自好；也有的是自己看不起自己，不相信自己，在人群中徒见别人风流潇洒、知识渊博，因而自惭形秽，不敢也不愿意与人交往……境遇各有不同，其结果却大致相同：把自己置身于孤独之中，引发无边的伤感。

在加州奥克兰的密尔斯大学，校长林·怀特博士在一次女青年会的晚餐聚会上，发表了一篇极为引人注意的演讲，内容有关现代人的孤寂感。“20世纪最流行的疾病是孤独。”他如此说道，“用大卫·里斯曼的话来说，我们都是‘寂寞的一群’。由于人口愈来愈多，人性已汇集成一片汪洋大海，根本分不清谁是谁了……居住在这样一个‘不拘一格’的世界里，再加上政府和各种企业经营的模式，人们必须经常由一个地方换到另一个地方工作。于是，人们的友谊无法持久，时代就像进入另一个冰河时期一样，使人的内心觉得冰冷不已。”

那些能克服孤寂的人，一定是生活在怀特博士所说的“寂寞的一群”里。我们无论走到哪里，一定要培养出与人们亲密的情谊关系，就好像燃烧的煤油灯一样，火焰虽小，却能给人光亮和温暖。

## 别让狭隘禁锢你的心灵

有的人遇到一点点委屈或很小的得失便斤斤计较、耿耿于怀；有的学生听到老师或家长一两句批评的话就接受不了，甚至痛哭流涕；有的人对学习、生活中一点儿小小的失误就认为是莫大的失败、挫折，长时间寝食不安；有的人人际交往面窄，追求少数朋友间的“哥们义气”，只同与自己一致或不超过自己的人交往，容不下那些与自己意见有分歧或比自己强的人。

有关专家曾针对这一现象，对不同性格人的生理变化进行了研究，从中得到了有趣的发现：性格开朗的人，其基础代谢率较高，组织器官的新陈代谢较快，内分泌系统平衡协调，各项生命指标，如血压、脉搏等相对稳定；而心胸狭隘、忧郁的人，其结论正好相反。

这些生理现象实质上是由心理因素引起的。心胸狭隘、心情忧郁的人，好静不好动，饮食少而无规律，经常失眠，神经衰弱，爱发脾气、生闷气等。如果上述性格与生活习惯交互作用，会互相加剧，形成恶性循环，结果导致内分泌紊乱，组织器官因养分不足而过早衰老。性格开朗的人则喜爱运动，心胸开阔，乐观向上，这些良好的生活习惯与性格特点形成良性循环，有利于内分泌系统平衡稳定，他们的组织器官新陈代谢旺盛，从而使机体充满活力。

可见，不同性格的人，其生活习惯，直接或间接地影响到人的健康和衰老。

狭隘的产生同家庭中不良因素的影响有很大关系。父母狭隘的心胸、为人处世的方法、不良的生活习惯等对子女有潜移默化的影响。有些子女狭隘的性格完全是父母性格的翻版。另外，优越的生活环境、溺爱的教育方法往往易形成子女任性、骄傲、利己主义等品质，受点儿委屈便耿耿于怀，对“异己”分子不肯容纳与接受。尤其是一些年轻人，阅历浅、经验少，遇到问题后，容易把事情想得过于困难、复杂，加之对自己的能力估计不足，对事情感到无能为力，因而容易紧张、焦虑。

狭隘的人，不仅生活在一个狭窄的圈子里，而且知识面也往往非常狭窄。因此，开阔的视野很重要。如老师和家长多让学生参加一些社会公益活动，参观一些伟人、名人纪念馆，听英雄人物事迹报告会等。这能使学生在亲身经历中感悟很多人生道理，丰富课余文化生活，组织多种多样的文娱、体育活动，拓宽兴趣范围，使自己时刻感受到生活、学习中的新鲜刺激，感受到生活的美好，陶冶性情，从而在健康向上的氛围中增强精神寄托，消除心理压力。

狭隘的人，其心胸、气量、见识等都局限在一个狭小的范围内，不宽广、不宏大。多与人接触，使自己对不同的人有不同的认识，从而积累经验，这样会从中明白许多对与错的道理。善于宽容是人的一种美德。对任何事都斤斤计较，一定是一个狭隘的人。牛顿 1661 年中学毕业后，考入英国剑桥大学三一学院。当时，他还是个年仅 18 岁的清贫学生，有幸得到导师伊萨克·巴罗博士的悉心教导。巴罗是当时知名的学者，以研究数学、天文学和希腊文闻名于世，还有诗人和旅行家的称号，英王查理二世还称赞他是“欧洲最优秀的学者”，他把毕生所学毫无保留地传授给了牛顿。牛顿大学毕业后，继续留在该校当研究生，不久就获得了硕士学位。又过了一年，牛顿 26 岁，巴罗以年迈为由，辞去数学教授的职务，积极推荐牛顿接任他的职务。其实巴罗这时还不到花甲，更谈不上年迈，他辞职是为了让贤。从此，牛顿就成了剑桥大学公认的大数学家，还被选为三一学院管理委员会成员之一，在这座高等学府中从事教学和科研工作长达30年之久。他的渊博学识和辉煌的科学成就，都是在这里取得的。而牛顿这些成绩的取得与巴罗博士的教导、让贤密不可分。可以说，牛顿的奖章中，巴罗也有一半。在这个故事中，巴罗用他的豁达和宽容为我们做了很好的榜样。那么，我们要怎么做才能克服狭隘、豁达处世呢?

1. 拓宽心胸

陶铸同志曾经写过两句诗:“往事如烟俱忘却，心底无私天地宽。”要想改掉自己心胸狭隘的毛病，首先要加强个人的思想品德修养，破私立公，遇到有关个人得失、荣辱之事时，经常想到国家、集体和他人，经常想到自己的目标和事业，这样就会感到犯不着计较这些闲言碎语，也没有什么想不开的事情了。

2. 充实知识

人的气量与人的知识修养有密切的关系。有古诗云:“曾经沧海难为水，除却巫山不是云。”一个人知识多了，立足点就会提高，眼界也会相应开阔，此时，就会对一些“身外之物”拿得起、放得下、丢得开，就会“大肚能容，容天下能容之物”。当然，满腹经纶、气量狭隘的人也有的是，但这并不意味着知识有害于修养，而只能说明我们应当言行一致。培根说:“读书使人明智。”经常读一些心理学方面的书籍，对于开阔自己的胸怀，裨益当不在小。

3. 缩小“自我”

你一定要不断提醒自己，在生活中不要期望过高，来点儿“阿Q精神”降低你的期望。如果你坚持抱着一成不变的期望，不愿做任何改变减少你的期望以平衡期望和现实之间的差距，那么你就会很快被激怒，让事情变得更糟。根据墨菲定律:“只要事情有可能出错，就一定会出错。”这正好抓住了降低期望、明智看待事情的想法，它也说明了该如何调整期望，才不会留下满屋子的失望和挫折感。

降低你的期望不但可以减少你的生气次数和生气的强烈程度，还可以减少生气的时间。随时调整你的期望，时刻保持清醒的头脑，你才会在自负的乌云之中看到阳光。这样做也就使心胸开阔了许多。因此，正确地善待自我有利于我们走出狭隘。

4. 自然陶冶法

人们在学习工作之余，在庭院花卉、草坪旁休息，在绿树成荫的大道上散步，在风景秀丽的幽静的公园里游玩，往往心旷神怡，精神振奋，利于忘却烦恼，消除疲劳。

自然风光对人的心理有积极作用，早已被古人所认识。唐诗曰:“清晨入古寺，初日照高林。曲径通幽处，禅房花木深。山光悦鸟性，潭影空人心。万籁此俱寂，唯闻钟磬音。”大自然确能使人缓冲心理紧张，陶冶人的情操。

第六章

# 一生气你就输了

## 生气是拿别人的过错来惩罚自己

一位智者说过，生气是用别人的过错来惩罚自己的愚蠢行为。

从前，有一个妇人，常常为一些琐碎的小事生气。她也知道自己这样不好，便去求一位高僧为自己说禅解道，开阔心胸。

高僧听了她的讲述，一言不发地把她领到一座禅房中，落锁而去。妇人气得跳脚大骂，骂了许久，高僧也不理会。妇人又开始哀求，高僧仍置若罔闻。妇人终于沉默了。

高僧来到门外，问她："你还生气吗？"

妇人说："我在生自己的气，我怎么会到这地方来受这份罪。"

"连自己都不原谅的人怎么能心如止水？"高僧拂袖而去。

过了一会儿，高僧又来问她："还生气吗？"

"不生气了。"妇人说。

"为什么？"

"气也没有办法呀。"

"你的气并未消失，还压在心里，爆发后将会更加剧烈。"高僧又离开了。

高僧第三次来到门前，妇人告诉他："我不生气了，因为不值得生气。"

"还知道值不值得，可见心中还有衡量，还是有气根。"高僧笑道。

当高僧的身影迎着夕阳立在门外时，妇人问高僧：“大师，什么是气？”高僧将手中的茶水倾洒于地。妇人视之良久，顿悟。叩谢而去。

何苦要气？气便是别人吐出而你却接到口里的那种东西，你吞下便会反胃，你不看它时，便会消散了。人生苦短，幸福和快乐尚且享受不尽，哪里还有时间去生气呢？人的一生难免会有不如意的事情，但不能动辄生气，将自己的精力耗费在不必要的事情上。

20 世纪三四十年代，一直敏于行、讷于言的巴金先生，也曾受过无聊小报、社会小人的谣言攻击。巴金先生有一句斩钉截铁的话：“我唯一的态度，就是不理！”因为受害者若起而反击，“小人”反倒高兴了，以为他们编造的谣言发生了作用。

学者胡适先生在给友人的一封信中写道：“我受了十余年的骂，从来不怨恨骂我的人。有时他们骂得不中肯，我反替他们着急；有时他们骂得太过火，反损骂者自己的人格，我更替他们不安。如果骂我而使骂者有益，便是我间接于他有恩了，我自然很情愿挨骂。”

巴金、胡适面对他人的辱骂所表现出的平静、幽默、宽容，不失为排除心理困扰、享受慢生活的妙药良方。

## 操纵你的是隐蔽在内部的情绪

如果有人冒犯你，请先不要愤怒，愤怒是不能解决任何问题的，只会让自己过于激动，没有办法运用理性正确地看清问题，被愤怒蒙蔽了双眼、蒙蔽了心灵，从而不能正确地看清事物的本质、判断事物的好坏，这是毫无益处的。其实真正打扰我们的不是别人的行为，别人的行为不会直接作用于我们身上，真正打扰我们的是我们自己的意见，只有我们自己的意见才会对我们的行动产生影响。所以，先放弃你对一个行为的判断吧，尝试一下下面介绍的方法，也许可以让你回归理性。

第一，思考一下你和人类的关系。所有的人类都是相互合作的，而你的位置被放在他们之上，就像是牛群中领头的公牛、羊群中领头的公羊一样。如果万物都不只是原子的聚合，那么自然必定就是支配所有事物的力量。那样的话，低级的事物必然是为高级的事物而存在的，而高级的事物之间又是彼此依存的。

第二，思考一下别人在用餐时、在睡觉时、在别的场合都是怎样的？他们遵从怎样的思想支配？在他们冒犯别人的时候，是带着怎样的骄傲？

第三，如果别人正在做着他们所做的事情时，我们不必感到不快；而人们有时候会出于无知而不知不觉地在做着不正当的事情。但对于他自己来说，他只是在追求他的真理，因为没有一个灵魂是会放弃追求真理的。他也不愿意被剥夺宇宙赐予他的为人处世的能力，所以当他由于无知犯错而被人指责不正直、背信弃义、贪婪的时候，他是很痛苦的。

第四，要想到，你自己也和他们一样，犯了很多不自觉的错误。也许你已经纠正了这种错误，但难保你不会再犯。何况你戒除这些错误，很大程度上还是出于不纯的动机，比如出于怯懦，或者害怕失去名誉，或者其他的原因。

第五，当你断定别人在做着不正当的事情时，你也要想一想你的判断是否正确，因为很多事情其中另有隐情。我们必须了解更多，才能对别人做出正确的判断。

第六，在你烦恼、愤怒和悲伤时，想一想生命是很短暂的，也许下一秒你就会死去。

第七，困扰我们的实际上并不是别人的行为，而是你对于这些行为的看法。那么消除这种看法，放弃那些认为某件事情是极恶的东西的判断，你的怒火就能够得到平息。那么怎么才能消除这种判断呢？只需要明白一个道理：就是别人的行为并不是你的耻辱，只有你自作的恶行才是你的耻辱。如果你为别人的行为也感到耻辱，那你就是在代替那些强盗或恶人受过了。

第八，要想一想，由于这种行为引起的烦恼和愤怒带给我们的痛苦，比这种行为本身带来的痛苦要多得多。

第九，保持一种和善的气质是令任何人都无法拒绝的，但要是真实的、发自内心的，而不是一种表面上故作的微笑。始终和善地对待他人，即使最暴躁无礼的人，也不会对你怎么样。在条件允许的情况下，你可以用一种温和的态度纠正他的错误，你要以这种语气说："孩子，不要这样，我们是被宙斯派到一起来共同合作的，他将不会让我受到伤害，而你却在伤害你自己。蜜蜂，还有其他的动物，都是这样，它们都不会像你这样伤害自己。"用这样的口吻，循循善诱地告诉他这些道理，不带着任何双重的意向，不带着任何斥责、怨恨的感情，亲切和善地关心他的感受，而不要做给旁人看。

按照上面的方法，你就会发现，只要自己恢复了平静和理性，那些打扰到我们内心的事物就几乎不存在了。可见，真正影响到我们的生活的，只是我们隐藏在自己内心深处的情绪。所以，只要能够控制住自己的内心，我们就掌握了人生的主动权。

## 火气太大，难免被打入恶者的行列

凡事不要冒火，不要记恨。看见公交车上年轻的小伙子旁边站着一个孕妇，可是那小伙子却丝毫没有让座的意思；看见恶人亨通，明明就没有好的品德，却能够吃好喝好……我们常常恼火，甚至于对自己的家人都不能心平气和地说话。可是，当我们心怀不平的时候，一定要把火气压下去。即便你认为你自己的理由很充分，但是发火并不是解决问题的最好方法。

罗斯福深得其子女的爱戴，这是众所周知的。有一次，罗斯福的一位老友垂头丧气地来找罗斯福，诉说他的小儿子居然离家出走，到姑母家去住了。这男孩本来就桀骜不驯，这位父亲把儿子说得一无是处，又指责他跟每个人都处不好。

罗斯福回答说："胡说，我一点儿都不认为你儿子有什么不对。不过，一个人如果在家里得不到合理的对待，他总会想办法由其他方面得到的。"

几天后，罗斯福无意中碰到那个男孩，就对他说："我听说你离家出走，是怎么回事？"男孩回答："是这样的，每次我有事找爸爸，他都会发火。他从不给我机会讲完我的事，反正我从来没有对过，我永远都是错的。"

罗斯福说："孩子，你现在也许不会相信，不过，你父亲才真正是你最好的朋友。对他来说，你是这世上最重要的人。"

"也许吧！不过我真的希望他能用另一种方式来表达。"

接着罗斯福去告诉那位老友，发现几乎令其惊讶的事实，他果然正如其儿子所形容的那样暴跳如雷。于是，罗斯福说："你看！如果你跟儿子说话就像刚才那样，我不奇怪他要离家出走，我还觉得奇怪他怎么现在才出走呢？你真是应该跟他好好谈一谈，心平气和地跟他沟通才是。"

跟孩子沟通需要的是耐性，因为孩子很少能理智地面对问题，如果我们强硬地表达自己的想法，那么等来的肯定是他们的不理解，并且很可能会加重他们的叛逆思想。当孩子对我们的不满越积越多的时候，在他们的眼里，我们也就成了恶人，再没有办法走入他们的世界了。

同理，在处理事情的时候，如果不能冷静地分析其中的缘由，提供解决问题的办法，而单单用呵斥和责骂来表达你的情绪时，很可能会招致对方的不满。尽管当时对方可能没有表达对你的恨意，可是时间久了，他们也可能对你的反感与日俱增。

火气越大的人越容易发怒，而愤怒常常让人失去了理智。如果长期被这种情绪所控制，不仅会损害我们的身体，还可能在心理上形成焦躁、恼恨、嫉妒、粗暴等情绪，让我们的生活从此失去谦和的香气。

试想，如果一个人总是粗暴地对待别人，经常嫉恨别人，那么还会有人愿意跟他相处吗？所以，我们要适时控制自己的火气，别因为一时的冲动将自己打入恶者的行列。

# 暴躁是发生不幸的导火索

一个人性格暴躁的最直接表现就是非常容易愤怒，因此，愤怒是一种很常见的情绪，特别是年轻人。比如，血气方刚的小伙子，他们往往三两句话不对，或为了一点儿芝麻绿豆大的事情就大打出手，造成十分严重的后果。

其实，愤怒是一种很正常的情绪。它本身不是什么问题，但如何表达愤怒则是个问题。有效地表达愤怒会提高我们的自尊感，使我们在自己的生存受到威胁的时候能勇敢地战斗。

脾气暴躁，经常发火，不仅是强化诱发心脏病的致病因素，而且会增加患其他病的可能性，它是一种典型的慢性自杀。因此为了确保自己的身心健康，必须学会控制自己，克服爱发脾气的坏毛病。

如何有效地抑制生气和不友好的情绪呢？这主要在于自己的修养和来自亲人及朋友的帮助与劝慰。实验证明，在行为方式有改善的人中，死亡率和心脏病复发率会大大下降。为了控制或减少发火的次数和强度，必须对自己进行意识控制。当愤愤不已的情绪即将爆发时，要用意识控制自己，提醒自己应当保持理性，还可进行自我暗示：“别发火，发火会伤身体。”有涵养的人一般能控制住自己。同时，及时了解自己的情绪，还可向他人求得帮助，使自己遇事能够有效地克制愤怒。只要有决心和信心，再加上他人对你的支持、配合与监督，你的目标一定会达到。

一般来说，性格暴躁的人都有如下的一些表现：

（1）情绪不稳定。他们往往容易激动。别人的一点儿友好的表示，他们就会将其视为知己；而话不投机，就会怒不可遏。

（2）多疑，不信任他人。暴躁的人往往很敏感，对别人无意识的动作，或轻微的失误，都看成是对他们极大的冒犯。

（3）自尊心脆弱，怕被否定，以愤怒作为保护自己的方式。有的人希望和别人交朋友，而别人让他失望了，他就给人家强烈的羞辱，以挽回自己的自尊心。这同时也就永远失去了和这个人亲近的机会。

（4）没有安全感，怕失去。

（5）从小受娇惯，一贯任性，不受约束，随心所欲。

（6）以愤怒作为表达情感的方式。

有的人从小父母的教育模式就是打骂，所以他也学会了将拳头作为表达情绪的唯一方式。甚至有时候，愤怒是表达爱的一种方式。

（7）将别处受到的挫折和不满情绪发泄在无辜的人身上。

应当说，脾气是一个人文化素养的体现。大凡有文化、有知识、有修养者，往往待人彬彬有礼，遇事深思熟虑，冷静处置，依法依规行事，是不会轻易动肝火的。而大发脾气者，大多是缺乏文化底蕴的人，他们似干柴般的思想修养，遇火便着，任凭自己的脾气脱缰奔驰，直至撞墙碰壁，头破血流，惹出事端。

所以，情绪容易暴躁的人，提高自己的素质修养刻不容缓。

下面的八条措施将帮助你完成改变暴躁性格这一心理、生理转变过程，臻于性格的完善。

（1）承认自己存在的问题。请告诉你的配偶和亲朋好友，你承认自己以往爱发脾气，决心今后加以改进，希望他们对你支持、配合和督促，这样有利于你逐步达到目的。

（2）保持清醒。当愤愤不已的情绪在你脑海中翻腾时，要立刻提醒自己保持理性，你才能避免愤怒情绪的爆发，恢复清醒和理性。

（3）推己及人。把自己摆到别人的位置上，你也许就容易理解对方的观点与举动了。在大多数场合，一旦将心比心，你的满腔怒气就会烟消云散，至少觉得没有理由迁怒于人。

（4）诙谐自嘲。在那种很可能一触即发的危险关头，你还可以用自嘲解脱。“我怎么啦？像个 3 岁小孩，这么小肚鸡肠！”幽默是改掉发脾气的毛病的最好手段。

（5）训练信任。开始时不妨寻找信赖他人的机会。事实会证明，你不必设法控制任何东西，也会生活得很顺当。这种认识不就是一种意外收获吗？

（6）反应得体。受到不公平对待时，任何正常的人都会怒火中烧。但是无论发生了什么事，都不可放肆地大骂出口。而该心平气和、不抱成见地让对方明白，他的言行错在哪儿，为何错了。这种办法给对方提供了一个机会，在不受伤害的情况下改弦更张。

（7）贵在宽容。学会宽容，放弃怨恨和报复，你随后就会发现，愤怒的包袱从双肩卸下来，显然会帮助你放弃错误的冲动。

（8）立即开始。爱发脾气的人常常说：“我过去经常发火，自从得了心脏病，我认识到以前那些激怒我的理由，根本不值得大动肝火。”请不要等到患上心脏病才想到要克服爱发脾气的毛病吧，从今天开始修身养性不是更好吗？

一位哲人说：“谁自诩为脾气暴躁，谁便承认了自己是一名言行粗野、不计后果者，亦是一名没有学识，缺乏修养之人。”细细品味，煞是有理。愿我们都能远离暴躁脾气，做一个有知识、有文化、有修养的人。

因此，能够自我控制是人与动物的最大区别之一。脾气虽与生俱来，但可以调控。多学习，用知识武装头脑，是调节脾气的最佳途径。知识丰富了，修养提高了，法纪观念增强了，脾气这匹烈马就会被紧紧牵住，无法脱缰招惹是非，甚至刚刚露头，即被“后果不良”的意识所制约，最终把上窜的脾气压下，把不良后果消灭在萌芽状态。

# 愤怒既摧残身体又摧残灵魂

人经常不能控制自己的怒气，为了生活中大大小小的事情勃然大怒或者愤愤不平，愤怒由对客观现实某些方面不满而生成。比如，遭到失败、遇到不平、个人自由受限制、言论遭人反对、无端受人侮辱、隐私被人揭穿、上当受骗等多种情形下人都会产生愤怒情绪。表面看起来这是由于自己的利益受到侵害或者被人攻击和排斥而激发的自尊行为，其实，用愤怒的情绪困扰灵魂，乃是一种自我伤害。

对身体健康的伤害只是其中一个方面，愤怒对于灵魂的摧残尤为严重。由灵魂而生的愤怒情绪，又回过头来伤害灵魂本身，让灵魂变得躁动不安，失去原有的宁静和提升自己的精力和时间，这是灵魂的一种自戕。

有一位得道高人曾在山中生活30年之久，他平静淡泊，兴趣高雅，不但喜欢参禅悟道，而且喜爱花草树木，尤其喜爱兰花。他的家中前庭后院栽满了各种各样的兰花，这些兰花来自四面八方，全是年复一年地积聚所得。大家都说，兰花就是高人的命根子。

这天高人有事要下山去，临行前当然忘不了嘱托弟子照看他的兰花。弟子也乐得其事，上午他一盆一盆地认认真真浇水，等到最后轮到那盆兰花中的珍品——君子兰了，弟子更加小心翼翼了，这可是师父的最爱啊！他也许浇了一上午有些累了，越是小心翼翼，手就越不听使唤，水壶滑下来砸在了花盆上，连花盆架也碰倒了，整盆兰花都摔在了地上。这回可把弟子给吓坏了，愣在那里不知该怎么办才好，心想："师父回来看到这番景象，肯定会大发雷霆！"他越想越害怕。

下午师父回来了，他知道了这件事后一点儿也没生气，而是平心静气地对弟子说了一句话："我并不是为了生气才种兰花的。"

弟子听了这句话，不仅放心了，也明白了。

不管经历任何事情，我们都要制怒，在脉搏加快跳动之前，凭借理智的伟力平静自己。

想一想，如果惹你生气的人犯了错误，是由于某种他们不可控的原因，我们为什么还要愤怒呢?

如果不是这样，那么他们犯错一定是由于善恶观的错误。我们看到了这一点，说明在善恶观的问题上，我们的灵魂比他们优越，比他们更理性，更能辨明是非黑白。对于他们，我们只有怜悯，不应有一丝愤怒。

对于犯了错误的人，尽己所能平静地劝诫他们，把他们当成理智生病的人一样医治，没有必要生气，心平气和地向他们展示他们的错误，然后继续做你该做的事，完成自己的职责。

## 用沉默来回应他人的无理

面对他人无理的对待，你不必硬碰硬，试着以巧妙圆融的智慧来处理，事情一样会有回转的余地，其实最大的智慧便是以沉默来回应。正如哲人所说，忍耐与智慧是抵御嘲辱的最佳盾牌，当你面对小人无理的羞辱和嘲弄，当场的硬碰硬也许只会得到更大的欺辱，尤其当你处于弱势的境地。此时何不忍耐一下，事后冷静思索，找到对方的致命弱点，攻其不备，这才是明智的处世哲学。

当然，这需要你当时的忍耐，不能忍一时之气的人，是无法领会这种智慧的高深。对于大多数人来说，逞一时口快，泄一时之愤，是最大快人心的事。但是有涵养的人是不会这么做的，今天也让自己做一回有涵养之人吧。

很简单，无论对方发出什么招，多难听的话，多过分的举动，都不要理会他，仿佛与己无关，专心做自己的事，不要因为对方的言行停下你手中的活，让对方以为，你根本对他不屑一顾，你根本不拿他的无理当挑衅。也就是说，你根本不拿他当对手，其实这才是对一个争强好胜的人的最大反击。

吵架有时候是种发泄，但是，如果碰到无理取闹的人，你说再多也是白费口舌，对自己的精神绝对是种折磨，还不如睁一只眼闭一只眼，不予理睬。这个人说话很不讲道理，让人恼火，你可能真的快沉不住气了，很想冲上前打骂一顿。但是这种无理取闹的人，他的目的就是想闹，惹恼你他才高兴，看着你气急败坏的样子他肯定在心里偷乐。其实，对付这种人最好的办法就是不理他，任其吵闹，你还是继续做自己手中的事，保持你脸上的微笑，这个微笑是留给自己的。慢慢地，对方也会觉得很无趣，或者会为你的豁达所折服。

当然，这样做也许很难，因为人都有血性，谁也做不了圣人。当别人真的很过分的时候，保持一颗平静的心就显得是多么的难能可贵。但是你要相信自己一定能做到，并在心里默默地鼓励自己，甚至还可以对吵闹的人说，你要不要坐下来慢慢说？或者干脆逃开，说我有事要先出去，你自己慢慢说吧！所谓眼不见，心不烦，走开了还落得个耳根清净。对方可能会大叫大嚷，故意拿话来激你，这个时候你尤其要沉住气，要知道一时的口舌之快只会带来更多的烦躁和气恼。除非你也不讲道理，跟对方展开大战，不顾形象地破口大骂，即使最后你在气势上压倒了对方，你也累得筋疲力尽，这样值不值呢？因此，碰到无理的人，最好的办法就是不要当场就出招，除非你有绝妙的反击策略，而且已经胸有成竹。但是，对于大多数人来说，愤怒和激动会让你失去理智，思维迟钝，这个时候往往是想不出什么好点子的。所以，不如用沉默换来冷静的时间，让头脑清醒一下，想想你的绝招吧。

# 卸下情绪的重负，对自己说“没关系”

接纳自己，欣赏自己，将所有的自卑全都抛到九霄云外，这是一个人保持快乐最重要的前提。一个以高标准来要求自己、不能容忍自己不完美的人，终其一生只能在对自己的哀叹中度过，是无法享受到生活的快乐的。他们给自己设订了太多的条条框框，强迫自己去遵守，以达到他们期望的目标，这使得他们的生活背负了太多的重担，负重的情绪必然无法去感受生活的轻松和快乐。

亨利是一个快乐的年轻人。他三岁时在和小朋友玩耍时不慎被高压电流击伤，因双臂坏死而截肢致残。在这之后，父母将他送到附近的一座残疾人孤儿院去，他在那里整整住了16年，父母很少去看他。在孤儿院没有人教他应当怎样做事情，一切都得自己摸索。开始亨利用嘴叼着笔写字，由于离纸太近眼睛疼痛，于是他改用脚写字，他在孤儿院上完了中学。

回到故乡后亨利开始边工作边学习，他在一个师范学院学习文学专业。他并不想当老师，只是想完善自己，他和大学生们一样要做作业，通过各门测验和考试。亨利通过训练能够自己照顾自己的生活；他会用脚斟茶，拿小勺往茶里加糖，并灵巧地抓住小小的茶杯慢慢地品茶；电话铃声响了，他能够抓起听筒。他能够处理一些简单的家务。

他的妻子琼斯说：“亨利很聪明，要是什么事情做不了，他就会琢磨该怎么办。他是一个优秀的绘图员，他会修各种电器，搞得懂所有的线路。例如电子表坏了，他就把它拆开修理，用小镊子灵巧地把零件一一装好。他的表总是挂在脖子上，他是用膝盖托起表来看时间的。他总是一刻不停地干这干那，他还改过裙子呢，又是量，又是画线，又是剪，最后用缝纫机做好。在家乡他挺知名的，一天到晚总是吹着口哨或哼着歌曲，是个无忧无虑的快乐人。”

亨利喜欢唱歌，参加过巡回演出团。他常常到孤儿院去义演。他和他16岁的儿子一起录制磁带送给朋友们。他靠600美元的退休金和妻子微薄的工资生活，十分清苦。但是，对于他来说，令他最开心的是他在生活，在唱歌，感觉他自己是一个自食其力的人。

亨利的故事告诉我们，只要一个人学会接纳自己，能够以一个平常的心态去接纳自己的不完美，他就能够拥有一个快乐的人生。如果总是让自己背负着沉重的负担，终日陷在悲观郁闷的情绪中，生活对他来说就只能是一场苦旅。所以，遭受困难时、悲伤失意时，多给自己说几声“没关系”，生活的希望永远存在，只要努力，一切困苦对我们来说都是没关系的。

# 做自己情绪的主人

调节好自己的情绪，永远保持好心情，可以让我们更轻松、更简单地享受生活。人活在世上总会遇到各种各样的事情，或忧或喜。当我们在生活中出现情绪问题时，如果我们能够通过自己的行动，及时调整好自己的情绪，那么我们就能更简单地面对自己的人生。

一位著名的心理专家说过，“我们生活中 80% 以上的情绪问题都是由自己造成的”。生活中随时可能出现的矛盾随时都会影响到我们的情绪。例如，你可以假想某一天，你站在一间珠宝店的柜台前，把一个装有几本书的纸袋放在柜台上。这时一个衣着讲究、仪表堂堂的男子进来，开始在柜台前看珠宝，你礼貌地将自己的纸袋移开。但这个人却愤怒地看着你，说他是个正直的人，绝对无意偷你的纸袋。他觉得受到了侮辱，重重地将门关上，走出了珠宝店。你感到十分惊讶，一个无心的动作，竟会引起他如此的愤怒。后来，你领悟到，这个人和你仿佛生活在两个不同的世界，但事实上世界是一样的，只是你和他对事物的看法相反而已。

第二天一大早醒来，你就觉得情绪不好，想起自己又要开始度过枯燥、乏味的一天，周围的一切都好像在和你做对。当你驾车挤在密密麻麻的车阵中，缓慢地向市中心前进时，你满腔怨气地想：为什么有那么多笨蛋也能拿到驾驶执照？他们开车不是太快就是太慢，根本没有资格在高峰时间开车，这些人的驾驶执照都该被吊销。后来，你和一辆大型卡车同时到达一个交叉路口时，你心想：“这家伙一定会直冲过去的。”但就在这时，卡车司机将头伸出车窗外，向你招招手，给你一个开朗、愉快的微笑。当你将车子驶离交叉路口时，你的愤怒突然完全消失，心胸豁然开朗起来。

由此可见，控制情绪的钥匙就掌握在我们自己手中。你可以采取下面的方法有效地控制自己的情绪，让自己度过平和快乐的每一天。

输入自我控制的意识是有效控制自己情绪的第一步。曾经有个初中生，不会控制自己的情绪，常常和同学争吵，老师批评他没有涵养，他还不服气，甚至和老师争执。老师没有动怒而是拿出词典逐字逐句解释给他听，并列举了身边大量的例子，他嘴上没说心中却早已心悦诚服。从此他有了自我控制的意识，经常提醒自己，主动调整情绪，自觉注意自己的言行。就在这种潜移默化中他拥有了健康情绪状态。

另外，在众多调整情绪的方法中，你也可以学一下“情绪转移法”，即暂时避开不良刺激，把注意力、精力和兴趣投入到另一项活动中去，以减轻不良情绪对自己的冲击。

情绪转移的第一个关键是积极参加社会交往活动，培养社交兴趣。人是社会的一员，必须生活在社会群体之中。一个人要逐渐学会理解和关心别人，一旦主动爱别人的能力提高了，就会感到生活在充满爱的世界里。如果一个人有许多知心朋友，就可以获得更多的社会支持，更重要的是可以感受到充足的社会安全感、信任感和激励感，从而增强生活、学习和工作的信心和力量，最大限度地减少心理应激和心理危机感。

情绪转移的第二个关键是多找朋友倾诉，以疏泄郁闷情绪。生活和工作中难免会遇到令人不愉快和烦闷的事情，如果有好友听你诉说苦闷，那么压抑的心境就可能得到缓解或减轻，失去平衡的心理可以恢复正常，并且可以得到来自朋友的情感支持和理解，获得新的思考，增强战胜困难的信心。还可向自然环境转移，郊游、爬山、游泳或在无人处高声叫喊、痛骂等。也可积极参加各种活动，尤其是将自己的情感以艺术的手段表达出来。

另外，营造一个温馨的家庭氛围也是转移不良情绪的一个有效途径。家庭可以说是整个生活的基础，温暖和谐的家是家庭成员快乐的源泉，是事业成功的保证。

如果我们在遭遇了不良情绪的袭击之后，能够及时地投入到温馨的家庭氛围中，让家人的关怀清洗我们内心的烦恼，那么我们就能保持一种平和快乐的心态。

## 别顺着怨气毁灭自己

如果你很容易发怒的话，那么就说明你可能有一些还难以解决的问题压在心头。你需要找出这些问题，然后设法解决它们，以便继续前进。有人说，生气是拿别人的错误惩罚自己。真正聪明的人，懂得从他人的怒火中寻找温暖，而不是顺着自己的怨气毁灭自己。

下面这个故事中，富兰克林的经历也向我们说明了克制怒气的重要：

有一次，有位管理员为了显示他对富兰克林一个人在排版间工作的不满，把屋里的蜡烛全部收了起来。这种情况一连发生了好几次。

有一天，富兰克林到库房里赶排一篇准备发表的稿子，却怎么也找不到蜡烛了。

富兰克林知道是那个人干的，忍不住跳起来，奔向地下室，去找那个管理员。当他到那儿时，发现管理员正忙着烧锅炉，同时一面吹着口哨，仿佛什么事情也没发生。

富兰克林抑制不住愤怒，对着管理员就破口大骂，一直骂了足足有5分钟，他实在想不出什么骂人的语句了，只好停了下来。这时，管理员转过头来，脸上露出开朗的微笑，并以一种充满镇静与自制的声调说："呀，你今天有些激动，是吗？"

他的话就像一把锐利的短剑，一下子刺进了富兰克林的心里。

富兰克林的做法不但没有为自己挽回面子，反而增加了他的羞辱。他开始反省自己，认识到了自己的错误。

富兰克林知道，只有向那个人道歉，内心才能平静。他下定决心，来到地下室，把那位管理员叫到门边，说："我回来是为我的行为向你道歉，如果你愿意接受的话。"

管理员笑了，说："你不用向我道歉，没有别人听见你刚才说的话，我不会把它说出去的，我们就把它忘了吧。"

这句话对富兰克林的影响更甚于他先前所说的话。他向管理员走去，抓住他的手，使劲握了握。他明白，自己不是用手和他握手，而是用心和他握手。

在走回库房的路上，富兰克林的心情十分愉快，因为他鼓足了勇气，弥补了自己所犯的错误。

从此以后，富兰克林下定决心，决不再失去自制力，因为凡事以愤怒开始，必以耻辱告终。

你一旦失去自制之后，另一个人——不管是一名目不识丁的管理员，还是有教养的绅士，都能轻易将你打败。

在找回自制之后，富兰克林身上也很快发生了显著的变化，他的笔开始发挥更大的力量，他的话也更有分量，并且结交了许多朋友。这件事成为富兰克林一生当中最重要的一个转折点。后来，成功的富兰克林回忆说："一个人除非先控制自己，否则他将无法成功。"

众所周知，人与人之间的情绪是会相互感染的，有时自己控制得还不错的情绪，一下子就被别人破坏了，而别人的情绪也常常被自己"污染"。

如果你总是走不出过去的阴影，愤愤不平、牢骚满腹、自怨自艾，那么就很难保持良好的自我控制力，你最终想掌握自己命运的希望就会破灭。

## 情绪化常常让人丧失理智

一个成功的人必定是有良好控制能力的人，控制自我不是说不发泄情绪，也不是不发脾气，过度压抑只会适得其反。

新的一届竞选又开始了，一位准备参加参议员竞选的候选人向自己的参谋讨教如何获得多数人的选票。

其中一个参谋说："我可以教你些方法。但是我们要先定一个规则，如果你违反我教给你的方法，要罚款 10 元。"

候选人说："行，没问题。"

“那我们从现在就开始。”

“行，就现在开始。”

“我教你的第一个方法是：无论人家说你什么坏话，你都得忍受。无论人家怎么损你、骂你、指责你、批评你，你都不许发怒。”

“这个容易，人家批评我、说我坏话，正好给我敲个警钟，我不会记在心上。”候选人轻松地答应。

“你能这么认为最好。我希望你能记住这个戒条，要知道，这是我教给你的规则当中最重要的一条。不过，像你这种愚蠢的人，不知道什么时候才能记住。”

“什么！你居然说我……”候选人气急败坏地说。

“拿来，10 块钱！”

虽然脸上的愤怒还没退去，但是候选人明白，自己确实是违反规则了。他无奈地把钱递给参谋，说：“好吧，这次是我错了，你继续说其他的方法。”

“这条规则最重要，其余的规则也差不多。”

“你这个骗子……”

“对不起，又是 10 块钱。”参谋摊手道。

“你赚这 20 块钱也太简单了。”

“就是啊，你赶快拿出来，你自己答应的，你如果不给我，我就让你臭名远扬。”

“你真是只狡猾的狐狸。”

“又 10 块钱，对不起，拿来。”

“呀，又是一次，好了，我以后不再发脾气了！”

“算了吧，我并不是真要你的钱，你出身那么贫寒，父亲也因不还人家钱而声誉不佳！”

“你这个讨厌的恶棍，怎么可以侮辱我家人！”

“看到了吧，又是 10 块钱，这回可不让你抵赖了。”

看到候选人垂头丧气的样子，参谋说：“现在你总该知道了吧，克制自己的愤怒情绪并不容易，你要随时留心，时时在意。10 块钱倒是小事，要是你每发一次脾气就丢掉一张选票，那损失可就大了。”

控制自己的情绪是件非常不容易的事情，因为我们每个人的心中都存在着理智与感情的斗争。为情所动时，不要有所行动，否则你会将事情搞得一团糟。人在不能自制时，会举止失常；激情总会使人丧失理智。此时应去咨询不为此情所动的第三方，因为当局者迷，旁观者清。当谨慎之人察觉到自己有冲动的情绪时，会即刻控制并使其消退，避免因热血沸腾而鲁莽行事。短暂的冲动情绪的爆发会使人不能自拔，甚至名誉扫地，更糟糕的则可能丢掉性命。

## 不斗气，不生气

世上有两种人，一种是开口便笑的人，一种是牢骚满腹的人；同样的一件事，有人埋头做事，'有人破口大骂。埋头做事的并不一定是傻子，破口大骂的也不见得是聪明人，但是前者一定很快乐，后者则容易生气。一个让自己快乐工作的人，一定能将工作做好，这也是成功的前提。在我们斗气的时候，何不学着把看问题的角度稍稍修正，将自己从心魔中解脱出来，站在另一个角度看问题。要懂得缩小自己的不满，才能看见问题的另一个方面。任何斗气都是无济于事的，应勇敢地面对现实，接受现实，以一颗平常心看待已然无法改变的现实。

小薛和小刘是大学时的校友，同系不同班，毕业的时候一同进了一家电脑公司。高科技公司的特征就是高薪高压加高竞争，两人不由自主地成了对手，两年多的时间里不知交锋过多少次。后来，小薛参加一个新程式的开发项目，并被提为主要负责人。

开发很顺利，接近尾声的时候却出了问题，一家同行竞争公司抢先推出了类似的项目成果。开发顿时失去意义，项目立刻被停止。经公司主管研究发现，该推出软件是在本公司研究的核心程序基础上做出的，作为主要负责人的小薛受到技术泄露的牵连不可避免地被降了职。直到半年后小刘辞职跳槽到了那家公司，小薛才知道原来一切都是因为小刘嫉妒她过于锋芒毕露认为她抢了自己的发展机会而暗中使的坏，而正是自己的信任和疏忽，无意中让小刘看到了自己所编的程式。知道了真相的小薛无法咽下这口恶气，于是也跳槽到了那家公司， 处处与小刘对着干。结果是两败俱伤，那家公司的经理厌烦了两个人的明争暗斗，最终将她们都辞掉了。

生活中有些挫折可能是别人无意中附加给我们的，有些可能来自和我们敌对的一方，来自于那些准备冷眼旁观我们身陷窘境如何自处的对手。这就需要我们充分利用自己的智慧，低调处之，不和他人斗气，才能保持清醒的头脑。其实人与人之间，你对我不好，我也就对你不好。这样以恶制恶、以怨制恨、互相伤害，只能加深和激化矛盾、产生怨恨，丝毫解决不了根本问题。要知道，一个人与其意见相左的敌人越多，他的人际交往也就越失败，事业就越难以发展。多一个朋友多一条路，与其与人为敌，不如化敌为友，这样人生之路才会越走越宽，越走越顺。因此遇到矛盾时不管对方是对还是错，自己首先忍让一步，后退一步，心平心和地把问题说清楚。在善心善语面前，相信再不讲理的人也不好意思变本加厉，再大的矛盾都会化干戈为玉帛。

第七章

# 善待自己，别让压力毁了你

## 善待自己，给压力一个出口

人生苦短，不要被各种繁锁的事物所劳累，要把身边的俗事抛开，把眼前的角逐看淡点。身体是自己的，心情更是自己的，不要让自己的心理背上沉重的负担。善待自己，给压力一个出口。

人就这么短短的一辈子，干干净净地来，干干净净地走。来时与世无挂，走时却牵肠挂肚，甚至死不瞑目，是因为活得太累的缘故。

紧张的工作、生活、学习和人际交往等形成的各种压力，也许会让你防不胜防。人们正遭受着前所未有的来自各方面的压力的摧残，常常听见身旁的人们在喊累。人确实活得累，为父母累，为子女累，为朋友累……这种心理上的累，比身体上的累更让人难以承受，也很难得到彻底的解脱。

为什么要这样折磨自己？希望别人都认为你很能干？希望自己变成工作狂？还是希望赚更多钱改善生活？……事实上，正是因为这些希望已使你变得更加疲惫不堪。那么，不妨反思一下你的希望。

希望别人都认为你很能干？这种希望只是为了面子好看、心里舒服罢了。要知道工作的目的应是为社会做贡献，而不是为了表现自己什么。

希望自己变成工作狂？对工作以外的人和事你全没兴趣吗？要知道工作只是生活的一部分，不应是你全部的人生。只知道拼命工作，身体垮了，怎能去奢谈工作和人生。

希望赚更多的钱改善生活？谁不希望有钱？但是赚钱是为了改善生活，拼命地工作使身体已经垮了，还有赚钱的资本吗？幸福的生活并非只靠钱财来营造。

凡是憧憬美好生活的人，都应学会善待自己。只有善待自己，才会有健康的身体，有工作的保证，有幸福美好的生活。可见，善待自己不容忽视。

学会善待自己，就要自己给自己营造快乐。不怕小人的流长飞短，不怕“常戚戚”者的明枪暗箭，“走自己的路，让别人去说吧”，我还是我——清晨踱步户外，望一轮朝日冉冉东升；傍晚踏碎浓浓夜色，任清风从颜面拂过。爽悦的一定是心情，收获的一定是快乐。

学会善待自己，就要把功名利禄看作身外之物，心胸要宽广。要始终相信是自己的别人拿不走，不是自己的拿到手也是一只“烫手的山芋”。

学会善待自己，就是我们一直都在生活着，不是觉得有能力过好日子的时候，生活才开始。你必须马上改变过去一成不变的生活模式，从休闲中调整自己，陶冶自己，感受生活的幸福。想学绘画吗？赶紧拿起画笔；想学舞蹈吗？赶紧换上舞鞋；想去旅游吗？那就赶紧背起背包吧！不要压抑太多喜好，也不要收藏太多期盼，最终使自己临终时徒增遗憾。自己和自己过不去。“人生苦短，来日无多”——活着不该扭扭捏捏，活着就该扬眉吐气，洒洒脱脱，不必为鸡毛蒜皮的琐事愁眉紧锁；也不必为只言片语的不和谐而耿耿于怀。

学会善待自己，就不要让自己活得太假太累太辛苦。少一点做作，多一点真诚；少一点包装，多一点真实。只有真实了，才没有心累的感慨，才会活得轻松愉快。自己欣赏自己，生活才自信、才充满盎然生机。

学会善待自己，就要学会在各种压力面前为自己减压，卸去那些无形的枷锁。在工作、学习和生活中，要善于把压力变成动力，要为自己创造一个良好的心理环境，不要把压力变为自己的心理负担。为自己减压，要把工作看成是一件乐事，把学习当作一件有趣的事情，把生活看作是一件很平常的事。心情烦恼之时停下来歇一歇，心情快乐之时，各方面都加把劲。

人活着就这么一辈子，苦也是过，乐也是过，劳累也过，轻松也过，不要为自己增压，要给压力一个出口。

## 克服紧张情绪，学会放松自己

生活节奏太快，大脑神经绷得紧紧的，不敢有半点儿松懈，害怕自己松懈时，会被别人超过。但无谓的精神过度紧张不但于事无补，反而容易使人在紧张中作出错误的决定。

生活在一个竞争激烈、快节奏、高效率的社会，不可避免会给人带来许多紧张和压力。

精神紧张一般分为弱的、适度的和过度的三种。

适度的精神紧张，是人们解决问题的必要条件。但是，过度的精神紧张却不利于问题的解决。从生理学的角度来看，人若长期、反复地处于超生理强度的紧张状态中，就容易急躁、激动、恼怒，严重者会导致大脑神经功能紊乱，有损于身体健康。

因此，我们要克服紧张的心理，设法把自己从紧张的情绪中解脱出来。下面介绍几点帮你摆脱紧张：

1. 对别人要宽容

有些人对别人期望太高，达不到自己的期望时，便感到灰心、失望。因此，切记不要过分苛求别人的行为，而应发现其优点，并协助其发扬优点。

2. 给别人超过自己的机会

竞争是有感染性的，你给别人超过自己的机会，不但不会妨碍你的前进，而且还会在别人的带动下不断地前进。

3. 谦让

你可以坚持自己认为正确的事情，但应该静静地去做，切记不要和别人一争高低。

4. 为他人做些事情

如果你感到紧张、烦恼时，试一试为他人做些事情，你会发现，这种使人紧张、烦恼的情绪会转化为精力，让你有一种做好事的愉快感。

5. 使自己变得“有用”

很多人都有这样的感觉：认为自己被人看不起。实际上，这不过是自己的想象，是自己看不起自己，也许别人正渴望你有突出的表现。因此，你要主动一些，而不要等着别人向你提出要求。

6. 一次做一件事

在繁忙的情况下，最可靠的办法就是先做最迫切的事，把全部精力投入其中，一次只做一件，把其余的事暂时搁到一边。

7. 不要乱发脾气

如果你感到自己想要发脾气，要尽量克制一点，并用抑制下来的精力做一些有意义的事情，比如清洁居室、打球或者是散步，以平息自己的怒气。

8. 学会调整生活节奏，有劳有逸

在日常生活中要注意调整好节奏。工作学习时要思想集中，玩时要痛快。要保证充足的睡眠时间，适当安排一些文娱、体育活动。做到有张有弛，劳逸结合。

9. 降低对自己的要求

一个人如果十分争强好胜，事事都力求完善，事事都要争先，自然就会经常感到时间紧迫，匆匆忙忙。而如果能够认清自己能力和精力的限制，放低对自己的要求，凡事从长远和整体考虑，不在乎一时一地的得失，不在乎别人对自己的看法和评价，自然就会使心境松弛一些。

生活中，如果我们能够做到有张有弛，就可以减轻紧张对人们身心造成的危害，这是一门科学，也是生活的艺术。

## 给“活得累”开个新药方

你太累了，也该歇歇了，不要为这些所谓的世俗封阻了前进的道路。给自己一点时间和空间休息，听歌、听感人的故事、出去远行等等，相信你会笑着面对一切的。

现代社会中，工作和生活的节奏不断加快，竞争也日渐激烈，如果人们不注意调整自己的心态，就很容易感到身心疲劳，即人们常说的“活得累”。

有位医生在给一位企业家进行诊疗时，劝他多多休息。这位企业家愤怒地抗议说：“我每天承担巨大的工作量，没有一个人可以分担一丁点的业务。大夫，您知道吗？我每天都得提一个沉重的手提包回家，里面装的是满满的文件呀！”

“为什么晚上还要批那么多文件呢？”医生惊讶地问道。

“那些都是必须处理的急件。”企业家不耐烦地回答。

“难道没有人可以帮你忙吗？助手呢？”医生问。

“不行呀！只有我才能正确地批示呀！而且我还必须尽快处理完，要不然公司怎么办呢？”

“这样吧！现在我开一个处方给你，你能否照着做呢？”医生有所决定地说道。

企业家听完医生的话，读一读处方的规定——每天散步两小时，每星期空出半天的时间到墓地一次。企业家怪异地问道：“为什么要我去墓地呢？”

“因为……”医生不慌不忙地问答：“我是希望你四处走一走，瞧一瞧那些与世长辞的人的墓碑。你仔细思考一下，他们生前也与你一样，认为全世界的事都得扛在双肩，如今他们全都永眠于黄土之中，也许将来有一天你也会加入他们的行列，然而整个地球的活动还是永恒不断地进行着。而其他世人们仍是如你一般继续工作。我建议你站在墓碑前好好地想一想这些摆在眼前的事实。”

医生这番苦口婆心的劝说终于敲醒了企业家，他依照医生的指示，放慢生活的步调，并且转移一部分职责，他知道生命的真义不在急躁或焦虑，他的心已经得到平和，也可以说他比以前活得更好，当然事业也蒸蒸日上。

“生活太累了！”经常听见有人喊出这样的一句话。其实，生活本身并不累，它只是按照自然规律，按照本身的规律在运转。说生活太累的人是他本人活得太累了。心理学家认为：有“活得累”想法的人，大多数得的是“心病”，也就是他们的心理失去平衡或发生障碍。

心累与身累的最大不同是，身累睡眠状况特好，往往一入睡就跟死猪一般，被人抬走了都醒不过来，一旦醒来，便觉浑身轻松，精神百倍；而心累虽然十分疲乏，但睡眠相当不好，常常失眠，越命令自己不考虑事儿越是接二连三地考虑，甚至上下五千年纵横八万里的事情全都涌向心头。好不容易入睡了，却不是被一点小声音弄醒，就是被梦魇惊醒，醒来后头晕目眩，跟大病了一场似的，而且很难再次入睡，往往形成恶性循环。

生活在不缺吃不少穿的小康社会里，为什么有些人还会感觉活得太累呢？究其原因有以下几点：

1. 志大运背，怀才不遇

这种人天生清高孤傲，不愿随波逐流，虽才高八斗学富五车，然偏偏遇不到赏识千里马的伯乐，致使其怨气冲天，常常发出“龙卧浅滩遭虾戏，虎落平原被犬欺；得志蠢猪充大象，落魄凤凰不如鸡”的慨叹。

2. 喜洁成癖，自讨苦吃

这种人容不得半点灰尘和一点污垢，满眼都是脏乱不堪的惨状，恨不得把所有的人和物都扔到清水中。把所有的休息时间消耗在清洁上了，甚至在梦里都忙个不停。

3. “忧国忧民”，事事操心

此类人智商不比别人高，但考虑事儿却远比别人多，比如世界局势将会有什么新的变化等，整天把自己搞得疲惫不堪。

4. 心高命薄，事与愿违

这些人对生活期望过高，然而现实与理想相差却甚远，故时时被失望的痛苦所折磨。

5. 在位谋政，诚惶诚恐

有些人把“说你行你就行不行也行，说不行就不行行也不行。不服不行”这副对联当成了座右铭。

活得累的人，应该认真分析一下自己究竟累在什么地方，心病还需心药医，确确实实地对症下药。这样，才能使自己从“活得累”中解脱出来，从而使自己生活得更加充实和快乐。给活得累的人开的药方只有 4 个字：修身养性。就是指面对困难和挫折鼓起勇气，树立信心；努力寻找自己在生活中的恰当位置，脚踏实地地为社会、为他人做事，以充实自己；遇事要拿得起，放得下，不要为一些个人和家庭小事斤斤计较。至于那些因为与充满竞争的社会环境及快节奏的生活不适应，而感到“活得累”的人，就应该锻炼身心、磨练自己的意志，以增强社会心理的适应能力。另外，心理调整法也是治疗“活得累”的良方，就是要做到不断纠正自己因循守旧的意识和固步自封的想法及做法，树立自信心，增强尝试新事物的勇气；怡然处世为人，树立人际关系的新观念。

人生苦短，拼搏之余学会放松自己，给自己一点时间去休息，才可谓是享受人生。累了，当然要歇一会儿，但愿所有人都会善待自己，留下每一个歇息的足迹！

## 摆脱压力，轻松生活

如果工作和生活的压力太大，无法去做一些想做的事情，那么就在自己的脑海中想象一下那些你所喜爱的地方，如高山、草原、海边等，以达到放松大脑、轻松精神的目的。

放松有助于减轻生活造成的压力，带给你安详平和的心境。

有一位雄心勃勃的私企老总，企盼公司能够更加迅速地发展壮大，并为此拼命工作。他对下属和自己都制定了严格的要求。他每天工作超过 14 个小时，公司、家里都有办公室。一段时间之后，他发现自己的脾气变得挑剔，经常莫名其妙地发火，而且记忆力明显减退。随后他又发现自己的身体状况开始下降，变得瘦弱。但是他仍然一如既往地工作。终于有一天，在他洗澡的时候，他躺在浴缸里爬不起来了，他的一条腿不能动了。这时他才意识到自己在不知不觉中被压力击垮了！

压力有两种：一种对你有益；另一种对你则有害。当你对某件事情感兴趣的时候，那就是有益的压力。此时，你会心跳加速、血压稍微升高、体内释放出肾上腺素，而且呼吸变得急促。有害的压力也会产生同样的心理反应，但这些反应对你的身体并没有好处。

由于财务不稳定、上司不够体恤、工作能力不足等其他类似原因所产生的有害压力，会导致愤怒、挫折、精疲力竭、沮丧、头痛、高度紧张、失眠、注意力无法集中、消化不良、厌食、喜怒无常、高血压、中风、心脏病，或是因为免疫系统的失调而导致无法抵抗感冒和病毒，甚至会虐待配偶和小孩。因此，必须控制这种压力，具体可采用以下方法：

（1）让自己彻底放松一下。比如：读一篇小说，唱歌或者干脆什么也不干，坐在窗前发呆。这时候关键是你内心的体会，一种宁静，一种放松。

（2）至少记住今天发生的一件好事情。不管你今天多辛苦或是多不开心，回到家里，都应该把今天的一件好事情同家人分享。

（3）一次只担心一件事情。女人的焦虑往往超过男人。哈佛大学的研究人员对 166 名已婚夫妇进行了 6 个星期的研究，发现因为女人更爱方方面面地考虑问题，所以比男人更经常感到压力。她们会考虑自己的工作、体重，还有每个家庭成员的健康等等。

（4）享受按摩的乐趣。不仅包括传统的全身按摩，还有足底按摩、修指甲或美容等，这些都能让你的精神松弛下来。

（5）放慢你的速度。也许你每天的桌上摆满了要看的文件，你的右手在接听电话，左手还要翻看资料。你要应付形形色色的人，说各种各样的话。那么你一定要记住，尽量保持乐观的态度，放慢你的速度。

（6）不要太严肃。建议你和朋友一起说个小笑话，大家哈哈一笑，气氛活跃了，自己也放松了。研究表明，笑不仅能减轻紧张，还有增进人体免疫力的功能。

（7）不要让否定的声音围绕自己，而把自己逼疯。别人也许会说你这不行那不行，实际上自己也是有着许多优点的，只是他们没发现而已。

（8）每天集中精力几分钟。比如现在的工作就是把这份报告打好，其他的事情一概抛在脑后，不去想。在工作的间隙，你也可以花上 20 分钟的时间放松一下，仅仅是散步而不考虑你的工作，仅仅专注于你周围的一切，比如你看见什么，听见什么，感觉到什么，闻到什么气味等等。

（9）说出或写出你的担忧。写下来或是与朋友一起谈一谈，至少你不会感觉孤独而且无助。

（10）不管你有多忙碌，一定要锻炼。研究人员发现，经过 30 分钟的踏脚踏车的锻炼后，被测试者的压力水平下降了 25%，或者到健身房快走 30 分钟，或者在起床时进行一些伸展练习都行。

抛开一切事情，什么也不干，把自己从混乱无章的感觉中解救出来，让头脑得到彻底的净化，放松一下，你的生活将会得到很大的改善。

## 放下，更轻松

放下自己多余的担心，放下自己过多的忧虑，放下自己的不良情绪，以一种轻松的心态、愉快的心境来面对工作，对待爱情，追求未来。放下，更轻松。从现在做起，对自己说：Take it easy！

生活中，时时刻刻在取与舍中选择，我们又总是渴望着取，渴望着占有，常常忽略了舍，忽略了占有的反面：放弃。懂得了放弃的真意也就理解了“失之东隅，收之桑榆”的妙谛。

有的时候，你明明知道有些东西不属于你，可你偏要强求。或许可能出于对自己盲目的自信，或是过于相信所谓的“精诚所至，金石为开”，结果不断的努力，换来的却是不断的挫折，到头来弄得自己苦不堪言。

在变化快速的环境里，问题不断地接踵而来，许多问题往往超出我们过去的处理经验。这些新的问题，容易让我们陷入泥沼之中。此时，不妨让自己先脱离当时问题的环境，隔一段时间再处理，这样会让我们有更多新的思考角度。

世界上有很多事不是我们努力就能够实现的，有的靠缘分，有的靠机遇，有的我们只能以看山看水的心情来欣赏，不是自己的不强求，无法得到的就需要我们放弃。懂得放弃，才会有快乐，背着包袱走路总是会很辛苦的。

放弃，对每一个人来说，都有一个痛苦的过程，因为放弃意味着永远不再拥有，但是，不会放弃，想拥有一切，最终你将一无所有，这是生命的无奈之处。如果你不放弃眼前的利益，就无法享受到花前月下的温馨。生活给予我们每个人的都是一座丰富的宝库，但你必须学会放弃，选择适合你自己应该拥有的，否则，生命将难以承受！

仔细想想在生活或者是工作上，会不会有这种情形：萦绕已久的问题，百思不得其解，却往往在身心放松的时刻，灵光不断地涌现。因此，当遇到难题时，不妨先暂时把问题抛开，放松一下，喝杯咖啡或者去散散步，反而能找到更好的灵感或看法。

有位教授向他的听众讲述如何正确对待压力。他举起一杯水，问道：“这杯水有多重？”从 20 克到 500 克，回答各异。“其实具体多重并非关键，关键在于你举杯的时间。如果你举了一分钟，即便杯子重 500 克也不是问题，如果你举杯一个小时，20 克的杯子也会让你手臂酸痛；如果举杯一天，恐怕就需叫救护车了。同一个杯子，举的时间越长，它会变得越重。倘若我们总是将压力扛在肩上，压力就像水杯一样，会变得越来越重。早晚有一天，我们将不堪其重。正确的做法是，放下水杯，休息一下，以便再次举起它。”

为了明天，时时刻刻背负着所面临的压力，一个人就会垮掉，如果适时地善待一下自己，把所面临的压力放下来，让自己轻松一下，然后再背负起压力去奋斗，相信你的精力会更充沛。

不要让自己的思想负担过重，没必要把没用的东西存在脑海。不断给自己的灵魂加以清理扫除，学习发现寻找适于自我生存的一切资源；利用把握适合体现自我价值的一切生存方式，把握今天，展望明天，过好每一天，放下便是轻松。

在通常情况下，“放得下”主要体现于以下几方面：

1. 放得下名

据专家分析，高智商、思维型的人，患心理障碍的比率相对较高。其主要原因在于他们一般都喜欢争强好胜，对名看得较重，有的甚至爱“名”如命，累得死去活来。倘若能对“名”放得下，就称得上是超脱的“放”。

2. 放得下情

人世间最说不清道不明的就是一个情字。凡是陷入感情纠葛的人，往往会理智失控，剪不断，理还乱。若能在情方面放得下，可称是理智的“放”。

3. 放得下财

李白在《将进酒》诗中写道：“天生我材必有用，千金散尽还复来。”如能在这方面放得下，可称是非常潇洒的“放”。

4. 放得下忧愁

现实生活中令人忧愁的事实在太多了，就像宋朝女词人李清照所说的：“才下眉头，却上心头。”狄更斯也说过：“苦苦地去做根本就办不到的事情，会带来混乱和苦恼。”如果能对忧愁放得下，那就可称是幸福的“放”，因为没有忧愁的确是一种幸福。

人的欲望是最难满足的，所以常常这山望见那山高。要想活得轻松自在，就必须不停地去奋斗和追求，来实现人生价值。因为我们所追求的往往是把握不住的东西，得到了很快就会失去，所以永远处在一种希望和失望的交替矛盾当中，谁也不会满足。所谓的满足，其实只是暂时的。

能够及早放下，就能及早得到心灵上的满足和精神上的享受，也就不会为物欲所驱使，过着表面上愉快，而内心紧张的生活。心里得到了满足，人自然也就清闲自在了。与其在衰老时悲哀地死亡，还不如在未老时就明了这一点，顺着生活的自然，及时放下心里的一切重负，这样就必定能够品尝到真正快乐的滋味。

生活中，当你遇到复杂而且具有挑战性的问题时，一时难以找到解决的方法，不要恐惧，也不要沮丧，因为最好的策略往往需要时间去孕育。一味仓促地做出决定，往往得不偿失，暂时把问题放下来，把压力降低，可以让我们许多平常没有想到的想法与做法浮现出来，不仅让思考更清楚、更周密，也更具有创造力。

心灵需要偶尔的掏空，身体也需要常常把重担放下。当你学会放下、再放下，生命会更轻松，身体也才会更放松。

## 尖叫可以释放压力

由于人们工作和生活的节奏快，与人沟通少，难免造成压力过大。研究表明，通过尖叫的方式，不仅可以把自己心中的压力发泄出来，而且对身心健康也有一定的帮助。

大声尖叫并非是一无是处，比如说，它能缓解人的精神压力，给人一个释放的空间。许多心理治疗师认为：一切形态的不快乐与不健康都起源于情绪得不到表达。你可曾留意，好好哭一场、捧腹大笑一阵，或者跟一个朋友或家人作澄清疑猜、化解张力的一席谈话之后，你感到多么舒坦！

现在你需要做的就是打开所有使你能抒发各种情绪的管道：你的心智、你的呼吸、你的声音。此事望之复杂，实则不然，你只要尖叫就行。

不妨拎个软软的枕头，走进一个你能独处几分钟的房间。先作个很深很深的呼吸，用枕头盖住了脸，然后尽你所能大声尖叫或高吼。再深呼吸，然后再用枕头盖住脸尖叫。如此一而再，再而三。一直到你觉得自己所有情绪都已透过肺呼吸、声带的声音释放出去时，才停止。

想出你的生活里，甚至世界上，你反对的一切事物，对着枕头，可试着大叫“不对！”如果你觉得疲惫、沮丧和懊怒，就大喊“我厌透了疲倦、沮丧和懊怒！”假使你感觉到幸福快乐，就喊“呀噢！”想出你生气的每个人，大叫“气死人了！”想出你爱的所有人、所有事物，大叫“好！”或“我爱你！”

如果感到胃中灼热或背上疼痛，喊出来；如果感到颈部僵硬或胸腔紧收，喊出来。直到你身体里最后一个细胞说：“我喊完了，再无怨言了。”这时候，静静安坐片刻，集中知觉感受一下解脱压抑情绪的滋味。在日常生活中，要抒发你的情绪，就要培养这种解脱感，这就是快乐之道。

只要感受到情绪就要表达出来，完全抒发，不要做任何迟疑保留。这样人会变得心平气和，不受任何“包袱”拖累。

## 旅游，让你的心快乐飞翔

旅行最大的快乐在于“逃”。逃离压力沉重的工作环境，逃开围绕身旁不断催促你结婚的家人长辈，成为一个无拘无束、自由自在、游山玩水的闲云野鹤。旅行的个中滋味，得要亲自试过才能体会得到。

生活太疲惫了，很多问题纠缠在一起，理不清头绪。你必须走开，旅行，就成为一个很好脱逃的借口。从沉重的工作、复杂的人际关系，甚至最亲密的家人朋友当中，解脱出来，给自己一个喘口气的机会。出去走一趟，至少可以把这些人和事都抛在脑后，回来再做一个新人。

明代有个浪漫的旅行家叫徐霞客，他用自己的双脚丈量着青山绿水，将毕生的心血用于旅行和探险，写下了一本奇书——《徐霞客游记》，让后人艳羡不已。古人旅游，是很让人遐想的。富人揽马，贫者骑驴，或携一壶酒，或捧一卷诗，走走停停，随处行吟赋歌，且歌且乐走天涯。登山远望则直抒胸臆，临水遐思则缱绻徘徊，爱花爱草，羡鸥羡鸬，中秋月下伤远游，山中鹧鸪感离家。途中遇友，四海皆兄弟，把酒言欢，不亦乐乎！

我们现代人旅游也要有古人的情怀，学学人家的情致，仿仿人家的潇洒，力求一个“风雅高格调”——不是让你出格，而是让你追求独特的品味。

当你的生活始终在一成不变的状况下，不如暂时脱离现有的困境出去走走。有时，并不是非得出国不可，到户外去走走，或者是到度假中心去度个假，也是不错的选择。你会感悟到旅行的确是一剂消烦解忧的良方。

也许你只想借着一趟旅行的冒险，来制造一点点生活的刺激与浪漫，不论是哪一种情况，每一个想要旅行的人，出门前的动机是不会相同的，即使坐在同一架飞机里，飞往同一地点的人，他们的旅行目的也绝不会相同。所以，每一个人的内心里都潜藏着一份对生活、生命的渴求，是在现实生活中往往无法获得的心灵企盼，却希望在一段又一段的旅行过程中，获得暂时的舒解和治疗。旅行是记忆的收藏，也是美的收藏。

5 年前，李立去欧洲旅行。

她说在离开香港之前，身兼两份工作，回家还要翻译和写企划方案，每天工作 16 小时是正常的。

一方面不堪忍受超时的工作压力，一方面也为了实现年少时环游世界的梦想，她向老板请了两个月的假，便踏出她的世界之旅的一小步。

当时她是抱着不惜辞职的心情，准备去探索世界奥秘的。

她说，在香港的生活太紧张，发现欧洲的闲散，一时让人难以适应。

欧洲人的步调适中，总透露着一份富裕之后的从容，在负荷一天 16 小时的工作之后，她从身边缓步而过的欧洲人身上，看到自己紧绷的神经。

走过街边的咖啡座，下午的太阳暖烘烘的，伸长了腿，细细打量着来往的行人，一坐几个钟头，动也不动，就这样悠闲地等着日影西斜。

入夜，巴黎的香榭大道上，灯火辉煌，人群摩肩接踵，喝一杯鸡尾酒，吃一个冰淇淋，聆听一首小曲，全然无视于夜色转墨。

旅行的一个月，李立开始体会到欧洲人舒缓的生活情调，把懒散的心留在欧洲。

踏足的地方多了，漂泊的经验丰富了，那些个别国家与民族的色彩，却反而淡淡散去。最后，留下的是一个性格活泼、思想开阔、胸怀世界的成熟面貌。每一次旅行回来，都感觉自己的心灵被洗涤得清清爽爽。

即使有天大的事情，也要等回来以后再说，旅行，是一个喘息的空间。出去走走固然是一种心灵的出走，但也不是逃避，唯有了解自己的目的，才不会有过度的期待和想象。

在旅途中挥洒情意，感悟人生。从旅途中汲取快乐，才是真正的旅游。这种快乐，不是肤浅的感官之乐，而是打动心灵，从心灵深处荡漾开来的真乐。有谁不渴望真乐，有谁不渴望真正的心灵熨帖？让我们开始吧！旅游是快乐的飞翔！

# 常给心灵做按摩

如今，人们讲究生活质量和生活品位，注重外部形体和容颜，而当心理疲惫时，你是否对它进行了必要的呵护？请不要忽视这种问题，这种呵护是对心理的支撑、养护和保健。经常进行心理“按摩”，是驱走不快、解决困扰的良好方法，会使你容光焕发，青春常驻。

幽默能驱走烦恼，幽默可以让烦恼变成欢畅，让痛苦变成欢乐，将尴尬变成融洽。家庭中有了幽默，便有了欢乐和幸福；夫妻间有了幽默，便能相知相契。幽默是生活的味精，心理健康不可缺少幽默。

笑是心理健康的润滑剂，是生活的一种艺术，它不仅有利于消除心理疲劳，而且可以活跃生活气愤。生活中有了笑声，就有了美的呼吸。在亲友们心情不快时，你不妨逗他一笑；自身产生苦恼，你不妨想件亲历的趣事引发一笑。

音乐可以陶冶情操，人可从音乐中获得力量。听歌不仅是一种美的享受，它还能调节人的情绪。当心情沮丧时，不妨听一曲你所喜爱的歌，它会把你带入另一片天地。

置身花木之中，以花为伴，与花交友，可以使人心舒气爽，忘却心中不快，心中仿佛也会开出五彩鲜花来。为了赏花之便，不妨在阳台或室内育几株花，视它们为伙伴。

运动的好处不言而喻。喜动者可跑步、爬山、打拳、练剑等，喜静者可饱览群书、习字绘画、养花钓鱼、下棋打牌。凭你的兴趣，找一种适合自己的活动方式，学会休闲，适度放松，才能拥有健康的身心。

你会发现另一方洞天，就是阅读。古书典籍、力作精品，都是古今中外名人、伟人和涵养高深之人的智慧积淀与结晶。与书为伍，同这些人交友谈心，可使你变得更加睿智、大度和富有才情，还会使你热爱生活，更加珍惜现在拥有的一切。

写作是一种提神益脑的健康生活方式。当你感到有话说而无听众时，当你感到心理压力大又不愿向他人诉说时，不妨就说给自己“听”。把你的痛苦、不满、感慨和心声，诉诸笔头，记录成文。这样可以缓解心理压力，调节心理情绪。

倾诉是一种自我心理调节术。生活不会一帆风顺，向亲朋好友吐露郁积在心头的苦闷，是排解不良情绪的好办法。在“心理梗塞”时，若能及时向值得信任的亲朋好友倾诉，可以在别人的理解中，使自己受挫的心灵得到安抚与慰藉。

在游戏中放松自己。游戏不只属于孩童，它应该陪伴我们走过整个人生。哪里有开心的游戏，哪里就一定充满笑声，少有忧愁。能游戏者，肯定是一个内心有着愉快感的人。游戏还可以丰富家庭生活，密切家庭成员之间的关系。

对痛苦的遗忘是必要的，沉湎于旧日的失意是脆弱的，迷失在痛苦的记忆里是可悲的。

遗忘不是简单地抹去记忆，而是一种振作，一种成熟和超脱。忘记生活曾经给自己造成的种种不幸和苦痛，充分享受生活的各种乐趣，让心灵沉浸在现实的快乐之中。

每天抽二三十分钟或更长的时间，盘腿而坐，双目、双唇自然闭合，全身肌肉放松，呼吸均匀，逐渐入静，使纷乱活跃的思维转为平静，并逐步进入若有若无的超觉形态。由于入静后人的脑电图清晰有序，大脑皮层处于保护性抑制状态，同时，皮层与皮层下神经的功能协调统一，使整个机体的指挥系统——大脑的活动显得稳定而有节律，因此你会感到身体与内在精神的空前和谐，并油然而生一种难以言传的愉悦。一旦睁眼重返日常状态，顿觉头脑清醒、精力充沛。

现实生活中，人们常常会被一些不愉快的事情所困扰，面临物质、精神上的各种压力。适时地让身体放松、为心灵按摩不失为一种有效的手段。

## 为自己减刑

舒一舒眉，为自己减刑吧。除了自己，没有人能让你恢复自由。上帝是精明的，他在每个人的人生道路上都设满深浅不一的坎坷，并且还故意让某些人遇见极深的坎坷，以此来判别人类的坚强与怯懦，明智与愚蠢。

很久以前，农村抓窃贼时方法十分简单，抓到一个窃贼便在地上画一个圈让他呆在里边，抓够了数字便把他们一个个从圆圈里拉出来排队押走。这真对得上“画地为牢”这个中国成语了，因此说，世界上最恐怖的监狱并没有铁窗和围墙。

对有的人来说，一个仇人也是一座监狱，那人的一举一动都成了层层铁窗，天天为之而郁闷忿恨、担惊受怕。有人干脆扩而大之，把自己的嫉妒对象也当作了监狱，人家的每项成果都成了自己无法忍受的刑罚，白天黑夜独自煎熬。人类的智慧可以在不自由中寻找自由，也可以在自由中设置不自由。环顾四周多少匆忙的行人，眉眼带着一座座监狱在奔走。老生长谈，苦叹一声，依稀有锒铛之音在叹息声中盘旋。

有一位商人，因欠巨债无能偿还而进了监狱。但他并没有因此抱怨、伤心，而是借此机会做自己以往无暇做的事——学习外语。开始学习外语后，他发现自己并不像生活在人们所说的“恐怖”的监狱里，他感觉日子过得飞快，而且过得非常开心。在他出狱那一天，他带出来一部60万字的译稿，并准备出版。

“坐牢”在这位商人的人生道路上该是一个多深的坎坷啊！然而，他是坚强的、明智的，他虽然刑满才释放，但是他为自己大大地减了刑。茨威格在《象棋的故事》里写一个被囚禁的人无所事事度日如年，而获得一本棋谱后日子过得飞快。外语就是这位商人的棋谱，轻松愉快地几乎把他的牢狱之灾全部赦免。他把“恐怖”的监狱当成自己发展的另一美好天地，继续奋斗着，他在为自己减刑。

找到生活的心灵“棋谱”，紧张充实有意义并且充满快乐的生活，一定可以使我们忘掉所谓的“牢狱之灾”。真正进监狱的人毕竟不多，但有的人却像真正的囚徒一样把自己关在心造的监狱里，不肯自我减刑、自我赦免。

公交车上，一个年轻的售票员，懒洋洋地招呼着上车的乘客，很不耐烦地回答乘客提出的到站问题，爱理不理地售票，时不时地抬起手腕看看表，然后无聊地看着窗外，一眼就能看出他并不喜欢这个职业，因为他并未让旁人感到他从这项工作中获得的乐趣。相反，带给大家的是厌烦与种种的无奈。他给人的感觉就是他似乎成了这辆公交车里的囚徒，这辆车感觉就像是他心灵里的监狱，只是他却不知道刑期有多长。其实，他为何不让自己愉悦地融入工作，满心欢喜地把自己释放出来呢？那样这辆公交车自然会变成它实现自己价值的美好天地。

世界上最恐怖的监狱并没有铁窗和围墙，那就是我们自己的心为自己所造的心灵监狱。走在路上，看到那么多匆忙的行人，眉眼间带着生活的种种疲惫。舒一舒眉，让我们为自己减刑吧！除了自己释放自己，为自己减压，为自己找一个出口，还有谁能让你从心灵里真正恢复自由呢？

现实社会也是一个大监狱，我们谁也逃不了困境、痛苦等严刑拷打。但如果我们能把这些严刑当作是对自己的一次次磨练，学会为自己减刑，那么，我们的人生将会是出色和潇洒的。正如一位作家所说的那样：面对人生的境遇，我们应选择拥抱与品味，浸泡在痛苦中却能体味出甘甜，面对致命的打击仍能乐观面对；那么我们就是坚强而明智的，我们的人生是快乐而多彩的。

生活对每一个人来说都是很琐碎、很具体、很现实的。用心感受每一个生活的点滴，都会从中得到收获。

## 善待压力从自制开始

要经常锻炼自己，面临压力不管大小，我们都要有自控能力。只有控制自己，才能控制住压力，让压力在你面前屈服。

有人说，人最难战胜的是自己，这句话的含义是：一个不善待自己的人最大的障碍不是来自于外界，而是自身，除了力所不能及的事情做不好外，自身能做的事不做或做不好，那就是自身的问题，是自制力的问题。

自我控制是一个人成长过程中最重要的个性品质之一，是衡量一个人心理成熟的重要标志。它代表着人对自己与周围环境关系的洞察，对自己适应能力的评价，对自身弱点的关注，并且能够积极地采取措施进行疏导，以适应环境对自己的要求。

要学会善待自己，就应学会控制自己，因为只有这样，你才会始终占据上风，由自己支配自己的情绪。自制就是要克制欲望，不要因为有点压力就心浮气躁，遇到一点不称心的事就大发脾气。自制力包括两方面：自我激励，以提高活动效率；战胜弱点和消极情绪，实现活动的目的。有人说，一个人要想在事业上取得成功，应该面临许多的压力，才能锻炼自己。

一个善待自己的人，其自制力表现在：大家都做在情理上不能做的事，他自制而不去做；大家都不做在情理上应该做的事，他强制自己去做。做与不做，克制与强制，超乎常人性情之外，就是善待自己的要素。

自制力是我们达到预期目的有效途径，有了自制力，规划事情才有实施下去的动力，否则将无从谈起。当然，培养较强自制力是一个循序渐进的过程，需要在日常学习中、生活中积累，从小事做起，时时刻刻约束自己的不良行为。提高自制力，可采用以下几种方法：

首先，要培养良好的品德修养。品德高尚的人才能理性地分析解决问题，才能不被外界的诱惑误导，头脑保持清醒，遇到诱惑能够克制住自己。

其次，要树立远大的人生目标并付诸实践，战国时期苏秦“锥刺骨”的故事，应该不会有人陌生，他的成功只凭借自己的一份决心，不断鞭策自己，最后功成名就。这不正是自制力的驱使吗？

最后，要广交好友，拓宽人际关系。可以学习并吸收别人的优点，不断充实提高自己，通过对不良事物的认知能力和抵制能力，在潜移默化中远离不良诱惑。

自制力对于增进生理和心理健康，也有重大作用，不能进行情绪控制和行为控制的人，是不会有健康的身体和健康的心理的。

增强自制力，可以使你收获快乐，可以使你更加理智，要想成为有作为的人，那么请你铭记：自制力将是你走向成功的有利保障。所以，善待自己，就要学会控制自己。

## 自由自在每一天

英国哲学家、诗人泰瑞说得好：“忙碌，是无所事事的人制造的假象；忙碌，是一无所有的人骗人的伎俩。”忙碌烦躁，是多数人生活的写照。每天总是忙忙忙，越忙碌，就越觉得生活茫然。不知为何要这么忙，却又是忙忙忙。于是，盲目、忙碌、茫然，整天游来荡去，累了烦了，却还是摆脱不了。

一位著名的演员曾很得意地说："我经常同时录制十几个节目！除此之外还要剪彩、赶秀、开店！"可到头来呢，她的家庭、财务、健康都出了问题，过分的忙碌化为一场空。真正茫然了一场。一名企业老总也曾在受访中说道："我每天工作超过 18 个小时！常常是连吃饭、睡觉的时间都在工作！"而得到的结果呢，竟是吃几场官司、坐了一次牢狱，并于 47 岁英年早逝。虽然累积了几亿财富，但在世时他得到的似乎仅仅是忙碌烦躁。

忙碌不是一种状况，而成了一种病态。没人乐意忙碌，但不忙碌又感觉空虚，就怕自己会落伍，会被这个社会淘汰。

放缓行动静下心来想想，是该把目标定得过高，每天每年忙于追求呢？还是应自在地度过每一天，细细品味个中的甘苦？喜欢登山的人都知道，登山的目的不全在于登顶，而着重在于攀登中的观赏、感受与互动。但是竟有不少登山者的目的就是登顶，而忽略了沿途的风光。一旦因故登不了顶，前者的收获仍是满满的，而后者就只有惆怅。

自由自在地面对生活，只要我们有了基本的生活保障后，就应该多一些精神上的享受，少一些物质上的烦恼；多一些亲情，少一些抱怨；多一些宽容，少一些记恨；多一些思考，少一些浮躁。只有这样，才能在这个芸芸众生的大千世界里，让自己的生活多一些色彩，少一些后悔；多一些朋友，少一些对立；多一些温馨，少一些孤独，对待生活期望值不要太高，这样你才能时时开心，天天快乐。

如果人生就像登山，别忘了时常停下脚步，赏赏花草，望望云彩。自由自在地度过每一天，也不枉此生了。

## 每天抽出 5 分钟做做"白日梦"

白日梦是一种自然的自我催眠，这种自我催眠状态经过短暂的时间后，就会自然终止，重新回到现实世界。但这短暂的状态也是缓解心理压力的良药。

日常生活中，常会看到有些人眼神呆滞，一副茫茫然，彷佛与现实脱节的样子，这时如果有人让他受到惊扰，他会有如惊醒的表情，这就是白日梦，也称为自然催眠，是一种入神状态。

心理学观点上的"白日梦"，是指人们在清醒状态下出现的带有幻想情节的心理活动，是一种有效的松弛方法。心理学家弗洛伊德说过，白日梦的内容大都是在实现不满足的欲望，及其相反的不安现象。因为大多数人在现实生活中都不能达到完全的满足，所以会藉由白日梦的幻想而暂时脱离现实，让心思呈现一种分离状态，以缓解一些心理上的压力或满足一些欲望。

贫穷的人可以幻想自己有一天会有奇遇而“麻雀变凤凰”；或者是社会残酷、竞争现象，让自己回忆起童年无忧无虑的生活，因而透过白日梦让自己沉浸在可以为所欲为的童年世界里，忘却现实生活的苦闷。这都是透过白日梦自我催眠，来暂时实现自己的梦想，得到心理上的平衡与满足。

例如：职员对老板觉得实在受不了，可是又不得不低头，这时可以在心里想象着要让他出糗，或者是要如何如何，虽然他并没有真的付诸行动，可是透过这种做白日梦的想象，会暂时缓解掉一些心理上的不满，让他回去面对老板和工作。

做白日梦有利于身心放松，有益于左右脑平衡使用，给人的机体健康“充电”。这种运动对免疫系统的生化物质起着良性的促进作用；另一方面，沉思冥想能让大脑的左侧从语言活动中解脱并处于休息状态，让右脑充分发挥其直观的形象思维能力，从而使善于语言思维和用右手劳作者容易发生的左脑疲劳获得消除。

人们一般都比较关注白日梦的危害，认为那纯粹是浪费时间。研究发现，白日梦是人的本能的休息和放松机制。这就是说，白日梦是健康的、安全的，不需要担忧，更不必有意抑制。

白日做梦还可以培养人的想象力和创造力。19 世纪德国气象学家魏格纳病中凝视世界轮廓图，陷入白日梦中，突然想象世界大陆原是一个整体，后产生飘移，所以美洲和欧洲、非洲大陆轮廓才可以如此吻合。

美国明尼苏达大学心理学家朴克杰说，白日梦题材多属个人关心的切身事情，由于脑筋不受传统思维形式限制，问题经过深思熟虑，而答案则反复推敲，往往会激发出自己意想不到而觉得欣喜的解决方案。另一位心理学家比利保飞顿博士指出：白日梦虽然是虚幻的遐想，但对人的精神心理有积极作用。人们每天从事刻板枯燥的工作，需要暂时从乏味的现实中游离出来，徜徉于白日梦境中，情绪能获得松弛，有助于消除生活与工作中的不悦。

白日梦不但有益于人们的身心健康，而且还会给人带来挑战困难的旺盛精力。在繁忙之余，一个人坐下来，放飞一下思绪，任其东西南北中地飘荡一番，你也许还可以发现人生的另一片绿洲。况且，人生原来就是如梦如幻的。

## 戒除忧虑，开开心心过好每一天

忧虑是一种不良情绪，其突出表现是什么事情总往坏处想，往难处想。有一种前怕狼后怕虎的感觉，如孩子出去玩，总是担心摔着；做生意投资又担心亏本；工作干坏了，怕领导批评；干好了，又怕同事嫉妒，等等。

有时候自己也觉得忧虑是荒谬可笑的，立即否定了它，但这种忧虑会固执地再次出现。内心充满矛盾、抱怨，不能自拔，常常抑郁、焦虑，吃不香、睡不甜，使人陷入痛苦之中，造成恶劣的心境，并诱发多种疾病影响身心健康，如消化性溃疡、高血压、甲亢、糖尿病等。由此可见，消除忧虑是心理保健课的重要课题，无忧无虑是不存在的，但总有些办法可以让你暂时放下忧虑，轻装前进。应从下列几方面去努力：

1. 承受不可避免的事实

在日常生活中，不可能任何时候都一帆风顺，困难、挫折、失意等等是难免的。如何对待这些不可避免的情况呢？从对待困难的角度上讲，应树立信心，勇敢面对，并奋斗到底。但对于棘手的问题，能设法解决的就去做。要是解决不了的，就干脆把它忘却，不要为未来担心。

2. 自觉理清思路，保持乐观的心境

心境是一种较弱但持久的情绪状态，还可以在很长一段时间内影响人的情绪和言行。要想保持乐观的心境，必须发挥主观能动性，清除消极思想。

3. 宽恕自己

宽恕是坚韧的特征。当自己做错了某件事，或说错了话，不要总是抓住自己不放，应该告诉自己，下次注意就是了。

4. 用概率战胜忧虑

如果我们用概率认真分析，就会发现绝大多数事情发生的结果并不像忧虑时所想象的那种情况，许多忧虑，完全是多余的。

5. 忘却

给人们造成精神压力的，并不是今天的现实，而是对昨天所发生事情的悔恨，以及对明天将发生的忧虑。为了事业，为了健康，为了长寿，我们必须命令忧虑滚开，而唯一的方法就是看你是否能够忘掉它。

6. 从最坏的角度做打算

忧虑使人的精神无法集中，思想到处乱转，而人在丧失决断能力，精神上接受最坏的情况以后，就能够面对所有可能的情形，而集中精力，镇定地想办法改善最坏的情况，减少所受的损失。

仔细想想，忧虑是自己伤害自己。一个人在忧虑时，体内的机能就会失调，导致内脏的功能紊乱而得病。过度的忧愁悲伤会使肺气消耗，使人出现气短、喘息等疾病。而长时间的苦思、焦虑会使人心有所存，神有所归，气滞而不畅，时间一长，造成伤血、耗气、损神以及心悸、失眠、心痛、食少等症状。这样便会使机体的功能退化、加速人的衰老。

把心胸放宽一些，养成豁达开朗的性格，正视自己所面对的忧虑，并且想方设法改变和战胜这种忧虑心理，随时随地使自己快乐起来。

第八章

# 给自己一个“不抱怨的世界”

## 抱怨生活，不如经营生活

莲花因为污泥，而更庄严清净；鲑鱼因为逆游，而更勇猛奋进；探索者不怕危险困难，正因为可以挑战自己的体能极限；参禅者不怕腿酸脚麻，也是向自我内在的陋习挑战。

现实生活中很多人习惯了抱怨，遇到烦恼抱怨，遇到委屈抱怨，遇到困难抱怨……殊不知，抱怨生活的太多，发泄于生活的太多，生活就会如数还给你，这就是生活的规律。

佛教中有一句偈语：“花繁柳密处拨得开，方见手段；风狂雨骤时立得定，才是脚跟。”平静湖面，从来练不出精干的水手，只有那些经得起生活考验的，才是最好的。

一个修佛的人要想修成正果，必须经历千万重考验，才能真正达到幸福的彼岸；一个红尘俗人，只有承受住生活的检验，才能提升生命的质量。

佛经中记载了这样一则故事：

作恶多端且杀生无数的鸯掘摩在皈依佛门，加入比丘群后，知道过去所做的恶必定要接受上天的磨难，于是请求佛陀给他一段时间，接受身心的考验。

他独自前往荒郊野外，无畏于日晒、雨淋、风吹，在树下静坐，累了就到洞里休息。吃的是树根、野草，穿的是破布缝补成的衣服，甚至破烂到全身裸露。无论是煎沙煮日、霜雪严冻，还是狂风雨露，都不能动摇他修行的决心，他可以说是苦人所不能苦、修人所不能修。

过了很长时间，有一天，佛陀告诉鸯掘摩:“你身为比丘，应该要走入社会人群。”鸯掘摩听从佛陀的话，跟其他比丘一样到城里托钵。

然而，人们看到他就很厌恶，不但大人辱骂他，连小孩看了他也纷纷躲避。鸯掘摩向一位怀孕的妇人托钵，那妇人突然肚子痛得哀天叫地。

鸯掘摩回到精舍，将经过告诉佛陀。“受人厌弃、咒骂，这些我都不在意，因为我以前做过太多坏事，这是我罪有应得。但是，那位怀孕的妇人一看到我，连胎儿也不得安位，我该怎么做才能解除她的痛苦呢?”

佛陀要鸯掘摩再回到那户人家，向妇人腹中的胎儿说:“过去的我已经死了，现在我重生在如来的家庭，已经守戒清净，再也不会杀生了。”果然，当鸯掘摩将此话对那位妇人反复说了三次后，妇人腹中的胎儿就安定下来了。

此后鸯掘摩走入人群托钵，仍然有人会用石头和砖块扔他，甚至拿棍子打他，但鸯掘摩都没有怨言，也不躲避。

有一天，佛陀看鸯掘摩全身是血，而且都青肿了，心疼地对他说:“你过去造的恶业确实很多，所以得长期接受磨炼。你要时时把心照顾好，耐心地接受这份果报。”

鸯掘摩平静地说:“我过去杀生太多、作恶多端，是罪有应得。只要我不迷失道心，即使生生世世要接受天下人的身心折磨，我也愿意。”

佛陀听了很安慰，赞叹并勉励他自我觉悟，磨尽一切罪业。最终，鸯掘摩修成了正果。

鸯掘摩修行的过程是痛苦且艰难的，如果他一味地抱怨，心就会被困在不停埋怨的牢笼里，但是，选择承受、选择经营心境，就能经受住这个严酷的考验过程。

人们在生活中都多多少少会遇到不顺心的事情。在平静的港湾中生活的人，很难体会到与风浪搏斗的乐趣，也很难享受到成功之后的喜悦。只有在风浪起伏中不抱怨，把握好航船的舵盘，从惊涛骇浪中勇敢穿行而过，才能体会到搏击的快乐。

## 别把抱怨的“枪口”对准每一个角落

几乎在每一个公司里，都有“牢骚族”或“抱怨族”。他们每天轮流把“枪口”指向公司里的任何一个角落，埋怨这个、批评那个，而且，从上到下，很少有人能幸免。他们的眼中处处都能看到毛病，因而处处都能看到或听到他们的批评和发怒。

杰森刚出来打工时，和公司其他的业务员一样，拿很低的底薪和很不稳定的提成，每天的工作都非常辛苦。他拿着第一个月的工资回到家，向父亲抱怨说：“公司老板太抠门了，给我们这么低的薪水。”慈祥的父亲并没有问具体数字，而是问：“这个月你为公司创造了多少财富？你拿到的与你给公司创造的是不是相称呢？”从此，杰森再也没有抱怨过，既不抱怨别人，也不抱怨自己，更多的时候只是感觉自己这个月的业绩太少，对不起公司给的工资，于是更加勤奋地工作。

两年后，他被提升为公司主管业务的副总经理，工资待遇提高了很多，他时常考虑的仍然是：“今年我为公司创造了多少财富？”有一天，他手下的几个业务员向他抱怨：“这个月在外面风吹日晒，吃不好，睡不好，辛辛苦苦，老板才给我500元！你能不能跟老板建议给增加一些？”他问业务员：“我知道你们吃了不少苦，应该得到回报，可你们想过没有，你们这个月每人给公司只赚回了2000元，公司给了你们500元，公司得到的并不比你们多。”业务员都不再说话。

在以后的工作中，他手下的业务员成了全公司业绩最优秀的员工，他也被老总提拔为常务副总经理，这时他才27岁。去人才市场招聘时，凡是抱怨以前的老板没有水平、给的待遇太低的人他一律不要，他说，播种蒺藜不会收获牡丹，你自己不付出，却想着收获。做事情不知道反思自己，只知道抱怨别人，这种人是做不成大事的。

按照杰森的观点，抱怨之前要先反思自己，可是人们通常都只能听到别人的抱怨，却忽略了自己。很多人经常抱怨，却还以为自己是最乐观的、最任劳任怨的人。

抱怨一般有三种：一种是工作上的抱怨，如抱怨上司不公平、待遇不佳、工作太多、同事不合作，等等；另一种是生活上的抱怨，如抱怨物价太高、小孩不乖、身体不好，等等；还有一种是对社会的抱怨，总是愤世嫉俗，对不公平之事极为不满。

人都有一种正义与刚毅之气，有一种自尊之需，因此难免会对周围的不平之事发泄自己心中的情绪，但你要知道你的抱怨不会给别人带来任何益处。

别人没有听你抱怨的义务，你的抱怨如果与听者毫无关系，只会让对方不耐烦。如果你经常抱怨，下次他看见你便会躲得远远的。

有问题才会抱怨，如果你抱怨的都是一些很小的事情，而且天天抱怨，那就会给人一种“无能”的印象。一个能干之人，如果因为爱抱怨而被人认为“无能”，那不是很冤枉吗？如果你时常抱怨别人，那么你也会被认为是个不合群、人际关系有问题的人，否则为什么别人不抱怨？

对工作的抱怨如果言过其实或无中生有，那么不仅听的人不以为然，不同情你，反而会抵制你，连上司也会对你表示反感。

# 事能知足，就能多一些达观

知足常乐，是一种难能可贵的修为。对于习惯于沉沦生存欲望的人类来说，能够做到知足实在不是件容易的事情。知足是常态，事能知足心常惬。懂得了这一点，也就能获得常人难以获得的坦然和宁静。

知足就懂得珍惜，珍惜万事万物会使心灵得到前所未有的满足，是一种难能可贵且能给人带来幸福的生活态度。

很久以前，在西方净土，乌达雅纳王妃夏马伐蒂向阿难陀供养500件衣服，阿难陀欣然接受了。

乌达雅纳王听说后，他怀疑阿难陀可能是出自贪心才接受了这些衣服。于是他探望了阿难陀，对阿难陀说："尊敬的阿难陀，你为什么一下子接受500件衣服呢？"

阿难陀回答说："大王，有许多比丘都穿着破衣服，我准备把这件衣服分给他们。"

"那么，破旧的衣服做什么用呢？"

"破旧的衣服作床单用。"

"旧床单呢？"

"做枕头套。"

"旧枕头套呢？"

"做床垫。"

"旧床垫呢？"

"做擦脚布。"

"旧擦脚布呢？"

"做抹布。"

"旧抹布呢？"

"大王，我们把旧袜布撕碎了混在泥土中，盖房子时抹在墙上。"

阿难陀对一块布尚且如此珍惜，可见他对其他的事物及他人更是倍加地珍惜。生活本就是在珍惜和知足中才能累积起富裕，令人过得安心。有一颗知足且懂得珍惜的心，人才能过得快乐。

有一张名字叫作"知足常乐"的画，上面的内容也许是一个古老的故事：一个骑着高头大马的人昂首走在前面，一个骑毛驴的人悠闲地走在中间，走在后面的是满头大汗推着小木车的老汉，上面还有这么几行诗：世上纷纷说不平，他骑骏马我骑驴，回头看到推车汉，比上不足下有余。

知足常乐是一种看待事物发展的心情，不是安于现状的骄傲自满的追求态度。《大学》曰：“止于至善”，是说人应该懂得如何努力而达到最理想的境地和懂得自己该处于什么位置是最好的。知足常乐，知前乐后，也是透析自我、定位自我、放松自我，才不至于好高骛远，迷失方向，碌碌无为，心有余而力不足，弄得自己心力交瘁。

知足是一种处世态度，常乐是一种幽幽释然的情怀。知足常乐，贵在调节。可以从纷纭世事中解放出来，独享个人妙趣横生的空间，对内发现自己内心的快乐因素，对外发现人间真爱与秀美自然，把烦恼与压力抛到九霄云外，感染自身及周围的人群，促进人际关系的逐步亲近平和，进一步拥抱浅景淡色与花鸟虫鱼。知足常乐，对事，坦然面对，欣然接受；对情，琴瑟各鸣，相濡以沫；对物，能透过下里巴人的作品，品出阳春白雪的高雅。做到知足常乐，待人处世中便充满和谐、平静、适意、真诚。这是一种人生底色，当我们都在忙于追求、拼搏而找不着北的时候，知足常乐，这种在平凡中渲染的人生底色所孕育的宁静与温馨对于风雨兼程的我们是一个避风的港口。休憩整理后，毅然前行，来源于自身平和的不竭动力。真正做到知足常乐，人生会多一分从容，多一些达观。

古人的“布衣桑饭，可乐终身”是一种知足常乐的典范。“宁静致远，淡泊明志”中蕴含着诸葛亮知足常乐的清高雅洁；“采菊东篱下，悠然见南山”中尽显陶渊明知足常乐的悠然；沈复所言“老天待我至为厚矣”表达着知足常乐的真情实感。更多的时候，知足常乐融合在平平淡淡才是真的意境中。知足常乐，是一种人性的本真，在孩童时代，我们会为拥有自己梦想得到的东西而喜上眉梢、笑逐颜开，烙下一串串深刻的记忆，今日重温，也许会忍俊不禁。无论行至何方、所处何位，知足常乐永远都是情真意切的延续。

## 事事烦心，事事无成

人常常被困在有名和无名的忧烦之中，为此而抱怨。它一旦出现，人生的欢乐便不翼而飞，生活中仿佛没有了晴朗的天，真是吃饭不香，喝酒没味，工作没劲，事业无心，连游戏也失去意思。这一切，只因为我们陷入了细小的忧烦之中。

吉布林娶了一个维尔蒙地方的女孩子凯洛琳·巴里斯特，在维尔蒙的布拉陀布罗造了一间很漂亮的房子，在那里定居下来，准备度过他的余生。他的舅爷比提·巴里斯特成了吉布林最好的朋友，他们在一起工作，在一起游戏。

然后，吉布林从巴里斯特手里买了一点儿地，事先协议好巴里斯特可以每一季在那块地上割草。有一天，巴里斯特发现吉布林在那片草地上开了一个花园，他生起气来，暴跳如雷，吉布林也反唇相讥，弄得维尔蒙绿山上乌烟瘴气。

几天之后，吉布林骑着的他的脚踏车出去玩的时候，他的舅爷突然驾着一辆马车从路的那边转了过来，逼得吉布林跌下了车子。而吉布林——这个曾经写过"众人皆醉，你应独醒"的人——却也昏了头，告到官里去，把巴里斯特抓了起来。接下去是一场很热闹的官司，大城市里的记者都挤到这个小镇上来，新闻传遍了全世界。事情没办法解决，这次争吵使得吉布林和他的妻子永远离开了他们在美国的家，这一切的忧虑和争吵，只不过为了一件很小的小事：一车子干草。

平锐克里斯在两千四百年前说过："来吧，各位！我们在小事情上耽搁得太久了。"一点儿也不错，我们的确是这样的。哈瑞·爱默生·傅斯狄克博士曾说过这样一个故事：森林里的一个"巨人"在战争中怎么样得胜、怎么样失败的过程。

在科罗拉多州长山的山坡上，躺着一棵大树的残躯。自然学家告诉我们，它曾经有四百多年的历史。初发芽的时候，哥伦布刚在美洲登陆；第一批移民到美国来的时候，它才长了一半大。在它漫长的生命里，曾经被闪电击过14次；四百年来，无数的狂风暴雨侵袭过它，它都能战胜它们。但是在最后，一小队甲虫攻击这棵树，使它倒在地上。那些甲虫从根部往里面咬，渐渐伤了树的元气。虽然它们很小、但持续不断地攻击。这样一个森林里的巨人，岁月不曾使它枯萎，闪电不曾将它击倒，狂风暴雨没有伤着它，却因一小队可以用手捏死的小甲虫而终于倒了下来。

我们岂不都像森林中的那棵身经百战的大树吗？我们也经历过生命中无数狂风暴雨和闪电的打击，但都撑过来了。可是却会让我们的心被微小的小甲虫咬噬——那些用手就可以捏死的小甲虫。

几年以前，有人有机会去怀俄明州的提顿国家公园游玩。和他一起去的，是怀俄明州公路局局长查尔斯·西费德，还有其他的朋友。他们本来要一起参观洛克菲勒坐落于那公园的一栋房子的，可是他坐的那部车子转错了一个弯，迷了路。等到达到那座房子的时候，已经比其他车子晚了一个小时。西费德先生没有开那座大门的钥匙，所以他们又在那个又热又有好多蚊子的森林里等了一个小时，等这位迷了路的朋友到达。那里的蚊子多得可以让一个圣人都发疯。可是它们没有办法赢过西费德。在等待迷了路的朋友的时候，他折下一段白杨树枝，做成一根小笛子，当迷路者到达的时候，他不是忙着赶蚊子，而正在吹笛，当作一个纪念品，纪念一个知道如何不理会那些小事的人。

解除忧虑与烦恼，记住规则：“不要让自己因为一些应该丢开和忘记的小事烦心。”

没错，生活中小事不断，如果事事烦心，那么我们将没有快乐可言，更不会有时间和经历去做其他的事情，那么到最后，我们可能就因为那些小事而一事无成。

## 扫除错误观念，世界不是根据公平原则创造的

在我们这个世界上，许许多多的人都认为公平合理是生活中应有的现象。我们经常听人说：“这不公平！”“因为我没有那样做，你也没有权利那样做。”我们整天要求公平合理，每当发现公平不存在时，心里便不高兴。应当说，要求公平并不是错误的心理，但是，如果不能获得公平，就产生一种消极的情绪，这个问题就要注意了。

实际上绝对的公平并不存在，你要寻找绝对公平，就如同寻找神话传说中的宝物一样，是永远也找不到的。这个世界不是根据公平的原则而创造的，譬如，鸟吃虫子，对虫子来说是不公平的；蜘蛛吃苍蝇，对苍蝇来说是不公平的；豹吃狼、狼吃獾、獾吃鼠、鼠又吃……只要看看大自然就可以明白，这个世界并没有公平。飓风、海啸、地震等都是不公平的，公平只是神话中的概念。人们每天都过着不公平的生活，快乐或不快乐，是与公平无关的。

这并不是人类的悲哀，只是一种真实情况。

生活不总是公平的，这着实让人不愉快，但确是我们不得不接受的真实处境。我们许多人所犯的一个错误便是为了自己或他人感到遗憾，认为生活应该是公平的，或者终有一天会公平。其实不然，绝对的公平现在不会有，将来也不会有。

承认生活中充满着不公平这一事实的一个好处便是能激励我们去尽己所能，而不再自我伤感。我们知道让每件事情完美并不是“生活的使命”，而是我们自己对生活的挑战，承认这一事实也会让我们不再为他人遗憾。

每个人在成长、面对现实、做种种决定的过程中都会遇到不同的难题，每个人都有成为牺牲品或遭到不公正对待的时候，承认生活并不总是公平这一事实，并不意味着我们不必尽己所能去改善生活，去改变整个世界；恰恰相反，它正表明我们应该这样做。

当我们没有意识到或不承认生活并不公平时，我们往往怜悯他人也怜悯自己，而怜悯自然是一种于事无补的失败主义的情绪，它只能令人感觉比现在更糟。但当我们真正意识到生活并不公平时，我们会对他人也对自己怀有同情，而同情是一种由衷的情感，所到之处都会散发出充满爱意的仁慈。当你发现自己在思考世界上的种种不公正时，可要提醒自己这一基本的事实。你或许会惊奇地发现它会将你从自我怜悯中拉出来，使你采取一些具有积极意义的行动。

公平公正能够向往，但不能依赖和强求，不要把堕落的责任推诸他人，更不能自欺欺人！许多不公平的经历我们是无法逃避的，也是无从选择的，我们只能接受已经存在的事实并进行自我调整，抗拒不但能毁了自己的生活，而且还会使自己精神崩溃。因此，人在无法改变不公和不幸的厄运时，只有学会接受它、适应它才能把人生航向调转过来，才能驶往自己真正的理想目的地。

## 沉默比牢骚更有建设性

对于那些热爱抱怨的人来说，沉默是一件痛苦的事情。但是，沉默却能把他们从抱怨情绪中解救出来。

如果你什么都不说，大家也许还会赞美你稳重，但如果你说个不停，不但不会表现出你期望的睿智，反而会令人感觉到浮躁。倘若你滔滔不绝了很久，表达的内容却无非是抱怨和牢骚，那就更不够明智了。

所以，在思想上给自己一个过滤器吧，当你想要抱怨时，请让自己沉默几分钟，让你的话语先穿越抱怨的过滤器。沉默能让你自省反思、谨慎措辞，让你说出你希望能传送创造性能量的言论，而不是任由不安驱使你发出又臭又长的牢骚。

法国有句谚语，雄辩如银，沉默是金。在现实生活中，有时候沉默确实胜于雄辩，当然更胜过那些毫无价值的抱怨的话语。在这一点上，美国总统罗斯福可谓众人的表率。

日本海军偷袭珍珠港得手后，尽管美军损失惨重，太平洋舰队几乎全军覆没，但是在一些美国议员之中，还有为数不少的议员反对美国向日本宣战。

当时罗斯福已经将局势分析得十分明朗，他明白如果不趁日军立足未稳时发动战争，等到日军发展起来战争会变得更加艰巨。同时，他也明白那些持反对态度的人的想法。第一次世界大战中，美国在最后阶段才参战，战争没有在本土进行，但最后美国却因第一次世界大战而大发横财。所以，现在美国一旦参战，国内经济必受影响，而且战争的胜负很难预料。如果战事对美国不利，到时如何收场？

罗斯福明白这些人的忧虑，但他以政治家的眼光觉察出这些担忧是毫无必要的，所以他决定：美国必须参战。但是议员们观点的分歧令他苦恼，他有时候心中会生出几分厌烦的情绪，忍不住想要抱怨。

在一次会议上，当大家为战还是不战而争论不休时，罗斯福突然要站起来，因为他双腿残疾，所以平常总以车代步。当他挣扎着要从车上站起来时，两名白宫的侍从慌忙上前想帮他一把，但让人意想不到的是罗斯福愤怒地将他们推开。

于是，在众人惊讶的目光中，罗斯福摇摇晃晃地挣扎着，从椅子上缓缓地站了起来。然后他满脸痛苦却倔犟地坚持站着，默默地看着周围的人，一言不发。

所有在电视机前看到这一画面的美国民众都被感动了。有什么困难是不能克服的呢？

于是，在全国民众意愿的推动下，国会很快作出决议：对日宣战。

罗斯福说服了那些原本反对参战的人，他没有采取强硬的态度，也没有苦口婆心地进行规劝。他没有抱怨，也没有妥协，而是以一位领导人的姿态，成功地将局势引导到他所希望的方向。这不正是沉默的力量吗？

所以，沉默往往比抱怨更有建设性。抱怨是一种习惯，如果你不想把抱怨的话说出口，那么就请沉默，让自己暂停一下，调整一下呼吸，就能给自己一个机会，在说话时更加小心地选择词语，也更加仔细地斟酌自己将要表达的观点是否合适。

说话之前，不如深呼吸，而不要穷抱怨。

## 无法改变现状，就改变态度

有两个人在大海上漂泊，想找一块生存的地方。他们首先到了一座无人的荒岛，岛上虫蛇遍地，处处都潜伏着危机，条件十分恶劣。其中一个人说：“我就在这了。这地方虽然现在差一点儿，但将来会是个好地方。”而另一个人不满意，于是他继续漂泊，后来他终于找到一座鲜花烂漫的小岛，岛上已有人家，他们是18世纪海盗的后裔，几代人努力把小岛建成了一座花园。他便留在这里做了小工，生活不好也不坏。

过了很多年，一个偶然的机会，他经过那座他曾经放弃的荒岛，于是决定去拜访老友。岛上的一切使他怀疑，还以为走错了地方：高大的屋舍、整齐的田畴、健壮的青年、活泼的孩子……老友已因劳累、困顿而过早衰老，但精神仍然很好。尤其当他说起变荒岛为乐园的经历时，更是神采奕奕。最后老友指着整个岛说：“这一切都是我双手干出来的，这是我的岛屿。”那个曾经错过小岛的人此时不但没有愧疚，而且还抱怨说：“为什么上天这么厚爱你，当时我要留我在这个岛上，也许会比现在更好。”

有些人常常抱怨命运不公，却不看自己为理想做了些什么。其实，只要放平心态，你一样也能活得很好。

有一天，狮子来到天神面前：“我很感谢你赐给我如此雄壮威武的体格，如此强大无比的力气，让我有足够的能力统治这片森林。”

天神听了，微笑地问：“但是这不是你今天来找我的目的吧！看起来你似乎为了某事而困惑呢！”

狮子轻轻吼了一声，说：“天神真是了解我啊！我今天来的确是有事相求。即使我的能力再好，每天鸡鸣的时候，总会被鸡鸣声给吓醒。神啊！祈求你，再赐给我一种力量，让我不再被鸡鸣声吓醒吧！”

天神笑道：“你去找大象吧，它会给你一个满意的答复的。”

狮子兴冲冲地跑到湖边找大象，还没见到大象，就听到大象跺脚所发出的“砰砰”响声。

狮子加速跑向大象，却看到大象正气呼呼地在跺脚。

狮子问大象：“你干吗发这么大的脾气？”大象拼命摇晃着大耳朵，吼着：“有只讨厌的小蚊子，总想钻进我的耳朵里，害我都快痒死了。”

狮子离开了大象，心里暗自想着：“原来体形这么巨大的大象，还会怕那么瘦小的蚊子，那我还有什么好抱怨的呢？毕竟鸡鸣也不过一天一次，而蚊子却是无时无刻地骚扰着大象。这样想来，我可比它幸运多了。”

在生活中，我们事事要求公平，要求按照自己的意愿发展。如果稍出差错就觉得老天对自己不公平，抱怨或牢骚就产生了。抱怨是一种心理不平衡的反应，是一种追求完美的心理和情绪化心态的外在表现。你周围有没有这样的朋友？他每天都会有许多不开心的事，总在不停地抱怨。你喜欢和这样的人打交道吗？生活中，每个人都会遇到烦恼，明智的人会一笑了之，因为有些事是不可避免的，有些事是无力改变的，有些事情是无法预测的。能补救的应该尽力补救，无法改变的就该坦然面对，调整好自己的心态做该做的事情。

## 不要将诉苦视作理所当然的事情

不管走到哪里，你都能发现许多才华横溢的失业者。当你和这些失业者交流时，你会发现，这些人对原有工作充满了抱怨、不满和谴责。要么就怪环境条件不够好，要么就怪老板有眼无珠，不识才，总之，牢骚一大堆，积怨满天飞。殊不知，这就是问题的关键所在——抱怨的恶习使他们丢失了责任感和使命感，只对寻找不利因素兴趣十足，从而使自己发展的道路越走越窄，在自己的抱怨声中不断退步。

本来他们可能只是想发泄一下，但后来却一发而不可收。他们理直气壮地数落别人如何对不起他们，自己如何受到不公平待遇等等，牢骚越讲越多，使得他们也越来越相信，自己完全是遭受别人践踏的牺牲品。不停抱怨的“牢骚族”，他们的抱怨只会妨碍和干扰自己的阵脚，终究受害最大的还是自己。

事实上，你很难找到一个成功人士会经常大发牢骚、抱怨不停，因为成功人士都明白这样的道理：抱怨如同诅咒，越抱怨越退步。

于强在一家电器公司担任市场总监，他原本是公司的生产工人。那时，公司的规模不大，只有三十多人，有许多市场等待开发，而公司又没有足够的财力和人力，每个市场只能派去一个人，于强被派往西部的一个市场。

于强在那个城市里举目无亲，吃住都成问题。没有钱坐车，他就步行去拜访客户，向客户介绍公司的电器产品。为了等待约好见面的客户，他常常顾不上吃饭。他租了一间破旧的地下室居住，晚上只要电灯一关，屋子里就有老鼠在那里载歌载舞。

那个城市的气候不好，春天沙尘暴频繁，夏天时常暴雨，冬天天气寒冷，这对于于强来说简直就是一个巨大的考验。公司提供的条件太差，远不如于强想象的那样。有一段时间，公司连产品宣传资料都供应不上，好在于强写得一手好字，自己花钱买来复印纸，用手写宣传资料。在这样艰苦的条件下，不抱怨几乎是不可能的，但每次抱怨时，于强都会对自己说：“开拓市场是我的责任，抱怨不能帮助我解决任何问题。”他选择了坚持下来。

一年后，派往各地的营销人员都回到公司，其中有很多人早已不堪忍受工作的艰辛而离职了。后来，于强凭着自己过硬的业绩当上了公司的市场总监。

即使在恶劣的环境下，于强也没有选择抱怨，对自己工作的坚持，使他在进步的阶梯上得到了飞速发展。一名员工，无论从事什么工作都应当选择不抱怨的态度，应该尽自己的最大努力去争取进步。把不抱怨的态度融入自己的本职工作中，你才能不断地进步，才能得到社会的认可，受到老板的青睐。

你是否能够让自己在公司中不断得到进步，这完全取决于你自己。如果你永远对现状不满，以抱怨的态度去做事，那你在公司的地位永远都不能变得更加重要，因为你根本就不能做出重要的成绩。

抱怨的人很少积极想办法去解决问题，不认为主动独立完成工作是自己的责任，却将诉苦和抱怨视为理所当然。任何一个聪明的员工都应该明白这样的道理：一个人一旦被抱怨束缚，不尽心尽力，应付工作，在任何单位里都会自毁前程。如果你希望改变一下自己的处境，希望自己能够取得不断的进步，那么首先从不抱怨自己的工作开始吧。

## 只看我有的，我已经是富人

人生究竟是黑白还是彩色，纯粹是一种习惯性的看法。我们一旦习惯看到人生的黑暗面，就会刻意去寻找黑暗的那一面，而忽略掉光明的一面，我们自然就会被消极的世界所包围。多计算一下自己已拥有的，我们每个人都将是富人。

黄美廉，自小就得上脑性麻痹。病魔夺去了她肢体的平衡感，也夺走了她发声讲话的能力。从小她就活在诸多肢体不便及众多异样的眼光中，她的成长充满了血泪。

然而，这位坚强的女孩没有让这些外在的痛苦击败她内在奋斗的精神，她坚持面对，迎向一切的不可能。经过努力，她最终获得了加州大学艺术博士学位，她用她的手当画笔，以色彩告诉人"寰宇之力与美"，并且灿烂地"活出生命的色彩"。

"请问黄博士，"在一次讲座上，一个学生问她，"你从小就长成这个样子，请问你怎么看你自己？你都没有怨恨吗？"

"我怎么看自己？"美廉用粉笔在黑板上重重地写下这几个字。她写字时用力极猛，有力透纸背的气势，写完这个问题，她停下笔来，歪着头，回头看着发问的同学，然后嫣然一笑，回过头来，在黑板上龙飞凤舞地写了起来：

我好可爱！

我的腿很长很美！

爸爸妈妈这么爱我！

上帝这么爱我！

我会画画！我会写稿！

我有只可爱的猫！

还有……

台下，所有的人都沉默了，面对众人的沉默，她在黑板上写下了她的结论："我只看我所有的，不看我所没有的。"掌声响起。有一种永远也不被击败的傲然，写在她的脸上。

的确，人生短暂，我们赤条条地来，又赤条条地去，何必物欲太强，贪占身外之物？"身外物，不奢恋"是思悟后的清醒，它不但是超越世俗的大智大勇，也是放眼未来的豁达襟怀。谁能做到这一点，谁就会遇事想得开，放得下，活得轻松，过得自在。

《伊索寓言》讲述了这样一则故事：

有一次，孙子和祖父进林子里去捕野鸡。祖父教孙子用一种捕猎机，它像一只箱子，用木棍支起，木棍上系着的绳子一直接到他们隐蔽的灌木丛中。野鸡受撒下的玉米粒的诱惑，一路啄食，就会进入箱子，只要一拉绳子就大功告成了。支好箱子藏起来不久，就有一群野鸡飞来，共有9只。大概是饿久了的缘故，不一会儿就有6只野鸡走进了箱子。孙子正要拉绳子，可转念一想，那三只也会进去的，再等等吧。等了一会儿，那三只非但没进去，反而走出来三只来。

孙子后悔了，对自己说，哪怕再有一只走进去就拉绳子。接着，又有两只走了出来。如果这时拉绳，还能套住一只。但孙子对失去的好运不甘心，心想着还会有些野鸡要回去的，所以迟迟没有拉绳。

结果，连最后那一只也走了出来。孙子一只野鸡也没有捕到。

贪婪总是幸福的大敌。要想真正获得幸福，就要学会淡定，学会知足。

人生怎么样就看你自己怎么看，是贫穷还是富有，是黑白还是彩色，都在于你自己。如果你能接受自己所有的缺憾，接收这份不完整的生命赐予，那么你就能更快乐地活着。对于生命的苦难，我们不能把它当成是“谁”的错。你总是去看他人的优越面，心中的怨恨愈增。接受自己，接受现实，相信我已富有、已完美，生命将无憾。

## 抱怨不如改变

在现实中，我们难免要遭遇挫折与不公正待遇，每当这时，有些人往往会产生不满，不满通常会引起牢骚，希望以此引起更多人的同情，吸引别人的注意力。从心理角度讲，这是一种正常的心理自卫行为。但这种自卫行为同时也是许多人心中的痛，牢骚、抱怨会削弱责任心，降低工作积极性，这几乎是所有人为之担心的问题。

通往成功的征途不可能一帆风顺，遭遇困难是常有的事。事业的低谷、种种的不如意让你仿佛置身于荒无人烟的沙漠，没有食物也没有水。这种漫长的、连绵不断的挫折往往比那些虽巨大但却可以速战速决的困难更难战胜。在面对这些挫折时，许多人不是积极地去找一种方法化险为夷，绝处逢生，而是一味地急躁，抱怨命运的不公平，抱怨生活给予他的太少，抱怨时运的不佳。

奎尔是一家汽车修理厂的修理工，从进厂的第一天起，他就开始喋喋不休地抱怨，“修理这活太脏了，瞧瞧我身上弄的”，“真累呀，我简直讨厌死这份工作了”……每天，奎尔都在抱怨和不满的情绪中度过。他认为自己在受煎熬，就像奴隶一样卖苦力。因此，奎尔每时每刻都窃视着师傅的眼神与行动，稍有空隙，他便偷懒耍滑，应付手中的工作。

转眼几年过去了，当时与奎尔一同进厂的三个工友，各自凭着精湛的手艺，或另谋高就，或被公司送进大学进修，独有奎尔，仍旧在抱怨声中做他讨厌的修理工。

提及抱怨与责任，有位企业领导者一针见血地指出："抱怨是失败的一个借口，是逃避责任的理由。这样的人没有胸怀，很难担当大任。"仔细观察任何一个管理健全的机构，你会发现，没有人会因为喋喋不休的抱怨而获得奖励和提升。这是再自然不过的事了。想象一下，船上水手如果总不停地抱怨：这艘船怎么这么破，船上的环境太差了，食物简直难以下咽，以及有一个多么愚蠢的船长。这时，你认为，这名水手的责任心会有多大？对工作会尽职尽责吗？假如你是船长，你是否敢让他做重要的工作？

如果你受雇于某个公司，发誓对工作竭尽全力、主动负责吧！只要你依然还是整体中的一员，就不要谴责它，不要伤害它，否则你只会诋毁你的公司，同时也断送了自己的前程。如果你对公司、对工作有满腹的牢骚无从宣泄时，做个选择吧。一是选择离开，到公司的门外去宣泄，当你选择留在这里的时候，就应该做到在其位谋其政，全身心地投入到公司的工作上来，为更好地完成工作而努力。记住，这是你的责任。

一个人的发展往往会受到很多因素的影响，这些因素有很多是自己无法把握的，工作不被认同、才能不被重用、职业发展受挫、上司待人不公平、别人总用有色眼镜看自己……这时，能够拯救自己出泥潭的只有自己，与其抱怨不如去改变。

比尔·盖茨曾告诫初入社会的年轻人：社会是不公平的，这种不公平遍布于个人发展的每一个阶段。在这一现实面前任何急躁、抱怨都没有益处，只有坦然地接受这一现实并努力去寻求改变的方法，才能扭转这种不公平，使自己的事业有进一步发展的可能。

## 抱怨让你忽略身边的幸福

有一天，佛陀外出云游，路上遇见一位诗人。这位诗人不但才华横溢且英俊潇洒，而且拥有娇妻爱子，但他却一脸愁云，逢人便抱怨上天对自己不公，总觉得自己不幸福。

佛陀问他："你什么都已经拥有了，为何还这么发愁，我可以帮你吗？"

诗人回答："的确，在外人的眼中我拥有了很多，但我却缺一样重要的东西，你能给我吗？"

"可以。"佛陀说，"无论你要什么，我都可以给你。"

"是吗？"诗人盯着佛陀，一字一顿、满脸怀疑地说，"我要幸福！"

佛陀想了想，自言自语道：“我明白了。”

说完，佛陀施展佛法，把诗人原先拥有的一切全部拿走——毁去他的容貌、夺走他的财产、拿走他的才华，还夺走了他的妻子和孩子的生命。

一月后，佛陀再次来到这位诗人的身边。此时的诗人，已经饿得半死，躺在地上呻吟。佛陀再施佛法，把一切又还给了诗人，然后悄然离去。

半个月后，佛陀再次去看诗人。这一次，诗人搂着妻儿，不停地向佛陀道谢。因为，他已经体会到了什么是幸福。生活中，很多时候我们不正像那位诗人一样吗？明明拥有了很多，却对自己身边的幸福视而不见，还在苦苦寻觅所谓的幸福与快乐。其实生活就是这样，它在无形中就已经给了我们必须的东西，是追逐的目光和抱怨的心理使我们不懂得驻足欣赏我们已经拥有的幸福。当一切失去时，才蓦然发现它的珍贵。

艺术大师罗丹说过：“生活中并不缺少美，只是缺少发现美的眼睛。”其实，幸福又何尝不是如此，我们的身边不是缺少幸福，而是缺少了感触幸福的心。处在当今社会中，每个人的脚步都变得越来越忙碌，很多人的眼光都变得越来越势利，人们忙着追求，忙着索取，直至失却了沉静的本能，成为物质的奴隶。

也许有人会说，有谁愿意抱怨啊？你是不了解我的痛苦！确实，生命的苦旅中有无数艰难险阻，甚至让人难以承受。但是抱怨又能怎样呢？而且当你看完了下面的故事，相信大多数人都会明白，我们甚至没有抱怨的资格！

2004年5月的一个晚上，在12000余名听众雷鸣般的掌声中，一位“半身人”用双掌撑地，一步步地走上了青岛天泰体育场的主席台。这个半身人来自澳大利亚，名叫约翰·库缇斯，天生没有下肢，但是他却用双掌走遍了世界上190多个国家和地区，被誉为“世界上最著名的残疾人演讲大师”。此外，他还是大洋洲的残疾人网球赛的冠军，是游泳健将，甚至会用两只手开汽车。

“大家好！”打过招呼，库缇斯拿起了桌子上的矿泉水瓶子，边比画边说：“从一出生我就是个悲剧，当时我只有矿泉水瓶这么大，两腿畸形，医生断言我活不过当天，可我活到了现在，35岁的我依然健在，而且经常在世界各地旅行……”

库缇斯一口气讲了半个小时，其间，观众们的掌声几乎就没停过。最后，库缇斯突然举起手里的一件东西说：“我非常感谢青岛朋友的热情招待，我住的宾馆条件非常好，但有一样东西让我不知所措，服务生却每天都会把它放在我的床头。”说完，库缇斯把他说的东西扔向了听众席，原来是一双一次性拖鞋。

听众席一片肃静。

“如果你能穿拖鞋的话，你是幸运的，你是没资格抱怨的！不是每个人都能够穿拖鞋的！”库缇斯大声说。听众席上立即爆发出一连串的喝彩声，紧接着是长久的掌声。

哲人说：“苦海即是天堂，天堂也即苦海。”想想真是如此，有时候我们明明生活在天堂，却总是觉得自己苦不堪言；而我们意识当中的苦海，却有很多人生活得不亦乐乎。这一切，其实都源自于我们的心态是否平和，我们是否足够坚强。最后再问一句：和库缇斯相比，你有没有资格抱怨？如果没有，还是及早放弃抱怨，学会珍惜吧！只要抛开那些无谓的烦恼和杂念，学着去适应、去发现、去感受、去改变，你一定会摆脱抱怨的束缚，发掘到幸福、快乐的真谛。

## 抱怨是谋杀幸福的病毒

上帝是慷慨的，每天零点都会准时给我们开一张 24 小时的时间支票，你有权使用它，但无权占有它。你可以通过努力把这张支票变为成功与快乐，但如果只是一味地抱怨，这张支票就会变为失败与痛苦。抱怨可以使人身心放松，发泄不满，得到暂时的心理平衡。用抱怨解决问题没有任何意义和价值。并且，抱怨过后，你会变得更加痛苦，更加没有勇气。如果一个人用抱怨来发泄，并以此求得心理上的平衡。就如同寒冬里用热水来温暖自己一样，得到短暂的温暖，之后很快就会受到更严酷、更寒冷地折磨。

有一个人被歹徒抢劫，并且受了伤。他觉得自己太无辜了，上天对自己太不公平了。于是，每次亲友来探望他时，他都会把已经结痂的伤口揭开，向人们讲述他的悲惨遭遇，看望他的人都会痛心地抚摸他的伤口，说一些安慰的话。后来，这个人的伤口感染了，但他仍然没有改掉揭开伤口向人抱怨的毛病，结果病情越来越严重，终于，这个人在心理与身体的双重痛苦中离开了人世。

这个故事所展示的就是抱怨的全部作用与意义。人生在世不能事事如意，该面对的总是要面对，该承担的也总是要承担，一味地抱怨无济于事，只会给自己添堵。

14 年前，品学兼优的小莉大学毕业后进了一家国企。虽然是国企，但是效益并不好，始终徘徊在倒闭的边缘。她每天忧心忡忡地抱怨：“为什么我这样的‘天之骄子’一毕业就要面临下岗的危险？”后来，她跳槽到一家刚成立的民营企业，又有了新的牢骚：“工资怎么这么低？”再后来，她再次跳槽，成了风光无限的外企高管，但依然怨气冲天：“待遇是不错，可压力也大呀！那么多人盯着我的位子，我必须一刻也不能放松，连结婚生孩子的时间都没有！”

与小莉不同，依琳则是为了错综复杂的人际关系而烦。依琳在某单位工作，常常要与各部门打交道。刚到单位不久，她就发现这里人浮于事，部门之间关系复杂微妙，安排下去的工作很难落实，最后任务完不成，过错总是落在自己身上。“唉，工作实在是太难做了！”这句话成了她的口头禅。

数据表明，随着竞争压力的增大，“牢骚族”的数目也变得异常庞大。一项关于职场人抱怨状况的调查显示，近9成职场人每天都会发出抱怨。其中，65.7%的人每天抱怨1～5次，13.8%的人每天抱怨6～10次，4.8%的人每天抱怨20次以上，只有11.2%的人表示自己“从来不抱怨”。

无可否认，每个人都有牢骚。生活中的抱怨大多来自所得与所付的失衡、自我价值的实现受阻、人际关系的受挫。

调查显示，74.7%的人表示自己的抱怨主要是为了发泄内心的苦闷，而希望通过抱怨解决问题的比例为36.2%。专家认为，日常工作中充斥着一个个矛盾，需要凭借自己的能力和努力去解决、协调。在这个过程中，一旦无法做到内心的平衡，抱怨就会随口而出或者在脑海中闪现，当这种矛盾积累到无法疏解的时候，会发现自己真的成了“祥林嫂”。

抱怨是一种病毒，但你身边的人总是在抱怨领导的苛刻，同事的不友好，于是，你也会对原本满意的生活和工作充满了排斥。因此，工作生活中想要得到幸福就要尽量避开那些喜欢抱怨的人。

## 不抱怨是一种智慧

在生活中，我们的身边充满了各种各样的抱怨：抱怨孩子不懂事，抱怨家人不体谅自己，抱怨付出多、薪水低，抱怨上级不公平，抱怨公司制度不合理，抱怨人生不如意……有的抱怨是我们说给别人听的，有的抱怨是别人说给我们听的。但是，几乎没有人抱怨过自己：我为什么会有这么多的抱怨呢？

抱怨就像思维的一种慢性毒药。在我们的大脑中毒的同时，我们的人生态度、行动被“抱怨”这种强烈的病毒感染。在抱怨的生活中，我们的意志不断受到消磨，就像可以“溃堤”的蚂蚁一样，精神之堤瞬间被生活的洪水化为乌有。

我们就像陷入了抱怨的泥潭，无法自拔……在抱怨中找不到灵魂的出路，囿于抱怨的牢房，不知道如何走出抱怨的世界，给自己一个完美的世界。

葡萄牙作家费尔南多·佩索阿说："真正的景观是我们自己创造的，因为我们是它们的上帝。我对世界七大洲的任何地方既没有兴趣，也没有真正去看过。我游历我自己的第八大洲。"就像费尔南多·佩索阿说的那样，在生活中，我们才是自己的上帝，我们在创造自己的完美世界。

抱怨还是一种消极的行为方式，因为抱怨表达的是消极信息：挑剔、不满、埋怨、懊悔、烦恼、愤怒，等等，人在抱怨之后并不是轻松了，而是更生气了，而且不仅自己生气，周围的人也跟着不高兴。心理学研究表明，消极情绪会造成免疫力下降，时间长了就容易生病。相反，积极情绪会提高人的免疫力。消极情绪就像黑暗，而积极情绪才是阳光。

抱怨是最消耗能量的无益举动。有时候，我们不仅会针对人，也会针对不同的生活情境表示不满；如果找不到人倾听我们的抱怨，我们还会在脑海里抱怨给自己听。神奇"不抱怨"运动，来得恰是时候，正是我们现代人最需要的。我们可以这样看，天下只有三种事：我的事，他的事，老天的事。抱怨自己的人，应该试着学习接纳自己；抱怨他人的人，应该试着把抱怨转成请求；抱怨老天的人，请试着用祈祷的方式来诉求你的愿望。这样一来，你的生活会有想象不到的大转变，你的人生也会更加的美好、圆满。

不抱怨是一种智慧，因为你会发现，只有我们才是拯救自己的上帝。远离抱怨的世界，我们才能在自己生活的原点改变自我，发现一个全新的自己，从而改变自己的命运，收获成功的喜悦和幸福的生活。

## 没有一成不变，抱怨不如接受

生活总是在不断地变化着，不管你愿意不愿意。即使你不接受变化，事实也不会因你的意愿而改变。变化、成长是必然的，因为生活的目的就在于此。

吉米家的浴缸里养着4条小金鱼，这是父母送给他的生日礼物。吉米很喜欢这4条金鱼，只要一有时间就站在旁边看小金鱼。

有一天，他发现鱼缸中的水看上去很混浊，玻璃上覆盖着一层膜。吉米告诉了母亲，母亲说，这是很自然的——金鱼缸需要清理了。

吉米看过好朋友怎样清洁鱼缸，于是，他往洗澡的浴缸里放了一池冷水，然后轻轻地放低鱼缸，直到4条金鱼游出肮脏的鱼缸里的水，游进了浴缸里。

接下来，吉米开始擦洗玻璃鱼缸，直到把它擦得明亮为止。

但是，当吉米跪在浴缸旁查看他的金鱼时，他看到了一个奇怪的现象：即使是在4英尺长、3英尺宽的浴缸里，4条小金鱼始终在吉米原来放置它们的那一小圈里游。

“妈妈，快来看金鱼！”吉米大叫。

妈妈好奇地走进浴室，不知道吉米在嚷什么。

“为什么金鱼总在这一个小圈里游，而不在整个浴缸呢？”吉米问。

吉米的妈妈微笑着回答说：“因为它们不知道它们在浴缸里，它们认为它们还是在之前那个的小玻璃缸里呢，它们已经习惯了。”故事很简单。其实，我们很多人就如同吉米的那些小金鱼一样，虽然我们也有变化的机会，但我们还是决定原地不动，还是在我们的小圈圈里生活。我们总是会选择自己所熟悉的环境，而不是生疏的环境。

然而，世界上没有一成不变的，环境总会改变的，人也总是会变。

有的人总是喜欢计划，为自己计划着下一步要做什么，其“无知”永远都无法跟上“变化”的脚步。很多人曾经为了自己的“计划”费尽心力。殊不知，“变化”也就被这样无情地扼杀掉了。

我们为什么对发生在自己身上和周围人的一切变化难以忍受呢？是因为抗拒变化，让我们一直活在假象的谎言中还是因为害怕“变化”，从而使得我们快乐不起来呢？

人应该学会在变化中成长，人应该勇敢地面对新的变化给自己带来的变革和挑战，学会在不确定性中努力适应，因为变化会使自己更加觉醒、更加成熟、更加自信！

一个朋友因为女儿的残疾而痛苦不堪，那个时候，她一味地沉浸在痛苦之中，没有注意到任何生活中美丽的地方，只觉得女儿很不幸，她的生活也非常不幸。当她走出这个抱怨的怪圈，获得了内心的解放时，她才渐渐地体会到生活中一般人经历不到的温暖。

其实，人们对变化感到恐惧甚至痛苦是很自然的反应，因为这意味着我们要从舒适区跳出来，要暂时脱离那种熟悉的环境所带给我们的安全感。比如，从从来不想向你的丈夫表达你的感觉，到告诉他你的感觉；从一个低调的雇员，变成肩负着更多责任的公司老板；从一个腼腆安静的人，变为一个主动和别人交往的人；从一个上中学以来就梳一个发型的人，到做一个完全和以前不一样的造型。

我们要明白，如果我们拒绝变化，那么这将会贬低自己的成长。变化对成长是必要的、不可避免的。成长的机械性是变化的过程，简单地说，如果成长是你想旅行的路，那么变化就是从一个地方到另一个地方的交通工具。虽然不见得旅途是舒适的，但并不意味着你就该从车上下来。

生活总是在不断地变化着，有的人会不断地创造幸福，而有的人明明幸福就在身边，却毫无察觉。如果每个人都勇于接受变化，快乐地情愿地变化，就会感受到变化带来的幸福。

# 抱怨是对自己的失责

抱怨是对自己的一种失责。日常生活中我们听到的抱怨有层次高低之分。有人把抱怨分为低级抱怨、高级抱怨和超级抱怨。所谓低级抱怨，是指因为基本的生存需要得不到满足而产生的抱怨，比如工资不够高、生活很劳累、工作环境恶劣，等等；高级抱怨则涉及到人的自我尊重和自我价值的肯定等问题，比如自己没有得到领导的肯定，没有发挥能力的机会、自己的付出得不到家人的认同，等等；超级抱怨往往是对整体环境而言的，比如对于整个社会正义的期待等，抱怨者往往有一种忧患人世的危机感，抱怨社会并不像他所想象的那般美好。

在温饱已不成问题、社会飞速发展的今天，我们见到的多是其中的高级抱怨和超级抱怨，这些抱怨一般指向家庭和工作上的不满，而抱怨者又以女性居多。“我哪点比她差？她的长相不如我，身材不如我，工作也不如我，为什么他会看上她，真是气人。”

“你看，我和她都是做一样的工作，我们的业绩都是不相上下，而我的资历还比她老，凭什么提拔她做经理？”

“看人家爱丽丝，都已经开上豪华跑车了，可是我呢，什么都没有，你和她老公是同学，你怎么就差别人那么远呢？”

“为了这个家我付出了多少啊，每天都操劳这操劳那的，到头来你却说我不够体贴温柔，这日子没法过了。”其实，很多人的抱怨是来自自己的不独立，由于从小受到传统观念的熏陶，我们既渴望生活带给我们发现自我和实现自我的机会，以维护自己的尊严，又不愿意承担过多的责任，害怕承担责任产生的紧张、压力和不稳定。我们常常把自己的幸福寄托在别人的身上，当别人无法给自己带来满足，就会大大折损我们的幸福感，于是就开始抱怨别人、抱怨生活。

抱怨其实是怯弱无能的表现。凡是有能力的人，无论遇到困难，还是陷入不利的境遇，总是能冷静地考虑对策，依靠自己的努力征服困难，扭转被动局面；而懦弱无能的人，碰到一点儿小小的困难都会束手无策。既然没法依靠自己的力量和智慧去战胜困难，于是就免不了怨天尤人，牢骚满腹。

美国心理学家艾利斯说：“生命中最幸福的时刻，就是你认清自己该担负责任的时刻；你不会再责怪你的母亲、大自然或者总统，你开始了解自己才是命运的主宰。”种种抱怨都来自于对他人的过分依赖，过于看重别人的态度，而忽视了自己的感受。

每个人都要对自己的人生负责，人生中的各种滋味，只有自己才能品尝，人生中的成功和快乐，只有自己能找到。遇到烦恼的事情，无须怨天尤人，不要把失意与挫败归咎于不幸的童年、教育的不当、家庭的贫穷或老天爷不开眼，那些因素只是诱发烦恼的外因，而自身的个性心理弱点才是导致烦恼的根本原因。依赖的心理如同一张无形的罗网束缚着人们的心灵，勇敢地迈出了第一步，勇敢地为自己的行为负责，要知道当你对自己的行为负责时，才会让你找到理想的解决方案，你所抱怨的事情也才会纷纷化解，抱怨也才能远离你。当然，你的生命也会因为有了这样的历炼而丰富美丽。

## 抱怨就是蒙上了幸福的眼睛

抱怨是最消耗能量的无益举动。有时候，我们的抱怨不仅会针对人，还会针对不同的生活情境，表示我们的不满。是的，生活有不少的烦心事。不仅仅外部环境让我们抱怨，我们还不断地抱怨我们自己。比如时间不够用，钱不够花，不够聪明、不够冷静，反正什么看上去都不够好。

但是，这些抱怨有用吗？抱怨改变了原本的状况吗？

有一则古老的寓言，或许可以给我们一些启示。有一个年轻的农夫，划着小船给另一个村子的居民运送自家的农产品。那天的天气酷热难耐，农夫汗流浃背，苦不堪言。他心急火燎地划着小船，希望赶紧完成运送任务，以便在天黑之前能返回家中。突然，农夫发现前面有一只小船沿河而下，迎面向自己快速驶来。眼见着两只船就要撞上了，但那只船并没有丝毫避让的意思，似乎是有意要撞翻农夫的小船。

“让开，快点儿让开！你这个白痴！”农夫大声地向对面的船吼叫道，“再不让开你就要撞上我了！”但农夫的吼叫完全没用，尽管农夫手忙脚乱地企图让开水道，但为时已晚，那只船还是重重地撞上了他的船。农夫被激怒了，他厉声斥责道：“你会不会驾船，这么宽的河面，你竟然撞到了我的船上？！”当农夫怒目审视对方小船时，他吃惊地发现，小船上空无一人。听他大呼小叫，厉言斥骂的只是一只挣脱了绳索、顺河漂流的空船。在多数情况下，当你责难、怒吼的时候，你的听众或许只是一艘空船。那个一再惹怒你的人，决不会因为你的斥责而改变他的航向。

当然，你完全不必去讨好这个人，也没必要和他达成一致意见，甚至你继续厌烦他也都无妨。但你一定要清楚，不能让他制造的麻烦转而成为你的烦恼。无论你为此多么愤怒，他不会为你而失眠的。如果因为他的过错而使你陷入无尽的烦闷悲伤之中，你就成了唯一的一个受到伤害的人，而且，是你自己在强化这种伤害的深度和长度。

第九章

# 知足常乐，别让太多的欲望压垮了人生

## 欲望让你的人生烦恼不安

我们接受教育和训练的目的是什么呢？难道是为了得到别人口头上的称赞吗？当然不是，其实在这个世界上真正值得尊重的事情并不是那种无价值的所谓名声，而是根据自己自身恰当的结构推动自己，即使自己不屈服于身体的引诱，不被感官压倒，只做自己应该做的事情，而不追求其他多余的东西，即不产生任何欲望。

人的一生是短暂的，很快我们就将化为灰尘，被世界遗忘。一个名称——甚至连名称也没有——而名称只是声音和回声。既然生命如此短暂，那在生活中被我们高度重视的东西也就是空洞的、易朽的和琐屑的，至于在肉体和呼吸之外的一切事物，要记住它们既不是属于你的也不是你力所能及的。

有人问智者："白云自在时如何？"智者答："争似春风处处闲！"

那天边的白云什么时候才能逍遥自在呢？当它像那轻柔的春风一样，内心充满闲适，本性处于安静的状态，没有任何的非分追求和物质欲望，放下了时间的一切，它就能逍遥自在了。

如果我们被欲望所俘虏，我们只能使自己的心灵处在一种烦恼不安的状态之中。就好像种植葡萄的人目的在种而不在收，如果还要希望自己的葡萄比别人大、比别人多，那他产生的这种欲望将会使自己失去心灵上的自由。因为他会变得不知足，会变得妒忌、吝啬、猜疑，会变得反对那些比他拥有更多葡萄的人。

县城老街上有一家铁匠铺，铺子里住着一位老铁匠。时代不同了，如今已经没人再需要他打制的铁器，所以，现在他的铺子改卖拴小狗的链子。

他的经营方式非常古老和传统。人坐在门内，货物摆在门外，不吆喝，不还价，晚上也不收摊。你无论什么时候从这儿经过，都会看到他在竹椅上躺着，微闭着眼，手里是一只半导体收音机，旁边有一把紫砂壶。

当然，他的生意也没有好坏之说。每天的收入正好够他喝茶和吃饭。他老了，已不再需要多余的东西，因此他非常满足。

一天，一个文物商人从老街上经过，偶然间看到老铁匠身旁的那把紫砂壶，因为那把壶古朴雅致，紫黑如墨，有清代制壶名家戴振公的风格。他走过去，顺手端起那把壶。壶嘴内有一记印章，果然是戴振公的。商人惊喜不已，因为戴振公在世界上有捏泥成金的美名，据说他的作品现在仅存三件：一件在美国纽约州立博物馆；一件在台湾“故宫博物院”；还有一件在泰国某位华侨手里，是那位华侨1993年在伦敦拍卖会，以56万美元的拍卖价买下的。商人端着那把壶，想以10万元的价格买下它，当他说出这个数字时，老铁匠先是一惊，然后很干脆地拒绝了，因为这把壶是他爷爷留下的，他们祖孙三代打铁时都喝这把壶里的水。

虽然壶没卖，但商人走后，老铁匠有生以来第一次失眠了。这把壶他用了近60年，并且一直以为是把普普通通的壶，现在竟有人要以10万元的价钱买下它，他转不过神来。

过去他躺在椅子上喝水，都是闭着眼睛把壶放在小桌上，现在他总要坐起来再看一眼，这种生活让他非常不舒服。特别让他不能容忍的是，当人们知道他有一把价值连城的茶壶后，来访者络绎不绝，有的人打听还有没有其他的宝贝，有的甚至开始向他借钱。他的生活被彻底打乱了，他不知该怎样处置这把壶。当那位商人带着20万现金，再一次登门的时候，老铁匠没有说什么。他招来了左右邻居，拿起一把斧头，当众把紫砂壶砸了个粉碎。

现在，老铁匠还在卖拴小狗的链子，据说，他现在已经106岁了。

通过这个故事证明，“人到无求品自高”，人无欲则刚，人无欲则明。无欲能使人在障眼的迷雾中辨明方向，也能使人在诱惑面前保持自己的人格和清醒的头脑，不丧失自我。在这个充满诱惑的花花世界里，要想真正做到没有一丝欲望，毫无牵挂的确很难。

要想做到“无欲”，首先要有一颗静如止水的心。不受到外界事物打扰，好好地坚持走正确的道路，正确地思考和行动，就能消除你的欲望，心淡如水是生命褪去了浮华之后，对生活中那些细微处的感动，只有用感恩的心生活，从而在一种幸福的平静流动中度过一生，才能在人生感悟之中找寻到生命的意义所在，才能做到不为“欲”所牵连、不为“欲”所迷惑，在欲望充斥的浊世之中仍能保持心中的一方净土。

保持自己的理性，放下世间的一切假象，不为虚妄所动，不为功名利禄所诱惑，一个人才能体会到自己的真正本性，看清本来的自己。

## 欲望是一条看不见的灵魂锁链

画，远看则美。

山，远望则幽。

思想，远虑则能洞察事物本末。

心，远放则可少忧少恼。

……

在某些情境之下，距离是能够产生美的，对名利的疏远尤甚，能够给人带来清明的心智与洒脱的态度。

“天下熙熙，皆为利来，天下攘攘，皆为利往。”从古至今，多少人在混乱的名利场中丧失原则，迷失自我，百般挣扎反而落得身败名裂。古人说得好：“君子疾没世而名不称焉，名利本为浮世重，古今能有几人抛？”

这世上的人，有几人能够在名利面前淡然处之，泰然自若？

“人人都说神仙好，唯有功名忘不了”，这是《红楼梦》里的开篇偈语，这一首《好了歌》似乎在诉说繁华锦绣里的一段公案，又像是在告诫人们提防名利世界中的冷冷暖暖，看似消极，实则是对人生的真实写照，即使在数百年后的今天依然如此。世人总是被欲望蒙蔽了双眼，在人生的热闹风光中奔波迁徙，被身外之物所累。

那些把名利看得很重的人，总是想将所有财富收到自己囊中，将所有名誉光环揽至头顶，结果必将被名缰利锁所困扰。

一天傍晚，两个非常要好的朋友在林中散步。这时，有位小和尚从林中惊慌失措地跑了出来，俩人见状，并拉住小和尚问：“小和尚，你为什么如此惊慌，发生了什么事情？”

小和尚忐忑不安地说：“我正在移栽一棵小树，却突然发现了一坛金子。”

这俩人听后感到好笑，说：“挖出金子来有什么好怕的，你真是太好笑了。”然后，他们就问，“你是在哪里发现的，告诉我们吧，我们不怕。”

和尚说：“你们还是不要去了吧，那东西会吃人的。”

两人哈哈大笑，异口同声地说：“我们不怕，你告诉我们它在哪里吧。”

于是和尚只好告诉他们金子的具体地点，两个人飞快地跑进树林，果然找到了那坛金子。好大一坛黄金！

一个人说：“我们要是现在就把黄金运回去，不太安全，还是等到天黑以后再运吧。现在我留在这里看着，你先回去拿点儿饭菜，我们在这里吃过饭，等半夜的时候再把黄金运回去。”于是，另一个人就回去取饭菜了。

留下来的这个人心想：“要是这些黄金都归我，该有多好！等他回来，我一棒子把他打死，这些黄金不就都归我了吗？”

回去的人也在想：“我回去之后先吃饱饭，然后在他的饭里下些毒药。他一死，这些黄金不就都归我了吗？”

不多久，回去的人提着饭菜来了，他刚到树林，就被另一个人用木棒打死了。然后，那个人拿起饭菜，吃了起来，没过多久，他的肚子就像火烧一样痛，这才知道自己中了毒。临死前，他想起了和尚的话：“和尚的话真对啊，我当初就怎么不明白呢？”

人为财死，鸟为食亡。可见，“财”这只拦路虎，它美丽耀眼的毛发确实诱人，一旦骑上去，又无法使其停住脚步，最后必将摔下万丈深渊。

名利，就像是一座豪华舒适的房子，人人都想走进去，只是他们从未意识到，这座房子只有进去的路，却没有出来的门。枷锁之所以能束缚人，房子之所以能困住人，主要是因为当事人不肯放下。放不下金钱，就做了金钱的奴隶；放不下虚名，就成了名誉的囚徒。

庄子在《徐无鬼》篇中说：“钱财不积则贪者忧；权势不尤则夸者悲；势物之徒乐变。”追求钱财的人往往会因钱财积累不多而忧愁，贪心者永不满足；追求地位的人常因职位不够高而暗自悲伤；迷恋权势的人，特别喜欢社会动荡，以求在动乱之中借机扩大自己的权势。而这些人，正是星云大师所说的“想不开、看不破”的人，注定烦恼一生。

权势等同枷锁，富贵有如浮云。生前枉费心千万，死后空持手一双。莫不如退一步，远离名利纷扰，给自己的心灵一片可自由驰骋的广袤天空，于旷达开阔的境界中欣赏美丽的世间风景。

## 名利不过是生命的尘土

有一位高僧，是一座大寺庙的住持，因年事已高，心中思考着找接班人。

一日，他将两个得意弟子叫到面前，这两个弟子一个叫慧明，一个叫尘元。高僧对他们说：“你们俩谁能凭自己的力量，从寺院后面悬崖的下面攀爬上来，谁将是我的接班人。”

慧明和尘元一同来到悬崖下，那真是一面令人望而生畏的悬崖，崖壁极其险峻、陡峭。

身体健壮的慧明，信心百倍地开始攀爬。但是不一会儿他就从上面滑了下来。

慧明爬起来重新开始，尽管他这一次小心翼翼，但还是从悬崖上面滚落到原地。

慧明稍事休息后又开始攀爬，尽管摔得鼻青脸肿，他也绝不放弃……

让人感到遗憾的是，慧明屡爬屡摔，最后一次他拼尽全身之力，爬到一半时，因气力已尽，又无处歇息，重重地摔到一块大石头上，当场昏了过去。高僧不得不让几个僧人用绳索将他救了回去。

接着轮到尘元了，他一开始也和慧明一样，竭尽全力地向崖顶攀爬，结果也屡爬屡摔。

尘元紧握绳索站在一块山石上面，他打算再试一次，但是当他不经意地向下看了一眼以后，突然放下了用来攀上崖顶的绳索。然后他整了整衣衫，拍了拍身上的泥土，扭头向着山下走去。

旁观的众僧都十分不解，难道尘元就这么轻易地放弃了？大家对此议论纷纷。只有高僧静静地看着尘元的去向。

尘元到了山下，沿着一条小溪顺水而上，穿过树林，越过山谷，最后没费什么力气就到达了崖顶。

当尘元重新站到高僧面前时，众人还以为高僧会痛骂他贪生怕死、胆小怯弱，甚至会将他逐出寺门。谁知高僧却微笑着宣布将尘元定为新一任住持。众僧皆面面相觑，不知所以。

尘元向其他人解释："寺后悬崖乃是人力不能攀登上去的。但是只要在山腰处低头看，便可见一条上山之路。师父经常对我们说'明者因境而变，智者随情而行'，就是教导我们要知伸缩退变啊！"

高僧满意地点了点头说："若为名利所诱，心中则只有面前的悬崖绝壁。天不设牢，而人自在心中建牢。在名利牢笼之内，徒劳苦争，轻者苦恼伤心，重者伤身损肢，极重者粉身碎骨。"随后，高僧将衣钵锡杖传交给了尘元，并语重心长地对大家说："攀爬悬崖，意在勘验你们的心境，能不入名利牢笼，心中无碍，顺天而行者，便是我中意之人。"

不去追求虚假的得益，实实在在地施为，高僧传达的正是这个意旨。在这个世界上，名与利通常都是人们追逐的目标。虽然人人都道"富贵人间梦，功名水上鸥"，可真正要一人放弃对名利的追求，如自断肱骨，是难而又难的。对于名利的追求，已经渗入我们的骨髓了。谁不爱名利呢？名利能给人带来优越的生活，显赫的地位。

然而，谁又能保证这种"心想事成"的梦幻生活，能保持五年、十年、甚至更久？13

岁的李叔同就能写出“人生犹似西山月，富贵终如草上霜”的诗句，佛意十足。他自己也真正视名利如浮云，飘然出家。

出家，不过出的是家门，人仍在红尘内，名与利仍然如炎夏的蔓藤伸出小而软的触手，纠缠不清。做和尚也是有三六九等的，普通僧人青灯古卷，寒衣草履，有影响力的僧人也会出入高屋庙堂与政要周旋，来往前呼后拥，排场十足。弘一法师对此深感惋惜，而他自己对功名利禄则是毫无兴趣。

弘一法师出家后，极力避免陷入名利的泥沼自污其身，因此从不轻易接受善男信女的礼拜供养。他每到一处弘法，都要先立三约：一不为人师，二不开欢迎会，三不登报吹嘘。他谢绝俗缘，很少与俗人来往，尤其不与官场人士接触。

那时弘一法师在温州庆福寺闭关静修时，温州道尹张宗祥慕名前来拜访。能与道尹结交，是一般人求之不得的事情，弘一法师却拒不相见。无奈张宗祥深慕法师大名，非见不可，弘一法师的师父寂山法师只好拿着张宗祥的名片代为求情，弘一听央告师父，甚至落泪：“师父慈悲！师父慈悲！弟子出家，非谋衣食，纯为了生死大事，妻子亦均抛弃，况朋友乎？乞婉言告以抱病不见客可也！”

张宗祥无奈，只好怏怏而去。

一个人，心要像明月一样皎洁，像天空一样淡泊，才能做到与人无争、与世无争。人世皆无争，才能安心做一名淡泊名利的人。心安定了，才能专注于修行。弘一法师研修律宗，最后能成为一代宗师，与他淡泊名利的心境是分不开的。

慧忠禅师曾经对众弟子说：“青藤攀附树枝，爬上了寒松顶；白云疏淡洁白，出没于天空之中。世间万物本来清闲，只是人们自己在喧闹忙碌。”世间的人在忙些什么呢？其实不外乎名、利两个字。万物自闲，全是因为人们自己在争名夺利。

不入名利牢笼，才能专注于眼前事、当下事，没有烦忧，达到洒脱的精神境界。

## 尘世浮华如过眼云烟

人生像一场梦，无定、虚妄、短促，还要承受某些无法避免的痛苦。人生就像天气一样变幻莫测，有晴有雨，有风有雾。无论谁的人生，都不可能一帆风顺，况且，一帆风顺的人生，就像是没有颜色的画面，苍白枯燥。

一个经历过苦难的人，即使他现在的生活依旧被困境所包围，他的内心也不会有太多的痛苦，苦难之于他，早已化为过去的云烟。生命的诞生即是体味困苦的开始，而因为惧怕苦痛而躲避在尘世之外，则永远也尝不到真正的快乐。

等人老了的时候，回过头看看自己走过的路，开心的、伤心的，不都成了过眼云烟吗？一路走过来，难免会有许多辛酸的泪水，难免会有许多欢乐的笑声，当一切成为过去，谁还记得曾经有多痛，曾经有多快乐。

按照这种思路想来，一切都会过去的。那么，对于眼前的不幸，又何必过于执着？尘世的一切荣华富贵，或是苦难病痛，最终都会如云烟般消散，既然如此，无论是幸或不幸，便没有了执着的缘由。

上帝经常听到尘世间万物抱怨自己命运不公的声音，于是就问众生："如果让你们再活一次，你们将如何选择？"

牛："假如让我再活一次，我愿做一只猪。我吃的是草，挤的是奶，干的是力气活，有谁给我评过功，发过奖？做猪多快活，吃罢睡，睡了吃，肥头大耳，生活赛过神仙。"

猪："假如让我再活一次，我要当一头牛。生活虽然苦点儿，但名声好。我们似乎是傻瓜懒蛋的象征，连骂人也都要说'蠢猪'。"

鼠："假如让我再活一次，我要做一只猫。从生到死由主人供养，时不时还有我们的同类给他送鱼送虾，很自在。"

猫："假如让我再活一次，我要做一只鼠。我偷吃主人一条鱼，会被主人打个半死。老鼠呢，可以在厨房翻箱倒柜，大吃大喝，人们对它也无可奈何。"

鹰："假如让我再活一次，我愿做一只鸡，渴了有水喝，饿了有米吃，住有房，还受主人保护。我们呢，一年四季漂泊在外，风吹雨淋，还要时刻提防冷枪暗箭，活得多累呀！"

鸡："假如让我再活一次，我愿做一只鹰，可以翱翔天空，任意捕兔捉鸡。而我们除了生蛋、报晓外，每天还胆战心惊，怕被捉被宰，惶惶不可终日。"

女人："假如让我再活一次，一定要做个男人，经常出入酒吧、餐馆、舞厅，不做家务，还摆大男子主义，多潇洒！"

男人："假如让我再活一次，我要做一个女人，上电视、登报刊、做广告，多风光。即使是不学无术，只要长得漂亮，一句嗲声嗲气的撒娇，一个蒙眬的眼神，都能让那些正襟危坐的大款们神魂颠倒。"

上帝听后，大笑起来，说道："一派胡言，一切照旧！还是做你们自己吧！"

人们总渴望获得那些本不属于自己的东西，而对自己所拥有的不加以珍惜。其实，每一个生命的个体之所以存在于这个世界上，自有它存在的意义；每一个人所得的上帝一样不会少给，不该得的，绝不会多给。因此，安心做自己，才是智慧的人。

只有安心做自己的人，才能领会放下的大意境，明天在不断更新，何必总是着眼于过去呢？其实，一切事物都是不增不减的，它有它自然循环的道理。繁华的世态看似好，让人可以过享尽荣华富贵的生活，所以人们不遗余力地追求，但它背后的真实不过如此，为了追求它，人们在不留神之际便沦陷成名利的玩物，失去快乐的生活。

看得透彻些，活在当下，自在自然，坦然接受所拥有和能够拥有的一切，面对贫富的变迁少一些迷茫，多一些坦然，真正的幸福才能不请自来。

## 最长久的名声也是短暂的

看看周围那些你熟知的人，他们之中的一部分可能没有目标，做着一些对自己、对别人都毫无益处的事情，却不明白自己身上真正的本性是怎样的，有一点虚名就会沾沾自喜。这样的做法是不明智的，相反的，在做事情之前，我们一定要弄清楚自己的本性是什么，之后遵从自己的本性，只做属于自己本性的事情。一定要记住，你做的每一件事都要以这件事情的本身价值来进行判断，不要过分注意哪些鸡毛蒜皮的小事，你将会对命运的安排和生活的赐予感到满足。

过去熟悉的一些词语现在已经不用了。同样，那些声名显赫的名字如今也被忘却了，例如卡米卢斯、恺撒、沃勒塞斯、邓塔图斯以及稍后一些时候的西庇阿、加图，然后是奥古斯都，还有哈德里安和安东尼。这些事情很快就过去了，变成了历史，甚至有可能被有些人忘记了。上面提到的这些乃是在历史留下丰功伟绩的人，那么其他的人，一旦呼吸停止了，别人就不会再提起他了。如果这样的话，所谓的“永恒的纪念”是什么呢？只是虚无罢了。

居里夫人因取得了巨大的科学成就而天下闻名，她一生获得各种奖金颇多，各种奖章 16 枚，各种名誉头衔 117 个，但她对此全不在意。

有一天，她的一位朋友来访，发现她的小女儿正在玩一枚金质奖章，而那枚金质奖章正是大名鼎鼎的英国皇家学会刚刚颁给她的。这位朋友不禁大吃一惊，忙问：“居里夫人，能够得到一枚英国皇家学会的奖章是极高的荣誉，你怎么能给孩子玩呢？”

居里夫人笑了笑说：“我是想让孩子从小就知道，荣誉就像玩具，只能玩玩而已，绝不能够永远守着它，否则将一事无成。”

1921 年，居里夫人应邀访问美国，美国妇女为了表示崇拜之情，主动捐赠 1 克镭给她，要知道，1 克镭的价值是在百万美元以上的。

这是她急需的。虽然她是镭的母亲——发明者和所有者（但她放弃为此而申请专利），但她买不起昂贵的镭。

在赠送仪式之前，当她看到《赠送证明书》上写着“赠给居里夫人”的字样时，她不高兴了。她声明说：“这个证书还需要修改。美国人民赠送给我的这1克镭永远属于科学，但是假如就这样规定，这1克镭就成了我的私人财产，这怎么行呢？”

主办者在惊愕之余，打心眼儿里佩服这位大科学家的高尚人品，马上请来一位律师，把证书修改后，居里夫人这才在《赠送证明书》上签字。

居里夫人的成就在科学史上是空前的，可是她早就看淡了名利，这并不是每个人都能做到的。人的行为都是受欲望支配的，可欲望是无穷的，尤其是对于外部物质世界的占有欲，更是一个无底深渊。现实生活中，到处都是诱惑，人的占有欲往往就这样被强烈地激发出来。但是，虽然人们承认欲望的客观存在，并不代表肯定欲望本身，欲望的永无休止只会给我们带来更深重的灾难，所以我们竭力要避免和舍弃的东西正是在欲望的支配下对名利无休无止的渴望。

认识到了本性的人，早就放弃了对名利的追求，即使他们偶然获得了荣誉，也完全不放在心上，只会淡化自己对于名利的渴望和与人攀比的虚荣。

## 身外物，不奢恋

从前，有一个非常富有的国王，名叫米达斯。他拥有的黄金数量之多，超过了世上任何人。尽管如此，他仍认为自己拥有的黄金数量还不够多。他碰巧又获得了更多的黄金，这使他非常高兴。他把黄金藏在皇宫下面的几个大地窖中，每天都在那里待上很长时间清点自己有多少黄金。

米达斯国王有一个小女儿名叫马丽格德。国王非常喜欢这个小女儿，他告诉她：“你将成为世界上最富有的公主！”但是马丽格德对此不屑一顾。与父亲的财富相比，她更喜欢花园、鲜花与金色的阳光。她大部分时间都是一个人自己玩，因为父亲为获得更多的黄金和清点自己有多少黄金忙得不可开交。和别的父亲不同的是，他很少给她讲故事，也很少陪她去散步。

一天，米达斯国王又来到他的藏金屋。他反锁上大门，将藏金子的箱子打开。他把金子堆到桌子上，开始用手抚摸，看上去他很喜欢那种感觉。他让黄金从手指缝间滑落而下，微笑着倾听它们的碰撞声，仿佛那是一首美妙的曲子。突然一个人影落到了那堆金子上面。他抬起头，发现一个身着白衣的陌生人正对着他笑。米达斯国王吓了一跳。他明明记得把门锁上了呀！他的财宝并不安全！但是陌生人继续对着他微笑。

“你有许多黄金，米达斯国王。”他说道。

“对，”国王说道，“但与全世界所有的黄金相比，那又显得太少了！”

“什么！你并不满足吗？”陌生人问道。

“满足？”国王说，“我当然不满足。我经常夜不能寐，想方设法获得更多的黄金。我希望我摸到的任何东西都能变成黄金。”

“你真的希望那样吗，米达斯陛下？”

“我当然希望如此了，其他任何事情都难以让我那样高兴。”

“那么你将实现你的愿望。明天早晨，当第一缕阳光透过窗子射进你的房间，你将获得点金术。”陌生人说完便消失了。

米达斯国王揉了揉眼睛。“我刚才一定是在做梦。”他说道，“如果这是真的，我该有多高兴啊！”

第二天米达斯国王醒来时，房间里晨光熹微。他伸手摸了一下床罩。什么也没有发生。“我知道那不是真的。”他叹了口气。就在这时，清晨的阳光透过窗户射进房间。米达斯国王刚才摸的床罩变成了黄金。

“这是真的，是真的！”他兴奋地喊道。他跳下床，在房间中跑来跑去，见什么摸什么。屋里的家具都变成了金子。他透过窗户，向马丽格德的花园望去。“我将给她一个莫大的惊喜。”他自言自语道。

他来到花园中，用手摸遍了马丽格德的花朵，把它们都变成了金子。“她一定会很高兴。”他想。他回到房间中，等着吃早饭。他拿起昨天晚上看过的书，然而他一碰到书，书就变成了金子。“我现在无法看这本书了，”他说道，“不过让它变成金子当然更好。”

就在这时，一个仆人端着吃的东西走了进来。“这饭看起来非常好吃，”他说道，“我先吃那个熟透了的红桃子。”他把桃子拿到手中，但是他还没有尝到桃子是什么滋味，它就变成了金子。米达斯国王把桃子放回到盘子中。“桃子很好看，我却不能吃！”他说道。他从盘子上拿下一个卷饼，但卷饼又立即变成了金子。他端起一杯水，但还没喝水就变成了金子。“我可怎么办啊？”他喊道，“我又饥又渴，我既不能吃金子，也不能喝金子！”

这时，房门开了，小马丽格德手里拿着一支玫瑰花走了进来，眼里噙满了泪水。

“出了什么事，女儿？”国王问道。

“噢，父亲！你看我的玫瑰花都怎么了？它们变得又硬又丑！”

“嘿，它们是金玫瑰，孩子，你不认为它们比以前的样子更好看吗？”

“不，”她抽泣着说，“它们没有香气，也不再生长。我喜欢活生生的玫瑰。”

“不要在意了，”国王说，“现在吃早饭吧。”

马丽格德注意到父亲没有吃饭，一脸的悲伤。“发生了什么事，亲爱的父亲？”她问道，然后向他跑过来。她伸开双臂，抱住他，他吻了她。但他突然痛苦地喊了起来。他摸了一下女儿，她那漂亮的脸蛋变成了金灿灿的金子，双眼什么也看不到，双唇无法吻他，双臂无法将他抱紧。她不再是一个可爱的、欢笑的小女孩了。她已经变成了一尊小金像。米达斯低下头，大声哭泣起来。

“你高兴吗，陛下？”他听到一个声音问道。他抬起头，看到那个陌生人站在他身旁。

“高兴？你怎么能这样问！我是世界上最不幸的人！”国王说道。

“你掌握了点金术，”陌生人说道，“那还不够吗？”米达斯国王仍低头不语。

“在食物与一杯凉水以及这些金子之间，你更愿意要哪一个？”

“噢，把我的小马丽格德还给我，我愿放弃所有的金子！”国王说道，“我已经失去了应该拥有的东西。”

“你现在比过去明智多了，米达斯国王，”陌生人说道，“跳到从花园旁边流过的那条河中，取一些河水，洒到你希望恢复原状的东西上。”说完这句话，陌生人就消失了。

米达斯一下跳起来，向小河跑去。他跳进去，取了一罐水，然后急忙返回皇宫。他把水洒到马丽格德身上，她的脸蛋立即恢复了血色。她睁开那双蓝眼睛。“啊，父亲！”她说道，“发生了什么事？”米达斯国王高兴地叫了一声，把女儿抱到怀中。从那以后，米达斯国王再也不喜欢金子了，他只钟爱金色的阳光与马丽格德的金发。

物欲太盛造成灵魂变态，精神上永无宁静，永无快乐。正如故事中的国王一样，即使手中已有大量的黄金，还仍不满足。自学会点金术后，他可以拥有更多的金子，然而，凡他手可触及的地方，无论是什么东西，包括他的爱女，均变成了金的。国王陷入了烦恼，失去了快乐，也不再认为拥有更多的金子是幸福的。要想拥有幸福的生活，就要学会控制你的欲望，也要懂得放弃。放弃是一种让步，让步不是退步。让一步，然后养精蓄锐，为的是更好地向前冲。放弃是量力而行，明知得不到的东西，何必苦苦相求，明知做不到的事，何必硬撑着去做呢？须知该是你的便是你的，不是你的，任你苦苦挣扎也得不到。

有时你以为得到了，可能失去的会更多；有时你以为失去了不少，却有可能获得了许多。“身外物，不奢恋”，这是思悟后的清醒。谁能做到这一点，谁就会活得轻松，过得自在。

## 可以有欲望，但不可有贪欲

伊索有句话说：“许多人想得到更多的东西，却把现在所拥有的也失去了。”对于生活，普通的老百姓没有那么多言辞来形容，但是他们有自己的一套语言。于是，老人们会在我们面前念叨：做人啊，要本分，不要丢了西瓜捡芝麻。这个道理其实与文化人伊索说的是一样的。

的确，人生的沮丧很多都是源于得不到的东西，我们每天都在奔波劳碌，每天都在幻想填平心里的欲望，但是那些欲望却像是反方向的沟壑，你越是想填平，它就越向下凹得越深。

欲望太多，就成了贪婪。贪婪就好像一朵艳丽的花朵，美得你兴高采烈、心花怒放，可是你在注意到它的娇艳的同时，却忘了提防它的香气，那是一种让你身心疲惫却永远也感受不到幸福的毒药。从此，你的心灵被索求所占据，你的双眼被虚荣所模糊。

年轻的时候，艾莎比较贪心，什么都追求最好的，拼了命想抓住每一个机会。有一段时间，她手上同时拥有 13 个广播节目，每天忙得昏天暗地，她形容自己："简直累得跟狗一样！"

事情总是对立的，所谓有一利必有一弊，事业愈做愈大，压力也愈来愈大。到了后来，艾莎发觉拥有更多、更大不是乐趣，反而成为一种沉重的负担。她的内心始终有一种强烈的不安笼罩着。

1995 年，"灾难"发生了，她独资经营的传播公司日益亏损，交往了七年的男友和她分手……一连串的打击直奔她而来，就在极度沮丧的时候，她甚至考虑结束自己的生命。

在面临崩溃之际，她向一位朋友求助："如果我把公司关掉，我不知道我还能做什么？"朋友沉吟片刻后回答："你什么都能做，别忘了，当初我们都是从'零'开始的！"

这句话让她恍然大悟，也让她勇气再生："是啊！我们本来就是一无所有，既然如此，又有什么好怕的呢？"就这样念头一转，她不再沮丧。没想到，在短短半个月之内，她连续接到两笔很大的业务，濒临倒闭的公司起死回生。

历经这些挫折后，艾莎体悟到了人生"无常"的一面：费尽了力气去强求，虽然勉强得到，最后留也留不住；而一旦放空了，随之而来的可能是更大的能量。她学会了"舍"。为了简化生活，她谢绝应酬，搬离了 150 平方米的房子，索性以公司为家，挤在一个 10 平方米不到的空间里，淘汰不必要的家当，只留下一张床、一张小茶几，还有两只做伴的小狗。

艾莎这才发现，原来一个人需要的其实那么有限，许多附加的东西只是徒增无谓的负担而已。

在欲望的支配下，我们不得不为了权力、为了地位、为了金钱而削尖了脑袋向里钻。我们常常感到自己非常累，但仍觉得不满足，因为在我们看来，很多人生活得比自己更富足，很多人的权力比自己的大。所以我们别无出路，只能硬着头皮往前冲，在无奈中透支着体力、精力与生命。

这样的生活，能不累吗？被欲望沉沉地压着，能不精疲力竭吗？静下心来想一想：有什么目标真的非要实现不可，又有什么东西值得我们用宝贵的生命去换取？

人人都有欲望，都想过美满幸福的生活，都希望丰衣足食，这是人之常情。但是，如果把这种欲望变成不正当的欲求，变成无止境的贪婪，那无形中就成了欲望的奴隶。

## 放弃生活中的“第四个面包”

非洲草原上的狮子吃饱以后，即使羚羊从身边经过，也懒得抬一下眼皮；瑞士的奶牛也是一样，只要吃饱了肚子，它就会闲卧在阿尔卑斯山的斜坡上，一边享受温暖的阳光，一边慢条斯理地反刍。

有一位作家非常赞赏瑞士奶牛和非洲狮子的生存哲学。他说，假如你的饭量是三个面包，那么你为第四个面包所做的一切努力都是愚蠢的。

王立有一个做医生的朋友，几年前王立到一个宾馆去开会，一眼瞥见领班小姐，貌若天仙，便上前搭讪。小姐莞尔一笑，用一种很不经意的口气说：“先生，没看见你开车来哦！”他当即如五雷轰顶，大受刺激，从此立志加入有车族。后来朋友和王立在一起吃饭，几杯酒下肚之后，朋友告诉王立，准备把开了一年的“昌河”小面包卖掉，换一辆新款的“爱丽舍”。然后又问王立买车了没有？王立老老实实地回答，还没有，而且在看得见的将来也没有这种可能性。他同情地看着王立：“唉！一个男人，这一辈子如果没有开过车，那实在是太不幸了。”

这顿饭让王立吃得很惶惑。因为按他目前的收入水平，买辆“爱丽舍”，他得不吃不喝地攒上好几年。更糟糕的是，若他有一天终于买上了汽车，也许在他还没有来得及品味“幸福”滋味的时候，一个有私人飞机的家伙对他说：“作为一个男人，没开过飞机太不幸了！”那他这辈子还有救吗？

这个问题让王立坐立不安了很长时间。如何挽救自己，免于堕入“不幸”的深渊，让他甚为苦恼。直到有一天，他无意中看到这样一段话：有菜篮子可提的女人最幸福。因为幸福其实渗透在我们生活中点点滴滴的细微之处，人生的真味存在于诸如提篮买菜这样平平淡淡的经历之中。我们时时刻刻拥有着它们，却无视它们的存在。

王立恍然大悟。原来他的朋友在用一个逻辑陷阱蓄意误导他：没有汽车是不幸的。你没有汽车，所以你是不幸的。但这个大前提本身就是错误的，因为“汽车”与“幸福”并无必然的联系。

在一个成功人士云集的聚会上，王立激动地表达了自己内心深处对幸福生活的理解：“不生病，不缺钱，做自己爱做的事。”会场上爆发了雷鸣般的掌声。

成功只是幸福的一个方面，而不是幸福的全部。人们对“成功”的需求是永无止境的，没完没了地追求来自外部世界的诱惑——大房子、新汽车、昂贵服饰等，尽管可以在某些方面得到物质上的快乐和满足，但是这些东西最终带给我们的是患得患失的压力和令人疲惫不堪的混乱。

两千多年前，苏格拉底站在熙熙攘攘的雅典集市上叹道：“这儿有多少东西是我不需要的！”同样，在我们的生活中，也有很多看起来很重要的东西，其实，它们与我们的幸福并没有太大关系。我们对物质不能一味地排斥，毕竟精神生活是建立在物质生活之上的，但不能被物质约束。

面对这个已经严重超载的世界，面对已被太多的欲求和不满压得喘不过气的生活，我们应当学会用好生活的减法，把生活中不必要的繁杂除去，让自己过一种自由、快乐、轻松的生活。

## 过多的欲望会蒙蔽你的幸福

人很多时候是很贪心的，就像很多人形容的那样：吃自助的最高境界是：扶墙进，扶墙出。进去扶墙是因为饿得发昏，四肢无力，而扶墙出则是因为撑得路都走不了。人愿意活受罪是因为怕吃亏。而有些时候，人总是对自己不满，还是因为太贪心，什么都想得到。

很多人常常抱怨自己的生活不够完美，觉得自己的个子不够高、自己的身材不够好、自己的房子不够大、自己的工资不够高、自己的老婆不够漂亮，自己在公司工作了好几年了却始终没有升职……总之，对于自己拥有的一切都感到不满，觉得自己不幸福。真正不快乐的原因是：不知足。

剑桥教授安德鲁·克罗斯比说：真正的快乐是内心充满喜悦，是一种发自内心对生命的热爱。不管外界的环境和遭遇如何变化，都能保持快乐的心情，这就需要一种知足的心态。知足者常乐，因为对生活知足，所以他会感激上天的赠予，用一颗感恩的心去感谢生活，而不是总抱怨生活不够照顾自己。

有一个村庄，里面住着一个左眼失明的老头儿。

老头儿 9 岁那年一场高烧后，左眼就看不见东西了。他爹娘顿时泪流满面，一个独生的儿子瞎了一只眼睛可怎么办呀！没料他却说自己左眼瞎了，右眼还能看得见呢！总比两只眼都瞎了要好！比起世界上的那些双目失明的人，不是要强多了吗？儿子的一番话，让爹娘停止了流泪。

老头儿的家境不好，爹娘无力供他读书，只好让他去私塾里旁听。他的爹娘为此十分伤心，他劝说道：“我如今也已识了些字，虽然不多，但总比那些一天书没念，一个字不识的孩子强多了吧！”爹娘一听也觉得安然了许多。

后来，他娶了个嘴巴很大的媳妇。爹娘又觉得对不住儿子，而他却说和世界上的许多光棍汉比起来，自己是好到天上去了！这个媳妇勤快、能干，可脾气不好，把婆婆气得心口作痛。他劝母亲说：“天底下比她差得多的媳妇还有不少。媳妇脾气虽是暴躁了些，不过还是很勤快，又不骂人。”爹娘一听真有些道理，怄的气也少了。

老头儿的孩子都是闺女，于是媳妇总觉得对不起他们家，老头儿说世界上有好多结了婚的女人，压根儿就没有孩子。等日后我们老了，5个女儿女婿一起孝敬我们多好！比起那些虽有儿子几个，却妯娌不和，婆媳之间争得不得安宁要强得多！

可是，他家确实贫寒得很，妻子实在熬不下去了，便不断抱怨。他说：“比起那些拖儿带女四处讨饭的人家，饱一顿饥一顿，还要睡在别人的屋檐下，弄不好还会被狗咬一口，就会觉得日子还真是不赖。虽然没有馍吃，可是还有稀饭可以喝；虽然买不起新衣服，可总还有旧的衣裳穿，房子虽然有些漏雨的地方，可总还是住在屋子里边，和那些讨饭维持生活的人相比，日子可以算是天堂了。”

老头儿老了，想在合眼前把棺材做好，然后安安心心地走。可做的棺材属于非常寒酸的那一种，妻子愧疚不已，而老头儿却说，这棺材比起富贵人家的上等柏木是差远了，可是比起那些穷得连棺材都买不起，尸体用草席卷的人，不是要强多了吗？

老头儿活到72岁，无疾而终。在他临死之前，对哭泣的老伴说：“有啥好哭的，我已经活到72岁，比起那些活到八九十岁的人，不算高寿，可是比起那些四五十岁就死了的人，我不是好多了吗？”

老头儿死的时候，神态安详，脸上还留有笑容……

老头儿的人生观，正是一种乐天知足的人生观，永远不和那些比自己强的人攀比，用自己的拥有与那些没有拥有的人进行比较，并以此找到了快乐的人生哲学。人生不就这样吗？有总比没有强多了。

很多时候，我们就缺少老头儿的这种心境，当我们抱怨自己的衣服不是名牌的时候，是否想到还有很多人连一套像样的衣服没有；当我们抱怨自己的丈夫没有钱的时候，可否想到那些相爱但却已阴阳两重天的人；当我们抱怨自己的孩子没有拿到第一的时候，是否想到那些根本上不起学的孩子；当我们抱怨工作太累的时候，可否想到那些在街上摆着小摊的小贩们，他们每天起早贪黑，他们根本没有工夫去抱怨……其实，我们已经过得很好了，我们能够在偌大的城市拥有着自己的房子，哪怕只是租的，我们不用为吃饭发愁，我们拥有着体贴的妻子，可爱的孩子，有着依旧对自己牵肠挂肚的父母……实际上我们已经拥有的够多了，还有什么不满意的呢？快乐也是在知足中获得。

一个人不知足的时候，即使在金屋银屋里面生活也不会快乐，一个知足的人即使住在茅草屋中也是快乐的。

## 过重的名誉会压断你起飞的翅膀

有一篇《蜗牛的奖杯》的文章。讲的是蜗牛原先善于飞行，在一次飞行比赛中荣获冠军，得到了一个奖杯，便成天背在身上，日久天长，奖杯成了外壳，翅膀也退化了，它只能慢慢爬行。做人也是一样，不能永远背着荣誉的外壳，要学会淡忘曾经的荣誉，才能走得更远，飞得更高。

信陵君杀死晋鄙，拯救邯郸，击破秦兵，保住赵国，赵孝成王准备亲自到郊外迎接他。唐雎对信陵君说："我听人说：'事情有不可以让人知道的，有不可以不知道的；有不可以忘记的，有不可以不忘记的。'"

信陵君说："你说的是什么意思呢？"唐雎回答说："别人厌恨我，不可不知道；我厌恨人家，又不可以让人知道。别人对我有恩德，不可以忘记；我对人家有恩德，不可以不忘记。如今您杀了晋鄙，救了邯郸，破了秦兵，保住了赵国，这对赵王是很大的恩德啊，现在赵王亲自到郊外迎接您，我们仓促拜见赵王，我希望您能忘记救赵的事情。"信陵君说："我谨遵你的教诲。"

唐雎叫信陵君谦虚谨慎，淡忘功劳，这的确是高明的处世哲学。其实不仅仅是做人，在市场经济的大潮中，同样需要淡泊曾经的功劳。

有资料称，每当年终岁末，日本的企业都要召开"忘年会"。会议上没有领导们的长篇总结报告和工作布置，也没有典型发言和表彰先进，只有简短的新年致辞：忘记昨天，新的一年继续努力吧！"忘年会"的内涵提示人们，成绩也好，荣誉也罢，代表的都是过去，在前进的道路上必须甩掉这些包袱，减轻"行囊"创造新的业绩。与日本的"忘年会"相比，我们有些企业正好相反，总是念念不忘过去那些成绩荣誉。要么躺在荣誉上面睡大觉，满足于已有的成绩，不思进取，要么沾沾自喜地背着"过去"前进，信赖"老办法""老套路"，对新鲜事物视而不见或拒不接受，以致销售对象总是几个老客户，管理核算还是以前的老方法，资金运作依赖贷款开场的老路子。

社会在与时俱进，市场瞬息万变，要发展就必须要创新。要创新，就得将装有“成绩”“荣誉”之类的“行囊”减轻直至甩掉，不断地从新的“零”开始，在“白纸”上画新的图画。没有了“包袱”，解放了思想，放开了手脚，在技术创新、体制创新、管理创新、理论创新、经营理念创新等诸多创新中，一定能有所作为，一定能再创辉煌。

同样，在人生旅途中，我们可能会遇到坎坷和不幸，如竞争的失败、家道的中落、不测的病痛和突发的灾难；可能会遇到无端的误解和不公允的际遇；可能会有名利得失和荣辱毁誉；可能会有历史的伤痕和岁月的沧桑；可能会听到无中生有的流言飞语，捕风捉影、飞短流长的小道新闻……

如果一切都是不可避免的，那我们不妨挥一挥衣袖，学会淡忘，淡忘应该淡忘的一切。

淡忘功名利禄，那将使你不会高高在上，不会拥有那种孤独的高处不胜寒的悲凉；淡忘曾经的痛楚，那将有助于你寻找到另一份真正属于自己的幸福；淡忘曾经的仇恨，那将帮助你开辟另一条通往成功的大道；淡忘曾经的成功，那将有助于把你带往人生新的高峰。

## 给自己的欲望打折

人，是有欲望的，所以永远得不到满足，永远在为自己攫取着，最后终于沦为私欲的奴隶，把自己的心灵变成了地狱。而当一个人的人生走向终点时，他才会发现，人，是不会从他过多拥有的东西中得到乐趣的，而这些东西却总是以一种魔力引诱着人去追逐，失去理智也在所不辞。于是世界上成千上万的人带着这些东西走向了坟墓，悲哀而无奈。

一位虔诚的教徒受到天堂和地狱问题的启发，希望自己的生活过得更好，他找到先知伊里亚。

“哪里是天堂，哪里是地狱？”伊里亚没有回答他，拉着他的手穿过一条黑暗的通道，来到一座大厅。在大厅的中央放着一口大铁锅，里面盛满了汤，下面烧着火。整个大厅中散发着汤的香气。大锅周围一挤满两腮凹进，带着饥饿目光的人，都在设法分到一份汤喝。

但那勺子太长太重，饥饿的人们贪婪地拼命用勺子在锅里搅着，但谁也无法把汤送到自己的嘴里。有些鲁莽的家伙甚至烫了手和脸，还溅在旁边人的身上。于是大家争吵起来，人们竟挥舞着本来为了解决饥饿的长勺子大打出手。

先知伊里亚对那位教徒说：“这就是地狱。”

他们离开了这座房子，再也不忍听他们身后恶魔般的喊声。他们又走进一条长长的黑暗的通道，进入另一间大厅。这里也有许多人，在大厅中央同样放着一大锅热汤。就像地狱里所见的一样，这里勺子同样又长又重，但这里的人营养状况都很好。大厅里只能听到勺子放入汤中的声音。这些人总是俩人一对在工作：一个把勺子放入锅中又取出来，将汤给他的同伴喝。如果一个人觉得汤勺太重了，另外的人就过来帮忙。这样每个人都在安安静静地喝。当一个人喝饱了，就换另一个人。

先知伊里亚对他的教徒说："这就是天堂。"

被私欲蒙蔽心智的人在地狱中。因为只想满足自己的私欲所以谁也不懂得分享的美好，无论是谁都喝不到锅里的汤。如果你心里只有自己，就只能下地狱。这就是内心充满私欲的结局，实在是可怜。你自己的私欲往往就是你亲手为自己掘的一座坟墓。

私欲是一切生物的共性，所不同的是其他生物的私欲是有限的，人的私欲是无限的。正因为如此，人的不合理的私欲必须要受到社会公理、道义、法律的制约，否则这个社会就不属正常的社会。否则，像故事中的那两个年轻人在私欲面前变得丧心病狂，自己亲手毁掉了自己的幸福。

要求人一点儿私欲都没有是不可能的：我们总是在做我们内心想做的事情。从这个角度说，每个人都是自私的，但自私并不都那么可怕，可怕的是私欲太盛，利令智昏，时时处处以自己为中心，以损公肥私和损人利己为乐事，一切围着自己想问题，一切围着自己办事情，在满足其一己之私的过程中，不惜损害公益事业，不惜妨害他人利益。这样的人谁不怕？怕的时间长了，也就如同瘟疫一样，人们避之唯恐不及；怕的人多了，也就如过街老鼠一样，人人见之喊打。这样的人即便是比别人多捞取了一些利益，也不会获得真正意义上的幸福。如果说，他们也侈谈什么成功，充其量不过是鸡鸣狗盗的成功，没有任何值得骄傲和自豪的。

"点燃别人的房子，煮熟自己的鸡蛋。"英国的这句俗话，形象地揭示了那些妨害他人利益的自私行为。而这样的人，等待他们的只有自酿的苦果。

## 远离名利的烈焰，让生命逍遥自由

古今中外，为了生命的自由、潇洒，不少智者都懂得与名利保持距离。

惠子在梁国做了宰相，庄子想去见见这位好友。有人急忙报告惠子："庄子来了，是想取代您的相位吧。"惠子很恐慌，想阻止庄子，派人在梁国搜了三日三夜。不料庄子从容而来拜见他，说：“南方有只鸟，其名为凤凰，您可听说过？这凤凰展翅而起。从南海飞向北海，非梧桐不栖，非练实不食，非醴泉不饮。这时，有只猫头鹰正津津有味地吃着一只腐烂的老鼠，恰好凤凰从头顶飞过。猫头鹰急忙护住腐鼠，仰头视之道：‘吓！’现在您也想用您的梁国相位来吓我吗？”惠子十分羞愧。

一天，庄子正在濮水垂钓。楚王委派的两位大夫前来聘请他：“吾王久闻先生贤名，欲以国事相累。”庄子持竿不顾，淡然说道：“我听说楚国有只神龟，被杀死时已三千岁了。楚王珍藏之以竹箱，覆之以锦缎，供奉在庙堂之上。请问大夫，此龟是宁愿死后留骨而贵，还是宁愿生时在泥水中潜行曳尾呢？”两位大夫道：“自然是愿意在泥水中摇尾而行了。”庄子说：“两位大夫请回去吧！我也愿在泥水中曳尾而行。”

庄子不慕名利，不恋权势，为自由而活，可谓洞悉幸福真谛的达人。

人活在世界上，无论贫穷富贵，穷达逆顺，都免不了与名利打交道。《清代皇帝秘史》记述乾隆皇帝下江南时，来到江苏镇江的金山寺，看到山脚下大江东去，百舸争流，不禁兴致大发，随口问一个老和尚：“你在这里住了几十年，可知道每天来来往往多少只船？”老和尚回答说：“我只看到两只船。一只为名，一只为利。”一语道破天机。

淡泊名利是一种境界，追逐名利是一种贪欲。放眼古今中外，真正淡泊名利的很少，追逐名利的很多。今天的社会是五彩斑斓的大千世界，充溢着各种各样炫人耳目的名利诱惑，要做到淡泊名利确实是一件不容易的事情。

旷世巨作《飘》的作者玛格丽特·米切尔说过：“直到你失去了名誉以后，你才会知道这玩意儿有多累赘，才会知道真正的自由是什么。”盛名之下，是一颗活得很累的心，因为它只是在为别人而活着。我们常羡慕那些名人的风光，可我们是否了解他们的苦衷？其实大家都一样，希望能活出自我，能活出自我的人生才更有意义。

世间有许多诱惑：桂冠、金钱，但那都是身外之物，只有生命最美，快乐最贵。我们要想活得潇洒自在，要想过得幸福快乐，就必须做到：学会淡泊名利，割断权与利的联系，无官不去争，有官不去斗；位高不自傲，位低不自卑，欣然享受清心自在的美好时光，这样就会感受到生活的快乐和惬意。否则，太看重权力地位，让一生的快乐都毁在争权夺利中，那就太不值得，也太愚蠢了。

当然，放弃荣誉并不是寻常人具有的，它是经历磨难、挫折后的一种心灵上的感悟，一种精神上的升华。“宠辱不惊，去留无意”说起来容易，做起来却十分困难。红尘的多姿、世界的多彩令大家怦然心动，名利皆你我所欲，又怎能不忧不惧、不喜不悲呢？否则也不会有那么多的人穷尽一生追名逐利，更不会有那么多的人失意落魄、心灰意冷了。

只有做到了宠辱不惊、去留无意方能心态平和，恬然自得，方能达观进取，笑看人生。

## 知足可以挪去你的各种贪念

老子曾说过：“祸莫大于不知足，咎莫大于欲得。”这句话对于今天有着尤其特殊的意义。纵观今日一些落马之人，探其原由，“祸咎”概莫能出其“不知足”和“欲得”之外。王宝森、胡长清、成克杰、王怀忠……贪婪的欲望使得一个又一个春风得意的能人，从马上倏然坠地，沦为阶下囚，甚至走上“断头台”。

自老子以后，很多先哲都提倡“知足知止”的教条，这个教条也确实在紧紧地约束着中国人的行止。比如庄子就是一个清心寡欲的人，他曾告诫人们：“知足者，不以利自累也。”王廷相则说：“君子不辞乎福，而能知足也；不去乎利，而能知足也。故随遇而安，有天下而不与也，其道至矣乎！”吕坤也有一言曰：“万物安于知足，死于无厌。”

从古至今，人类始终难以摆脱欲望。在欲望的支配下，人们会做出许多不可理解的事情。当自己的欲望得到了满足的时候，就万事顺心了。可是，当欲望没有达成的时候，人们的心理就会失衡，就会产生抱怨的情绪。所以，抱怨源自不知足，只有知足的人才能感受到人生的富足。

哲学家克里安德，当年虽已八十高龄，但依然仙风道骨，非常健壮，有人问他：“谁是世上最富有的人！”

克里安德斩钉截铁地说：“知足的人。”

这句话恰和老子的“知足者富”的说法如出一辙。

曾有人问当代美国最富有的石油大王史泰莱：“怎样才能致富？”

这位石油大王不假思索地回答：“节约。”

“谁比你更富有？”

“知足的人。”

“知足就是最大的财富吗？”

史泰莱引用了罗马哲学家塞涅卡的一句名言来回答说：“最大的财富，是在于无欲。”

塞涅卡还有一句智慧的话：“如果你不能对现在的一切感到满足，那么纵使让你拥有全世界，你也不会幸福。”

最妙的是，罗马大政治家兼哲学家西塞罗也曾有类似的说法：“对于我们现在有的一切感到满足，就是财富上的最大保证。”

知足者常乐，知足便不作非分之想；知足便不好高骛远；知足便安若止水、气静心平；知足便不贪婪、不奢求、不巧取豪夺。知足者温饱不虑便是幸事；知足者无病无灾便是福泽。过分地贪取、无理的要求，只是徒然带给自己烦恼而已，在日日夜夜的焦虑企盼中，还没有尝到快乐之前，已饱受痛苦煎熬了。因此古人说："养心莫善于寡欲。"我们如果能够把握住自己的心，驾驭好自己的欲望，不贪得、不觊觎，做到寡欲无求，生活上自然能够知足常乐、随遇而安了。

知足不是自满和自负，不是装饰，不是自谦，而是知荣辱、乐自然。知足的人即满足于自我的人，知足者能认识到无止境的欲望和痛苦，于是就干脆压抑一些无法实现的欲望，这样虽然看起来比较残忍，但它却减少了更多的痛苦。在能实现的欲望之内，他拼命为之奋斗，一旦得到了自己的所求，快乐便油然而生，每上一个台阶，快乐的程度也会高出一个台阶。

只有经常知足，在自我能达到的范围之内去要求自己，而不是刻意去勉强自己，去强迫自己，而是自觉地知足，才能心平气和去享受独得之乐。

## 功成身退任自如

天上月圆月缺，地上花开花谢，海中潮涨潮落，四季暑往寒来。社会也与这变化中的万物一样，难以永恒，就像登上山顶看完壮丽的日出就要下山一样，当壮志已酬之时，也就是含蓄收敛，急流勇退的时候了。

庄子曾讲过一种"真人"，他恬淡无为，行事适可而止，功成名就时态度依然平静如常。南先生说"真人"的人生既是乐观的又是高明的。他们虽然站在最高的位置，也有很高的成就，但他所做的一切并非源自欲望驱使，而是为了天下而为之。所以贡献的一切从来不需要别人的感恩戴德，且会在合适的时机全身而退。

历来能够"功遂，身退，天道"的风流人物，是大多数人一直深感佩服的。南怀瑾先生就曾在《功成身退数风流》一文中说，"功遂，身退，天道"的几字真言，在一般人眼中总觉得消极意味太浓。然而，大家只是忘记观察自然界的"天之道"的原因。仔细看天道，日月经天，昼出夜没，暑往寒来，都是很自然的"功遂，身退"正常现象。植物世界如草木花果，都是默默无言完成了自己的使命，然后悄然消逝；动物世界一代交替一代，谁又能不自然地退出生命的行列呢？如果有，那是人类的心不死，不肯罢休，妄图占有，然而妄想违反自然，何其可悲。

功成身退乃天之道，入世时心怀天下，出世时不留一念，这才是正确的处世态度。许多人一面身在世外，却心不肯走，往往自惹烦恼和祸患。

例如东晋的抱朴子葛洪和南朝齐梁之际的陶弘景。葛洪早早抽身，自求出任"勾漏令"，以宦途当作隐遁的门面，暗暗地修炼者自己的仙道，得以善终；而陶弘景更是及早地名冠

“神武门”，每天优哉乐哉地山中玩乐，做了个地道的“山中宰相”，满足自己精神领域上的追求。

韦睿是汉丞相韦贤的后裔，后来跟随了梁武帝，屡次升迁至侯爵的地位。梁武帝北伐时期，韦睿奉命统部北伐，屡建奇功，他虽身体奇弱，却用兵如神，敌人对他畏惧万分。一次，前方军情告急，梁武帝派遣亲信曹景宗与他会师。韦睿对曹景宗执礼甚谨，每每有军事上的胜利，均让景宗去领功，自己则从不争功。在与曹景宗赌博的时候，韦睿也故意输给他，好不引起景宗对他的嫉恨。

梁武帝知道韦睿厉害，所以一般不委以重任，对他始终心存顾忌。好在韦睿自知苟活乱世需要圆融的手段，退隐山林不是上策，积极进取、争名逐利也不是上策，所以即便成功之时仍深自谦退，以免猜忌。所以，韦睿平平安安地活到了79岁得以善终，遗嘱上要求穿薄服葬了，也不要陪葬品。在他身死之后，梁武帝总算被他的诚信感动了，来到他坟前痛哭流涕，为他完成了最后的挽歌。

也许生活中有许多华丽的舞台在等待你走上去，但这些舞台未必总是尽如人意般美好，也许它就是暴露你弱点的契机，让你在不知不觉间掉入陷阱。就比如秦代的名相李斯。当初他贵为秦相时，“持而盈”，“揣而锐”，最后却以悲剧告终。临刑之时，他才对其子说：“吾欲与若复牵黄犬，出上蔡东门，逐狡兔，岂可得乎？”他临死才幡然醒悟，渴望带着孩子过着牵狗逐兔的返璞归真生活，在平淡中找寻幸福，但却悔之晚矣。

进一步，容易；退一步，难。成功有时易得，安然退却成难事。少数人看透功名实质，重视过程，淡看结果，终能悠然反航，而大多数人还沉迷于名利的旋涡，越陷越深，何其可悲！

第十章

# 有一种心态叫舍得，有一种境界叫放下

## 智慧的人懂得适时放手

我们都有过这样的经历：

——亲戚送了一盒上等绿茶，舍不得喝，放了很久，却没有想到保存不当，等拿出来喝时才发现受潮发霉了，只好万般不舍地扔掉。

——朋友送了一件质地良好的风衣，却因为太喜爱而舍不得穿。等有一天愿意拿出来时，却发现自己的身体已由亭亭玉立而变得臃肿，那件风衣自己竟然无法再穿上了。

——朋友出差时送了一盒当地特产的糕点，舍不得吃，待下决心将它“消灭”掉时，却发现早已过了保质期。

……

同样的道理，在我们或长或短的一生中，很多东西也是不能保存，而必须尽量享受的。只有宽心的人，懂得适时松手的人，才能真正体会到生命的快乐。

下面这个小故事就说明了这个道理。

从前有个财主，他对自己地窖里珍藏的葡萄酒非常自豪——窖里保留着一坛只有他才知道的、某种场合才能喝的陈酒。

州府的总督登门拜访。财主提醒自己：“这坛酒不能仅仅为一个总督启封。”

地区主教来看他，他自忖道：“不，不能开启那坛酒。他不懂这种酒的价值，酒香也飘不进他的鼻孔。”

王子来访，和他同进晚餐。但他想：“区区一个王子喝这种酒过分奢侈了。”

甚至在他亲侄子结婚那天，他还对自己说：“不行，接待这种客人，不能拿出这坛酒。”

一年又一年，财主死了。

下葬那天，那坛陈酒和其他酒一起被搬了出来，左邻右舍的邻居把酒统统喝光了。但谁也不知道这坛陈年老酒的久远历史。

对他们来说，所有喝进肚子里的仅仅是酒而已。在条件允许的情况下，我们应该尽量享受生活，没有必要像苦行僧似的，总是一味地虐待自己。懂得享受生活的人，比一般人更能感觉到生活的乐趣和人生的幸福。

想想你现在的追求，是否也是放弃了手中的一切，仅仅为了那坛普普通通的酒？

有的人喜欢贪图别人的财富，有的人明知道是自己的财富却选择了舍弃。贪图别人财富的人，必将在获得的同时付出更多的代价，而主动舍弃的人，却可能得到上苍加倍的馈赠。

保持一颗平常心，波澜不惊，生死不畏，于无声处听惊雷，超脱眼前得失，不受外在情感的纷扰，喜怒哀乐，收放自如，才能体会到“采菊东篱下，悠然见南山”的自在。

著名的钢琴大师鲁宾斯坦有一次送给朋友一盒上等雪茄，朋友表示要好好珍藏这一特别的礼物。“不，不要这样，你一定要享用他们，这种雪茄如人生一样，都是不能保存的，你要尽快享受它们。没有爱和不能享受人生，就没有快乐。”钢琴大师对朋友说。

钢琴大师的话寓含深奥的人生哲理，我们每个人都有必要读懂它，记住它，运用它。放手已有的东西，才能将新的东西握到手中。

## 得到未必幸福，失去未必痛苦

痛苦常常由欲望而生，追寻的时候苦于没有得到，得到的时候却又害怕将来的失去。欲望太多，又怎么能活得快乐呢？有一只木车轮因为被砍下了一角而伤心郁闷，它下决心要寻找一块合适的木片重新使自己完整起来，于是它开始了长途跋涉。

不完整的木车轮走得很慢，一路上，阳光柔和，它认识了各种美丽的花朵，并与草叶间的小虫攀谈；当然也看到了许许多多的木片，但都不太合适。

终于有一天，车轮发现了一块大小形状都非常合适的木片，于是马上将自己修补得完好如初。可是欣喜若狂的轮子忽然发现，眼前的世界变了，自己跑得那么快，根本看不清花朵美丽的笑脸，也听不到小虫善意的鸣叫。

车轮停下来想了想，又把木片留在了路边，自个儿走了。失去了一角，却饱览了世间的美景；得到想要的圆满，步履匆匆，却错失了怡然的心境，所以有时候失也是得，得即是失。也许当生活有所缺陷时，我们才会深刻地感悟到生活的真实，这时候，失落反而成全了完整。

从上面的故事中我们不难发现，尽善尽美未必是幸福生活的终点站，有时反而会成为快乐的终结者。得与失的界限，你又如何准确地划定呢？当你因为有所缺失而执着追求完美时，也许会忘却头顶那一片晴朗的天空。据说，爱斯基摩人捕猎狼的办法世代相传，非常特别，也极甚有效。严冬季节，他们在锋利的刀刃上涂上一层新鲜的动物血，等血冻住后，他们再往上涂第二层血；再让血冻住，然后再涂……

就这样，刀刃很快就被冻血掩藏得严严实实了。

然后，爱斯基摩人把血包裹住的尖刀反插在地上，刀把结实地扎在地上，刀尖朝上。当狼顺着血腥味找到尖刀时，它们会兴奋地舔食刀上新鲜的冻血。融化的血液散发出强烈的气味，在血腥的刺激下，它们会越舔越快，越舔越用力，不知不觉所有的血被舔干净，锋利的刀刃就会暴露出来。

但此时，狼已经嗜血如狂，它们猛舔刀锋，在血腥味的诱惑下，根本感觉不到自己的舌头被刀锋划开的疼痛。

在北极寒冷的夜晚，狼完全不知道它舔食的其实是自己的鲜血。它只是变得更加贪婪，舌头抽动得更快，血流得也更多，直到最后精疲力竭地倒在雪地上。生活中很多人都如故事中的狼，在欲望的旋涡中越陷越深，又像漂泊于海上不得不饮海水的人，越喝越渴。

可见，得与失的界限，你永远也无法准确定位，自认为得到的越多，可能失去的也会越多。所以，与其把生命置于贪婪的悬崖峭壁边，不如随性一些，洒脱一些，不患得患失，做到宠辱不惊，保持自己独有的理智。

坦然地面对所有，享受人生的一切，世事无绝对，得到未必幸福，失去也不一定痛苦。

## 失去可能是一种福音

人生就像一次旅行。在行程中，你会用心去欣赏沿途的风景，同时也会接受各种各样的考验。这个过程中，你会失去许多，但是，你同样也会收获很多，因为，失去所传递出来的并不一定都是灾难，也可能是福音。

有一位住在深山里的农民，经常感到环境艰险，难以生活，于是四处寻找致富的好方法。一天，一位从外地来的商贩给他带来了一样好东西，尽管在阳光下看去那只是一粒粒不起眼的种子。但据商贩讲，这不是一般的种子，而是一种叫作“苹果”的水果种子，只要将其种在土壤里，两年以后，就能长成一棵棵苹果树，结出数不清的果实，运到集市上，可以卖好多钱呢！

欣喜之余，农民急忙将苹果种子小心收好，但脑海里随即涌现出一个问题：既然苹果这么值钱、这么好，会不会被别人偷走呢？于是，他特意选择了一块荒僻的山野来种植这种颇为珍贵的果树。

经过近两年的辛苦耕作，浇水施肥，小小的种子终于长成了一棵棵茁壮的果树，并且结出了累累硕果。

这位农民看在眼里，喜在心中。嗯！因为缺乏种子的缘故，果树的数量还比较少，但结出的果实也肯定可以让自己过上好一点儿的生活。

他特意选了一个好日子，准备在这一天摘下成熟的苹果，挑到集市上卖个好价钱。当这一天到来时，他非常高兴，一大早便上路了。

当他气喘吁吁地爬上山顶时，心里猛然一惊，那一片红灿灿的果实，竟然被山里的飞鸟和野兽们吃了个精光，只剩下满地的果核。

想到这几年的辛苦劳作和热切期望，他不禁伤心欲绝，大哭起来。他的财富梦就这样破灭了。在随后的岁月里，他的生活仍然艰苦，只能苦苦支撑下去，一天一天地熬日子。不知不觉之间，几年的光阴如流水一般逝去。

一天，他偶然来到了这片山野。当他爬上山顶后，突然被眼前的一幕惊呆了，因为在他面前出现了一大片茂盛的苹果林，树上结满了红红的苹果。

这会是谁种的呢？在疑惑不解中，他思索了好一会儿才找到了一个出乎意料的答案。这一大片苹果林都是他自己种的。

几年前，当那些飞鸟和野兽在吃完苹果后，就将果核吐在了旁边。就这样，果核里的种子慢慢发芽生长，终于长成了一片更加茂盛的苹果林。

现在，这位农民再也不用为生活发愁了，这一大片苹果林足以让他过上幸福的生活。从这个故事当中我们可以看出，有时候，失去是另一种获得。花草的种子失去了在泥土中的安逸生活，却获得了在阳光下发芽微笑的机会；小鸟失去了几根美丽的羽毛，经过跌打，却获得了在蓝天下凌空展翅的机会。人生总在失去与获得之间徘徊。没有失去，也就无所谓获得。

生活中，一扇门如果关上了，必定有另一扇门打开。你失去了一种东西，必然会收获另一种东西。关键是，你要有乐观的心态，相信有失必有得。要舍得放弃，正确对待你的失去，因为失去可能是一种生活的福音，它预示着你的另一种获得。

## 有一种放弃是为了更好地得到

生活就是这样，很多时候鱼和熊掌不可兼得。这就要求我们要懂得放弃，因为有“舍”才会有“得”，美国大财团洛克菲勒家族用实际行动给我们诠释了这一智慧。

第二次世界大战的硝烟刚刚散尽时，以美、英、法为首的战胜国首脑们几经磋商，决定在美国纽约成立一个协调处理世界事务的联合国。一切准备就绪后，大家才发现，这个全球至高无上、最权威的世界性组织，竟没有自己的立足之地。

买一块地皮，刚刚成立的联合国机构还身无分文。让世界各国筹资，牌子刚刚挂起，就要向世界各国搞经济摊派，负面影响太大。况且刚刚经历了战争的浩劫，各国政府都财库空虚，许多国家财政赤字居高不下，在寸土寸金的纽约筹资买下一块地皮，并不是一件容易的事情。联合国对此一筹莫展。

听到这一消息后，美国著名的家族财团洛克菲勒家族经商议，果断出资870万美元，在纽约买下一块地皮，将这块地皮无条件地赠与了这个刚刚挂牌的国际性组织——联合国。同时，洛克菲勒家族亦将毗邻的这块地皮全部买下。

对洛克菲勒家族的这一出人意料之举，美国许多大财团都吃惊不已。870万美元，对于战后经济委靡的美国和全世界，都是一笔不小的数目，而洛克菲勒家族却将它拱手赠出，并且什么条件也没有。这条消息传出后，美国许多财团主和地产商都纷纷嘲笑说:“这简直是蠢人之举！”并纷纷断言:“这样经营不要十年，著名的洛克菲勒家族财团，便会沦落为著名的洛克菲勒家族贫民集团！”

但出人意料的是，联合国大楼刚刚建成完工，毗邻地价便立刻飙升起来，相当于捐赠款数十倍、近百倍的巨额财富源源不断地涌进了洛克菲勒家族。这种结局，令那些曾经讥讽和嘲笑过洛克菲勒家族捐赠之举的财团和商人们目瞪口呆。

这是典型的“因舍而得”的例子。如果洛克菲勒家族没有做出“舍”的举动，勇于牺牲和放弃眼前的利益，就不可能有“得”的结果。放弃和得到永远是辩证统一的。然而，现实中许多人却执着于“得”，常常忘记了“舍”。要知道，什么都想得到的人，最终可能会为物所累，导致一无所获。

生活就是如此，如果你不可能什么都得到的时候，那么就应该学会舍弃，生活有时候会迫使你交出权力，不得不放走机会和恩惠。然而我们要知道，舍弃并不意味着失去，因为只有舍弃才会有另一种获得。

## 多求则穷，喜舍致富

人心得不到满足，总想着追求更多更好的东西，只能沉溺于欲望的旋涡。懂得知足，不作非法的多求的人，却能“常念知足，安贫守道，唯慧是业”。

“祸莫大于不知足”，这是《道德经》中的名言。孟子也说：“养心莫善于寡欲。”两者所说的是相同的道理。所谓“布衣桑饭，可乐终身”，高僧弘一法师自身的经历就很好地体现了这一点。“我的棉被面子，还是出家以前所用的；又有一把洋伞，也是1911年买的。这些东西，即使有破烂的地方，请人用针线缝缝，仍旧同新的一样了。简单可尽我形寿，受用着哩！不过，我所穿的小衫裤和罗汉草鞋一类的东西，却须五六年一换，除此以外，一切衣物，大都是在家时候或是初出家时候制的。

“从前常有人送我好的衣服或别的珍贵之物，但我大半都转送别人。因为我知道我的福薄，好的东西是没有胆量受用的。又如吃东西，只生病的时候吃一些好的，除此以外，从不敢随便乱买好的东西吃。”弘一法师有一颗知足的心，他在简单朴素的生活中享受到了快乐，这是心灵的富足。现实生活中有几个人能够做到呢？

穿衣的本质目的是为了保暖，但多少人为了追求表面的虚伪华丽和所谓“名牌”一掷千金，却看不到那些衣不蔽体、瑟瑟发抖的穷人；吃饭的目的是为了填饱肚子，但多少人瞧不上家常的一日三餐，非要山珍海味、满汉全席不可，甚至妄杀其他动物来满足自己的口腹之欲。不知满足的人必将一点点消耗掉之前累积的福报，背负上越来越沉重的人生的债务。

比如一个人因偶然机缘在路上捡到一张百元纸钞，如果他把这当作上天的恩赐，可能会用来做一些善事；但如果他拿到这笔意外之财后希望还能有这样的运气，并开始每天都低着头走路，那么久而久之，他可能会捡到成千颗纽扣、上万根钢针，但却也因此错过了落日的绮丽、幼童的欢颜、大自然中的鸟语花香，以至于把青春都荒废在这段路上了。

“多求的结果是穷，喜舍的结果才是富。”东西多了，心为形役，生活反而没了安定；东西虽少，但自觉知足，就能感受到生命的和谐与喜乐。

## 想抓住的太多，能抓住的太少

俗话说，人心不足蛇吞象。永不满足的欲望一方面是人们不懈追求的原动力，成就了“人往高处走，水往低处流”的箴言；另一方面也诠释了“有了千田想万田，当了皇帝想成仙”的人性弱点。

在生活中，人们总喜欢抓点什么，房子、金钱、名利……抓得世界五彩缤纷，抓得自己精疲力竭。

唐代文学家柳宗元曾写过一篇名为《蝜蝂传》的散文，文中提到了一种善于背负东西的小虫蝜蝂，它行走时遇见东西就拾起来放在自己的背上，高昂着头往前走。它的背发涩，堆放到上面的东西掉不下来。背上的东西越来越多，越来越重，不肯停止的贪婪行为，终于使它累倒在地。

人心常常是不清净的，之所以混乱是因为物欲太盛。人生在世，很难做到一点欲望也没有，但是物欲太强，就容易沦为欲望的奴隶，一生负重前行。每个人都应学会轻载，更应学会知足常乐，因为心灵之舟载不动太多负荷。

从前，一个想发财的人得到了一张藏宝图，上面标明在密林深处有一连串的宝藏。他立即准备好了一切旅行用具，特别是他还找了四五个大袋子用来装宝物。一切就绪后，他进入那片密林。他斩断了挡路的荆棘，蹚过了小溪，冒险冲过了沼泽地，终于找到了第一个宝藏，满屋的金币熠熠夺目。他急忙掏出袋子，把所有的金币装进了口袋。离开这一宝藏时，他看到了门上的一行字："知足常乐，适可而止。"

他笑了笑，心想：有谁会丢下这闪光的金币呢？于是，他没留下一枚金币，扛着大袋子来到了第二个宝藏，出现在眼前的是成堆的金条。他见状，兴奋得不得了，依旧把所有的金条放进了袋子，当他拿起最后一根金条时，上面刻着："放弃了下一个屋子中的宝物，你会得到更宝贵的东西。"

他看了这一行字后，更迫不及待地走进了第三个宝藏，里面有一块磐石般大小的钻石。他发红的眼睛中泛着亮光，贪婪的双手抬起了这块钻石，放入了袋子中。他发现，这块钻石下面有一扇小门，心想，下面一定有更多的东西。于是，他毫不迟疑地打开门，跳了下去，谁知，等着他的不是金银财宝，而是一片流沙。他在流沙中不停地挣扎着，可是他越挣扎陷得越深，最终与金币、金条和钻石一起长埋在流沙下了。

如果这个人能在看了警示后立刻离开，能在跳下去之前多想一想，那么他就会平安地返回，成为一个真正的富翁。物质上永不知足是一种病态，其病因多是权力、地位、金钱之类引发的。这种病态如果发展下去，就是贪得无厌，其结局是自我爆炸、自我毁灭。如星云大师所言，世间一切我们能抓住的只是很少的一部分，又何苦为了抓住更多从而失去更多呢？

所以，生活中的我们应该明白：即使你拥有整个世界，你一天也只能吃三餐。这是人生感悟后的一种清醒，谁真正懂得它的含义，谁就能活得轻松，过得自在，白天知足常乐，夜里睡得安宁，走路感觉踏实，蓦然回首时没有遗憾！

《伊索寓言》中有这样一句话：“有些人因为贪婪，想得到更多的东西，却把现在所拥有的也失掉了。”人赤条条地来到这个世界上，不可能永久地拥有什么。现代西方经济学最有影响力的经济学家凯恩斯曾经说过，从长期来看，我们都属于死亡，人生是这样短暂，即使身在陋巷，我们也应享受每一刻美好的时光。

## 善于取舍的智慧

懂得放弃才有快乐，背着包袱走路总是很辛苦。中国历史上，“魏晋风度”常受到称颂，在人世的生活里，有一分出世的心情，是一种不把心思凝结在一个死结上的心态。

我们在生活中，时刻都在取与舍中选择，我们又总是渴望取，渴望占有，常常忽略了舍，忽略了占有的反面：放弃。懂得了放弃的真意，也就理解了“失之东隅，收之桑榆”的含义。多一点儿中和思想，静观万物，体会与世界一样博大的诗意，就会懂得适时地放弃，这正是我们获得内心平衡和快乐的好方法。

每个人都有自己的发展道路，都要面临无数次的抉择。当机会到来时，只有那些树立远大人生目标的人，才能作出正确的取舍，把握自己的命运。

树立了远大目标，面对人生的重大选择就有了明确的衡量准绳。孟子曰：“舍生取义。”这是他的选择标准，也是他人生的追求目标。唐代诗人李白曾有过“仰天大笑出门去，我辈岂是蓬蒿人”的名句，潇洒之中，透出自己建功立业的豪情壮志。凭借生花妙笔，他很快名扬天下，做了翰林学士。

但是一段时间之后，他发现自己不过是替皇上点缀升平的御用文人。这时的李白就面临一个选择，是继续安享荣华富贵，还是浪迹天涯呢？以自己的追求目标作为衡量标准，李白毅然选择了“安能摧眉折腰事权贵，使我不得开心颜”，弃官而去。一些看似无谓的选择，其实是奠定我们一生重大抉择的基础，古人云：“不积跬步，无以至千里；不积小流，无以成江海。”无论多么远大的理想，多么伟大的事业，都必须从小处做起，从平凡处做起，所以对于看似琐碎的选择，也要慎重对待，考虑选择的结果是否有益于自己树立的远大目标。

很多人觉得学习之余放松一下不会影响什么。确实，劳逸结合对学习来说是十分必要的。但是，学习任务没有完成就去玩游戏，明天要考试今天还去郊游而不复习，这样的选择多了，就会陷入享乐的诱惑中不能自拔，进取心就会逐步丧失。最近新闻经常报道，一些中、小学生痴迷于电子游戏，由旷课发展至逃学，甚至夜不归宿，有的还陷入犯罪的深渊。他们当初面临选择学习还是玩游戏时，也认为自己只是暂时放松一下，但几次之后，便忘记了自己的远大目标，身陷迷途。大学系统教育是我们实现自己人生目标的必要辅助手段，用游戏时间或郊游等休闲时间用在学习上，是为了实现上大学的目标，为此放弃自己的一些爱好是值得的。

## 存心舍弃，会有加倍的获得

英国退役军官迈克莱恩，曾是一名探险队员。1976 年，他随英国探险队成功登上珠穆朗玛峰。而在下山的路上，却遇上了狂风大雪。每行一步都极其艰难，最让他们害怕的是，风雪根本就没有停下的迹象。这时，他们的食品已为数不多，如果停下来扎营休息，他们很可能在没有下山之前，就会被饿死；如果继续前行，大部分路标早已被大雪覆盖，不仅要走许多弯路，而且，每个队员身上所带的增氧设备及行李等物，会压得他们喘不过气来，这样下去就会步履缓慢，他们不饿死，也会因疲劳而倒下。

在整个探险队陷入迷茫的时候，迈克莱恩率先丢弃所有的随身装备，只留下不多的食品，轻装前行。他的这一举动几乎遭到所有队员的反对，他们认为现在离下山最快也要 10 天时间。这就意味着这 10 天里不仅不能扎营休息，还可能因缺氧而使体温下降，导致冻坏身体。那样，他们的生命，将是极其危险的。而对队友的顾忌，迈克莱恩很坚定地告诉他们："我们必须而且只能这样做，这样的恶劣天气半月都有可能不会好转，再拖延下去，路标也会被全部掩埋，丢掉重物，就不允许我们再有任何幻想和杂念，只要我们坚定信心，徒手而行，就可以提高行走速度，也许这样我们还有生的希望！"最终队员们采纳了他的意见，一路上相互鼓励，忍受疲劳和寒冷，不分昼夜前行，结果只用了 8 天时间，就到达了安全地带。而恶劣的天气，正像他所预料的那样，从未好转过。

若干年后，伦敦英国国家军事博物馆的工作人员，找到迈克莱恩，请求他赠送任何一件与英国探险队当年登上珠穆朗玛峰有关的物品，不料收到的却是莱恩因冻坏而被截下的 10 个脚趾和 5 个右手指尖。当年的一次正确的放弃，挽救了所有队员的生命；也是由于这个选择，他们的登山装备无一保存下来，而冻坏的指尖和脚趾，却在医院截掉后，留在了身边。这是博物馆收到的最奇特而又最珍贵的赠品。

因为舍弃了随身携带的物品，所以探险队的身体都受到了被冻坏的威胁。可是与自己的损害相比，别的队员的生命更加重要。所以，在舍弃之后，他们得到了上天的馈赠——宝贵的生命。

生活里，经常会遇到让我们选择的时候。如果我们单单想到获得，而不想舍弃，那么我们可能失去的更多。有时候，我们主动去舍弃，反而会得到更多。

# 与其抱残守缺，不如断然放弃

我们常听到人们如此哀叹：“要是……就好了！”这是一种明显的内疚、悔恨情绪，而我们每个人都会不时地发出这种哀叹。

悔恨不仅是对往事的关注，也是由于过去某件事产生的现时惰性。如果你由于自己过去的某种行为而到现在都无法积极生活，那便成了一种消极的悔恨了。吸取教训是一种健康有益的做法，也是我们每个人不断取得进步与发展的重要方法。悔恨则是一种不健康的心理，它会白白浪费自己目前的精力。实际上，仅靠悔恨是无法解决任何问题的。

爱默生经常以愉快的方式来结束每一天。他告诫人们：“时光一去不返，每天都应尽力做完该做的事。疏忽和荒唐事在所难免，要尽快忘掉它们。明天将是新的一天，应当重新开始，振作精神，不要使过去的错误成为未来的包袱。”

要成为一个快乐的人，重要的一点是学会将过去的错误、罪恶、过失通通忘记，努力向着未来的目标前进。印度圣雄甘地在行驶的火车上，不小心把刚买的新鞋弄掉了一只，周围的人都为他惋惜。不料甘地立即把另一只鞋从窗口扔了出去，让人大吃一惊。甘地解释道：“这一只鞋无论多么昂贵，对我来说也没有用了，如果有谁捡到一双鞋，说不定还能穿呢！”显然，甘地的行为已有了价值判断：与其抱残守缺，不如断然放弃。我们都有过失去某种重要的东西的经历，且大都在心里留下了阴影。究其原因，就是我们并没有调整心态去面对失去，没有从心理上承认失去，总是沉湎于对已经不存在的东西的怀念。事实上，与其为失去的东西懊恼，不如正视现实，换一个角度想问题：也许你失去的，正是他人应该得到的。

卡耐基先生有一次曾造访希西监狱，他对狱中的囚犯看起来竟然很快乐感到惊讶。监狱长罗兹告诉卡耐基：犯人刚入狱时都认命地服刑，尽可能快乐地生活。有一位花匠囚犯在监狱里一边种着蔬菜、花草，还一边轻哼着歌呢！他哼唱的歌词是：事实已经注定，事实已沿着一定的路线前进，

痛苦、悲伤并不能改变既定的情势，

也不能删减其中任何一段情节，

当然，眼泪也无补于事，它无法使你创造奇迹。

那么，让我们停止流无用的眼泪吧！

既然谁也无力使时光倒转，不如抬头往前看。令人后悔的事情，在生活中经常出现。许多事情做了后悔，不做也后悔；许多人遇到了后悔，错过了更后悔；许多话说出来后悔，不说出来也后悔……人生没有回头路，也没有后悔药。过去的已经过去，你再无法重新设计。

一味地后悔，会让你错过未来的美好时光，给未来的生活增添阴影。

只要你心无挂碍，什么都看得开、放得下，何愁没有快乐的春莺在啼鸣，何愁没有快乐的泉溪在歌唱，何愁没有快乐的白云在飘荡，何愁没有快乐的鲜花在绽放！所以，放下就是快乐，不被过去所纠缠，这才是豁达的人生。

## 个人利害不足以评善恶

我们在对任何一个事物做出判断或者得出结论的前提下都应该先抛开个人的喜好，静下心来，心平气和地对事物进行充分的调查、了解和分析，这样才能保证我们所作出的判断或得出的结论是正确的。

正如在善恶的分辨上，不能仅仅站在自己的立场，以一己之私评判哪个是好的，哪个是坏的。以个人利害评善恶就是狭隘的门户之见。

德国诗人歌德曾说："真理就像上帝一样。我们看不见它的本来面目，我们必须通过它的许多表现来猜测到它的存在。"真理往往细弱如丝，混杂在一堆假象里，我们的眼睛、我们的心智甚至我们道德上的缺失都会阻碍我们去敲响真理的门，对不了解的事，对尚未为人所知的领域做出错误的判断。

我们之所以需要事先对事物进行全面而深刻的了解和分析，在很大的程度上是因为很多事情并不是像它看上去那样的。

两个旅行中的天使到一个富有的家庭借宿。这家人对他们并不友好，并且拒绝让他们在舒适的客房里过夜，而是在冰冷的地下室给他们找了一个角落。当他们铺床时，较老的天使发现墙上有一个洞，就顺手把它修补好了。年轻的天使问为什么，老天使答道："有些事并不像它看上去的那样。"第二天晚上，俩人又到了一个非常贫穷的农家借宿。主人夫妇对他们非常热情，把仅有的一点点食物拿出来款待他们，然后又让出自己的床铺给两个天使。第二天一早，两个天使发现农夫和他的妻子在哭泣，他们唯一的生活来源——那头奶牛死了。

年轻的天使非常愤怒，他质问老天使为什么会这样，第一个家庭什么都有，老天使还帮助他们修补墙洞；第二个家庭尽管如此贫穷，却还是热情款待客人，而老天使却没有阻止奶牛的死亡。

"有些事并不像它看上去的那样。"老天使答道，"当我们在地下室过夜时，我从墙洞看到墙里面堆满了古代人藏于此的金块。因为主人被贪欲所迷惑，不愿意分享他的财富，所以我把墙洞填上了；昨天晚上，死亡之神来召唤农夫的妻子，我让奶牛代替了她。所以有些事并不像它看上去的那样。”小天使为什么抱怨呢？因为他是以两家对待他的态度为评判标准的，他断定的善恶恰好与事实相反。

真理并不是那么轻而易举就能被我们掌握的。很多事情就正如上面所讲的故事一样，并不像它看上去的那样。善恶亦是如此，即使在很好地掌握知识的前提下，我们也没有资格来判定善恶，就像我们在看电视、电影时，总要说清谁是好人、谁是坏人，硬要像开辩论会一样弄个正方与反方不可。

人的视野是很局限的，怎么能知晓冥冥之中的天意呢？人都是有缺陷的，善恶的天平掌握在老天手里。

一个年轻人去拜访一位住在大山里的禅师，与他讨论关于美德的问题。

这时候，一个强盗也找到了禅师，他跪在禅师面前说：“禅师，我的罪过太大了，很多年以来我一直寝食难安，难以摆脱心魔的困扰，所以我才来找你，请你为我澄清心灵。”

禅师对他说：“你找我可能找错人了，我的罪孽可能比你的更深重。”

强盗说：“我做过很多坏事。”

禅师说：“我曾经做过的坏事肯定比你做的还要多。”

强盗又说：“我杀过很多人，只要闭上眼睛我就能看见他们的鲜血。”

禅师也说：“我也杀过很多人，我不用闭上眼睛就能看见他们的鲜血。”

强盗说：“我做的一些事简直没有人性。”

禅师回答：“我都不敢去想那些我以前做过的没人性的事。”

强盗听禅师这么说，便用一种鄙夷的眼神看了禅师一眼，说：“既然你是这么一个人，为什么还在这里自称为禅师，你不是在这里骗人吗？”

于是他起身，一脸轻松地下山去了。

年轻人在旁边一直没有说话，等到那个强盗离去以后，他满脸疑惑地向禅师问道：“你为什么要这样说？我了解你是一个品德高尚的人，一生中从未杀过生。你为什么要把自己说成是个十恶不赦的坏人呢？难道你没有从那个强盗的眼中看到他已对你失去信任了吗？”

禅师说道：“他的确已经不信任我了，但是你难道没有从他的眼睛中看到他如释重负的感觉吗？还有什么比让他弃恶从善更好的呢？”

年轻人激动地说：“我终于明白什么叫作美德了！”

美德是一种渡化。它不以自己的得失为基准，而是为他人奉献最多。所以，在评论一个人是否具备美德时，不能以获得了多少来评断，而是要以他舍弃了多少。

# 错过花朵，你将收获雨滴

生活中有一种痛苦叫错过。人生中一些极美、极珍贵的东西，常常与我们失之交臂，这时，我们总会因为错过美好而感到遗憾和痛苦。其实喜欢一样东西不一定非要得到它，俗话说：“得不到的东西永远是最好的。”当你为一份美好而心醉时，远远地欣赏它或许是最明智的选择，错过它或许还会给你带来意想不到的收获。

美国哈佛大学要在中国招一名学生，这名学生的所有费用由美国政府全额提供。初试结束了，有30名学生成为候选人。

考试结束后的第10天，是面试的日子。30名学生及其家长云集锦江饭店等待面试。当主考官劳伦斯·金出现在饭店的大厅时，一下子被大家围了起来，他们用流利的英语向他问候，有的甚至还迫不及待地向他作自我介绍。这时，只有一名学生，由于起身晚了一步，没来得及围上去，等他想接近主考官时，主考官的周围已经是水泄不通了，根本没有插空而入的可能。

于是他错过了接近主考官的大好机会，他觉得自己也许已经错过了机会，于是有些懊丧起来。正在这时，他看见一个异国女人有些落寞地站在大厅一角，目光茫然地望着窗外，他想：身在异国的她是不是遇到了什么麻烦，不知自己能不能帮上忙？于是他走过去，彬彬有礼地和她打招呼，然后向她做了自我介绍，最后他问道：“夫人，您有什么需要我帮助的吗？”接下来两个人聊得非常投机。

后来这名学生被劳伦斯·金选中了，在30名候选人中，他的成绩并不是最好的，而且面试之前他错过了跟主考官套近乎、加深自己在主考官心目中印象的最佳机会，但是他却“无心插柳柳成荫”。原来，那位异国女子正是劳伦斯·金的夫人。

这件事曾经引起很多人的震动：原来错过了美丽，收获的并不一定是遗憾，有时甚至可能是圆满。

许多的心情，可能只有经历过之后才会懂得，如感情，痛过了之后才会懂得如何保护自己，傻过了之后才会懂得适时的坚持与放弃。在得到与失去的过程中，我们慢慢地认识自己，其实生活并不需要这些无谓的执着，没有什么真的不能割舍的，学会放弃，生活会更容易！

因此，在你感觉到人生处于最困顿的时刻，也不要为错过而惋惜。失去的折磨会带给你意想不到的收获。花朵虽美，但毕竟有凋谢的一天，请不要再对花长叹了。因为可能在接下来的时间里，你将收获雨滴的温馨和细雨绵绵的浪漫。

# 不要害怕放弃美好的东西

人生在世，有许多东西是需要不断放弃的。在仕途中，放弃对权力的追逐，随遇而安，得到的是宁静与淡泊；在淘金的过程中，放弃对金钱无止境的掠夺，得到的是安心和快乐；在春风得意、身边美女如云时，放弃对美色的占有，得到的是家庭的温馨和美满。

苦苦地挽留夕阳，是愚人；久久地感伤春光，是蠢人。什么也不放弃的人，往往会失去更珍贵的东西。放弃是一种境界，大弃大得，小弃小得。

"得"与"失"总是形影不离。俗话说："万事有得必有失。"得与失就像小舟的两支桨、马车的两个轮，相辅相成。失去春天的葱绿，却能收获丰硕的金秋；失去阳光的灿烂，却能收获小雨的缠绵……佛家讲："舍得，舍得，有舍才有得。"失去是一种痛苦，但也是一种幸福。

国王有5个女儿，这5位美丽的公主是国王的骄傲。她们那一头乌黑亮丽的长发远近皆知，所以国王送给她们每人10个漂亮的发夹。有一天早上，大公主醒来，一如往常地用发夹整理她的秀发，却发现少了一个发夹，于是她偷偷地到二公主的房里，拿走了一个发夹。

当二公主发现自己少了一个发夹，便到三公主房里拿走一个发夹；三公主发现少了一个发夹，也如法炮制地拿走四公主的一个发夹；四公主只好拿走五公主的发夹。于是，最小的公主的发夹只剩下9个。

隔天，邻国英俊的王子忽然来到皇宫，他对国王说："昨天我养的百灵鸟叼回一个发夹，我想这一定是属于公主们的，而这也真是一种奇妙的缘分，不知道百灵鸟叼回的是哪位公主的发夹？"

公主们听到了这件事，都在心里说："是我掉的，是我掉的。"可是自己头上明明完整地别着十个发夹，所以都懊恼得很，却说不出口。只有小公主走出来说："我掉了一个发夹。"话才说完，一头漂亮的长发因为少了一个发夹，全部披散下来，王子不由得看呆了。

故事的结局，当然是王子与公主从此一起过着幸福快乐的日子。

这个故事告诉我们：如果你不可能什么都得到，那么你应该学会舍弃。生活有时会逼迫你不得不交出权力，不得不放走机遇，甚至不得不抛下爱情。然而，舍弃并不意味着失去，因为只有舍弃才会有另一种获得。

要想采一束清新的山花，就得舍弃城市的舒适；要想做一名登山健儿，就得舍弃娇嫩白净的肤色；要想穿越沙漠，就得舍弃咖啡和可乐；要想获得掌声，就得舍弃眼前的虚荣。梅、菊放弃安逸和舒适，才能得到笑傲霜雪的艳丽；大地舍弃绚丽斑斓的黄昏，才会迎来旭日东升的曙光；春天舍弃芳香四溢的花朵，才能走进硕果累累的金秋；船舶舍弃安全的港湾，才能在深海中收获满船鱼虾。

生命之舟不可超载。人生要学会放弃，并敢于放弃一些东西，因为，生命之舟不可超载。“水往低处流是为了积水成渊，降落是为了新的起飞，所以我喜欢一次次将自己打入谷底。”

下文是北京某饭店老板王欣在一次接受媒体采访时的一段经典语录。他的职业生涯确实也证明了他“放弃”与“再次起飞”的哲学。

“我是1987年从大学毕业的，学的是外贸英语专业。我被分配到一家大型国有企业。那是一份很安逸、令很多人羡慕的工作。可是没多久，我就很苦恼。那是一成不变的日子，这样的日子让我感到很压抑，我不甘心自己的热情被一点点地吞噬。

“苦恼归苦恼，但是真要作出抉择还是要下很大决心的。因为生活在体制中，它会给人一种安全感，虽然这种安全感是要付出代价的。在犹豫不决中过了3年后，我终于下决心离开，因为如果再耗下去，我可能就会失去离开的决心和重新开始的信心。”

这在当时来讲，无疑是疯狂而没有理智的表现。因为王欣的辞职无异于自己将自己打到了最底层：一个没有单位，没有固定工资，没有任何社会保障的境地。

不久，她去了一家在北京的英国公司。上班的第一天，公司负责人将王欣叫到他的办公室，将两盒印有她名字的名片和一张飞机票交给她说：“公司派你去上海开辟市场，你明天就走。”

王欣一下就蒙了，没想到刚上班，就给了她这么一个艰巨的任务，而且公司负责人说：“你什么时候把上海市场打开了，什么时候回来。”这其实是给她下了军令状，她没有退路了。人就是这样，当知道自己没有退路时，反而会激发出连自己都难以想象的能量。在上海的那两年，是很辛苦的两年。

生活中没有绝对的对与错，所谓的对与错很大程度取决于你的价值取向。我们必须在纷繁琐碎中学会搜索与选择，如果我们不喜欢某个选择或结果，就应该立刻摒弃，重新进行新一轮的选择并获得新的结果。

一艘超载的轮船是无法安全到达彼岸的。一个人的时间和精力是有限的，必须懂得放弃，才能得到自己最想要的东西。

其实，人生要有所得必要有所失，只有学会舍弃，才有可能登上人生的高峰。你之所以举步维艰，是因为背负太重；之所以背负太重，是因为你还不会放弃。你放弃了烦恼，便与快乐结缘；你放弃了利益，便步入超然的境地。

# 勇于选择，果断放弃

生活中，左右为难的情形会时常出现：比如面对两份同时具有诱惑力的工作，两个同时具有诱惑力的追求者。为了得到其中“一半”，你必须放弃另外“一半”。若过多地权衡，患得患失，到头来将两手空空，一无所得。我们不必为此感到悲伤，能抓住人生“一半”的美好已经是很不容易的事情。

两个朋友一同去参观动物园。动物园非常大，他们的时间有限，不可能参观到所有动物。他们便约定：不走回头路，每到一处路口，选择其中一个方向前进。

第一个路口出现在眼前时，路标上写着一侧通往狮子园，一侧通往老虎山。他们琢磨了一下，选择了狮子园，因为狮子是“草原之王”。又到一处路口，分别通向熊猫馆和孔雀馆，他们选择了熊猫馆，熊猫是“国宝”……

他们一边走，一边选择。每选择一次，就放弃一次，遗憾一次。因为时间不等人，如不这样做他们遗憾将更多。只有迅速做出选择，才能减少遗憾，得到更多的收获。

面对选择和取舍时，必须要有理性、睿智和远见卓识，不可鼠目寸光，不可急功近利，更不可本末倒置，因小失大。选择不是一锤子的买卖，不能因为一粒芝麻丢了西瓜；不能因为留恋一棵小树而失去整片的森林。

很多时候，我们总是想选择这个的时候，却害怕错过那个，于是拿起来又放下，到最后一刻还在犹豫，这个会有这样的缺点，那个会有那样的不足，所以总迟迟下不了决心，或者选择之后，又来回地更改，在这样患得患失间耽搁了不少时间，浪费了不少精力。世界上没有一个十全十美的东西让你选择，每一样东西都会有它自身的弱点，所以，当你选择之后就大胆地往前走，而不是一步三回头，这在很大程度上影响了前进的进程。

而那些事业有成之士，总会在抉择之后一直走下去。鲁迅在拯救人的灵魂和人的身体之间选择，成为一代文豪；迈克尔·乔丹放弃了棒球运动员的梦想，成为世界篮坛上最耀眼的“飞人”球星；帕瓦罗蒂放弃了教师职业，成为名扬世界的歌坛巨星……

有些选项看似诱人，但如果不适合自己，那就要果断舍弃。做出什么样的选择，要视自身条件和具体情况而定，要有主见，不能人云亦云。

人生的大多数时候，无论我们怎样审慎地选择，终归都不会是尽善尽美，总会留有缺憾，但缺憾本身也是一种美。

社会大舞台上，每个人都是自己生活和生存方式的编导兼演员。只有学会正确地进行选择，果敢地做出舍弃，才能演绎出精彩的人生喜剧。

# 紧紧攥住黑暗的人永远都看不到阳光

很多人都希望自己获得更多，却不愿意将自己已经获得的东西放手。可是生活常常是这样：如果不舍弃黑暗，就看不到阳光；如果不舍弃小的利益，就换不来更大的收入。

1984年以前，青岛电冰箱厂生产的冰箱按产品质量分为一等品、二等品、三等品、等外品四类。原因就是在那个时候中国刚刚改革开放，物品缺乏造成市场非常好，只要产品还能用，就可以堂而皇之地送出厂门，而且绝对有市场，绝对卖得掉。就连等外品都能够销售得出去。实在卖不了的产品，就分配给一些员工自用，或者送货上门半价卖掉。

然而，在1985年4月事情发生了改变。张瑞敏收到一封用户的投诉信，投诉海尔冰箱的质量问题。于是，张瑞敏到工厂仓库里去，把400多台冰箱，全部做了检查之后，发现有76台冰箱不合格。为此，恼火的张瑞敏很快找到检查部，让他们看看这批冰箱怎么处理？他们说既然已经这样，就内部处理算了。因为以前出现这种情况都是这么办的，加之当时大多员工家里边都没有冰箱，即使有一些质量上的问题也不是不能用呀。张瑞敏说，如果这样的话，就是说还允许以后再生产这样的不合格冰箱。就这么办吧，你们检查部门搞一个劣质工作、劣质产品展览会。于是，他们搞了两个大展室，在展室里面摆放了那些劣质零部件和那76台不合格的冰箱，通知全厂职工都来参观。员工们参观完以后，张瑞敏把生产这些冰箱的责任者和中层领导留下，并且问他们，你们看怎么办？结果大多数人的意见还是比较一致，都是说内部处理了。

但是，张瑞敏却坚持说，这些冰箱必须就地销毁。他顺手拿了一把大锤，照着一台冰箱就砸了过去。然后把大锤交给了责任者，转眼之间，把76台冰箱全都砸烂了。

当时，在场的人一个一个的都眼里流泪了。虽然一台冰箱当时才800多元钱，但是，员工每个月的工资才40多块钱，一台冰箱就是他们两年的工资！

通过这件事情以后，员工们树立起了一种观念，谁生产了不合格的产品，谁就是不合格的员工。一旦树立这种观念，员工们的生产责任心迅速增强，在每一个生产环节都不敢马虎，精心操作。"精细化，零缺陷"变成全体员工发自内心的心愿和行动，从而使企业奠定了扎实的质量管理基础。经过4年的艰苦历程，也就是1988年12月，海尔获得了中国电冰箱市场的第一枚国内金牌，把冰箱做到了全国第一。

如果当年海尔人都攥着眼前的利益不放，不肯砸烂那些不合格的冰箱，那么，就不会有海尔集团日后的崛起，更不会有如今的声誉。可见，只有肯舍弃的人，才可能获得更多。那些紧紧攥着手里的东西不放的人，也只能是故步自封，得不到更好的发展。

# 第十一章

# 心量越大，好事越多

## 睿智的心灵在于它的开阔与宽松

每个人都希望自己的生活过得一帆风顺，轻轻松松，简简单单，然而，生活却有重重压力。例如，追求的失落，奋斗的挫折，情感的伤害，等等，都让我们的心灵背上了重重的负荷。面对压力，要想获得平和的心，有一个最重要的方法，那就是注意为自己的心灵留下适当的空白，使自己的内心保持一定的余裕。

事实上，刻意地使心灵空白的确能有效地为人们带来心安的感受。在这个过程中你可以将头脑中忧虑、不安、沉重、憎恶等不良情绪“清空”，取而代之的是愉悦、安定、轻松、满足的心境。成功学大师卡耐基曾在拉赖因号轮船上举办过一场演讲会。他在演讲中说道：“当你感觉到内心有压力和烦恼时，不妨走到船尾去，把烦恼的事一一说出，然后把它们抛掷到汪洋大海中，注视着它直到它消逝不见。”这个建议乍听起来仿佛有一点儿荒诞和幼稚，但是当晚却有一个人跑来对他说：“我按照你的话去做了，结果觉得心中非常舒畅，这实在是件令人吃惊的事呀！”这人还继续说道，“待在船上的这段时间里，我每天在日落的时刻，把一切烦忧抛入大海，直到自己觉得完全没有一丝烦恼为止。同时我将日日注视着这些烦恼消失于时间的大海里！”的确，我们很多时候因为忙碌，因为各种事情的困扰，我们每天从早到晚的工作，没有自己的时间，我们没有给自己的心灵时间，没有给自己心灵对话的时间，或者让自己的心灵完全出于一片空白。静静地去听一首喜欢的音乐，或者大笑或者大哭着看完一场电影，简简单单的去野外欣赏大自然的美景，或者只是安安静静地坐着，什么都不想，都不做，又或者周末去除所有忙碌，自己给自己煮一壶咖啡，惬意地坐在窗前晒着太阳。这样的日子会让自己心情非常的愉悦，我们不必很功利地刻意为了学英语去看外文电影，或者为了学习某些东西去看一些书，只是很简单地，很享受地信手拈来一本自己喜欢的书，很随意地翻看着。

很多时候我们会被各种各样的烦恼所困扰，为自己的前途奔波，为父母的身体担心，为孩子的选择学校而忙碌，为自己日渐发胖的身体而忙着减肥，什么时候我们能够有自己的时间？什么时候能够不被这些很烦琐的事情所左右呢？我们的大多的时间被一个叫作“忙碌”的东西所占用，到头来却发现自己需要的东西一个都没有得到，而实际上生活需要一些宁静，自己的心灵需要定期的清空，需要我们将生活那些烦恼都倒出去，新鲜的，带有活力的内容才可以填充进来，否则，我们的生活将是一团糟，烦躁和抑郁接踵而来。

我们需要这样的安静，可以清空内心的烦恼和忧虑，使我们从压力中解脱出来，当然，仅使心灵空白还是不够的，必须加进一些内容才可，因为人的心灵不能永远呈现空白而毫无内涵，否则，曾经丢弃的消极想法极有可能又会重新蹿入你的思想之中。因此，我们必须在心灵呈现空白的同时，立即注入富含创造性、健康性的想法。这样一来，那些负面的想法就无法再对你造成任何影响。久而久之，那些重新注入脑中的新想法将在你的思想中生长，而且能击退任何负面的想法。那时你的心灵将远离压力的困扰，永葆平和。

## 扩大你的内心格局

几个人在岸边的岩石上垂钓，一旁有几名游客在欣赏海景之余，亦围观他们钓上岸的鱼，口中啧啧称奇。

只见一个钓者竿子一扬，钓上了一条大鱼，约三尺来长。落在岸上后，那条鱼依然腾跳不已。钓者冷静地解下鱼嘴内的钓钩，顺手将鱼丢回海中。

围观的众人响起一阵惊呼，这么大的鱼犹不能令他满意，足见钓者的雄心之大。就在众人屏息以待之际，钓者渔竿又是一扬，这次钓上的是一条两尺长的鱼，钓者仍是不多看一眼，解下鱼钩，便把这条鱼放回海里。

第三次，钓者的渔竿又再扬起，只见钓线末端钩着一条不到一尺长的小鱼。围观众人以为这条鱼也将和前两条大鱼一样，被放回大海，不料钓者将鱼解下后，小心地放进自己的鱼篓中。

游客中有一人百思不解，追问钓者为何舍大鱼而留小鱼。钓者经此一问，回答：“喔，那是因为我家里最大的盘子只不过有一尺长，太大的鱼钓回去，盘子也装不下……”

舍三尺长的大鱼而宁可取不到一尺的小鱼，这是令人难以理解的取舍，而钓者的唯一理由，竟是因为家中的盘子太小，盛不下大鱼！

在我们的生活经历中，其实也存在许多类似的例子。例如，很多时候，我们有一番雄心壮志时，就习惯性地提醒自己："我想得也太天真了吧，我只有一个小锅，煮不了大鱼。"因为自己背景平凡，而不敢去梦想非凡的成就；因为自己学历不足，而不敢立下宏伟的大志；因为自己自卑保守，而不愿打开心门，去接受更好、更新的信息……凡此种种，我们画地为牢、故步自封，既挫伤了自己的积极性，也限制了自己的发展。

那些人生篇章舒展不开，无法获得大成就的人，大多是没有大格局的人。所谓大格局，就是以长远的、发展的、战略的、全局的眼光看待问题，以博大的胸襟对待人和事。对一个人来说，格局有多大，人生就有多大。那些想成大业的人需要高瞻远瞩的视野和不计小嫌的胸怀，需要"活到老、学到老"的人生大格局。古今中外，大凡成就伟业者，他们都是一开始就从大处着眼，一步步构筑他们辉煌的人生大厦的。

如果把人生比作一盘棋，那么人生的结局就由这盘棋的格局所决定。在人与人的对弈中，舍卒保车、舍车保帅、飞象跳马……种种棋路就如人生中的每一次拼搏。相同的将士象，相同的车马炮，却因为下棋者的布局而大不相同，输赢的关键就在于我们能否把握住棋局。要想赢得人生的这盘棋局，就应当站在统筹全局的高度，有先予后取的度量，有运筹帷幄而决胜千里的方略与气势。棋局决定着棋势的走向，我们掌握了大格局，也就掌控了大局势。

通过规划人生的格局，对各种资源进行合理分配，才可能更容易地获得人生的成功，理想和现实才会靠得更近。人生每一阶段的格局，就如人生中的每一个台阶，只有一步一步地认真走好，才能够到达人生之塔的顶端。

所以，扩大自己内心的格局，对于前景，去构思更大、更美的蓝图。我们将会发现，在自己胸中，竟有如此浩瀚无垠的空间，竟可容下宇宙间永恒无尽的智慧。

有什么样的人生格局，就有什么样的人生结局！

## 突破旧的格局，开放你的人生

同样的榕树种子，放在小盆里栽种，最多只能长到半米高；放到大盆子里，就会长到一米多高；而放在大自然中，就可以长到五米以上。明白了这些，我们何不把自己的格局放宽一点儿、拓深一些，这样我们理想的种子就可以长成参天大树！

开放自己的人生，需要我们打破禁锢自己的旧格局，只有这样，我们才可以开创更宏大的发展空间。

创造新格局，需要我们培植以下的几个关键因素：

1. 志当存高远

有一句话这样说："取乎上，得其中；取乎中，得其下。"就是说，假如目标定得很高，取乎上，往往会得其中；而当你把目标定得很一般，很容易完成，取乎中，就只能得其下了。由此，我们不妨把目标定得高一些，因为愿景所产生的力量更容易让人在每天清晨醒来时，不再迷恋自己的床榻，而抱着十足的信心和动力去面对新的挑战。

2. 心态决定命运

心态决定事业的成败，在人生的这盘棋局中，心态会决定你人生棋局状态，所以，好心态才能实现好格局。

3. 人生当进退自如

大丈夫应当能屈能伸。屈于当屈之时，是一种人生的智慧；伸于当伸之时，同样是一种人生的智慧。屈，是隐匿自我，是为了保存力量，是暂时处于人生的低谷；而伸，是发扬自我，是为了光大力量，是为了攀登人生巅峰。只有能屈能伸的人生，才是完满而丰富的人生。

4. 宽容豁达，厚德载物

大肚能容，容天下难容之事；慈颜常笑，笑世间可笑之人。管子云："海不辞水，故能成其土；山不辞土石，故能成其高；明主不厌人，故能成其众。"但凡成功的人，都有一个博大的胸怀。古往今来，许多事实也证明了一个真理：宽容才能成就伟大。

5. 大处着眼，不贪一时之利

金钱财富、功名利禄都是身外之物，生不带来，死不带去。贪得太多，只会失去更多，适可而止，知足才能常乐！

6. 置之死地而后生

置之死地而后生是一种胆略，是一种气势，是一种魄力。破釜沉舟，绝处求生，这样的人生才算极致精彩！

在许多大师所指示的成功法则中，敞开自己的心门，去接受各式各样的信息和评价，是极重要的一环。切莫因自己的浅薄和慵懒，而不接受许多深奥、开阔的智慧，坐井观天绝非一位积极追求卓越人生的人所该抱持的态度和方式。破除旧格局的拘囿，我们才能迎来新格局的异彩纷呈。

人生无格则难成局，无局则难有造化！格局是气度的经纬，视野的引导，仁慈的酵母，得失的座右铭，耐力的通行证。所以，神之异于人乃气度不同，故云：上指天，下指地，天地之间唯我独尊；君之异于庶乃视野不同，故云：日月每从肩上过，江河总在掌中望；仁之异于暴乃所怨不同，故云：对别人仁慈并非对自己残忍，而是给自己成长；得之异于失乃座右铭不同，故云：舍弃就是一种选择；智之异于蠢乃耐力不同，故云：时间对有智慧的人是成就的通行证，但对愚蠢的人是面目可憎的催化剂。每个人都如此，差别只在于采取的对待方式不一样而已！

格局是引领风骚的精髓，是决胜千里的兵略，我们不能哀叹时运不济碌碌虚度此生，何不昂起不屈的头颅，打破旧格局，拼搏一番呢？

## 视野有多大，世界就有多大

“横看成岭侧成峰，远近高低各不同。”换个视角看风景，风景便有不一样的风采；换个角度看人生，人生也会有不同的发现。一个人的世界有多大，取决于他视野的大小，视角越大，获得成功的机会也就越大。也许心的体积很小很小，世界却很大很大；换一个视角，心的格局可以变得和世界一样无限广阔。

1941 年深夜，在美国洛杉矶一间宽敞的摄影棚内，一群人正在忙着拍摄一部电影。“停！”刚开拍几分钟，年轻的导演就大喊起来，一边做动作一边对着摄影师大声说：“我要的是一个大仰角，大仰角，明白吗？”

又是大仰角！这个镜头已经反复拍摄了十几次，演员、录音师……所有的工作人员都已累得筋疲力尽，可是这位年轻的导演总是不满意，一次次地大声喊“停”，一遍遍地向着摄影师大叫“大仰角”！

此时，扛着摄影机趴在地板上的摄影师再也无法忍受这个初出茅庐的小伙子，站起来大声吼道：“我趴得已经够低了，你难道不明白吗？”

周围的工作人员都停下了手中的工作，有些幸灾乐祸地看着他们。年轻的导演镇定地盯着摄影师，一句话也没有说。突然，他转身走到道具旁，捡起一把斧子，向着摄影师快步走了过去。

人们不知道这位年轻的导演会做怎样的蠢事。在周围人的惊呼声中，只见年轻的导演抡起斧子，向着摄影师刚才趴过的木制地板猛烈地砍去，一下、两下、三下……他把地板砸出一个窟窿。

导演让摄影师站到洞中，平静地对他说：“这就是我要的角度。”就这样，摄影师蹲在洞中，压低镜头，拍出了一个前所未有的大仰角，一个从未有人拍出的镜头。

这位年轻的导演名叫奥逊·威尔斯，这部电影是《公民凯恩》。电影因大仰拍、大景深、阴影逆光等摄影创新技术及新颖的叙事方式，被誉为美国有史以来最伟大的电影之一，至今仍是美国电影学院必备的教学影片。拍电影是这样，对待人生更是如此，如果你的视角很低、很小，你怎么能看到艰难后面的希望和快乐呢？人生的格局也许难以改变，但怎么看却由你来决定。“横看成岭侧成峰，远近高低各不同。”换个视角看风景，风景便有不一样的风采；换个视角看人生，人生也会有不同的发现。

改变生命的视角，你就能看见一个不一样的人生，拥有一个不一样的人生。一个人的视角若只局限在眼前，就容易变得短视，就常会为小事纠结。可是一旦放宽视野，惊叹于世界之大，我们就会感觉到，那些曾被你看重的东西，其实只不过是微乎其微的。每个人都是一个广阔的世界，心的格局很宽很大。

开阔视野，重要的是怎么去看待周围的世界和认识你自己，不同的方式、不同的态度会带来不同的结果。生活中烦心的事本来很多，有的越想忘掉越不容易忘掉，那就坦然地接受它就好了，放大视野看烦恼，反而可以变得超脱。也许心的体积很小很小，世界却很大很大；但世界的容积是有限的，心的格局却无限广阔。

## 胸襟的大小可以丈量你的世界

为人处世，首先要有“豁达大度”的胸怀。豁达，即性格开朗；大度，即气量宏大。合起来就是说，我们在处理人际关系时，要气量宽宏，能够容人。

气量和容人，犹如器之容水，器量大则容水多，器量小则容水少，器漏则上注而下逝，无器者则有水而不容。

气量大的人，容人之量、容物之量也大，能和各种不同性格、不同脾气的人都处得来；能兼容并包，听得进批评自己的话；也能忍辱负重，经得起误会和委屈。

古语云：“大度集群朋。”一个人若有宽宏的度量，他的身边就会集结起大群的知心朋友。大度，表现为对人、对友能求同存异，以事业上的志同道合为交友基础；大度，也表现为能听得进各种不同意见，尤其能认真听取相反的意见；大度，还要能容忍朋友的过失，尤其是当朋友对自己犯有过失时，能不计前嫌，一如既往；大度，更应表现为能够虚心接受批评，发现自己的过失便立即改正，和朋友发生矛盾时，能够主动检查自己，而不文过饰非，推诿责任。大度者，能够关心人、帮助人、体贴人，责己严，待人宽。

气量大，还表现为在小事上不较真，不为小事斤斤计较、耿耿于怀。“私怨宜解不宜结”，在处理朋友关系当中，尤其应当如此。“大事清楚，小事糊涂”，不计较小事，这是一种美德。如果朋友之间能够心地坦然，互相信赖，互相谅解，有了意见能及时交换，那么彼此之间即使有些成见也是不难消除的。有些人容易结死疙瘩，就是因为心胸狭窄，气量狭小，爱纠缠小事，时间长了，意见变成见，怨气变成怨恨，感情上就会格格不入，转而反目成仇。在小事上宽大为怀，不会使你蒙受损失，只会使你受人敬佩。西汉时的韩信，在年轻潦倒之时，曾有人逼他从胯下钻过去。后来韩信被刘邦拜为大将，不但没有杀这个人，反而赏之以金，委之以官，使其大受感动，不仅消除了私怨，最后还成了舍命保护韩信的勇士。韩信这种“以德报怨”的方法，比起有些人一感到被欺负就“针锋相对”“以牙还牙”的做法来，实在要高明的多。

宽宏的度量，往往包含在谅解之中。要想见到不顺心的事时不发脾气，就必须养成能够原谅他人的缺点和过失的习惯。待人接物，不能过于苛求，“水至清则无鱼，人至察则无徒”，对别人过于苛求，往往使自己孤立起来。社会是由各式各样的人组成的，有讲道理的，也有不讲道理的，有懂事的，也有不懂事的，有修养深的，也有修养浅的，我们不能要求别人讲话办事都符合自己的标准和要求。真正的豁达大度者，当那些不懂事、度量较小、修养较浅的人做了得罪自己的事情时，能够宽容他们、谅解他们，不和他们一般见识。从这个意义上说，那些豁达、宽容的人，乃是善于谅解人、通达世事人情的人。

豁达的度量，从根本上说是来自一个人宽广的胸怀。一个人倘若没有远大的生活理想和目标，其心胸必然狭窄，就像马克思所形容的那样：愚蠢庸俗、斤斤计较、贪图私利的人，总是看到自以为吃亏的事情。

眼睛只盯着自己的私利，根本不可能有豁达和宽容的胸怀和度量。“心底无私天地宽”，只有从个人私利的小圈子中解放出来，心里经常装着更远、更大目标的人，才能具备宽广的胸怀，领略到海阔天空的精神境界。

## 宽容差异，让他三尺又何妨

世上没有两片完全相同的树叶，也同样没有两副完全相同的面孔。每一个人都有每一个人自己的特点，每一个人都有每一个人的脾性……倘若人没有了差异，那就成了机器人。在很多时候，一些人也许会以为别人的所作所为会跟他相差无几，一旦发现事实并非如此时，他就会生气、不快或者恐惧。若他是某一领域的主管者，他就会在有意无意间要求别人都能跟他一样，以使他所主管的领域成为一个没有差别的整体。事实上，这根本做不到。因为他只相信自己的亲身感觉与经验，无法去接受或相信别人的感觉与观点，殊不知，当他把大家的想法综合在一起时，就形成了一个优秀的团队。由此可见，他所缺少的并不只是团队精神，还有对这个大千世界差异性存在的不承认，或者说是对别人观点和感觉的一种宽容心态。

人生在世，谁都会碰到这样或那样的使人不快的小摩擦、小冲突。别人一触犯了自己就动怒，或者记下一笔等着“秋后算账”，这样只会破坏你与他人之间的关系。其实，每个人都有自己的小算盘，如果大家都能求同存异，那么天下就会少很多纷争。所以，在与人相处的过程中，为了减少矛盾和摩擦，就要设身处地地为别人着想，以达成共识。为别人着想，就会产生同化，彼此间的关系就会更加融洽。如果把注意力放在别人和自己的共同点上，与人相处就会容易一些。

清朝乾隆年间，张英在外地做官。家人在翻修老屋时与邻居发生争执，彼此为三尺宅基地互不相让，官司打到县衙里。张家总管连忙送信给张英，盼望他给县令写信通融。

张英见家书后，复诗一首寄回：

千里求书为道墙，

让他三尺又何妨。

长城万里今犹在，

谁见当年秦始皇？

总管接信后，深深领会张英和睦礼让、豁达明理的胸襟，立即让出三尺地。邻居看见张家退让三尺，也随即后退三尺，两家不仅化解了诉讼，还为过往行人留下了一条六尺宽的通行巷道，大大地方便了邻里乡亲。张英以豁达的心胸让家人“退让三尺”，而邻居也认识到了自己的错误，跟着“后退三尺”。双方均以宽容之心化解先前的冲突。

宽容差异，让差异成为思想的活水。

“差异”不仅体现在人与人之间，即使是物与物、观念与观念、文化与文化、社会与社会之间也同样存在。例如随着社会的不断发展，男女之间的性别差异越来越被社会所宽容。

以前人们普遍认为：男主外，女主内。男人是天，是家里的顶梁柱；女人是男人的贤内助，是男人事业上的帮手，要像男人的一只胳膊一样。一个好老婆，要会料理家务，善于做美味饭菜；一个男人要全力去开创自己的事业，不管家里的琐碎之事。现在大家的观念开始转变：男女平等，女人也能作出一番事业，也会成为家里的顶梁柱，甚至有些地方出现了女总理、女市长、女老板、女总裁，男人料理家务也不再是新闻。

除了男女观念有所转变外，人们的审美观念也不再单一，逐渐出现服装的中性风、发型的中性化……对于创业者来说，既没有退休这个概念，也没有必须离开学校才可以创业的规矩。

“差异”最大的特点就是无法消除、永远存在，与其努力强调它，使人与人之间的距离越来越远，甚至最终走向冲突，倒不如以宽容之心去接纳它。

每个生命都在以不同的方式表达着自己。存在的独特性、多样性便构成了大千世界，万般人生。生命相关相连，维系你我他和万物的，便是人类离不开的，适用今天也适用未来的——宽容精神。

## 心存雅量，人生才会活出大境界

一群好朋友，原本欢欢喜喜地去饮酒，酒下了肚没有多久，大伙儿你一句、我一句地开玩笑，突然盘飞菜溅，大伙儿打成了一团。探讨原因，也不过是某甲说了某乙性无能，某乙认为伤了男性的自尊，一定要讨回面子而已。小小的一个玩笑演变成你死我伤的局面，怎不令人唏嘘？

世上有许多类似的情节，皆因一句话、一个小举动弄得反目成仇，想想有此必要发大脾气吗？人生在世不过短短数十载，许多事就如同过眼云烟一样，根本不值得挂念，何况许多都是微不足道的小事，我们为何还要如此顽固，经常为一点儿小事就和别人争执呢？

有位修行很深的禅师叫白隐，无论别人怎样评价他，他都会淡淡地说：“就是这样的吗？”一天，寺庙旁一户人家的未婚女儿怀孕了，在父母的一再逼问下，女孩吞吞吐吐地说出“白隐”二字。

她的父母怒不可遏地去找白隐理论，但白隐不置可否，只若无其事地答道：“就是这样的吗？”孩子生下来后，就被送给白隐。白隐每天非常细心地照顾孩子——他向邻居乞求婴儿所需的奶水和其他用品，虽不免横遭白眼，或是冷嘲热讽，但他总是处之泰然，仿佛他是受托抚养别人的孩子一样。

事隔一年后，这位未婚妈妈终于不忍心再欺瞒下去，老老实实地向父母吐露真情：“孩子的生父是住在同一条街的一位青年。”

她的父母立即将她带到白隐那里，向他道歉，请他原谅，并将孩子带回。白隐仍然是淡然以对，他只是在交回孩子的时候，轻声说道：“就是这样的吗？”仿佛不曾发生过什么事，即使有，也只像微风吹过耳畔，霎时即逝！

白隐为了给邻居的女儿以生存的机会和空间，代人受过，牺牲了为自己洗刷清白的机会，受到人们的冷嘲热讽。但是他始终处之泰然，“就是这样的吗”，这平平淡淡的一句话，就是对“雅量”最好的解释。

人生中，雅量意味着胸怀、风度和气质，它是斤斤计较、心胸狭窄的天敌，它对有意或是无意间的伤害是宽厚，对敌意的攻击是忍让。有雅量的人对人对事看得开、想得开，不会计较生活中的得失。朱德同志有诗：“腹中天地阔，常有渡人船。”法国作家雨果说：“世界上最宽阔的东西是海洋，比海洋更宽阔的是天空，比天空更宽阔的是人的胸怀。”一个人胸怀宽广，就会站得高、看得远，就会宽待他人、善待他人。有了这样的雅量，对于别人对自己的误解、偏见，乃至讽刺、挖苦、谩骂就会统统不放在心里，更不会为此愁肠百结、郁愤难平、伺机报复，这样的人就会使人感到可亲、可敬和可佩。

一个人的气量是大是小，心平气和时较难鉴别，而当他与人发生矛盾和争执时，就容易看清楚了。气量大的人，不会把小矛盾放在心上，不会计较别人的态度，待人随和。而气量狭小的人，则往往偏要占个上风，讨点儿便宜。还有的人在和别人争论时，当自己是正确的，成为胜利者的时候，就心情舒坦，较为愿意谅解对方；但当自己是错误的，成为失败者的时候，往往容易恼羞成怒，对对方耿耿于怀，这也是气量小的一种表现。人与人之间的争论是常有的，一个真正有雅量的人，不应该因为别人和自己争论问题而对对方耿耿于怀，更不应该因为别人驳倒了自己的意见而恼羞成怒。

佛经云：“心包虚，量周沙界。”你能把虚空宇宙都包容在心中时，你的心量自然就能如同天空一样广大。无论荣辱悲喜、成败冷暖，只要心量放大，自然能做到风雨不惊。

雅量，不是看破红尘、心灰意冷，也不是与世无争、随波逐流，而是一种修养、一种境界。只有拥有雅量的人才真正懂得善待自己、善待别人，人生才会活出大境界。

## 心胸开阔，要有不嫉妒别人的雅量

芸芸众生中，总有那么一些人技不如人，却对别人的成绩嗤之以鼻，“妒人之能，幸人之失”，从而上演了一场场丑陋的嫉妒闹剧。在现实生活中，因为别人评上了比自己高的职称而指桑骂槐、因为某人得到领导的厚爱而愤愤不平、因为别人的生活条件比自己好而郁郁寡欢的大有人在，给本已不太平静的生活平添了几多烦恼和些许纷扰。

那么产生嫉妒的原因是什么？产生嫉妒的原因是个人的自我软弱。当人的自我价值得到确立，在主观上就会产生一种自信、自尊和自我稳定的感受。人活得有价值，生活就充满诗意，就充满了情趣与热情。相反，一个人如果自我价值得不到确立，他就不会有自信、自尊和自我稳定感，自卑、自贬、自我厌恶就会紧紧缠绕着他，他的生活必定是一团糟，嫉妒便应运而生。就嫉妒而言，无论是被嫉妒还是嫉妒别人，都不是一件轻松的事。

嫉妒是来自地狱的一块嘶嘶作响的灼煤，它像一条蛆虫，蛀蚀和毁害着他人和自己。任何时候都不要嫉妒对手，一旦你心生嫉妒，你的心理就会失衡，你的人生之路就会越走越狭窄。在小说《三国演义》中，有位英才盖世、文武双全的大英雄叫周瑜。这位当时很了不起的风度翩翩的美男子，年纪轻轻就执掌江东（吴国）的统兵大都督要职。尤其在赤壁大战中，他更是显出谋略高人一筹、指挥得当的政治军事奇才。他居然以少量东吴和刘备之师，取得大破曹操八十三万大军的辉煌胜利，在历史上留下赫赫声名。据说，周瑜不仅能征善战，文韬武略也堪称上乘，是位难得的英俊奇才。而且，周瑜还熟谙音律。有传闻说他听音乐演奏时，若谁奏错一个音符，他便即刻能耳辨明详。为此，有"曲有误，周郎顾"之说。后人在对周瑜其人褒奖盛赞之际，也同时看到了这位英年早逝者的两大致命弱点，那就是他的气量狭小和嫉贤妒能。

周瑜一生度量太小，人人皆知。比如，在取得火烧赤壁大战成功后，他竟容不下与其共同抗曹的诸葛亮的存在，并密令部将暗杀诸葛亮。不料诸葛亮早有准备，密杀不成。为此，周瑜万分气愤。如此不能容人的周瑜，密除同盟，过河拆桥，实在让人心寒并叹其可悲。

周瑜为什么容不下诸葛亮？原来，足智多谋的诸葛亮处处高周瑜一筹，尤其在关键时刻，事事想在周瑜之前，且能将周瑜的内心活动看得一清二楚。正因如此，才使得气量狭小、嫉贤妒能的周瑜妒忌得寝食难安，并随时想除掉才智高于自己的诸葛亮。而诸葛亮总是在周瑜欲谋害前就有了防备，这更使周瑜一次次气懑于心。结果，周瑜反把自己给活活"气死"。有道是："人之将死，其言也善。"可周瑜在临死之前，非但未能悔悟自己的致命弱点，反而含恨仰天长叹，曰："既生瑜，何生亮？"连叫数声而亡。一代英雄就这样自掘坟墓，害人而最终害己。每个人都难免会有嫉妒之心，但是有雅量的人往往能用理性去抑制嫉妒之心，在难免产生嫉妒的地方，用它去刺激自己努力而不是阻挠对方。而那些被嫉妒之火燃烧得心智迷乱的人，往往会被内心这种疯狂的激情所消耗掉，使他人和自己两败俱伤。

嫉妒他人是件很痛苦的事。因为嫉妒他人的人总是为了改变事实而做出自己能力之外的事情，甚至做出不道德的行为，使自己的心灵得不到平衡，总是浸泡在一种莫名其妙的苦水之中。这是一种自私、一种短视、一种障碍，到头来只会给自己带来身与心的伤害，倒是不如将此看得淡一些，跨出海阔天空的一步，放弃这种自私，放弃这种短视，放弃这种障碍，跳出这莫名其妙的苦水，让微风吹拂自己的身心，使自己的身与心处在一种放松的状态。以宽广的胸怀去接纳、祝福自己的对手，你也会获得对手的尊重，同时你也能从对手那里学到经验，从而提高自己，何乐而不为？

## 比天空更宽阔的是人的胸怀

一个宽容的人保持着一种恬淡、安静的心态，做着自己应该做的事情。一个善意的微笑，一句幽默的话语，也许就能化解人与人之间的怨恨和矛盾，填平感情的沟壑。

真正的宽容接纳正如《宽容之心》中写道的："一只脚踩扁了紫罗兰，它却把香味留在那脚跟上，这就是宽恕。"宽容赋予女人美丽的内心，宽容让女人心平气和、纯净安宁。

的确，能容纳别人的人是可敬的，生命的意义在于彼此接纳的和谐之中，饶恕是一种极高的美德，一个饶恕别人的人自己的内心也会得到释放，因为自己的生活不是充满了仇恨而是充满了爱。

大海因为能够容纳百川，所以成为浩瀚的海洋。莎士比亚忠告人们说："不要因为你的敌人而燃起一把怒火，灼热得烧伤你自己。"假如别人伤害了自己，千万不要只会怨恨，关键是要学会宽容，并避免被别人再次伤害。

一个懂得宽容的人对别人不苛求，"能容人且容人"。每个人都有自己的思维、工作、学习和生活习惯，既有其长处，也有其短处。在社会生活中，人们总要同各种各样的人打交道。换个角度，多注意别人的好处，用理解、同情和爱心去影响别人，使他既能认识自己的缺点，又能心悦诚服地改正，你的人际关系也会因此得到很好的发展。

处处宽容别人，绝不是代表软弱，绝不是面对现实的无可奈何。在短暂的生命里程中，学会宽容，你的心情因此更加快乐。

## 伸开手得到的是整个世界

法国作家雨果有这样一句名言："世界上最广阔的是海洋，比海洋更广阔的是天空，比天空更广阔的是人的胸怀。"

一位画家在集市上卖画，不远处，前呼后拥地走来一位大臣的孩子，这位大臣在年轻时曾经把画家的父亲欺诈得心碎而死去。这孩子在画家的作品前流连忘返，并且选中了一幅，画家却匆匆地用一块布把它遮盖住，并声称这幅画不卖。

从此以后，这孩子因为心病而变得憔悴，最后，他父亲出面了，表示愿意付出一笔高价。可是，画家宁愿把这幅画挂在自己画室的墙上，也不愿意出售。他阴沉着脸坐在画前，自言自语地说："这就是我的报复。"

每天早晨，画家都要画一幅他信奉的神像，这是他表示信仰的唯一方式。

可是现在，他觉得这些神像与他以前画的神像日渐相异。

这使他苦恼不已，他不停地找原因。然而有一天，他惊恐地丢下手中的画，跳了起来：他刚画好的神像的眼睛，竟然是那大臣的眼睛，而嘴唇也是那么的酷似。

他把画撕碎，并且高喊："我的报复已经回报到我的头上来了！"

世界上最宽广的是胸怀，可以无所不容；在世界上最狭隘的也是胸怀，可以斤斤计较。有幸和胸怀宽广的人在一起生活或共事，是一生的快乐；不幸与心胸狭窄的人在一起生活或共事，是不尽的烦恼。

胸怀宽广的人，乐观、向上，视野广、理解人；心胸狭窄的人，悲观、偏激、自负、自私、鼠目寸光、猜疑心重。决定因素是一个人的抱负、知识和修养。以天下为己任的人，绝不会为了区区小事斤斤计较；知识渊博的人，绝不会因为一时的困难和挫折而一蹶不振；有良好修养的人，绝不会稍不如意就怒发冲冠。

1917 年 1 月 4 日，一辆四轮马车驶进北京大学的校门，徐徐穿过校园内的马路。这时，早有两排工友恭恭敬敬地站在两侧，向蔡元培，这位刚刚被任命为北大校长的传奇人物鞠躬致敬。

新校长缓缓地走下马车，摘下他的礼帽，向这些杂工们鞠躬回礼。在场的许多人都惊呆了：这在北大是前所未有的事情，北大是一所等级森严的官办大学，校长是内阁大臣的待遇，从来就不把工友放在眼里。今天的新校长怎么了？像蔡元培这样地位崇高的人向身份卑微的工友行礼，在当时的北大乃至中国都是罕见的现象。

兼容并包是一种博大的胸怀，尊重杂工也是一种伟大的胸怀。

来过北京的人都知道，挤公交车是一件很痛苦的事情，尤其是遇到上下班的高峰期，车上人很多，很是拥挤。这个时候，很多人的心情都很烦躁，所以一些小的事情也很容易产生争吵。

在生活中，每天都有琐碎的事情发生。如果对待每一件事情，我们都那么在意，那么很可能我们的生活就被这些小事情给拖垮了。适当的放开胸怀，给自己一片天空，不要以为整个大地都是你的，而你的目光也只看着那一块属于自己的土地。把目光放远，或者学会释怀，学会淡化，这样你就会少了很多压力。身边的每一件事情都是你幸福的源泉，只要你敞开心扉，随手抓住的都会是快乐。

# 心宽一寸，福多十年

俗话说："老筋太短，寿命难长！"《黄帝内经·灵枢·经脉》中曾说："骨为干，脉为营，筋为刚，肉为墙，皮肤坚而毛发长。"在中医理论中，十二经筋纵横交错，结聚散络，广泛分布于四肢、头面、躯干等全身各个部分，支撑人体的坐立行走，使人体成为一个有机整体。如果长时间不运动，就会造成筋缩的状况，导致各种症状，最主要的有腰背痛、腿痛及麻痹、长短脚的感觉，严重者行走困难。要想远离这些病痛，人们平时的生活中就要注意拉筋，正如人们常说的"筋长一寸，寿延十年"。

当筋缩导致了人体种种病痛的滋生，就需要拉筋，让人们身体更健康，让生命得以延长。健康与经筋的长度有关，和拉筋一样，幸福与心灵的宽度有关。心宽一寸，福多十年。将你的心灵空间不断放大延伸，就能容下更多的幸福之泉。正如佛家所说："大肚能容，容天下难容之事；开口常笑，笑天下可笑之人。"无论欢笑苦痛，让你的心都一一容纳，将其转化为人生中前进的动力，变换为生命中难能可贵的记忆。

有一只青蛙生活在井里，这里有充足的水源。它对自己的生活很满意，每天都在欢快地歌唱。

有一天，一只鸟儿飞到这里，便停下来在井边歇歇脚。青蛙主动打招呼说："喂，你好，你从哪里来啊？"

鸟儿回答说："我从很远很远的地方来，而且还要到很远很远的地方去，所以感觉很劳累。"

青蛙很吃惊地问："天空不就那么大点儿吗？你怎么说很遥远呢？"

鸟儿说："你一生都在井里，看到的只是井口大的一片天空，怎么能够知道外面的世界呢！"

青蛙听完这番话后，惊讶地看着鸟儿，一脸茫然和失落的样子。

许多人都读过井底之蛙的故事，或许都曾嘲笑过这只青蛙的肤浅，可是在生活中，许多时候我们自己做了井底之蛙却不自知。如果我们的心灵只是井口般大小，禁锢其中的我们只能做一只井底之蛙，相较别人的逍遥快活，我们或者是一脸茫然，继续不自知地愚蠢生活，或者是一边艳羡别人的幸福，一边哀号自己的苦痛。

# 包容他人是我们的灵命

有很多人，遇到挫折后，不是去寻求合适的方法克服困难，而是把一切原因都归结到别人的身上，喜欢迁怒于别人。挫折心理都是由刺激即挫折源引起的。自然逆境引起的挫折没有人为性，而社会逆境和个体自身因素引起的挫折都具有人为性的特点，这样就必然涉及挫折后如何对待他人的问题。

社会逆境引起的挫折，挫折源都是人为的。对于有意为自己设置障碍的人，受挫折者该如何对待呢？是耿耿于怀，视为永远的敌人，还是宽容大度，化干戈为玉帛呢？应该是后者。因为包容他人是我们的灵命，迁怒于别人只能给自己的人际交往带来障碍，对排除困难没有好处。因此，受到挫折者也应该善待别人。

包容看起来是一件很矛盾的事，但如果不包容而去伤害，只能导致冤冤相报的恶性循环。包容不是对原则问题的一种让步，而是对他人的一些非原则性缺点和过失的一种宽容和谅解。同时，不包容往往会最直接地影响人的健康，那些不肯包容别人的人会因此失眠、肠胃不适，甚至还会引起高血压。然而，一旦包容别人之后，他们就会获得一次心理上的升华——一个可以称为再生的心理净化过程。当然，受到伤害的人必须有时间处理自己的愤怒，认清楚自己对整个事件所负的责任，以及拒绝包容后会带来的后果，这样包容的功效才能得到淋漓尽致的发挥。

包容是一种必不可少的品质，一种正确的自我意识的体现。一个人只有正确地认识了自己，才会有包容的胸怀。

包容是极高思想境界的升华，是一个人品质的体现，是一种崇高的境界。表面上看，它只是一种放弃报复的决定，这种观点似乎很消极，但真正的包容却是一种需要巨大精神力量支持的积极行为。我国有一位著名心理学家曾经说过："人类心理的适应，最主要的就是人际关系的适应，人类心理的病态，也主要由人际关系的失调而得来。"而人际关系的失调严重伤害人的身体健康，所以必须学会包容。包容得到的收益是人际关系的协调和适应。

美国第三任总统杰斐逊与第二任总统亚当斯从交恶到包容，就是一个生动的例子。

杰斐逊在就任前夕到白宫去，想告诉亚当斯，他希望针锋相对的竞选活动并没有破坏他们之间的友情，在杰斐逊未来得及开口时，亚当斯便咆哮起来："是你把我赶走的！"俩人的友情自此破裂，中止交往达11年之久。直到后来杰斐逊的几个邻居探访亚当斯时，这个坚强的老人仍在诉说那件难堪的往事，但接着脱口而说出："我一向喜欢杰斐逊，现在仍然喜欢他。"邻居把这话传给了杰斐逊。杰斐逊也不计前嫌，他主动请了一位彼此皆熟的朋友传话，让亚当斯也知道了他的心里话。后来亚当斯回了一封信给他，俩人从此开始了书信往来。

包容是为那些曾经侵犯我们的人着想而做出的，它使我们从中看到了非常强大的力量，可以帮助我们恢复友谊、爱情和事业，它的最高境界是心灵的净化和升华。

一个人的品德往往是体现在能否包容他人这一点上。这就决定了他在别人心目中的位置，而人们在选择自己所追随的目标时，也往往是以包容为标准的。也就是说，包容的人能以德服人。

人生在世，难免会经历一些风风雨雨，怎样活得痛快，活得潇洒，也是我们面临的一个问题。其实，只要你豁达些、宽容些，你的窘境很快就会得以摆脱。

## 不要迁怒有缺点的同伴

一日之始就要对自己说：我将遇见好管闲事的人、忘恩负义的人、傲慢的人、欺诈的人、嫉妒的人和孤僻的人。他们染有这些品性是因为他们不知道什么是善，什么是恶。可是如果我们能够分清楚什么是善、什么是恶，就应该对那些无知的人表现出宽容和谅解。因为不管他们是什么人，都是我的同伴，即使眼前还没有合作的机会，但是不知道哪一天，我们终究会相遇。

小提琴演奏家艾德蒙先生曾经历了这样一件事。有一天，当他走进家门的时候，突然听到楼上卧室里传来了小提琴的声音。

“有小偷！”艾德蒙先生马上反应过来，急忙冲上楼。果然，一个大约13岁的陌生少年正在那里摆弄小提琴。他头发蓬乱，脸庞瘦削，不合身的外套里面好像塞了某些东西。他被艾德蒙先生抓了个正着。

那少年见了艾德蒙先生，眼里充满了惶恐、胆怯和绝望，那是一种非常熟悉的眼神，刹那间，艾德蒙先生想起了往事……愤怒的表情顿时被微笑所代替，他问道：“你是丹尼斯先生的外甥琼吗？我是他的管家。前两天，丹尼斯先生说你要来，没想到来得这么快！”

那个少年先是一愣，但很快就回应说：“我舅舅出门了吗？我想先出去转转，待会儿再回来。”艾德蒙先生点点头，然后问那位正准备将小提琴放下的少年：“你也喜欢拉小提琴吗？”“是的，但拉得不好。”少年回答。

“那为什么不拿着琴去练习一下？我想丹尼斯先生一定很高兴听到你的琴声。”他语气平缓地说。少年疑惑地望了他一眼，还是拿起了小提琴。

临出客厅时，少年突然看见墙上挂着一张艾德蒙先生在歌德大剧院演出的巨幅彩照，身体猛然抖了一下，然后头也不回地跑远了。

艾德蒙先生确信那位少年已经明白是怎么回事，因为没有哪一位主人会用管家的照片来装饰客厅。

那天黄昏，回到家的艾德蒙太太察觉到异常，忍不住问道："亲爱的，你心爱的小提琴坏了吗？"

"哦，没有，我把它送人了。"艾德蒙先生缓缓地说道。

"送人？怎么可能！你把它当成了你生命中不可缺少的一部分。"艾德蒙太太有些不相信。

"亲爱的，你说的没错。但如果它能够拯救一个迷途的灵魂，我情愿这样做。"见妻子并不明白他说的话，他就将经过告诉了她，然后问道："你觉得这么做有什么不对吗？""你是对的，希望你的行为真的能对这个孩子有所帮助。"妻子说。

三年后，在一次音乐大赛中，艾德蒙先生应邀担任决赛评委。最后，一位叫里奇的小提琴选手凭借雄厚的实力夺得了第一名。颁奖大会结束后，里奇拿着一只小提琴匣子跑到艾德蒙先生的面前，脸色绯红地问："艾德蒙先生，您还认识我吗？"艾德蒙先生摇摇头。"您曾经送过我一把小提琴，我珍藏着，一直到了今天！"里奇热泪盈眶地说，"那时候，几乎每一个人都把我当成垃圾，我也以为自己彻底完了，但是您让我在贫穷和苦难中重新拾起了自尊，心中再次燃起了改变逆境的熊熊烈火！今天，我可以无愧地将这把小提琴还给您了……"

里奇含泪打开琴匣，艾德蒙先生一眼瞥见自己那把心爱的小提琴正静静地躺在里面。他走上前紧紧地搂住了里奇，三年前的那一幕顿时重现在艾德蒙先生的眼前，原来他就是"丹尼斯先生的外甥琼"！艾德蒙先生眼睛湿润了，少年没有让他失望。

因为宽容，艾德蒙先生成就了一个音乐奇才。可是，生活中，人们却很少有人能够谅解自己的朋友，他们会嫉妒，会斤斤计较，会猜忌，所以不管是怎样的人在他们的身边，他们都会觉得很痛苦。抛开挑剔与苛责的想法吧，对别人宽容一些，你就能放下心中的包袱，感受到与人和平相处的快乐。

## 博大的心量可以稀释一切痛苦烦忧

从前有座山，山里有座庙，庙里有个年轻的小和尚，他过得很不快乐，整天为了一些鸡毛蒜皮的小事唉声叹气。后来，他对师傅说："师傅啊！我总是烦恼，爱生气，请您开示开示我吧！”

老和尚说：“你先去集市买一袋盐。”

小和尚买回来后，老和尚吩咐道：“你抓一把盐放入一杯水中，待盐溶化后，喝上一口。”小和尚喝完后，老和尚问：“味道如何？”

小和尚皱着眉头答道：“又咸又苦。”

然后，老和尚又带着小和尚来到湖边，吩咐道：“你把剩下的盐撒进湖里，再尝尝湖水。”弟子撒完盐，弯腰捧起湖水尝了尝，老和尚问道：“什么味道？”

“纯净甜美。”小和尚答道。

“尝到咸味了吗？”老和尚又问。

“没有。”小和尚答道。

老和尚点了点头，微笑着对小和尚说道：“生命中的痛苦就像盐的咸味，我们所能感受和体验的程度，取决于我们将它放在多大的容器里。”小和尚若有所悟。

老和尚所说的容器，其实就是我们的心量，它的“容量”决定了痛苦的浓淡，心量越大烦恼越轻，心量越小烦恼越重。心量小的人，容不得，忍不得，受不得，装不下大格局。有成就的人，往往也是心量宽广的人，看那些“心包太虚，量周沙界”的古圣大德，都为人类留下了丰富而宝贵的物质财富和精神财富。

其实，我们每个人一生中总会遇到许多盐粒似的痛苦，它们在苍白的心境下泛着清冷的白光，如果你的容器有限，就和不快乐的小和尚一样，只能尝到又咸又苦的盐水。

一个人的心量有多大，他的成就就有多大，不为一己之利去争、去斗、去夺，扫除报复之心和嫉妒之念，则心胸广阔天地宽。当你能把虚空宇宙都包容在心中时，你的心量自然就能如同天空一样广大。无论荣辱悲喜、成败冷暖，只要心量放大，自然能做到风雨不惊。

寒山曾问拾得：“世间有人谤我、欺我、辱我、笑我、轻我、贱我、骗我，如何处之？”拾得答道：“只要忍他、让他、避他、由他、耐他、敬他、不理他，再过几年，你且看他。”如果说生命中的痛苦是无法自控的，那么我们唯有拓宽自己的心量，才能获得人生的愉悦。通过内心的调整去适应、去承受必须经历的苦难，从苦涩中体味心量是否足够宽广，从忍耐中感悟暗夜中的成长。

心量是一个可开合的容器，当我们只顾自己的私欲，它就会愈缩愈小；当我们能站在别人的立场上考虑，它又会渐渐舒展开来。若事事斤斤计较，便把自心局限在一个很小的框框里。这种处世心态，既轻薄了自身的能力，又轻薄了自己的品格。

心量是大还是小，在于自己愿不愿意敞开。一念之差，心的格局便不一样，它可以大如宇宙，也可以小如微尘。我们的心，要和海一样，任何大江小溪都要容纳；要和云一样，任何天涯海角都愿遨游；要和山一样，任何飞禽走兽，都不排拒；要和土地一样，任何脚印车轨，都能承担。这样，我们才不会因一些小事而心绪不宁、烦躁苦闷！

把心打开吧，用更宽阔的心量来经营未来，你将拥有一个别样的人生！

## 用宽容感化别人的无礼

由于你坚持你自己，忽略了别人的态度，就会有人出来干预你，甚至会对你横眉冷对，要对你横加阻挠。因此，我们必须懂得怎样判断一张无礼的面孔。在大街上，在朋友的客厅里，我们都可能遭遇到别人的白眼。如果这种反感让我们手足无措，那么我们也只能哭丧着脸回家，然后自己躲在一边沮丧。可是，如果我们对待别人的无礼表现出一种宽容、一种大度，那么结果往往会适得其反。

美国前总统福特在大学里曾是一名橄榄球运动员，体质非常好，所以在62岁入主白宫时，他的身体仍然非常挺拔结实。当了总统以后，他继续滑雪、打高尔夫球和网球，而且对这几项运动都很擅长。

1975年5月，他到奥地利访问，当飞机抵达萨尔茨堡，他走下舷梯时，他的皮鞋碰到一个隆起的地方，脚一滑，就跌倒在跑道上。他立即跳了起来，没有受伤。但使他惊奇的是，记者们竟把他这次跌倒当成一项大新闻，大肆渲染起来。在同一天里，他又在丽希丹宫的被雨淋滑了的长梯上滑倒了两次，险些跌下来。随即一个奇妙的传说散播开了：福特总统笨手笨脚，行动不灵敏。自萨尔茨堡以后，福特每次跌跤或者撞伤头部或者跌倒雪地上，记者们总是添油加醋地把消息向全世界报道。后来，竟然反过来，他不跌跤也变成新闻了。哥伦比亚广播公司曾这样报道说："我一直在等待着总统撞伤头部，或者扭伤胫骨，或者受点轻伤之类的来吸引读者。"记者们如此的渲染似乎想给人形成一种印象：福特总统是个行动笨拙的人。电视节目主持人还在电视中和福特总统开玩笑，喜剧演员切维·蔡斯甚至在《星期六现场直播》节目里模仿总统滑倒和跌跤的动作。

福特的新闻秘书朗·聂森对此提出抗议，他对记者们说："总统是健康而且优雅的，他可以说是我们能记得起的总统中身体最为健壮的一位。"

"我是一个活动家，"福特抗议道，"活动家比任何人都容易跌跤。"

他对别人的玩笑总是一笑了之。1976年3月，他还在华盛顿广播电视记者协会年会上和切维·蔡斯同台表演过。节目开始，蔡斯先出场。当乐队奏起"向总统致敬"的乐曲时，他“绊”了一跤，跌倒在歌舞厅的地板上，从一端滑到另一端，头部撞到讲台上。此时，每个到场的人都捧腹大笑，福特也跟着笑了。

当轮到福特出场时，蔡斯站了起来，佯装被餐桌布缠住了，弄得碟子和银餐具纷纷落地。蔡斯装出要把演讲稿放在乐队指挥台上，可一不留心，稿纸掉了，撒得满地都是。众人哄堂大笑，福特却满不在乎地说道：“蔡斯先生，你是个非常、非常滑稽的演员。”

一个睿智的玩笑，却化解了别人的尴尬。在面对别人对于自己的无礼时，福特选择了一笑置之，可见福特为人的宽容。

生活里，难免会遇到对自己的非议。那些对着你愤怒的人，往往如同对着你欣喜的人一样让人摸不到头绪。特别是那些领导者，群众愠怒的面孔，和他们对你的欢笑一样，并没有深层的原因，而是随着风向的变化、报纸的操纵而转换的。所以，一个阅历丰富的坚强人物要忍受别人的愤怒并不难。只要你心中充满着包容和谅解，那么别人的攻击也不过是你生命里最不起眼的小事，包容它、忽略它，它也就不会对你产生什么不好的影响了。

# 第十二章

# 有一种幸福叫感恩

## 感恩是对生命过程的一种珍惜

人们常说：懂得感恩的人，会懂得珍惜，就容易得到幸福。那么，感恩到底是什么？幸福又是什么？

有一个善良的人，死后升到天堂，做了天使。他当了天使后，仍然时常到凡间帮助人，希望人们能感受到幸福。

一日，天使遇见一个农夫，农夫的样子非常苦恼。农夫对天使说："我家的水牛刚死了，没它帮忙犁田，那我怎能下田耕作呢？"

于是，天使赐给他一头健壮的水牛。农夫很高兴，天使在他身上感受到幸福的滋味。

又一日，天使遇见一个流浪者。流浪者非常沮丧地对天使说："我的钱被骗光了，没法回乡。"

于是，天使给了他一些路费，流浪者很高兴，天使在他身上感受到幸福的滋味。

又一日，天使遇见一个作家。作家年轻、英俊、有才华且富有，妻子貌美而温柔，但他却过得不快活。

天使问他："你不快乐吗？我能帮你吗？"

作家对天使说："我什么都有，只欠一样东西，你能够给我吗？"

天使回答说："可以。你要什么我都可以给你。"

作家直直地望着天使："我要的是幸福。"

这次把天使难住了，天使想了想，说："我明白了。"

天使把作家所拥有的都拿走了。拿走了作家的才华，毁去了他的容貌，夺去了他的财产和他妻子的性命。天使做完这些事后，便离去了。

一个月后，天使再回到作家的身边。

作家已经奄奄一息，衣衫褴褛地躺在地上挣扎。

于是，天使把他的一切还给了他。然后，又离去了。

半个月后，天使再去看望这位作家。

这次，作家搂着妻子，不住地向天使道谢。因为他得到幸福了。

"一个人要对于昨天的日子感到快乐，对明天感到有信心。"你如果做到这样那就是幸福了。其实幸福是向外在环境索求的，幸福只是一种内在的感受：在某一刹那，心中的某一根隐秘的弦忽然被牵动，泛出圈圈甜美的满足感，那便是幸福。

但有很多人却忽略了这种感觉，把追求幸福当成了一项事业，结果反而离幸福越来越远，越来越觉得空虚，越来越不快乐。

曾经有一个贵族青年，有一天他突然想离开家乡，去寻找他想要的幸福。因为有一位非常伟大的巫师跟他说："幸福是一只青色的鸟，有着世界上最美妙清脆的歌喉，如果找到它，就要把它马上关进一个黄金做成的笼子里，这样，你就能得到你想要的幸福了。"

他听了这位巫师的话，不顾父母的苦苦挽留，就带了一个黄金笼子踏上了寻找那只代表幸福的青鸟之路。英勇的年轻人一路上遇到许多艰难险阻，但是他都没有退却，只因为在他心中有"幸福"支撑着他的梦想。他经过了许多国家，得到了很多以前从没看过、从没听过的知识，成了一个见多识广的人。

一路上，他抓过很多青色的鸟，但是总在放进黄金鸟笼后，鸟便不知什么原因就死去了。他知道，那不是他想寻找的幸福。

后来，黄金鸟笼变得旧了，他也不再年轻。他突然强烈地想念远方的父母。于是，他就回到了自己的家乡，回家后发现已是物是人非。他的父母早在他离去没多长时间，就因为过度的悲伤和思念而离开了人世。

无家可归的青年在荒凉的街头落寞地走着。这时，一个鬓发斑白的老人拉住了他的衣角，盯着他怀里的黄金鸟笼子。

"大巫师！"青年认出了他，失声叫道。

"孩子，我对不起你，我真不应该让你去寻找青鸟。"老人难过地说道，他从破旧的口袋里掏出了一件物品，“这是你父母在去世前让我交给你的，他们要你好好珍藏。”说完，老巫师便摇着头，哀伤地离去了。

青年一看，原来那是父亲为他雕的一只黄莺。在这一刻，所有的回忆都在他脑中涌现，青年流出了悲伤的眼泪，他把这只木鸟紧紧地抱在怀中，十分懊悔。突然，他感到怀里的木鸟动了动，叫出了声音，他愣了一下，那就是幸福的青鸟，但他还没来得及将它放进黄金鸟笼，一不留神就让它飞走了。

人总是很奇怪，拥有幸福的时候总是不知道珍惜，每每要到失去后，才懂得珍惜。其实，幸福就在你的面前。

肚子饿的时候，有一碗热腾腾的面条放在你面前，就是幸福。

筋疲力尽的时候，躺在软软的床上，就是幸福。

痛哭的时候，旁边有人温柔地递来一张纸巾，就是幸福。

幸福本没有绝对的定义，平常的一些小事也能撼动你的心灵，幸福与否，只在于你怎么看待。

在你的生命过程中，有过很多人、很多事，不管是现在、过去还是未来，只要你心怀感恩，用爱心浇筑，你就会拥有幸福。

感恩，就是一种幸福。

## 感恩是对人生苦难的一种感谢

一个年轻人在上大学的时候就半工半读。学习之外，他的大部分时间都用来打工赚钱，而他上班的地方是父亲开的一间工厂。他要用打工得来的工资去偿还父母为他垫付的学费和伙食开支。而且，虽然他是老板的儿子，却没有任何特权，跟其他工人一样，打卡上下班。在每个月的月底凭车间给他评定的质量分和完成工作的情况来领取工资。有一回，他因坐车晚点迟到了2分钟，那月他应得的奖金就被扣了一半。

大学毕业后，父亲并没有让他接管公司，反而对他更加苛刻。父亲的严格让他无法忍耐，结果他离家自立。年轻人觉得父亲不像是他的亲生父亲，而像仇人一样对待他。他想自己跟父亲反正已经没有关系，不如去外面另闯一条生路。

刚开始做生意，因为缺少资金，他去银行贷款，但父亲坚决不做他的担保人。没有担保人，他就没有办法向银行贷到一分钱。被逼无奈，他只有给别人打工谋生。但即使是小公司的一份微薄薪水，他也没有保住，被别人挤了出来。失业后，他用打工攒的一点钱开了家小店。小店的生意不错，他又开了家小公司，小公司慢慢地变成了大公司。

在他正准备“磨刀霍霍”干一番事业时，他的公司倒闭了。为此，他十分难过，甚至想到了自杀。他对自己的过去进行了认真的思考，想父亲为什么这么冷酷无情地对待自己，想自己在打工和经商中为什么会屡遭惨败，他总结了自己失败的教训。他没有继续沮丧下去，而是决心咬紧牙关挺起胸膛重新开始。

在这十分艰难的时刻，父亲却出人意料地来到他的面前，并张开双臂紧紧地拥抱了他，决定让他来接管自己的公司。父亲说：“孩子，你虽然跟几年前一样，依然没有钱，但你却有了一段宝贵的经历，这段经历对你来说是一场艰苦的磨炼，但它却是非常值得的。如果我前几年就将公司交给你，你很难把公司经营管理好，迟早会失去公司，最终会变得一无所有。可是现在因为你有了这段宝贵的经历，你就会珍惜它，并且会把公司经营好，还会让它不断地发展壮大。孩子，不管是干什么事情，不经受一番磨炼是很难干好的。”

这个年轻人后来真的干成一番大事业，他就是伯克希尔公司总裁，被誉为“美国股神”的沃伦·巴菲特。他的资产仅次于比尔·盖茨，他的父亲叫霍华德·巴菲特。

我们的人生总有一些挫折，总会经历一些苦难、一些磨炼，但这并不是坏事。沃伦·巴菲特正是从这些苦难中学到了很多东西，为以后的事业打下了基础。经历苦难、磨炼意志能让人坚强，让人热爱和珍惜自己的事业和生活，更让人懂得如何为人处世，懂得如何经营自己的事业和生活。因此，它对你的人生弥足珍贵，是你生命历程中的财富。

面对苦难，我们要怀有感恩之心，感谢苦难的恩赐。

人生总免不了经历苦难，但只要你正确对待，苦难也会成为一笔财富；反之，你会被苦难吞噬。有这样一个故事：有一个蛹快要化成蝴蝶了。这时的蛹上有了一道裂缝，蝴蝶在里面痛苦地挣扎。天真的孩子看到蛹中的蝴蝶痛苦挣扎的样子十分不忍。于是，他拿起剪刀把蛹壳剪开，帮助蝴蝶脱蛹出来。然而，由于这只蝴蝶没有经过破蛹前必须经历的痛苦挣扎，以致出壳后身躯臃肿，翅膀干瘪，根本飞不起来，不久就死了。蝴蝶之死带给我们很大启发：要想有所成就，就必须能够承受痛苦和挫折。这是对人的磨炼，也是一个人成长必经的过程。

人生在世，难免会遇到困难，困难具有一定的积极意义，它可以帮助人们驱走惰性，促使人奋进。因此，困难又是一种挑战和考验。我们的生活因苦难变得丰富多彩，我们的性格因坎坷而锤炼得成熟。学会感恩，我们便会在困难中升华自己，让自己变得更加坚强、更加成熟。

人生重要的不是拥有什么，而是经历了什么，任何坎坷的经历都是宝贵的人生财富。

英国哲学家培根说过：“超越自然的奇迹多是在对逆境的征服中出现的。”关键的问题是我们应该如何面对苦难。

有这样一句话：每个困难都是一粒珍珠！一切“不幸的遭遇”都是磨炼，一切的挫折都是你人生成功所必须经历的。只要你感恩苦难，就会将苦难磨砺成一粒粒美丽的珍珠。

德国作曲家罗伯特·舒曼说：“珍珠是不会浮到水面上的，要寻找它，必须冒着生命危险潜到水里。”珍珠原本是嵌入贝内的一粒沙。贝用尽全身力量疗伤，要到伤口愈合，治疗的工作才停止，这时在旧伤处出现的就是一颗晶莹的珍珠。因为伤口的刺激，贝身上许多平时未发现的力量现在出现了，全力打造了这样一颗晶莹的珍珠。

在我们一生中，苦难也可以变为经验，伤痛可以变成无价的奇珍。缺陷也能成为自救与救人的新力量。

对于苦难，我们要学会感恩：

感恩伤害，因为它磨炼了你的心智；

感恩欺诈，因为它增进了你的智慧；

感恩中伤，因为它砥砺了你的人格；

感恩鞭打，因为它激发了你的斗志；

感恩挫折，因为它强化了你的意志；

感恩遗弃，因为它教导了你的独立；

感恩斥责，因为它提醒了你的缺点；

感恩嘲笑，因为它坚定了你的信念；

感恩嫉妒，因为它肯定了你的成就。

## 感恩是一种得到的付出

感恩是一种得到的付出。只有你付出爱心，你才能收获希望。在别人困难的时候，毫不犹豫地伸出救援的双手；在别人迷茫无助时，敞开怀抱让他们依靠……无私奉献你的爱，你收获的将是别人的感动和铭记，还有一颗因满足而幸福的心。

一个美丽的圣诞前夜，哥特的哥哥送给他一辆新车作为圣诞礼物。圣诞节那天，哥特从办公室出来时，看到一个小男孩在他闪亮的新车旁走来走去，并不时触摸它，满脸羡慕的神情。

哥特饶有兴趣地看着这个小男孩。从他的衣着来看，他的家庭显然不是很好。就在这时，小男孩抬起头，问道：“先生，这是你的车吗？”

“是啊，”哥特说，“这是哥哥送给我的圣诞礼物。”

小男孩睁大了眼睛：“你是说，这是你哥哥送你的，而你不用花一分钱？”

哥特点点头。小男孩说：“哇！我希望……”

哥特原以为小男孩希望的是自己也能有一个这样的哥哥，但小男孩却说：“我希望自己也能当这样的哥哥。”

哥特深受感动地看着这个男孩，然后问他：“要不要坐我的车去兜风？”

小男孩惊喜万分地答应了。

逛了一会儿之后，小男孩转身对哥特说：“先生，能不能麻烦你把车开到我家门前？”

哥特微微一笑，他理解小男孩的想法：坐一辆大而漂亮的车子回家，在小朋友面前是很神气的事。但他又想错了。

“麻烦你停在两个台阶那里，等我一下好吗？”

小男孩跳下车，三步并作两步地跑上台阶，进入屋内。不一会儿他出来了，并带着他的弟弟。这个小孩因患小儿麻痹症而跛着一只脚。小男孩把弟弟安置在下边的台阶上，紧靠着他坐下，然后指着哥特的车子说：“看见了吗？就像我在楼上跟你讲的一样，很漂亮是不是？这是他哥哥送给他的圣诞礼物，他不用花一分钱！将来有一天我也要送你一部和这一样的车子，这样你就可以看到我一直跟你讲的橱窗里那些好看的圣诞礼物了。”

哥特的眼睛湿润了，他走下车，将小男孩的弟弟抱到车子前排的座位上。小男孩的眼睛里闪着喜悦的光芒，也爬了上来。于是3个人开始了一次令人难忘的假日之旅。

在这个圣诞节，哥特明白了一个道理：给予真的比接受更令人快乐。

很多人都只是一味地索取，他们快乐吗？当他们贪得无厌地掠取利益时，他们丧失了更宝贵的东西。而懂得付出的人就像那个小男孩一般，不仅感动了别人，更让自己快乐。付出，并不是没有收获，它会让你得到更美好的东西。

或许，我们的付出不能立刻得到物质的回报，但日子久了，不经意间，一抬头，你会惊喜地发现，自己曾经播下的种子已经长成一棵大树，上面有好多鸟儿在歌唱。懂得帮助他人的人，他的一生将会越过堵在前面的高墙，独自走进春意盎然的花园，寻找到那种特殊的快乐！这种幸福是心中的天堂，不断地耕耘才能收获。它就在你我心中，而不必在大千世界里苦苦地求索。付出本身，便是一种回报。

世界上最珍贵的不是金钱、不是权利、不是名誉，也不是任何外在物质，而是一颗金子般的心。心的安宁与美好，才是真正的幸福所在。即使你拥有世界上一切的财富，也许你还不能拥有幸福。幸福是人生的至高追求，只有给予和付出，你才能实现这一追求。那位有金子般爱心的孩子便得到了这种巨大的幸福。

海伦·凯勒曾说："任何人出于他的善良的心，说一句话有益的话，发出一次愉快的笑，或者为别人铲平坎坷不平的路，这样的人就会感到欢欣是他自身极其亲密的一部分，以致使他终身去追求这种欢欣。"在生活中，一个表情、一句问候、一个眼神、一件小事，都可以让我们感动，因为这种小小的付出后面，蕴藏的是一片真挚的爱心。罗曼·罗兰说过："快乐不能靠外在的物质和虚荣，而要靠自己内心的高贵和正直。"

感恩，是一份对万物都无私付出的爱心，对于爱，付出便是得到，感恩，便是这样一种得到的付出。

## 心中有爱，才能感恩

一个印度哲人说："就像母亲疼爱自己的孩子、照料他、保护他、教育他一样，你们每一个人，都要在自己身上种植、培养和爱护那世上最宝贵的东西：对他人和对一切有生命者的爱。"

爱是人类最基本的情感，爱你的父母长辈、爱你的妻子丈夫、爱你的亲朋好友、爱你的同事、爱你的上司下属、爱你的客户和你自己、爱你周围的一切。如果没有爱心，你还拥有什么？你将会失去热情、失去责任、失去希望、失去梦想，你的人生将变得毫无意义；心中有爱，这个世界才会变得美好。

人只有通过付出才能实现其人生价值。为我们的社会、我们的祖国、我们的民族，我们贡献出自己的一分微薄之力，得到的将是无愧于心。请用我们的生命和爱，和痛苦的人分享我们的快乐，和贫穷的人分享我们的财富，和孤独的人分享我们的热情，和残疾的人分享我们的双手。心中有爱，才能感恩这个美好世界。

人间处处充满了"爱"的召唤，爱是人生永恒的主题。

爱是什么？是歌声，是翅膀，是春天的暖风和冬天的瑞雪，是根深叶茂的大村和潺潺的溪水，是被弹拨的吉他，是被低吟的短诗，是腮边一滴感动的泪珠和热唇上的轻吻，是彩虹涂抹在画布上，是黄昏挥动在炊烟里，是无论如何也不会忘记的美好往事，是无法比喻的比喻，是无法描述的描述，是语言的地平线上出现的霞彩……

只有心中有爱的人，他才会变得可爱。他乐于帮助别人，他总是用自己的愉快感染周围的人，他给需要笑声的人带来欢乐，驱走烦恼和忧愁，他走到哪里都会受到欢迎。他是那么透明，那么坦诚，是爱给了他人格上的魅力和精彩。

爱是一种博爱，它可以包含世界上一切的东西。他爱事业，爱荣誉，爱老人和孩子，爱自己的国家和民族，爱世界和人类，爱自然界里一切的生命和小桥流水。他从自己的爱里面享受着光荣和骄傲，享受着风和日丽，享受着美好与诗意。

爱是多么神圣和美好。一个人如果没有爱，就像失去了生命一般。那么，他只是行尸走肉，只是木头或是机械。他会生活在麻木中，如果他有知觉，那么他感觉到的就一定是无尽的痛苦和郁闷。生活成了苦酒，白天成了黑夜，人群成了沙漠。他还有什么可期待、可翘首、可梦想的呢？一个人没有爱，他就什么都没有了。

席慕蓉曾写下这样一段文字："想一想要多少年的时光才能装满这一片波涛起伏的海洋？要多少年的时光才能把山石冲蚀成细柔的沙粒，并且均匀地铺在我们的脚下？要多少年的时光才能酝酿出这样一个清凉美丽的夜晚？要多少多少年的时光啊！这个世界才能等候我们的来临？"

优美的文字，唯美的意境，但更美的是文字中所蕴藏的深沉而真挚的爱：这样充满爱的心灵，这样充满感恩的心灵，常常让我们感动良久。拥有如此美丽心灵的人必定会用自己全部的热情、全部的精力去回报社会，回报这美丽的自然界。

只因心中有爱，才能感恩这个世界，回报一片赤诚之心。

白天给了我们阳光，我们要抛开烦恼，尽情微笑，不然就辜负了这温暖和明朗。夜晚给了我们月光，我们应该在宁静而幽远的月光中静静沉思，我是否给他人带来了幸福？在清冷的月光中，心灵的尘埃会被月色涤荡，混浊的眼睛会被月光之水洗得明亮。自然是如此的美妙而多情，我们面对这片自然之美，只有全身心投入到她的怀抱，才能真诚地赞美她、爱护她。

父母赐予我们生命，并以深沉如大海般的父爱，温暖如阳光般的母爱哺育我们成长，我们在无言的感动中体会到了"血浓于水"的亲情。

朋友给了我们友谊，他们用信任抚平我们的伤痛，用理解融化心灵之冰，用真诚为我们带来一方明亮的天空，我们在友情的香气中知道了世上有一株永不凋零的花。

社会赋予我们成长与智慧，用风雨磨炼我们的意志，让我们傲然于天地间。回报社会是每个人的天职，青春、智慧、热血，甚至生命是人生不息的咏叹。只有用赤诚的礼物回报社会，才能焕发出灿烂夺目的光彩。关外牧羊的苏武、出塞和亲的王昭君、"中原北望气如山"的陆游、"踏破贺兰山阙"的岳飞、"我以我血荐轩辕"的鲁迅……他们多是苦难的回报者，也是痛苦的回报者。他们名垂青史缘于一种山河梦、家国情，缘于一种义不容辞的豪迈，一种令人神往的激情，一种感恩的情怀。

心中有爱，我们才能用感恩之心看世界，我们会让父母欣慰，让朋友快乐。用感恩之心看世界，我们会平添几分信心，增长几分激情，热情回报社会。

问一问要多少年才能拥有我们所拥有的一切？让我们用微笑面对生命，轻轻地说，我懂得回报，我会让爱我的人因我而幸福。

# 感恩，让我们坦然面对人生的坎坷

美国著名潜能开发大师席勒有一句名言：“任何苦难与问题的背后都有更大的祝福！”他常常用这句话来激励学员积极思考，由于他时常将这句话挂在嘴边，连他的女儿——一个非常活泼的小姑娘在念小学的时候就可以朗朗地附和他念这句话。

有一次，席勒应邀到外国演讲。就在课程进行当中，他收到一封来自美国的紧急电报：他的女儿发生了一场意外，已经被送往医院进行紧急手术，有可能要截掉小腿！他心慌意乱地结束课程，火速赶回美国。到了医院，他看到的是女儿躺在病床上，一双小腿已经被截掉。

这是他第一次发现自己的口才完全派不上用场了，笨拙地不知如何来安慰这个热爱运动、充满活力的天使！

女儿好像察觉了父亲的心事，告诉他：“爸爸，你不是时常说，任何苦难与问题的背后都有更大的祝福吗？不要难过！”他无奈又激动地说：“可是！你的脚……”

女儿又说：“爸爸放心，脚不行，我还有手可以用呀！”两年后，小女孩升入了中学，并且再度入选垒球队，成为该联盟有史以来最厉害的全垒球王！

“任何苦难与问题的背后都有更大的祝福！”席勒的女儿说出这句话时，是以一种感恩的心态来面对自己的灾难的。

你有权选择自己的生活，敞开胸怀拥抱世界，也许你没有办法改变外在的现实环境，但你可以改变自己的心态。

你可以把自己的人生变成欢乐喜剧，也可以变成痛苦不堪的悲剧，一切都由你决定。

有一个女孩常常对父亲抱怨自己遇上的事情总是那么艰难，她不知道该如何应付生活，好像一个问题刚解决，新的问题就又出现了。

一天，父亲把她带到厨房，把水倒进三口锅里，然后用大火煮，不久锅里的水就烧开了。

父亲在第一口锅里放进了胡萝卜，第二口锅里放入鸡蛋，最后一口锅里则放入研磨成粉状的咖啡豆。他小心地将它们放进去用开水煮，但一句话也没说。

女儿见状，一直嘟嘟囔囔，很不耐烦地等着，不明白父亲到底要做什么。

大约 20 分钟后，父亲把炉火关掉了，把胡萝卜和鸡蛋分别放在碗内，然后把咖啡舀到一个杯子里。

做完这些后，父亲这才转过身问女儿："亲爱的，你看见什么了？"

"胡萝卜、鸡蛋和咖啡。"她回答。

父亲让她靠近些，让她用手摸摸胡萝卜，她发现胡萝卜变软了。接着，他又让女儿拿着鸡蛋并打破它，然后将壳剥掉，她看到了煮熟的鸡蛋。

最后，父亲让她喝一口咖啡。当品尝到香浓的咖啡时，女儿终于笑了。

她怯声问："父亲，这意味着什么？"

父亲回答说："这三样东西都是在煮沸的开水中，但它们的反应却各不相同：胡萝卜入锅之前是强壮结实的，但进入开水后，它就变得柔软了；而鸡蛋本来是易碎的，只有薄薄的外壳保护着，但是一经开水煮熟，它的内部却变硬了；至于粉状咖啡豆则很特别，进入沸水之后，彻底改变了水的特质。"感恩就如这咖啡豆一般，在苦难的煎熬下，散发出香浓的芬芳。

有人说，上帝像精明的生意人，给你一分天才，就搭配几倍于天才的苦难。这话不假。上帝绝不肯把所有的好处都给一个人，给了你美貌，就不肯给你智慧；给了你金钱，就不肯给你健康；给了你天才，就一定要搭配点苦难……当你遇到这些不如意时，不必怨天尤人，更不能自暴自弃，而是用一种感恩的心告诉自己：我们都是被上帝咬过的苹果，只不过上帝特别喜欢我，所以咬的这一口更大罢了。

世上每个人都是被上帝咬过一口的苹果，都是有缺陷的人。只要你相信，自己是"被上帝咬过一口的苹果"，你就能坦然面对人生坎坷，欣然迎接未来的生活。

## 为他人着想，也就是为自己铺路

人生在世，不可能没有有求于人之时，也不可能没有助人之时。我们帮助别人，其实也是在帮助自己。在人落入危难和困窘之时，也正是人心灵最脆弱的时候，如果此时你能急人所急，给人所需，你的朋友一定会永远把这份恩情记在心里，将来有一天能报答你的时候，定会涌泉相报。

曾经有一个贫穷的小男孩，他为了攒够学费去上学便去挨家挨户地推销商品。他劳累了一整天，感到十分饥饿，但摸遍全身，却发现自己只有一角钱。怎么办呢？他决定向下一户人家讨口饭吃。但当一位美丽的年轻女子打开房门的时候，这个小男孩却有点儿不知所措了。他没有要饭吃，只祈求给他一口水喝。这位女子看到他很饥饿的样子，就拿了一大杯牛奶给他。男孩慢慢地喝完牛奶，问道："我应该付多少钱呢？"年轻女子回答说:“一分钱也不用付。妈妈跟我说，施以爱心，不图回报。”男孩说:“那么，就请接受我由衷的感谢吧!”说完，男孩离开了这户人家。此时，他不仅感到自己浑身都是劲儿，而且还看到上帝正朝他点头微笑呢，那种男子汉的豪气也像山洪一样迸发出来。

其实，男孩本来是打算要退学的。

很多年后，那位女子得了一种十分少见的重病，当地的医生对这种病都束手无策。最后，她被转到一个大城市去医治，并由专家来会诊治疗。而大名鼎鼎的霍华德·凯利医生就是当年的那个小男孩，他也参与了医治方案的制订。当他看到病例上所写的病人的资料时，有一个奇怪的念头霎时间闪过他的脑海，他马上起身直奔病房。

来到病房，凯利医生一眼就认出病床上躺着的人正是那位曾帮助过他的恩人。他回到自己的办公室，决心一定要竭尽所能来帮助恩人把病治好。从那天开始，他就特别地关照这位病人。经过艰辛的努力，手术终于成功了。凯利医生要求把医药费通知单送到他那里，在通知单上，他签了字。

当这张医药费通知单送到这位特殊的病人手上时，她不敢看，因为她确信，治病的费用将会花去她的全部家当。但最后，她还是鼓足勇气，翻开了医药费通知单，旁边的那行小字引起了她的注意，她禁不住轻声读了出来:

“医药费——一满杯牛奶。霍华德·凯利医生。”

这个年轻女子的举手之劳，却换来了曾经贫穷无助的霍华德医生一生的感激，她在给当年那个男孩一杯牛奶时，也许她永远不会想到，当年的男孩会给她如此昂贵的报答。

我们平常所说的“好人有好报”便是这个道理。我们或许给予别人的只是一点小小的帮助，但在他人眼里，却无异于天降甘露，甜美万分。他们会将这份恩惠铭记于心，在我们需要时，也许会以数倍甚至数百倍的回报回馈给我们。

“朋友多了路好走”，“在家靠父母，出外靠朋友”，朋友所包含的要义中本就应该有互相帮助。“海内存知己，天涯若比邻”，只要我们愿意，任何人都可能成为我们的朋友。朋友之间的帮助对于个人的发展是非常重要的，无论在事业上、感情上还是学业上，有了朋友的帮助会让你人生的道路通畅许多。小到朋友对你感情上的安慰，及时提供给你有用的信息，在你繁忙的时候为你买饭打水……大到介绍自己朋友圈子里的人给你认识，他(她)可以是你爱情发展的对象，也可以是你商务上往来的伙伴，给你介绍业务……朋友，是你人生中一笔巨大的财富，是关键时刻可以依靠的大树。而人的付出和回报都是相应的，只有今天你不惜一切帮助朋友，在你明天遇到困难时，朋友才会伸出友爱之手，成为你可以依靠的大树。

# 施与爱心，体现生命价值

生命的最大价值是向他人施与爱心，我们的人生好坏，往往不是由自己评定的。别人和社会是我们的参照物，我们只有学会付出，施与爱心，才能体现出我们的人生价值。对于一个有给予心的人来说，别人对于他所提供帮助的那些小事比他曾经做过的那些大事记得更清楚，在他脑海中会留下更深的印象。

英国诗人勃朗宁说："我是幸福的，因为我爱，因为我有爱。"从小到大，我们都生活在一个爱的世界里，每天都感受着来自周围的爱，这个世界如果没有爱，将会变成一片荒芜的沙漠。

曾经有一位女子，她看到有3个留着长长的白胡子的老者站在她家的门前。她从来没有见过他们。

她跟他们说："虽然我不认识你们，但我想你们一定饿坏了，如果不介意，就请进到里面来吃点东西吧！"

"男主人在家吗？"他们问道。

"没有！"她说，"他出门了！"

"那我们不能进去。"他们回答说。

到了傍晚，她的丈夫回到了家。她告诉了他白天发生的事。

"去告诉他们我回来了，让他们进来吧。"

于是，女子到外面邀请他们进屋。

"我们不能一起走进一间房子。"他们说。

"为什么呢？"她有点迷惑地问。

其中的一位老人指着其中的一位回答说："他的名字叫'财富'，"接着他指着另一位说，"他是'成功'，而我是'爱'。你进去和你丈夫商量商量，你们想要我们哪一位进到你们家。"

这个女子走进屋子并告诉丈夫他们所说的话。她的丈夫笑着说："太好了！既然如此，我们就邀请'财富'进来，让他进来使我们家充满财富吧！"

女子不同意，对自己的丈夫说："亲爱的，为什么不邀请'成功'呢？"

他们的女儿在屋里听到他们的对话，也过来提出自己的建议："邀请'爱'进来不是再好不过的吗？我们家将因此充满了爱！"

"让我们接受女儿的建议吧！"丈夫说。

“好！邀请‘爱’当我们的客人。”

女子走到外面问那3位老人：“哪一位是‘爱’？请进来当我们今晚的客人吧！”

“爱”站起来并走向屋子，其他两位老人也站起来跟随着他。

女子惊讶地向着“财富”和“成功”说：“我只请了‘爱’，为什么你们也要进来？”

3位老者一起回答说：“如果你只请‘财富’或是‘成功’，那么，另外两人将留在外面。但是既然你邀请了‘爱’，‘爱’到哪里，我们就会跟到哪里。哪里有爱，哪里就会有财富和成功！”

爱是一粒种子，只要你把它种在自己心中，用心浇灌，它就会带给你美丽的果实——成功与财富。

只有施与爱心才能体现出生命的最大价值，这是追求成功者需要的感恩心态。爱的巨大力量可以巩固和完善我们的优良品格，懂得这一人生秘密的人往往抓住了通行于世界的根本原则，能够认识到世间事物的美好与真实性，并过上一种幸福的生活。

无论发生什么，都应该直面生命，用健康的、快乐的、乐观的思想去直面生命，都应该满怀希望，坚信生命中充满了阳光。传播成功思想、快乐思想和鼓舞人心思想的人，无论到哪里都敞开心扉，真诚地爱他人，去宽慰失意的人，安抚受伤的人，激励沮丧泄气的人。他们是世界的救助者，是负担的减轻者。施与别人的同时，我们也回报了自己。

当关爱的思想治愈疾病、为创伤止痛的时候，当那些与此相反的心态带来痛苦、郁闷和孤独的时候，我们就真正领悟到了博爱的真谛。施与爱心，便是在你心中种下一粒美好的种子，让它成长为你人生价值的参天大树。

## 不要把拥有视为理所当然

静爱吃菠萝，却不会削菠萝。

静和枫谈恋爱时，第一次削菠萝给枫吃。静削菠萝的手法很特别，逆着削，而且削下去许多果肉。枫看了，笑着夺去她手里的菠萝，说等她削好了，他便没的吃了。从此，枫不再让静削菠萝，其实是怕她伤着自己的手。

经历了爱情的长跑后，他们走进了婚姻的殿堂。婚后的生活很甜蜜。静不会做家务，枫几乎包揽了他力所能及的一切。静喜欢写作，业余的大部分时间都用在了爬格子上。每次她写东西时，枫都会放她喜欢听的音乐，然后坐在一边，默默地削一个菠萝。枫的菠萝削得很棒，就像一件雕刻的艺术品。削完之后，他还细心地将菠萝切成小块，插上牙签。静觉得他削的菠萝是世上最好吃的，因为有种特殊的味道。

静的写作一直不太顺，作品大部分石沉大海，少数有回音的也只收到微薄的稿酬。虽然静为此感到气馁，却依然不肯放弃自己手中的笔。

静的境遇一直到遇到吴言才有所改变。吴言是一家出版社的编辑，在一次写作研讨会上，他们相识了。吴言不凡的谈吐给她留下了深刻的印象，而她的美丽大方像一张明媚耀眼的风景片定格在了吴言的眼里。

在吴言的指导下，静迎来了事业的新契机，很快她便成了圈里公认的才女，并受到广泛的关注。不久后她的第一本书出版了，销量一路看涨，她沉浸在幸福的喜悦中。吴言的博学、才干以及一个成熟男人的魅力，让静的感情出了轨。虽然她知道不会有什么结果，因为吴言是一个有家的人。可是她还是义无反顾地爱上了吴言，就像当初迷上写作一样。

这份冲动的爱情让静打算做一个决定——与枫离婚。那晚，静坐在电脑旁，一个字也没有写出，几次话到嘴边又咽下，因为她有满腹的心事难以启齿。枫看出了她的犹豫，正在削的菠萝皮忽然自手中断落，他不知是在怎样的心情下听完她离婚的理由，手中的菠萝皮不停地断落、断落，一不留神，刀子扎进了他的手中，血顺着指头流了下来，他感到心里阵阵疼痛。可是，他依然削好菠萝细细地切成小块让她吃。她接过，在咬下第一口的时候，眼泪忽然流了出来，原本好吃的菠萝在她的嘴里竟然没有了味道。

爱静的枫为了她而同意了离婚，她在感到轻松的同时，隐隐的疼痛开始在她的心里生长开来，这种隐痛慢慢生长成为心灵的煎熬，让她难以忍受。因为她以为自己是在理智的状况下选择了爱情而放弃这段婚姻，她以为她做到了对感情负责，但令她感到奇怪的是，她并没因这份爱情而感到心灵愉悦。而很多时候却是这样，在不经意的瞬间，她总会想起他，想起他为她削菠萝的样子，心里有一种割裂开来的痛楚。自从她离开他以后，她再没有吃过菠萝，因为每次拿起菠萝，她便会想起他们的婚姻。

可是，有一天她还是忍不住拿起了菠萝，她学着像他那样连刀不断地去皮，原来是那样难，一不小心就会被菠萝上的硬皮刺到，那是一份怎样的耐心呢？她终于理解了他对她的那份感情，明白了她想要在婚姻中得到的东西是什么，但是她在拥有时没能珍惜，等到回首，却已永远地失去了。

小说中的“她”，因为忽略了这份“理所当然”的爱，而错失了人生中最大的幸福。

每一份爱的付出都应该得到回报，不论是亲情还是爱情、友情，因为它们是每个人生命中所能感受到的最真挚、最浓烈的爱，无私且神圣。所以，请不要把你所拥有的幸福视为理所当然的，而应该理解、重视，并对这份爱充满感恩之心。

在这些感情中，最容易被忽视的往往是亲情，父母养育子女，子女赡养父母，这是人世间的准则，受道德和法律的约束，更是人与生俱来的天性。然而，所有的父母，他们在为子女付出时从来不会思及道德或法律，这种付出是不需要任何理由和前提的。同时，这种付出也完全超越了道德和法律规定的范围，他们付出的是全部，甚至还有生命。

很多时候，我们对伟大的亲情并无深刻的体会，甚至处在一种无意识状态，认为父母的一切给予都是理所当然的，自己也心安理得地接受。这些孩子往往不在意父母的辛劳，花钱大手大脚，生活中只想到自己的感受，稍有不如意便表现出强烈的不满。据统计，70% 的孩子吃父母买给自己的零食时不知礼让父母，只顾自己吃；父母病了，50% 的孩子不端水，不递药，不过问，全然不记得自己生病时父母无微不至的照顾；98% 的学生要求父母给自己庆祝生日，但 98.2% 的学生不知道哪天是父母的生日；更有甚者，某些高三学生竟让母亲给自己端洗脚水。有时候，也许有必要列出一份清单，记录父母在孩子成长过程中的每一次付出，在这份爱的清单面前，上述那些孩子一定会受到教育和启发。

不要把你所拥有的幸福视为理所当然，那些才是你人生中最大、最现实的幸福。为所有的爱列一份清单，让它们永远不会在我们的生命中消逝。

## 珍爱自己，才更懂得珍爱他人

曾经有个人异想天开，与佛祖进行了这样的一段对话。

佛祖问：“你想知道什么？”

他说：“很想向你讨教，但不知道你是否有时间？”

佛祖笑道：“我的时间是永恒的。你有什么想问的吗？”

他说：“你觉得人类最奇怪的是什么？”

佛祖答道：“年少时，他们厌倦童年生活，急于长大，而年老后，他们又渴望返老还童。

他们的财富是牺牲自己的健康换取的，然后他们又牺牲金钱来恢复健康。

他们杞人忧天，对虚幻的未来充满不安，但却忘记了现在；于是，他们既不生活于现在之中，也不生活于未来之中。

他们的生与死，都是僵硬无意义的。活着的时候好像从不会死去，但是死去以后又好像从未活过……”

佛祖握住那个人的手，他们沉默了片刻。

那个人问道：“作为圣贤，你有什么箴言想告诫世人的？”

佛祖笑着答道：“他们应该知道不可能取悦于所有人，他们所能做的只是让自己被人所爱。

他们应该知道，一生中最有价值的不是拥有功名利禄，而是拥有爱你的和你爱的人。

他们应该知道，攀比之风不应助长。

他们应该知道，富有的人不是不断拥有，而是不断满足。

他们应该知道，要在所爱的人身上造成深度的创伤只要几秒钟，但是治疗创伤则要花几年的时间，甚至更长。

他们应该知道，爱有时是不善表达的，所以他们要学会发现。

他们应该知道，金钱不是万能的，它永远也买不到幸福。

他们应该知道，每个人眼中的世界都是不同的，每个人都拥有自己的世界。

他们应该知道，得到别人宽恕是不够的，他们也应当宽恕自己。

他们应该知道，珍惜自我的存在。”

也许有人会问，佛祖真的存在吗？是的，他存在。因为佛祖就在我们的心中。与佛祖的这段对话，其实是对自己心灵的拷问，我们该如何爱自己。

人生中，我们总是被这样那样的事所困惑迷茫，不懂得爱自己。这样的人就不会爱别人，也得不到别人的爱。只有珍爱自己，才会懂得珍爱别人，这是感恩的第一条法则。

生活中存在着这样一个理论，即为了与他人建立积极和健康的关系，你必须先与自己建立一个积极和健康的关系。

因为不敢爱自己，不会爱自己，没有爱过自己，没有爱自己的习惯，结果在感恩的过程中我们无法做到“爱别人”，因为我们自卑，自信消失了，随之消失的还有志向、理想、信念、憧憬、主见和创造的精神。

即使你是一个很平凡很普通的人，没有横溢的才华，没有过人的本领，没有惊人的力量，没有非凡的智慧，没有显赫的地位，没有巨额的财富，没有传奇的经历，没有丰富的经验……哪怕你一无是处，你仍然可以珍爱自己。因为你就是你，是世界上任何一个人都无法替代的人。我们始终都在走一条路，一条属于自己的路；我们始终都在营造一处风景，一道涂抹着个性色彩的风景。路在延伸，风景依然亮丽，我们把朝霞走成了夕阳，把暖春走成了寒冬……我们为什么不能爱自己呢？

只有珍爱自己才能珍爱他人，如果我们不了解、不信任自己，我们就不能很好地了解和信任他人。

所以，我们面临的挑战就是与我们自己建立一种良好的自爱关系，这种自爱关系应该充满信任、真诚、尊重、安全、慷慨、灵活、乐观、宽容、敏感和创造，这是你爱他人，与他人建立良好关系的必由之路。通过了解你是谁，以及你何以成为现在的你，那么，你就能够做出明智的选择，把自己塑造成一个你理想中的人。

我们没有太阳的灿烂，可以有月亮的皎洁；我们没有高山的巍峨，可以有小丘的清秀；我们没有大江的奔腾，可以有小河的涓细；我们没有苍鹰的高翔，可以有小鸟的低飞。每个人都有自己的位置，每个人都能找到自己的位置，发出自己的声音，踏出自己的通途，做出自己的贡献。我们应该相信：正因为有了千千万万个“我”，世界才变得丰富多彩，生活才变得美好无比。我们有一万个理由去珍爱自己，让自己生活得更精彩、更美好。

## 感恩你所拥有的幸福

有个修道者告别了母亲，来到深山，想要拜菩萨以修得正果。在路上，他向一个老和尚问路：“请问大师，哪里有得道的菩萨？”

老和尚打量了一下修道者，缓缓地说：“与其去找菩萨，还不如去找佛。”

修道者忙问：“请问哪里有佛？”

老和尚说：“你现在就回家去，在路上有个人会披着衣服，反穿着鞋子来接你，那个人就是佛。”

修道者拜谢了老和尚，开始启程回家。路上，他不停地留意着老和尚说的那个人，可是他已经快到家了，那个人也没出现。修道者又气又悔，以为是老和尚欺骗了他。

等他回到家时，夜已经很深了。他灰心丧气地抬手敲门。他的母亲知道自己的儿子回来了，急忙抓起衣服披在身上，连灯也来不及点着就去开门，慌乱中连鞋子都穿反了。修道者看到母亲狼狈的样子，不禁热泪盈眶，也立刻觉悟了。

修道者是幸运的，因为到最后他及时领悟了“佛”的含义。但现实生活中更多人总是认为：“得不到的总是最好的。”

我们想要这个或那个，如果我们不能得到自己想要的，就会不停地去想它，并且保持一种不满足感。如果我们得到了我们想要的，仅仅会在新的环境中再次滋生同样的想法。因此，尽管得到了我们想要的，我们仍旧不高兴，当我们充满新的欲望时，我们就会觉得自己仍旧不幸福。

我们总追求得不到的东西。而一旦拥有，却又不去珍惜，反而苛求更多。我们应该改变思考的重心，从关注自己所想要的转到自己所拥有的。不是期望你现在的爱人是别人，而是试着去想她美好的品质；不是抱怨你的薪水，而是珍惜你的工作；不是期望你能去夏威夷度假，而是想到你家附近也有乐趣……这样你才会真正体会到幸福的感觉！

当你跌入对“追求”无限贪婪的陷阱中时，爬上来，并且重新走过，深吸口气，记住：

要珍惜你所拥有的一切!

如果你聚焦于你爱人的好品质，那么她将会表现出更多爱意；如果你珍惜你的工作而不是去抱怨，那么你将会把它做得更好，并且可能最终得到加薪；如果你聚焦于在房屋周围享受的方式，而不是等着在夏威夷享受，你最终会有更多的乐趣。

总之，世间最珍贵的不是“得不到”和“已失去”，而是现在能把握的幸福。

智者眼中的幸福很多，因为他们懂得感恩。有这样一段话，把活着当作一种幸福：“活着，就是幸福。当我们站在野蒿丛生的墓地前，凝望那已然化为一捧黄土的逝者，想到他们生前的兴衰荣辱都随这一捧黄土烟消云散。我们还能走动、沉默、追思、悲伤，因为我思故我在，有感觉，会思想，我们仍然活在这世界上。而在地下安眠的人们却永远失去了这样的权利，活着便是一种幸运，对无可逃避的死亡的敬畏变成了内心涌动着的对此时还拥有生命的感激。活着就是一种幸福。生命自它诞生的刹那起，就进入死亡的倒计时。生与死，只是一线之隔。佛说：生死呼吸之间，一口气转不来，即成来世。很多时候，生命太过脆弱，一点小小的意外，便会让生命之火熄灭。对于那些逝者，我们除了回忆他们的功业和智慧以外，更多地只会叹息：他要是还活着就好了。那些已经逝去的人永远无法与你竞争了，那些昨日还曾见面的人，今日就只能凭借想象来遥望他的音容笑貌，死亡有时很容易，仅仅就是几秒钟的事情，如车祸的发生，虽然我们一生都在与死神赛跑，可却对生与死的界线依然懵懂。对于活着的感动，只有那些经历过生与死考验的人才会深有体会。”

活着是一种美丽，是一种幸福，活着的每一分钟都是不容易的，我们活过的每一秒都是值得庆贺的。因为，在生命之旅中，我们战胜过无数次疾病，以及每天都可能飞来“横祸”，才有平安、健康、幸福的生活。生命是脆弱的，拥有活着的权利的我们是多么幸福。

只要你拥有感恩之心，你就不会失去你所拥有的幸福，还会创造更多的幸福。

## 感恩对手

西方有这样一句谚语：“感谢你的敌人吧，是他们使你变得如此坚强。”这句话说得颇有道理，因为朋友会在危难时帮你一把，而敌人却可在危难时成就你。

你应该感谢你的敌人，因为在与敌人的周旋中，你才愈来愈经得起考验，愈来愈坚强。

在动物世界中，天敌的存在往往会让一个物种繁盛，而没有天敌的物种则会走向灭亡。没有天敌的动物往往最先灭绝，有天敌的动物则会逐步繁衍壮大。

大自然中的这一规律在人类社会也同样存在。有一位在金融界工作的职员，在一家公司做基金研究员时，主管老是看他不顺眼，处处刁难他，而且，当主管邀请办公室的同事下班后到他家吃火锅时，还总是不小心地将他忘掉。这位职员给自己打气的方式是，去更高级的地方吃更高级的火锅，比他还享受！主管要给他难堪，谁知他更得意！并且这位主管分配给他的基金总是冷门商品，让他很难有业绩上的表现，但是他也不生气。现在，这位职员说："还好他这样对我，否则我现在只能在那里做研究分析。"这位主管的态度逼使他走出另一条路来，现在，他在另一家公司的行销企划部如鱼得水。"很感谢他对我的刁难。"这位职员说。

歌德说："世间万物无一不是隐喻。你所与之为敌的人就是你的一面镜子，从中可以窥探你自己的胸襟与气魄。"人的胸襟有多大，成就就有多大，争一时不如争千秋，更何况你怎么知道，上帝的安排不是要让你扛起更大的责任呢？

一种动物如果没有对手，就会变得死气沉沉。同样，一个人如果没有对手，那他就会甘于平庸，最终碌碌无为。

有了对手，才会有危机感，才会有竞争力。有了对手，你便不得不发愤图强，不得不革故鼎新，不得不锐意进取。否则，就只有等着被吞并、被替代、被淘汰。

许多人都把对手视为是心腹大患，是眼中钉、肉中刺，恨不得马上除之而后快。其实只要反过来仔细一想，便会发现拥有一个强劲的对手，反倒是一种福分、一种造化。

所以在现实生活中，不要埋怨那些令你跑得很累的人。恰恰是他们，才能使你跑得更快。好好感谢他们吧！这些仇人也正是你的恩人。

## 善待生命的每一分钟

**非洲有一个部落，婴儿刚生下来就"获得"60岁的寿命，从60岁算起，随着婴儿长大，以后逐年递减，直到零岁。人生大事都得在这60年内完成，此后的岁月便颐养天年了。**

好独特的计岁方法，人生不过是我们从上苍手中"借来"的一段岁月而已，过一年"还"一岁，直至生命终止。可惜我们常会产生这样一种错觉：日子长着呢！于是，我们懒惰，我们懈怠，我们怯懦……无论做错什么，我们都可以原谅自己，因为来日方长，不管什么事放到明天再做也不迟。

但终有一日，死亡的阴影笼罩了我们，这时我们才悚然而惊：糟了，总以为将来还长着呢，怎么死亡说来就来了。那些未尽的责任怎么办？那些未了的心愿怎么办？那些未实现的诺言怎么办……可面对死亡通知书，人们只能踏上那条不归路。追悔也罢，遗憾也罢，那个早已写好的结局无人能够更改。面对即将降临的死神，也许人们会在迷迷糊糊中想起“譬如朝露，去日苦多”的感叹，想起“少壮不努力，老大徒伤悲”的教诲，可一切都悔之晚矣。

生命既是借来的一段光阴，当然是过一天少一天了。而面对自己日渐减少的寿命，谁又能无动于衷呢？那个倒着计岁的非洲部落，他们的人生智慧真是令人惊叹。

每过一分钟，我们便会失去生命中的一分钟。

有人算过这样一笔账：假如人能活70岁，而每天睡觉8小时，那么70年会睡掉204 400小时，合8 517天，为23年零4个月。这样，人还剩下46年零8个月的时间。此外，闲聊、发呆等时间，再加上退休后不工作的时间，约合36年零2个月。如此算来，一个人活到70岁，自己只有10年零6个月的时间可以用来做些事。更何况人们并不是人人都能活到70岁。

由此看来，我们能真正拥有的时间寥寥无几。树枯了，有再青的机会；花谢了，有再开的时候；燕子去了，有再回来的时刻；然而，人的时间一旦逝去，就如覆水难收，难以挽回。

因此，时间对于我们每一个人来说都是最宝贵的财富，要珍惜时间，爱惜生命，利用好你生命中的每分每秒。

又有人这样计算时间，人的一生其实只有3天：昨天、今天、明天。昨天已逝，明天未至，而我们要面对的只有今天。

李大钊说过一句话：“我认为世间最宝贵的是‘今’，最易失去的也是‘今’。”很多人都喜欢憧憬明天，渴望明天的太阳和今天不一样；也有一些人常常徘徊在昨天的绿洲里流连忘返，但是它们却忽略了今天。是的，也许明天很好、很美，明天的太阳比今天的灿烂辉煌。可是，“明日复明日，明日何其多”，一个人如果不懂得珍惜今天的时光，又怎么能谈得上珍惜明天的光阴呢？

“今天”与“生命”聊天，“生命”问：“过得怎么样？”

“今天”答道：“到现在为止，今天是我最好的一天！”

“生命”为“今天”的答案感到吃惊。

“你最好的一天？”“生命”用一种惊诧的口气重新问道。

“是的。”“今天”迅速而且又充满信心地回答。

“生命”又问了一遍：“你确定吗？”

“是的。”“今天”再一次确认。

“今天”能感觉到“生命”并不相信他讲的是真话。当然，他知道“生命”相不相信并不重要，重要的是他自己相信。

“生命”问他：“你怎么能说今天是到现在为止你最好的一天呢？你结婚那天呢？难

道不比今天更好吗？”

“今天”答道：“我一直而且将永远记得我结婚那天，我的妻子是多么快乐。我也记得第一个孩子出生的情景。我还记得在甜品店喝奶昔，意识到自己还能做事。我记得给一只眼睛看不见的小鸭子喂食的那天。我也记得我和儿子一起爬上奥林匹亚山那天，我们一起欣赏这美丽的世界。我一直记得当我看见刚刚犁过的、黑色的、潮湿的、肥沃的泥土，等着我们播种的那天。我还记得在学年手册上读到学校里最传统的女孩儿写的评语，说我是高年级最好的男孩子。我还记得有个女孩对我说她尊重我，而我告诉自己，我也尊重自己。我记得那天船长公正地对待我。我记得海军军官说我不能参军，而母亲仁慈地告诉我说还有希望。我也记得其他两万多个美好的日子，每一天都成就了现在的生活。那些天里，一定有许多天可以排在我好日子列表的前面，但没有一天是最好的一天，它们中的任何一天都只能排第二。”

## 对工作充满感恩

我们可以为一个陌路人的点滴帮助而感激不尽，却无视朝夕相处的老板的种种恩惠。我们总是把公司、同事对自己的付出视为理所当然，还时常牢骚满腹、抱怨不止，也就更谈不上恪守职责了。

感恩是一种良好的心态，是一种奉献的精神，当你以一种感恩图报的心情工作时，你会工作得更愉快，你会工作得更出色。

或许我们的每一份工作或每一个工作环境都无法尽善尽美。但每一份工作中都存有许多宝贵的经验和资源，如失败的沮丧、自我成长的喜悦、热心的工作伙伴、值得感谢的客户等，这些都是工作成功必须体验的感受和必须具备的财富。如果你能每天怀着一颗感恩的心情去工作，在工作中始终牢记“拥有一份工作，就要懂得感恩”的道理，你一定会收获许多。

如果你能带着一种从容坦然、喜悦的感恩心情工作，你会获取最大的成功。懂得感恩的人有一种深刻的认识，你的工作岗位为你提供了一个广阔的发展空间，也为你提供了施展才华的场所，对于工作，你要心存感激，并力图回报。回报工作岗位对你的这些“厚爱”，只需要你做到一点：“忠诚”。

你要喜爱你的工作，全心全意、不留余力地让自己的工作做到完美，完成你的任务。同时注重提高效率，多替你的公司发展规划构思设想。

当人满怀感激，忠心地工作时，公司一定会为你设计更辉煌的前景。

# 感恩让人内心安宁，静享愉悦

感受和感激他人恩惠的能力，是个人维护自己的内心安宁感、提高自己的幸福充裕感必不可少的心理能力。

一个不知道感恩的人，他的生活会因此而缺少快乐，他将无法融入社会大家庭，甚至会做出危害社会的行为。

要想拥有幸福的生活，就要怀有一颗感恩的心。有一颗感恩的心，才能够更加懂得尊重，尊重生命、尊重劳动、尊重创造。

李嘉诚早年由于生计所迫，14岁时就到港岛西营盘的春茗茶楼当了一名小伙计。在这间茶楼，发生了一次使李嘉诚终生难忘的“饭碗危机”。一位生意人在大谈生意经，李嘉诚听得入迷，竟忘了伺候客人茶水。待听到大伙计叫唤，才慌里慌张地持茶壶为客人冲开水，结果不小心洒到茶客的裤脚上。老板立即跑过来，正待斥责李嘉诚，不料那位茶客却为李嘉诚开脱说：“不怪他，是我不小心碰了他。”

茶客走后，老板对李嘉诚说：“我知道是你把水淋到了客人的裤脚上。以后做事千万得小心，万一有什么错失，要赶快向客人赔礼，说不定就能大事化小。这客人心善，若是恶点，不知会闹成什么样子。开茶楼，老板伙计都难做。”李嘉诚的母亲知道后，说：“菩萨保佑，客人和老板都是好人。”她又告诫儿子，“种瓜得瓜，种豆得豆”“积善必有善报，作恶必有恶报”。

李嘉诚从此再也没见过那位好心的茶客，他成为巨富后对友人说：“这虽然是件小事，在我看来却是大事。如果我还能找到那位客人，一定要让他安度晚年，以报他的大恩大德。”

人们常说要懂得感恩，感恩是一种心态，是对生活发自内心的热爱。无论处在多么恶劣的境地，感恩者都会记住自己拥有的那份爱。

人生旅途繁杂，不要忘记带上一颗感恩的心上路，这样你才会珍惜生命里拥有的东西，使内心得到安宁，使精神得享愉悦。

第十三章

# 耐得住寂寞，经得起挫折

## 不是每一次播种都有收获

并不是你的每一份努力都会收到效果，并不是你的每一次坚持都会有人看到，并不是你每一点付出都能得到回报，并不是你的每一个善意都能被理解……也许这就是世道。有很多时候，人需要一点耐心，一点信心。每个人总会轮到几次不公平的事情，而通常情况下，耐心等待是最好的应对办法。

有很多时候我们需要等待，需要耐得住寂寞，等待属于自己的那一刻。周润发等待过，刘德华等待过，周星驰等待过，王菲等待过，张艺谋也等待过……看到了他们如今的功成名就的，你可曾看到当初他们的等待和耐心？你可曾看到金马奖影帝在街边摆地摊？你可曾看到德云社一群人在剧场里给一位观众说相声？你可曾看到周星驰当年的角色甚至连一句台词都没有？每一个成功者都有一段低沉苦闷的日子，闭上眼睛，几乎就能想象得出来他们当年借酒浇愁的样子，也可以想象得出他们为了生存而挣扎的窘迫。在他们一生中最灿烂美好的日子里，他们渴望成功，但却两手空空，一如现在的你。没有人保证他们将来一定会成功，而他们选择的是耐住寂寞。如果当时的他们总念叨着“成功只是属于特权阶级的”，那么他们今天会有如此的成就吗？

人总是会遇到挫折，总是会有低潮，总是会有不被人理解的时候，总是有要低声下气的时候，而这些恰恰是人生最关键的时候，因为大家都会碰到挫折，而大多数人过不了这个门坎，你能过，你就成功了。在这样的时刻，我们需要耐心等待，满怀信心地去等待，相信生活不会放弃你，机会总会来的。至少，还年轻，有什么可怕的呢？路要一步步走，虽然到达终点的那一步很激动人心，但大部分的脚步是平凡甚至枯燥的，但没有这些脚步，或者耐不住这些平凡枯燥，你终归是无法迎来最后的那些激动人心。

逆境，是上帝派来淘汰不合格者的帮手。要知道，你不好受，别人也不好受，你坚持不下去了，别人也一样，当遇到困境的时候千万不要告诉别人你坚持不住了，那只能让别人获得坚持的信心，让竞争者微笑地看着你失去信心，退出比赛。胜利永远属于那些在寂寞中能够沉得住气的人。在最绝望的时候，去看看电影《The Pursuit of Happiness》(《甜心先生》)《Jerry Maguire》《当幸福来敲门》，让自己重新鼓起勇气吧。因为无论什么时候，我们总还是有希望。即便是所有的人都失去了希望，我们也不可以对自己失去信心。每天下班坐在车里，我喜欢哼着《隐形的翅膀》看着窗外，我知道，我在静静等待，等待属于我的那一刻。

现代人为什么迷失，为什么找不到自己？这不仅是因为我们太过于浮躁、太过于追求外在的感觉了，更重要的原因是我们在繁华喧闹的社会中失去了真正的自己。一个人如果不能看清真实的自己，就会使自己产生一种飘忽不定、没有方向、没有目的的感觉。

## 低谷的短暂停留，是为了向更高峰攀登

随着最后一棒雷扎克触壁，美国队在北京奥运会游泳男子 4×100 米混合泳接力比赛中夺冠了，并打破了世界纪录！泳池旁的菲尔普斯激动得跳起来，和队友们紧紧拥抱在一起。这也是菲尔普斯本人在北京奥运会上夺得的第 8 枚金牌，可谓是前无古人。菲尔普斯已经彻底超越了施皮茨，成为奥运会的新王者。

如果说一个人的一生就像一条曲线，那么，北京奥运会上的菲尔普斯无疑达到了人生的一个新高峰；如果说一个人的一生就像四季轮回，那么，北京奥运会上的菲尔普斯必定是处在灿烂热烈、光芒四射的夏季。在 2008 年北京的水立方，菲尔普斯创造了令人大为惊叹的 8 金神话，无比荣耀地登上了他人生的巅峰。

而 2009 年 2 月初，当北半球大部分国家还被冬天的低温笼罩时，从美国传出了一条让菲迷们更觉冰冷的消息，菲尔普斯吸食大麻！菲迷们伤心了，媒体哗然了，菲尔普斯竟以“大麻门”的方式再次让人们瞠目结舌。

北京奥运会后，菲尔普斯完全放弃了训练，流连于各个俱乐部、夜店，继而沉醉于赌城拉斯维加斯豪赌，私生活可谓靡烂。他也不再严格控制饮食，导致体重增加了至少 6 公斤。《纽约时报》说，“这是有史以来最胖的菲尔普斯，他更像是明星，而不是运动员”。

尽管“大麻门”曝光后，菲尔普斯痛心疾首，向公众真诚致歉并表示会痛改前非，很多热爱飞鱼的菲迷们都采取了宽容的态度，美国泳协也仅对菲尔普斯禁赛三个月。但事情既然发生，就不得不引发人们深深的思考。

相比于风光无限的2008年夏季，2008年底到2009年初，菲尔普斯似乎在走下坡路，他人生也似乎走进了寒冷的冬季。喜欢他的人们帮他解脱，比如年少无知、交友不慎，比如生活单调、压力过大。其实和菲尔普斯相比，现实生活中很多人的生活轨迹又何尝不是如此呢，春风得意，自我膨胀，然后屡犯错误，最后跌入人生的低谷。无论是主观原因还是客观因素，成功的背后总会有失败的影子，得意过后总会伴着失意，有顺境就有逆境，有春天也会有冬季，这似乎是人生无可置疑的辩证法。

人生就像四季，有着寒暑之分，也会有冷暖交替的变化。情场失意、工作不得志、与家人无法沟通、在同事中不被认同、亲人病危……当我们面临人生的“冬季”时，不可避免地会陷入情绪的低潮，并经常在低潮与清醒中来回摇摆。其实，当一个人处于人生中的“冬季”时，正是好好反省、重新认识自己的时候，因为在所谓清醒的时刻，往往并非是真正的清醒。不管是刻意压抑或是在潜意识中，都会在有意或无心的时候，否定了内心种种孤寂、空虚的感受，也压抑了由恐惧所引起的各种负面情绪。

当然，一般人也想过办法来解决这样的问题，有人尝试各种各样的方法，只是到了最后，还是不忘提醒自己这样的话：“书上写的、朋友说的我都懂，不过，懂是一回事，能不能做又是另外一回事！”就这样，不是畏惧改变，就是不耐于等待，而错失了反省自己的机会！

人在顺境时得意是非常自然的事情，但是能在低谷中苦中寻乐，或是让心情归于平静去认识平常疏于了解的自己，能帮助自己成长。

生活中的“冬季”就像开车遇到红灯一样，短暂的停留是为了让你放松，甚至可以看看是否走错了方向。人生是长途旅行，如果没有这种短暂的休息，也就无法精力充沛地未完的旅程。生命有高潮也有低谷，低谷的短暂停留是为了整顿自我，向更高峰攀登。

## 坦然面对自己的失意

如果一个人在46岁的时候，在一次意外事故中被烧得不成人形，4年后的一次坠机事故中使腰中部以下全部瘫痪，他会怎么办？接下来，你能想象他变成百万富翁、受人爱戴的公共演说家、春风得意的新郎官及成功的企业家吗？你能想象他会去泛舟、玩跳伞、在政坛争得一席之地吗？

这一切，米歇尔全做到了，甚至有过之而无不及。在经历了两次可怕的意外事故后，米歇尔的脸因植皮而变成一块彩色板，手指没有了，双腿细小，无法行动，他只能瘫痪在轮椅上。第一次意外事故把他身上六成五以上的皮肤都烧坏了，为此他动了16次手术。

手术后，他无法拿起叉子，无法拨电话，也无法一个人上厕所，但曾是海军陆战队队员的米歇尔从不认为自己被打败了。他说："我完全可以掌控自己的人生之船，那是我的浮沉，我可以选择把目前的状况看成倒退或是一个新起点。"6个月之后，他又能开飞机了！

米歇尔为自己在科罗拉多州买了一幢维多利亚式的房子，另外也买了房地产、一架飞机及一家酒吧，后来他和两个朋友合资开了一家公司，专门生产以木材为燃料的炉子，这家公司后来变成佛蒙特州第二大私人公司。第一次意外发生后4年，米歇尔所开的飞机在起飞时又摔回跑道，把他胸部的十二块脊椎骨压得粉碎，他永远瘫痪了。

米歇尔仍不屈不挠，努力使自己达到最大限度的自主。后来，他被选为科罗拉多州孤峰顶镇的镇长，保护小镇的环境，使之不因矿产的开采而遭受破坏。米歇尔后来还竞选国会议员，他用一句"不只是另一张小白脸"作为口号，将自己难看的脸转化成一项有利的资产。后来，行动不便的米歇尔开始泛舟。他坠入爱河且完成终身大事，他还拿到了公共行政硕士，并持续他的飞行活动、环保运动及公共演说。米歇尔坦然面对自己失意的态度使他赢得了人们的尊敬。

米歇尔说："我瘫痪之前可以做1万件事，现在我只能做9000件，我可以把注意力放在我无法再做的1000件事上，或是把目光放在我还能做的9000件事上。告诉大家，我的人生曾遭受过两次重大的挫折，而我不能把挫折当成放弃努力的借口。或许你们可以用一个新的角度，看待一些一直让你们裹足不前的经历。你们可以退一步，想开一点，然后，你们就有机会说：'或许那也没什么大不了的！'"

月有阴晴圆缺，人生也是如此。情场失意、朋友失和、亲人反目、工作不得志……类似的事情总会不经意纠缠你，令你的情绪跌至低谷。其实，生活中的低谷就像是行走在马路上遇到红灯一样，你不妨以一种平和的心态坦然面对，不妨利用这段时间休息、放松一下，为绿灯时更好地行走打下基础。

丘吉尔说："做人就要做坚强和刚猛的大雄狮！"

人生是一个与困难作战的过程，你不打败困难，困难就打败你。当人生的困难挫折降临到你的头上，你是坦然面对，勇敢迎接挑战，还是灰心丧气，知难而退，落荒逃走？这是一个关系到人生成败的大问题。

# 有一种成功叫锲而不舍

德国伟大诗人歌德在《浮士德》中说：“始终坚持不懈的人，最终必然能够成功。”人生的较量就是意志与智慧的较量，轻言放弃的人注定不是成功的人。

约翰尼·卡许早就有一个梦想——当一名歌手。参军后，他买了自己有生以来的第一把吉他。他开始自学弹吉他，并练习唱歌，他甚至创作了一些歌曲。服役期满后，他开始努力工作以实现当一名歌手的夙愿，可他没能马上成功。没人请他唱歌，就连电台唱片音乐书目广播员的职位他也没能得到。他只得靠挨家挨户推销各种生活用品维持生计，不过他还是坚持练唱。他组织了一个小型的歌唱小组在各个教堂、小镇上巡回演出，为歌迷们演唱。最后，他灌制的一张唱片奠定了他音乐工作的基础。他吸引了两万名以上的歌迷，金钱、荣誉、在全国电视屏幕上露面——所有这一切都属于他了。他对自己深信不疑，这使他获得了成功。

接着，卡许经受了第二次考验。经过几年的巡回演出，他被那些狂热的歌迷拖垮了，晚上须服安眠药才能入睡，而且要吃些“兴奋剂”来维持第二天的精神状态。他沾染上了一些恶习——酗酒、服用催眠镇静药和刺激兴奋性药物。他的恶习日渐严重，以致对自己失去了控制能力。他不是出现在舞台上，而是更多地出现在监狱里。到了1967年，他每天须吃一百多片药。

一天早晨，当他从佐治亚州的一所监狱刑满出狱时，一位行政司法长官对他说：“约翰尼·卡许，我今天要把你的钱和麻醉药都还给你，因为你比别人更明白你能充分自由地选择自己想干的事。看，这就是你的钱和药片，你现在就把这些药片扔掉吧，否则，你就去麻醉自己，毁灭自己。你选择吧！”

卡许选择了生活。他又一次对自己的能力做了肯定，深信自己能再次成功。他回到纳什维利，并找到他的私人医生。医生不太相信他，认为他很难改掉服麻醉药的坏毛病，医生告诉他：“戒毒瘾比找上帝还难。”他并没有被医生的话吓倒，他知道“上帝”就在他心中，他决心“找到上帝”，尽管这在别人看来几乎不可能。他开始了他的第二次奋斗。他把自己锁在卧室闭门不出，一心一意要根绝毒瘾，为此他忍受了巨大的痛苦，经常做噩梦。后来在回忆这段往事时，他说，他总是觉得昏昏沉沉，好像身体里有许多玻璃球在膨胀，突然一声爆响，只觉得全身布满了玻璃碎片。当时摆在他面前的，一边是麻醉药的引诱，另一边是他奋斗目标的召唤，结果后者占了上风。九个星期以后，他恢复到原来的样子了，睡觉不再做噩梦。他努力实现自己的计划，几个月后，他重返舞台，再次引吭高歌。他不停息地奋斗，终于再一次成为超级歌星。

卡许的成功来源于什么？很简单，坚持。

一个人身处困境之中，不自强永远也不会有出头之日，仅仅一时的自强而不能长期坚持，也不会走上成功之路。因此，坚持不懈地自强，才是扭转命运的根本力量。

古希腊哲人苏格拉底说："许多赛跑者的失败，都是失败在最后几步。跑'应跑的路'已经不容易，'跑到尽头'当然更困难。"一个人的成功往往来自于自己内心的一份坚持，虽然每个人的境遇完全不同，可是他们都没有放弃自己内心的追求！这一点点坚持使他们在竞争中成为真正的赢家！

## 屡战屡败的死敌是屡败屡战

当塞洛斯·W.菲尔德从商界引退的时候，他已经积累了大量的财富。而这时他却对在大西洋中铺设海底电缆这一构想产生了极大的兴趣，这样一来欧洲和美洲就能建立电报联系。菲尔德倾其所有来完成这一事业。前期的准备工作包括建造一条从纽约到纽芬兰圣约翰的电话线路，全长1000多英里。这其中有400多英里需要穿过一片原始森林，为此他们不得不在铺设电话线的同时修建一条穿越纽芬兰的道路。这条线路中还有140多英里要通过法国的布列塔尼，建设者们在那儿也投入了大量的人力。与此相同的还有铺设通过圣劳伦斯的电缆。

通过艰苦的努力，菲尔德得到了英国政府对他的公司的援助。但是在国会，他曾经遭到了一个很有影响力的团体的强烈反对，在参议院表决时，菲尔德的方案仅以一票的优势获得通过。英国海军派出了驻塞瓦斯托波尔舰队的旗舰"阿伽门农"号来铺设电缆，而美国则由新建的护卫舰"尼亚加拉"号来承担这一工作。但是由于一次意外，已铺设了5英里长的电缆卡在了机器里，被折断了。在第二次实验中，船只驶出200英里时，电流突然消失了，人们在甲板上焦急沮丧地来回走动，似乎死期就要来临。正当菲尔德先生要下令切断电缆的时候，电流就像它消失时那样，突然又神奇地恢复了。接下来的一个晚上，电缆以每小时6英里的速度延伸，但由于停船过于突然，船只猛烈地倾斜了一下，电缆又被卡断了。

菲尔德不是一个轻言放弃的人。他重新购买了700多英里长的电缆，委托一位精通此行的专家设计一套更好的铺设电缆的机器设备。美国和英国的发明家齐心协力地工作，最后决定从大西洋中央开始铺设两段电缆。于是两艘船开始分头工作，一艘往爱尔兰，另一艘驶往纽芬兰，每艘船都各自承担一头的铺设工作。大家希望这样能够把两个大陆连接起来。就在两艘船相距 3 英里时，电缆断了。人们重新连上了电缆，但是当两艘船相距 80 英里时，电流又消失了。电缆再次连上了，大约又铺设了 200 英里之后，在距“阿伽门农”号 20 英尺处，不幸电缆又断了，“阿伽门农”号随即返回了爱尔兰海岸。

项目负责人都感到非常沮丧，公众开始怀疑，投资商开始退却。如果不是菲尔德先生不屈不挠、夜以继日、废寝忘食地工作，说服众人，整个工程项目早就被放弃了。终于开始了第三次尝试，这一次成功了，整条电缆线顺利地铺设完成。几个信号在大西洋上传送了将近 700 多英里之后，突然电流中断了。

大家都失去了信心，只有菲尔德先生和他的一两个朋友仍然对此抱有希望。他们继续坚持工作，并且说服了人们继续投资进行试验。一条崭新的更为高级的电缆由“大东部”号负责铺设。“大东部”号慢慢地驶向大西洋，一边前进一边铺设。一切都进行得很顺利，直到距离纽芬兰 600 英里处，电缆突然折断沉入海底。几次捞起电缆的尝试都失败了，这一项目也因此停顿了将近一年。但是菲尔德先生并没有被这些困难吓倒，他继续为自己的目标努力。他组建了新公司，并制造了一条当时最为先进的电缆。1866 年 7 月 13 日，试验开始了，这一次他们成功地向纽约传送了信息，全文如下：

无比满足，7 月 27 日。

我们于早上 9 点到达，一切顺利。感谢上帝！电缆铺设成功，运行良好。

塞洛斯·W. 菲尔德

那条旧的电缆也找到了，重新连接起来，通往纽芬兰。这两条线路现在仍在使用，而且将来也会有用。

屡战屡败的死敌是屡败屡战，只要我们不放弃，任何困难都难不倒我们。可是如果面对困难，我们畏惧了，退缩了，那么我们只能是生活的失败者，而看不到胜利的希望。

## 低谷时不放弃，在寂寞中悄然突破

人生之中，难免会经历这样或那样的波折。面对生活中的痛苦，如果一味沉浸在对命运的抱怨中，那么我们看到的只能是漫无天际的悲观和失望，可是如果保持一颗豁达的心，即使是在人生的风雪里，也只会当成是风景来观赏。

苏珊娜刚刚 4 岁时，父亲就被癌症夺去了生命。母亲当时只有 27 岁，还带着苏珊娜和她的弟弟，家里也没有什么积蓄。突如其来的厄运给了年轻的少妇致命的一击，她曾一度陷入深深的绝望中。但想到年幼的儿女，这位坚强的妈妈终于重新振作起来，鼓足勇气活下去。

父亲走后，家里没有了顶梁柱，好几年的时间里，孤儿寡母过着东挪西借的生活，怎样勉强填饱肚子是母亲每天都要担心的事。可是，在苏珊娜的印象中，母亲从未因家境贫穷而烦恼，总是想尽办法去挣钱。她曾经在家里为一个当律师而雇不起秘书的邻居做打字工作，也曾经为那些工作繁忙的年轻父母们照顾小孩，还揽过为养老院老人洗衣服的活儿。在母亲的影响下，年幼的苏珊娜早早就懂事了，她也会找到一个贴补家用的门路。8 岁的时候，苏珊娜教邻居一些还没上学的孩子识字。那些孩子的父母很感激，便供给她食宿费用。

小时候家里困难，总是有各种难事，但是母亲从不唉声叹气，如果遇到五个难题，母亲就会说："没遇到六个难题，这不是走运吗？"买不起汽车，母亲就说："咱们住得离公共汽车站这么近，难道还不满意吗？"过节的时候没钱给她买新衣服，母亲就用家里的旧衣服拼拼凑凑做一件，然后就表扬自己的手艺好。过生日的时候没有钱买蛋糕，母亲就会向会做蛋糕的阿姨请教，用最简单的材料玩出最多的花样，给孩子一个惊喜。她总是高高兴兴地处理生活中层出不穷的问题。多年耳闻目染母亲这种乐观、积极的处理问题的精神，苏珊娜也树立了开朗向上的生活态度。遇到困难时，母亲微笑的脸庞和充满鼓励的话语，总能让苏珊娜觉得信心激增，浑身充满了力量。每当她情绪消沉，抱怨不满或者在学校里碰到棘手的事情时，想想母亲在那么艰难的环境中还保有充沛的热情，苏珊娜就获得了坚持的勇气，最后往往得到一个很好的结果。

没错，面对生活中的磨难，如果不能以豁达的心胸面对，那么我们只能一直生活在痛苦当中。在生活中，很多人都不能放下心中的痛苦，他们觉得是命运的薄待，让他们感受到了诸多痛苦。所以，他们愤恨，他们抱怨，甚至于还会想到要报复。

可是，即便是我们把心中的痛苦都发泄出来，我们仍然没办法减轻自己心中的痛苦，因为我们不曾放下。所以，与其让别人加入我们的痛苦，不如我们自己释怀，看淡得失。

人生之中，难免会经历这样或那样的波折。面对生活中的痛苦，如果一味沉浸在对命运的抱怨中，那么我们看到的只能是漫无天际的悲观和失望，可是如果保持一颗豁达的心，即使是在人生的风雪里，也只会当成是风景来观赏。

## 怀有成为珍珠的信念

在日本有一个学业优秀的青年，去一家大公司应聘，结果没被录用。这位青年得知这一消息后，深感绝望，顿生轻生之念，幸亏抢救及时，自杀未遂。不久传来消息，他的考试成绩名列榜首，是统计考分时电脑出了差错，他被公司录用了。但很快又传来消息，说他又被公司解聘了，理由是一个人连如此小的打击都承受不起，又怎么能在今后的岗位上建功立业呢?

在我们的周围，有很多人之所以没有成功，并不是因为他们缺少智慧，而是因为他们面对事情的艰难没有做下去的勇气，他们自认为已陷入绝境，只知道悲观失望。

而有的人却恰恰相反，他们面对失败从不气馁，而是以百折不挠的精神向目标不断前进。

有一位穷困潦倒的年轻人，身上全部的钱加起来也不够买一件像样的西服。但他仍全心全意地坚持着自己心中的梦想，他想做演员，当电影明星。好莱坞当时共有500家电影公司，他根据自己仔细划定的路线与排列好的名单顺序，带着为自己量身定做的剧本前去一一拜访，但第一遍拜访下来，500家电影公司没有一家愿意聘用他。

面对无情的拒绝，他没有灰心，从最后一家被拒绝的电影公司出来之后不久，他就又从第一家开始了他的第二轮拜访与自我推荐。第二轮拜访也以失败而告终。第三轮的拜访结果仍与第二轮相同。但这位年轻人没有放弃，不久后又咬牙开始了他的第四轮拜访。当拜访到第350家电影公司时，老板竟破天荒地答应让他留下剧本先看一看。他欣喜若狂。几天后，他获得通知，请他前去详细商谈。就在这次商谈中，这家公司决定投资开拍这部电影，并请他担任自己所写剧本中的男主角。不久这部电影问世了，名叫《洛奇》。这位年轻人的名字就叫史泰龙，后来他成了红遍全世界的巨星。

其实，陷入绝望的境地往往是对今后的路没有信心，或者是对曾经得到而又失去的东西感到痛心，所以有人会因此而绝望。人常说，“绝境逢生”，这个词能够出现就有它出现的道理，很多时候，有些事情看起来是没有回旋的余地了，但只要不放弃，很可能就会出现转机。

常言道:“留得青山在，不怕没柴烧。”任何时候，只要人在就有希望，遇到任何处境都不至于绝望，流过血，流过泪，付出了汗水，痛哭过后，擦干眼泪，一切可以重新开始。

所以，不论是遇到什么事情，不论事情在现在看来是如何的糟糕，千万不要以为没有了办法，也不要因为一次失败就认为自己无能，每一个人几乎都是由不断失败。再不断爬起来才获得成功的。或者每当觉得开始绝望的时候，多鼓励自己再试一次，再试一次很可能让自己跨越了苦难的沼泽地，给自己一个机会，生活的机会才会留给自己。

其实，人生没有绝望的处境，只有对处境绝望的人。即使自己是一粒细沙，也要相信自己能够成为一颗珍珠。只有抱着这样的信念，我们才能走向成功。

## 冬天里会有绿意，绝境中也会有生机

我们知道，事情的发展往往具有两面性，犹如每一枚硬币总有正反面一样，失败的背后可能是成功，危机的背后也有转机。

1974 年第一次石油危机引发经济衰退时，世界运输业普遍不景气，但当时美国的特德·阿里森家族却收购了一艘邮轮，成立嘉年华邮轮公司，后来这家公司成为世界上最大的超级豪华邮轮公司；世界最大的钢铁集团米塔尔公司，在 20 世纪 90 年代末世界钢铁行业不景气的时候，进行了首次大规模兼并，然后迅速扩张起来。所以说，危机中有商机，挑战中有机遇，艰难的经济发展阶段对企业来说是充满机会的，对企业如此，对个人、对民族、对国家也是如此。

2008 年经济危机爆发后，美国很多商业机构和场所顿时萧条了，但酒吧的生意却悄悄地红火起来。原来，精明的酒商们发现美国人开始越来越喜欢喝战前禁酒令时期以及大萧条时期的酒品，比如由白兰地、橘味酒和柠檬汁调制成的赛德卡鸡尾酒。酒商们迅速嗅出了新商机，推出了一款改进的老牌鸡尾酒。美国一个酒业资深人士指出，人们在困难时期，往往会从熟悉的东西那里寻求安慰，老式鸡尾酒自然而然会走俏。这种酒品，不仅让酒商们大赚了一笔，而且还能使疲于应对经济危机的美国人民得到慰藉。

“危中有机，化危为机。”一些中外专家认为，如果危机处置得当，金融风暴也有可能成为个人、企业或国家迅速发展的机遇。所以，冬天里会有绿意，绝境里也会有生机。

危机之下，谁都不希望面临绝境，但绝境意外来临时，我们挡也挡不住，与其怨天尤人，还不如奋力一搏，说不定，还会创造一个奇迹。

有人说过这样一句话：“瀑布之所以能在绝处创造奇观，是因为它有绝处求生的勇气和智慧。”其实我们每个人都像瀑布一样，在平静的溪谷中流淌时，波澜不惊，看不出蕴含着多大的力量：往往当我们身处绝境时，才能将这种力量开发出来。

下面是一个在绝境里求生存的真实故事：

第二次世界大战期间，有位苏联士兵驾驶一辆苏H正式重型坦克，非常勇猛，一马当先地冲入了德军的心腹重地。这一下虽然把敌军打得抱头鼠窜，但他自己渐渐脱离了大部队。

就在这时，突然轰隆隆一声，他的坦克陷入了德军阵地中的一条防坦克深沟之中，顿时熄了火，动弹不得。

这时，德军纷纷围了上来，大喊着："俄国佬，投降吧！"

刚刚还在战场上咆哮的重型坦克，一下子变成了敌人的瓮中之物。

苏联士兵宁死也不肯投降，但是现实一点也不容乐观，他正处于束手待毙的绝境中。

突然，苏军的坦克里传出了"砰砰砰"的几声枪响，接着就是死一般的沉寂。看来苏联士兵在坦克中自杀了。

德军很高兴，就去弄了辆坦克来拉苏军的坦克，想把它拖回自己的堡垒。可是德军这辆坦克吨位太轻，拉不动苏军的庞然大物，于是德军又弄了一辆坦克来拉。

两辆德军坦克拉着苏军坦克出了壕沟。突然，苏军的坦克发动起来，它没有被德军坦克拉走，反而拉走了德军的坦克。

德军惊惶失措，纷纷开枪射向苏军坦克，但子弹打在钢板上，只打出一个个浅浅的坑洼，奈何它不得。那两辆被拖走的德军坦克，因为目标近在咫尺，无法发挥火力，只好像驯服的羔羊，乖乖地被拖到苏军阵地。

原来，苏联士兵并没有自杀，而是在那种绝境中，被逼得想出了一个绝妙的办法。他以静制动，后发制人，让德军坦克将他的坦克拖出深沟，然后凭着自身强劲的马力，反而俘虏了两辆德军坦克。

其实，每个人皆是如此，虽然我们的生活并不会时时面临枪林弹雨，但总有身处绝境的时候，每当此时，我们往往会产生爆发力，而正是这种爆发力将我们的力量激发出来了。所以，面临绝境的时候，不要灰心，不要气馁，更不要坐以待毙，勇往直前，无所畏惧，你我都可以"杀出一条血路"。

黎明前的夜是最黑的，只要我们在漆黑的夜中能看到一线曙光，那么，我们就要相信光明总会到来。事情总会有转机，不要消沉，不要一蹶不振，用阳光武装自己，相信船到桥头自然直，相信大雨过后天会更蓝。

## 成功的秘诀在于不放弃

威尔玛·鲁道夫从小就“与众不同”，她在家中22个孩子中排行20。她出生时因早产而险些丧命。6时她患了肺炎和猩红热，后来又患了小儿麻痹症，由于左腿不能正常使用，她只能穿着固定腿的金属绷带。她的左腿因此而残废。童年时候的她不要说像其他孩子那样欢快地跳跃奔跑，就连平常走路都做不到。寸步难行的她非常悲观和忧郁。随着年龄的增长，她的忧郁和自卑感越来越重，甚至，她拒绝所有人的靠近。但也有例外，邻居家的残疾老人却是她的好伙伴。老人在一场战争中失去了一只胳膊，但他非常乐观，她也喜欢听老人讲故事。

有一天，威尔玛被老人用轮椅推着去附近的一所幼儿园，操场上孩子们动听的歌声吸引了他俩。当一首歌唱完，老人说道：“让我们为他们鼓掌吧！”她吃惊地看着老人，问道：“你只有一只胳膊，怎么鼓掌啊？”老人对她笑了笑，解开衬衣扣子，露出胸膛，用手掌拍起了胸膛……

那是一个初春的早晨，风中还有几分寒意，但她却突然感觉自己的身体里涌起一股暖流。老人对她笑了笑，说道：“只要努力，一个巴掌也可以拍响。你一定能站起来的！”那天晚上，威尔玛·鲁道夫让父亲写了一张纸条贴在墙上：“一个巴掌也能拍响！”

从那之后，她开始配合医生做运动。无论多么艰难和痛苦，她都咬牙坚持着。有一点进步了，她又以更大的受苦姿态，来求更大进步。甚至父母不在家时，她自己扔开支架，试着走路……蜕变的痛苦牵扯到筋骨。她坚持着，相信自己能够像其他孩子一样行走、奔跑！

很快她的付出有了回报，到她9岁的时候，她不再需要她的金属护腿绷带。威尔玛很高兴，因为她能够跑步，并能像其他孩子们那样玩耍。她的哥哥在后院树立起一个篮球筐，自打那以后，她每天玩篮球。她终于扔掉支架，开始向另一个更高的目标努力着：锻炼打篮球和参加田径运动。无论严寒酷暑，她都始终坚持着，从不气馁，从不放弃。

人生难免遭遇不幸，面对不幸，只有用积极、乐观的心态去面对，才可能扭转人生命题。如果你还在为不幸的遭遇自怨自艾的话，那你的人生将不会有任何前途。

威尔玛·鲁道夫没有被病魔打倒，她选择了勇敢的反击，并且通过自己的努力她战胜了困难。在她16岁仍在上中学的时候，她已经成为一名非常优秀的田径运动员，她代表美国参加了1956年在澳大利亚墨尔本举行的奥运会，她是美国代表队中最年轻的选手，在接力跑 4×100 米接力比赛中获得了一枚铜牌。

1960 年，罗马奥运会女子 100 米决赛，当她以 11 秒 18 第一个撞线后，掌声雷动，人们都站起来为她喝彩，齐声欢呼着她的名字："威尔玛·鲁道夫！威尔玛·鲁道夫！"那一届奥运会上，威尔玛·鲁道夫成为当时世界上跑得最快的女人，她共摘取了三枚金牌，也是第一个黑人奥运女子百米冠军。

"人可以被消灭，但不能被打败！"在人生旅途中，通往理想的道路上总会遇到大大小小的困难和挫折，埋怨、消沉、哀叹命运都无济于事。面对挫折，要有宽阔的胸襟、无畏的勇气。要记住，挫折是通向理想的阶梯。只要你有走出的愿望，就没有走不出的人生低谷。我们需要不断地自我激励，不能因为一时的挫折就把自己的一生永远地困在逆境的泥淖中。人的可贵之处在于，无论跌倒多少次，都能从失败的废墟上站起来，人生也因此而显得绚丽多彩。如果只为不幸的遭遇自怨自艾，那你将不会有任何前途。

每个人都需要不断地自我激励，不能因为一时的挫折就把自己的一生永远地困在逆境的泥淖中。人的可贵之处在于，无论我们跌倒多少次，都能从失败的废墟上站起来，人生也因此而显得绚丽多彩。

## 不要陷入自己画的悲伤牢

任何一种心态都是每个人对生活的不同看法。在现实生活中，每个人都可能遭受这样或那样的打击和挫折：因为高考落榜而精神委靡或是因为失恋而忧伤，因为无法适应快节奏的工作而垂头丧气……这些心理多半是人们意志薄弱、心态不成熟的一种表现。而这些异常的悲观的心理往往导致痛苦的人生，往往影响你对世界的正确看法。

悲观的人实际上是以自己悲观消极的想法看客观世界，在悲观者心中，现实是或多或少地被丑化了的。社会上许多人，对未来和生活，往往持有一种悲观的迷茫心理。对自己的过去，无论辉煌与否，都一概加以否定，心里充满了自责与痛苦，口中有说不完的遗憾和悔恨。他们对未来缺乏信心，认为自己一无是处，什么事都干不好，认知上否定自己的优势与能力，无限放大自己的缺陷。他们经常出现失眠多梦、嗜睡懒动，或觉得自己比平时更敏感、更爱掉眼泪等，重者自我意象消极，时常自怨自艾，或心境悲哀、待人冷漠。

20 世纪的女作家张爱玲的一生完整地注释了悲观给人带来的负面影响是多么巨大。

张爱玲一生聚集了一大堆矛盾，她是一个善于将艺术生活化、生活艺术化的享乐主义者，又是一个对生活充满悲剧感的人；她是名门之后，贵族小姐，却宣称自己是一个自食其力的小市民；她悲天悯人，时时洞见芸芸众生“可笑”背后的“可怜”，但在实际生活中却显得冷漠寡情；她通达人情世故，但她自己无论是待人还是穿衣均是我行我素，独标孤高。她在文章里同读者拉家常，但在生活中始终与人保持着距离，不让外人窥测她的内心；她在20世纪40年代的上海大红大紫，一时无二，然而几十年后，她在美国又深居简出，过着与世隔绝的生活。所以有人说：“只有张爱玲才可以同时承受灿烂夺目的喧闹与极度的孤寂。”这种生活态度的确并不是普通人能够承受或者是理解的，但用现代心理学的眼光看，其实张爱玲的这种生活态度源于她始终抱着一种悲观的心态活在人间，这种悲观的心态让她无法真正地深入生活，因此她总在两种生活状态里不停地左右徘徊。

张爱玲悲观苍凉的色调，深深地沉积在她的作品中，无处不在，产生了巨大而独特的艺术魅力。但无论作家用怎样流利俊俏的文字，写出怎样可笑或传奇的故事，终不免露出悲音。那种渗透着个人身世之感的悲剧意识，使她能与时代生活中的悲剧氛围相通，从而在更广阔的历史背景上臻于深广。

张爱玲所拥有的深刻的悲剧意识，并没有把她引向西方现代派文学那种对人生彻底绝望的境界。个人气质和文化底蕴最终决定了她只能回到传统文化的意境，且不免自伤自怜，因此在生活中，她时而沉浸在世俗的喧嚣中，时而又沉浸在极度的寂寞中，最后孤老死去。

张爱玲的悲剧人生让我们看到了悲观对一个人的残害是多么惨重。人要追求幸福的生活，就要让自己的心灵从悲观的冰河里泅渡出来。

我们不难发现，那些生长在废墟之下的植物，它们被压在沉重的石头砖瓦之下，一年又一年，几乎已经丧失了生存的机会，但一旦它们见到阳光，就立刻恢复了勃勃生机，而且会令人意外地绽开了一朵朵美丽的鲜花。

其实，我们每个人也是如此。

不管经受了多少苦难，一旦信念的阳光照耀在身上，他便能获得至高无上的力量，这力量推动他去改变生活，拥抱幸福灿烂的人生。

# 第十四章

# 爱在时当守，爱去时当放

## 善待手中的爱情

一位悲伤的少女求见爱神。

“爱神，你掌管着人世间的爱情，现在，我有件关于我的爱情的事请教您，希望您能帮助我。”

“可怜的孩子，请说吧。”爱神说。

少女停顿了一下，忧伤的声调令人心碎：“我爱他，可是，我马上就要失去他了。”少女流泪了。

“孩子，请慢慢从头说吧，怎么回事？”爱神慈祥地说。

“我与他深深相爱着。他以他的热情，日复一日地用鲜花表达着他对我的爱。每天早上，他都会送我一束迷人的鲜花；每天晚上，他都要为我唱一首动听的情歌。”

“这不是很好吗？”爱神说。

“可是，最近一个月来，他有时几天才送一束花，有时根本就不为我唱歌了，放下花束就匆匆离去了。”

“唔？问题出在哪儿呢？你对他的爱有变化吗？”

“没有，我一直从心里深深爱着他。但是，我从来没有表露过我对他的爱，我只能以冰冷掩饰内心的热情。现在他对我的热情也在慢慢逝去，我真怕，真怕有一天失去他。爱神，请指教我，我该怎么办？”

爱神听完少女的诉说，从屋里取出一盏油灯，添了一点儿油，点燃了它。

“这是什么？”少女问。

“油灯。”

“点它做什么？”

“别说话，让我们看着它燃烧吧。”爱神示意少女安静。

灯芯噝噝地燃烧着，冒出的火苗欢快而明亮，它的光亮几乎映亮了整个屋子。然而，渐渐地，随着灯油越来越少，灯芯火焰也越来越小，光线变弱了。

“呀！该添油了！”少女道。

可是爱神示意少女不要动。任凭灯芯把灯油烧干，最后，连灯芯也被烧焦了，火焰终于熄灭了，只留下一缕青烟在屋中飘浮。

少女沉思了一会儿，恍然大悟。

爱情是需要经营的，不要总将别人的付出视为理所当然。不用心去经营，有一天你会发现爱情之花已经枯萎。善待手中的爱情，珍惜每一天，感受生活的全部内涵，走过之后，你才不会因后悔当初没有珍惜而潸然泪下。

女孩送给男孩玫瑰种子和花盆，男孩说要种出最美丽的玫瑰送给女孩，他们一起等待着。后来，男孩迷上了上网，几天不找女孩是常有的事，女孩也越来越难找到他。但男孩一回到家，就会先去看看玫瑰，看到玫瑰垂头丧气、病怏怏的，他总会责怪自己的疏忽，赶紧为它浇水施肥，日夜守护着它，希望玫瑰早日开出美丽的花朵……

一天，他惊喜地看到玫瑰长出第一个花苞，高兴地打电话给女孩。等了很久他的电话的女孩，开心地听他用兴奋的语气说着：“很快我就可以送你一束我亲手种的玫瑰了！”

男孩依然整日整夜地去玩，在家的时间越来越少。许久未见到男孩的女孩，终于来到男孩的家，她看到干枯的玫瑰残留着一片花瓣，似乎不放弃地在等着她。女孩看着奄奄一息的玫瑰，再看看镜中憔悴的自己，不禁滴下了一滴眼泪，而残存的最后一片花瓣也在此时落下。回到家的男孩着急地奔向窗台，看到原本放置玫瑰的地方却放着一盆仙人掌，还有一张字条。上面是女孩秀丽的笔迹：“我走了！送你一株仙人掌，它不用时时浇水与照顾，但是不管多么耐旱的植物，也会有枯死的一天。”

我们许多人都像前面故事中不敢示爱的少女和不断食言的男孩一样，固执地以为我们的爱永不褪色，永远新鲜，于是以“爱”的名义不断地向对方索取，殊不知，此刻爱已变了味道。

爱其实不仅需要表白，还需要不断培养，否则爱情之花终究会凋落。

爱情的经营，应该是彼此的共赢，即一个人加上另一个人的力量，要大于两个人的力量。两个人的结合，是要为彼此带来更为丰富精彩的人生经历和幸福，那才是爱情的真正使命。如同蓓蕾一般默默地等待，夕阳一般遥遥地注目，即使藏有一个海洋，但流出来的只是两颗泪珠。

只有保持爱情的新鲜感，才能够让爱情看起来和谐而恒久。爱情是一门艺术，需要用心去描绘、去书写。

要用心去经营自己的情感生活，爱情色彩暂时的消退，只是因为你还在无光的隧道中行走罢了。有朝一日，当你和伴侣历经风雨，相扶着走过人世的沧桑，面对着夕阳下白发苍苍的彼此时，就会体悟到爱情真正的含义了。这绝对是人世间永不止息的一曲赞歌。

## 幸福与否，由你来定

人们常说，自你一降生，就有一份天定的缘为你而生。然而大千世界，人海茫茫，生命苦短，如何才能找到属于你的那个完美的伴侣呢？现代的人们，总不能固守这份天缘，以易逝的青春和焦灼的心情屏息静候。于是，他（她）们常常很勉强地接受了随风而至的他（她），却又一遍遍地把他（她）和自己心目中那个完美的设想进行对比，对比一次，失望一次。

如果有这样一个人，他在你的心目中是绝对完美的，没有一丝缺陷，你敬畏他却又渴望亲近他，那么，这种感觉不可以叫作“爱情”，而是“崇拜”。崇拜需要创造一个偶像，就像图腾之类是没有血肉的东西；而爱情不需要，爱情是真真切切地能够用手触摸、用心体会的。爱情是你明知他穿得十分“土气”，却甘愿带他出入于大庭广众；是你鄙视杀猪匠，却偏偏做了他的妻子；是你素有洁癖，却十分甘愿地为他洗着油腻腻的饭盒、脏兮兮的球鞋……

一位秀慧双修的女孩大学毕业后，拒绝了很多优秀男孩的追求，选择了一个毫不起眼且个子矮小的同事。周围的许多人都觉得不可思议，就连她的闺中女友也表示不理解。而她自己却很坦然，在众人疑惑的目光中，她披上婚纱与先生施施然地走进了“围城”。

多年以后，当她的同学们都疲倦于营造自己的一隅、失望于当初幻想的破灭之时，众人才在同学聚会上发现：这位女孩并没有如他们原先所想的那样，被困在一个庸碌无为的圈子里，憔悴不堪，而是依然光彩照人，甚至比以前还多了一份成熟的雍容和深刻。

这位女士告诉大家，她的男人不是最优秀的，有着许多的缺点，但这些在她还没有接受他的时候就已知道；而她愿意，今生今世，将自己的感情托付给这个在她遇到挫折的时候默默地帮助她、在她失意的时候热情地鼓励她，并且从不索取任何回报的男人。

由此可想，如果有一份执着而持久的感情和一份金玉其外却瞬间即逝的“感情”，你宁愿选择哪一种？世界上有许多出色的男孩和美丽的女孩，然而真正属于你的感情只有一份，千万莫因为别人的眼光而改变了自己的心意，莫要活在别人的眼光里而失去了自己！感情不能贪心，也不是梦想。“如果有谁认为有十全十美的爱情，他不是诗人，就是白痴。”这话我深信不疑。所以，我们应该用心来守候着属于自己的，并不惊天动地的爱情，等待之后便是一生一世的厮守。

其实真正的爱情只有蜕变成亲情才能永存，浪漫也只能是一时的风花雪月，再美丽的爱情到最后也要踏踏实实过日子。有时候想想：人生这几十年，真是转瞬即逝，年华逝去，如梦无痕。一直渴望能和自己心爱的人，在余晖下，相依携手看天边的浮云，看飘零的枫叶。对自己来说，这就是幸福。

海岩说过，幸福其实就是个人内心的一种感受，无所谓是非对错的标准。其实只要你觉得自己是幸福的，那你就是幸福的。

## 挥手告别不适合自己的人

在巴黎市中心的两条大街的交叉口，有一座名为“巴尔扎克纪念碑”的塑像。这座塑像上的巴尔扎克昂着头，披散着发，用嘲笑和蔑视的目光注视着眼前的光怪陆离的花花世界。然而巴尔扎克像却没有双手，这是怎么回事呢？

这座塑像是近代欧洲雕塑大师罗丹的作品。为了创作出这件作品，理解和体会这位《人间喜剧》作者的思想感情，表达出巴尔扎克的内在神韵，罗丹仔细阅读了巴尔扎克的全部重要作品，认真钻研了有关巴尔扎克的评论文章和传记作品。不仅如此，他还对塑像的创作持极端认真的态度。当时塑像的委托者限定 18 个月完成，并给了他 1 万法郎定金。罗丹为了避免时间仓促而做得粗制滥造，退回了 1 万法郎，并要求多给他一些时间。

在塑像的创作过程中，罗丹还经常征求别人的意见。

一天深夜，罗丹在他的工作室里刚刚完成巴尔扎克的雕像，独自在那里欣赏。他面前的巴尔扎克身穿一件长袍，双手在胸前叠合，表现出一种一往无前的气势。兴奋的罗丹迫不及待地叫醒一名学生，让他来评价自己的作品。

这位学生怀着惊喜的心情欣赏着老师的杰作，目光渐渐地集中在雕像的那双手上。“妙极了，老师！”这位学生叫道，“我从来没有见过这样一双奇妙的手啊！”听到这样的赞美，罗丹脸上的笑容消失了。他匆匆跑出工作室，又拖来另一个学生。“只有上帝才能创造出这样一双手，它们简直和活的一样。”学生用虔诚的口吻说道。罗丹的表情更加不自然了，他又叫来第三个学生。这个学生面对雕像，用同样尊敬的口气说：“老师，单凭您塑造的这双手，就可以使您名垂千古了。”

此时的罗丹已经变得异常激动，他不安地在屋内走来走去，反复端详这尊雕像。突然，他抡起锤子，果断地砍掉了那双“举世无双的完美的手”。学生们惊讶于老师的举动，一时不知说什么才好。

罗丹用平静的口气对他们说：“孩子们，这双手太突出了，它们已经有了自己的生命，不属于这座雕像的整体了。”

罗丹是明智的，不留恋最完美的，只根据自己的需要进行明确的选择。

生活中，我们选择恋人时又何尝不是如此？漂亮的、英俊的、有钱的……但如果不适合自己又何谈幸福呢？

爱情绝不是生命的全部，除此之外我们还有更多的事情需要去做，而不必在此浪费时间，特别是不要把感情浪费在不合适的人身上。当你感觉对方不合适时可以果断地选择离开，而不是被迫离开，虽然可能会落得个被抛弃的名声，但这又何尝不是一种洒脱呢？

一个女孩发现和自己订婚的男孩爱上了另一个女孩，但她觉得凭自己各方面的条件还是有可能令这个男孩回心转意的。于是，她将自己打扮得非常动人，然后约他见面。他看见她的样子，竟被迷住了。她在这最美的时刻向他提出了分手，转身离开，留给了他一个洒脱的背影。他开始后悔了，而她，却因为主动提出分手，为自己留下了尊严和一份从容。

当你发现对方已经不适合自己了，不要一味地忍让包容，否则包容也会变成纵容。受了伤害，就有权离开；不爱了，就有权果断。和不适合的人分开，才会给自己机会去遇见合适的人。

感情是珍贵而又容易枯竭的，请珍惜你的感情，别把它浪费在不适合的人身上，唯有如此，你的感情才能开花结果，否则你将收获无尽的伤痛与悔恨。

# 不要让爱牵绊了幸福

爱情不是盛开在天堂里的花朵，在这个纷繁复杂的物质社会里，爱情也常常会受到各类“病毒”的侵袭，遭遇一些或大或小的冲突。当爱情的伊甸园危机四伏时，是坚守还是突围呢？突围后又是否能有个灿烂的未来呢？越来越多的人为此举棋不定，日夜嗟叹。

“爱到尽头，覆水难收”，勉强维持没有爱情的关系是没有意义的。有时候，放手也是一种明智。一个不想失去我们的人，未必是能和我们一直走到老的。可是，正是因为占有欲太强，人们才会做出各种不理智的事情。

其实，当爱情已经走到了“灰飞烟灭”的尽头，无论我们如何费尽心力去维持它，都于事无补。爱是一种自自然然的感觉，爱散了、淡了、完了，就随他去吧，何必死缠烂打、寻死觅活呢？对于一个已经不爱我们的人，坚持又有什么意义呢？“天涯何处无芳草，何必单恋一枝花”，曾经以为是天长地久，到头来才发现只是萍水相逢，他只是我们生命中的过客，并非那个注定会为我们驻留的人，又何必太在意他的离去呢？生命中总会有人与我们擦肩而过，有人为我们停留，又何必苦苦让自己在一棵树上吊死呢？倒不如放手，给他也是给自己一片广阔的蓝天，这样我们的生活才能过得更好。

芊芊曾经听妈妈讲过她和爸爸之间的爱情故事，很美、很浪漫。她为此感到骄傲：自己的父母是因为爱而结婚的！甚至在一年之前，她仍然认为他们会一直相爱到白头。可理想和现实终究是有距离的。

那是一个飘雪的冬日。清晨，她被爸妈的争吵声惊醒。她走出房门，见爸爸正在穿大衣。“这么早，你要去哪儿？”她想拦下爸爸。

“这个家已经没有我的容身之地了！”爸爸大吼着冲了出去。

妈妈倒在沙发上，无声地哭泣着。自那以后，爸妈天天吵、时时吵、刻刻吵。她不得不充当和事佬的角色，不停地去平息他们的战火。如此持续了几个月，大家都已经筋疲力尽了。突然有一段日子，他们不再吵了，而是变得相敬如“冰”，谁都懒得多看对方一眼。爸爸日日晚归，有时整夜都不回家。妈妈还是原来的样子，照常做饭洗衣，只是郁郁寡欢，难得一笑。

一天，芊芊实在忍不住了：“你们离婚吧。你们早就想这样了不是吗？只不过碍于我而迟迟不下决定。实际上我没有你们想的那么脆弱。既然不再相爱，何苦硬是凑在一起？即使你们离婚，也仍是我的爸爸妈妈，我也仍然是你们的女儿。”

妈妈哭了，这芊芊早就料到了，但她不曾想到的是，爸爸竟然也流下了眼泪！

半个月之后，爸爸搬出了他们曾经共有的家。芊芊现在生活得很自在，她的爸爸妈妈也过得很快乐。

爱情不能用尺度来衡量，婚姻也没有标准来量化。如果爱就要学会宽容，学会等待。爱情就像做菜，适时地添加佐料才有滋味。如果这份爱走到尽头，没有挽回的余地，那就放手吧，不要让这份感情成为我们幸福人生的牵绊。爱过方知情重，如果实在难以割舍，那么告诉自己，放手也是因为太爱他，然后，将这份情深深地埋在心里，等待时间告诉我们一切的结果——生活并不需要无谓的执着，没有什么不能被真正割舍，重要的是不要让逝去的爱牵绊了我们的幸福。

## 珍爱自己，不执着于错爱

很多年前，李玟在一首歌里唱过“那一个，美丽的、美丽的笨女人，她的故事发生在每个角落里”，爱情场上，总有女人重蹈覆辙，犯同一个美丽的错误——爱上已婚男人，却痴心不死。

电影《非诚勿扰》里舒淇扮演的空姐梁笑笑，痴情地爱着一个帅气又多情的已婚男人。要不是遇上秦奋，要不是跳海未死心已死，她可能会一直痴恋着那个已婚的男人。如果爱一个人，逼到自己跳海的地步，相信无论如何也不会有美好的结局。

可生活中，总有女孩子爱上多情的已婚男人。开始，女孩可能是拒绝的，她们的态度可能是冷若冰霜，或者动用了各种手段希望男人死心，可是男人非但没有停住追逐的脚步，反而变本加厉：送礼物，传达问候，约吃饭……经历尚浅的女孩，终于经受不住诱惑，向多情男人臣服了。

可是，这样的男人，并不是能让你依靠一辈子的好男人，眼前的体贴也不能算是一辈子的承诺。他对你好的时候，必定是建立在对另一个女人不好的前提之下的；他守在你的身边，必定是有另一个女人独守空房的。所以，这样的男人即使再好，也是要打折扣的。

要知道，多情的男人未必重情。爱上多情的已婚男人，更是哑巴吃黄连，有苦说不出。这种不合适的恋爱，是一种注定的情债，总会有让女孩爱到绝望的那一天。

在男人心里，性与爱并不是一回事，只要有合适的机会，他是从来不会介意左拥右抱的。他嘴里的夫妻感情不好、性格不合，不过是结婚时间长了产生的审美疲劳，想换一换口味而已。当现实问题摆在眼前，你让他做出一个选择的时候，他多半会选择维持原有的婚姻，因为从一开始，他就没打算要离婚。对他们而言，这终究是一场游戏，游戏结束的时候他们是要回家陪老婆孩子的。即使他也不小心爱上了你，出于离婚成本太大，一般的男人也不会轻易离婚，女人傻傻的等待注定了要错过出嫁的花期。

栗颖刚爱上那个男人的时候，朋友和家人都坚决反对。那个男人条件很优秀，可他早已是别人的丈夫了。可是栗颖不听，她信誓旦旦地说："我就要看看，谁才是最后的大赢家。"于是，她像一个斗士一样披挂上阵，开始跟那个男人的妻子明争暗斗。

可是，不管栗颖怎么努力，百般恩爱以后，他说的始终是那句一成不变的话："我要回家了。"在他的心里，家是一盏灯，那里有他可爱的儿子，也是他最安全的角落，如果不回，就如同在外面流浪一般让他没有归属感。可是这句话对于栗颖来说就如同用刀在割她的心。她一次又一次地被伤，一次又一次地恢复坚强。她常常哭泣，可是也学会了在哭泣后为自己擦去眼泪。她想，我还是有资本的，年轻、漂亮、聪明，怎么可能胜不过那个黄脸婆？

为了在爱情的战役中取胜，栗颖让自己变得更加妩媚，她如同一只妖艳的狐狸，在千娇百媚中显露自己的魅力。但是同时，她也修炼了贤惠：从来不做饭的她，开始试着下厨。她学会了锅包肉、水煮鱼……这些都是他最爱吃的菜。后来，她怀孕了，她让那个男人做出选择，是要自己和孩子，还是那个黄脸婆。

男人在她眼中读出了决绝。他终于承受不住压力，跟妻子提出离婚了。可是妻子不同意，骂他忘恩负义，骂他狼心狗肺。他的家人和朋友都跟妻子结成了同盟，他们一起把矛头指向了栗颖，骂她是狐狸精，是破坏别人家庭的罪魁祸首。

面对这些指责，栗颖毫不在意。她相信自己，更相信自己的爱情，所以她甘愿耗着。终于，男人的妻子觉得这场战役内耗太大，主动退出了。她诅咒般地说："我看你能乐到什么时候，总有你哭的那一天。"男人带着负罪般的心情送走了他的前妻，顺带送给了她一半的财产。这些栗颖都不在乎，她不想要钱，只想要爱情，她要用事实证明，自己才是胜利者，从此，将不会再有人能取代她的位置，她才是这场爱情战役里真正的王者。

终于做了男人的新娘，栗颖却没有想象中那么兴奋。她觉得累，是一种经历了一场巨大消耗的累。她的婚姻没有得到别人的祝福，更多的是责骂和诅咒。她像是一个迷路的孩子，在爱情的路口迷失了方向。

结婚没过多久，栗颖就满脸疲倦。她准备把孩子打掉，好友问及理由，她说："之前那么费力地争取，到手了才知道原来很平庸。他的心里始终觉得对前妻是一种愧疚，还要抚养前妻的孩子，我受不了这种爱情。"栗颖说这些话的时候满眼哀愁，她叹道："以前以为只要争到手了就是幸福，可是付出了那么多，不仅伤害了自己，还破坏了一个原本幸福的家庭，我好后悔啊！"

爱上已婚的男人，不管你花费了多少心思，到最后都只能以绝望的悲剧收场。所以，聪明的女孩，在开始面对这种多情的已婚男子的时候，就应该表现出最绝情的一面，将这种不适合的爱情扼杀在摇篮当中，才能避免自己在以后的日子里受到伤害。

该相爱的人不曾相爱，是人生的一大憾事，但是不该相爱的人相爱了，却是一种痛苦。放手，其实是爱他，也是爱自己。

## 走好爱情的斑马线

爱情是维系社会的一股力量，既然人是因爱而生，就不能离开爱。爱有正当的，有不正当的，正当的爱就是绿灯，不当的爱就是红灯。

放弃一个爱你的人并不痛苦，放弃一个你爱的人才是痛苦，爱上一个不爱你的人更加痛苦。爱情必须是双向的才能开花结果，所以在爱情这条路上，必须要遵守红绿灯规则。

真正的爱情，即便是在情感浓厚的时候，也不失去理智；只有在双方自愿的情况下结合，爱情才会长久。虽然爱情常会令人变得盲目，但理智还要存在于相爱之人的心中。如果爱得过分，乱了方寸，失了方向，最后不知道该怎样去爱对方，这样的爱通常都会滋生无尽的痛苦和烦恼。

20世纪30年代上演的一部名为《盲目的爱情》的电影，讲述同窗好友俞汝南和尤温，同时爱上了女伶王幽兰。幽兰属意汝南，于是多次婉拒尤温的邀请。一日，尤温眼见幽兰、汝南相处，妒火中烧，打瞎了汝南的眼睛。幽兰誓为汝南报仇，却被尤温关禁于土窟。汝南整日沉溺于思念中，其表兄蔡君偶闻幽兰已与尤温私奔，遂骗汝南，说幽兰已死。时光荏苒，两人俱已年老，幽兰终于逃出土窟，来见汝南。汝南摸着幽兰枯老的面孔头发，怒斥尤温用一个老丑妇人来假扮幽兰。幽兰大受刺激，拔刀自刎。幽兰临终忍痛唱了一首自己曾经唱过的歌，汝南幡然醒悟，然而幽兰已含泪九泉。

俞汝南、尤温、幽兰三人间的爱情悲剧深深地触动着人心，同时也告诉世人，盲目的爱情有多么可怕。

人所共知，爱情之火活跃、激烈、灼热。但爱情也是一种变化无常的感情，它狂热冲动，时高时低，忽冷忽热，把我们系于一发之上。爱情的不定性让人们常常失去理智。所以人们应当了解哪些是红灯的爱，哪些是绿灯的爱。

在爱情这条斑马线上，需要看清红绿灯，才能审慎前进，才能让自己在爱情的道路上走得更加顺畅，获得幸福的生活。

# 在深爱中保持自我

爱一个人，就是无时无刻形影不离吗？

爱一个人，就是完完全全地占有吗？

爱一个人，就是什么都为他（她）做、什么都为他（她）想吗？

爱的执着，这个问题，我们最先想到的往往是女人。有人说，热恋中的女孩智商最低，往往看不清自己，很容易铸成大错。所以，在此提出一些忠告，希望能使她们清醒，希望她们不要把自己丢得太远。

不要太娇贵。现在女孩大多都很娇贵，她们从小受到父母的宠爱，在家中都是有求必应，稍不如意，就吵闹或撒娇。久而久之，使她们养成娇柔、傲气的性格，平时遇到半点困难就唉声叹气，最终会使男友厌烦。

不要太柔弱。有些女孩喜欢读徐志摩、席慕容的诗。读了《红楼梦》就把自己当作林黛玉，经常自怜自叹。这样的女孩子因为平时缺乏体育锻炼，所以身体柔弱多病，大部分男人都不希望自己未来的妻子是这样。

不要太尖刻。女孩子最不可取的性格就是尖刻。这些女孩大都长得很漂亮。走路时，她们绝不允许男友的目光在别的女子身上游荡。偶然有之，她们会红颜大怒。男友一时会被她们的相貌吸引，时间一久，容颜渐失，她们就没有任何优势，不能把爱留得长久。

不要太浅薄。现在的社会诱惑太多，浅薄型的女孩往往很早就涉足社会，读书不多，没有较深的思想内涵，她们常因为一些常识性的问题而让人取笑。和男友在一起，她们不懂幽默，无法理解男友语言的精华。因此男友会感觉很枯燥，没有乐趣可言。一些女孩子尽管受过一定程度的教育，但是缘于个人修养或品质方面的原因，依然是浅薄的。

然而更为重要的是，不要丧失了自己的独立个性。爱他的同时也要尊重自己。热恋中的女孩很容易丧失自己的独立人格，她完全在爱中迷失掉了。

爱情，只有相爱的两个人心心相印地沟通，才是可能长久的。爱他（她）的同时，也要尊重自己。

如果深爱对方不要试图改变自己去适应对方。可能当初我们真的是由于自己不懂，不知道什么叫爱情、什么叫尊重，或许直到某一天我们才会明白，尊重对方的个性也是一种爱。用包容的胸怀宽恕自己爱人的缺点，给他（她）一个自己的空间，给自己也留一个自由的空间，在平淡无奇的生活中演绎经典，在无声无语的交流中演绎这份爱。这样，即使是不经意的爱情也将变得永恒。

真正的爱情并不只在我们的想象中，它是一个实际的过程，要在细碎的小事中去体味。

两个人相爱，他（她）即是他（她），你即是你；他（她）又是你，你又是他（她）。两个人相互融合，又彼此独立。这个融合的过程就是在互相的交流碰撞中学会接纳、信任、宽容和关爱对方。在这个过程中，又千万不要忽略彼此的个性。两个人彼此依恋、关怀、爱慕，但并不应该过分地依附与妥协。是的，让对方感到快乐是很重要的，但并不代表是一味地去取悦对方。彼此都感觉快乐才是最重要的，这也是爱情的魔力所在。

在人的潜意识里，付出总是希望得到回报的，你放弃自我地去付出，势必在内心深处想要得到的就更多，这是一种补偿心理，也是动机的源头，你必须正视。就像饿了要吃饭、渴了要喝水一样，你爱他多一些，当然会希望他更加爱你，不是吗？然而这就好比藤和树的关系，攀附得太紧，谁也无法存活。

再圣洁、再炽热的爱情也是需要私人空间的。尽管有家的形式，但在同一个屋檐下的两个人也是彼此独立的。谁也不是谁的附属，应该像两棵彼此独立的树一样，肩并肩地去应对生活中的风风雨雨。在全心全意爱对方的同时，也要为自己留一片天空，让心灵能够自由地呼吸，也让爱情能够自由地呼吸。唯有如此，我们才能在深爱对方之时不至于迷失方向。

## 没有放不下的情，只有活不明白的人

有人这样问：“爱情没有了，回忆起来甜蜜多一点儿还是痛苦多一点儿？”我们常常会遇到这样的问题，很多人觉得失去了当然是痛苦大于幸福，想起分手时的那些伤害，想起痛苦的流泪都会让人心中作痛。而有一个人却说：“分手了，我记得最多的还是甜蜜，因为我忘记了那个人和那些痛苦，留在记忆里最多的还是曾经有一份很美的爱情。”的确，很多时候，我们伤心，痛苦的时候，最多的还是因为我们无法忘记，无法忘记那些伤痛和失意，那些记忆犹如明镜一般被我们悬挂起来，每天都在看，每时都在想，这样的话我们又怎能快乐呢？所以，在失意的时候，人当学会忘记，忘记那些不快，才能够真正的快乐，才能开始新的一页。

生于尘世，每个人都不可避免地要经历苦雨凄风，面对艰难困苦，想开了就是天堂，想不开就是地狱。而忘记就是一服良药，愈合你的伤口，怀着新的希望上路。

人的一生，就像一趟旅行，沿途中有数不尽的坎坷泥泞，但也有看不完的春花秋月。如果我们的一颗心总是被灰暗的风尘所覆盖，干涸了心泉、暗淡了目光、失去了生机、丧失了斗志，我们的人生轨迹岂能美好？而如果我们能保持一种健康向上的心态，即使我们身处逆境、四面楚歌，也一定会有“山重水复疑无路，柳暗花明又一村”的那一天。

悲观失望者一时的呻吟与哀叹虽然能得到短暂的同情与怜悯，但最终的结果必然是别人的鄙夷与厌烦；而乐观上进的人，经过长期的忍耐与奋斗，最终赢得的将不仅仅是鲜花与掌声，还有那饱含敬意的目光。

虽然，每个人的人生际遇不尽相同，但命运对每一个人都是公平的。因为窗外有土也有星，就看你能不能磨砺一颗坚强的心、一双智慧的眼，透过岁月的尘寻觅到辉煌灿烂的星星。只不过你永远忘不掉曾经的荆棘，所以你总畏惧前行。

很多人在失意的时候学会了抱怨，学会了沉沦。忘不掉别人给予的伤痛，莫过于拿别人的错误来惩罚自己。就如失恋，不是因为你自己不够优秀，也不是因为你自己倒霉，而是你在错误的时间遇到了不适合的人，分开很正常，因为你需要腾出时间和位置去给那个适合的人，但是在你沉沦的那一刻起，你的记忆力装满的都是曾经的伤，又怎能给新的那个人空间呢？所以，一个塞满了旧的回忆的大脑，永远无法让新鲜的东西容进来。

在生活中，有很多的无奈要我们去面对，有很多的道路需要我们去选择。忘记一些原本不应该属于自己的，去把握和珍惜真正属于自己的，去追寻前方更加美好的！忘记一些繁琐，为大脑减负，忘记那些怅惘，为了轻快地歌唱；忘记一段凄美，为了轻柔的梦想。忘记，是一种伤感，但更是一种美丽。

## 失去的是恋情，得到的是成长

虽然把婚姻当作恋爱的终极目标有些狭隘，但不可否认的是绝大多数恋情顺利的男女会最终走入婚姻的殿堂。而那些没有结婚的情侣则大多是因为感情破裂，也就是我们经常所说的失恋。失恋是一件让人揪心的事，很多人尤其是初尝爱情的人总是觉得痛不欲生。但这份让你心痛难耐的情愫却可以成为你真正成熟的契机。经历过失恋，并且最终摆脱痛苦，才能让人以更加成熟和从容的态度对待感情。虽然不能让你以后的感情生活一帆风顺，但却能让你感觉到内心的成长。

实际上，一个人只有通过一次真正的失恋痛苦和折磨，才会开始成熟起来。爱情毕竟不是生活的全部，人生更重要的是对理想、事业的追求。失恋也并非完全是坏事，可以促进心理的发展和成熟。不论结果如何，只要我们真心付出过，坦诚地对待过，也就不会有什么后悔的地方。成熟的心志，才会产生成熟的感情。青涩年华产生的爱情，单纯而无比美妙，但是，它通常很难经得起岁月的考验，很难历练成恒久、深沉的真爱，就让那些过去成为美好的回忆吧。

失恋者需要清醒明白，感情既然“变质”就不可挽回，要尝试着接受这一心灵创伤。一些人不愿正视失恋的现实，认为很“丢面子”。他们往往会钻“牛角尖”，一方面觉得对方对不起自己，另一方面却认为一定是自己哪方面不好才会被“甩”。其实，失恋的结局是一样的，而导致失恋的原因却是千差万别。失恋给人们留下一段伤心的回忆，怎样才能尽快消除痛苦感呢？这里有应对失恋的一些具体方法，或许对失恋者有一定的帮助。

1. 比较疗法——比比谁最惨

看看灾难影片，感受里面那些生离死别的惨痛，感悟现实中还有很多令人悲怜的人和事。想一想在这个世界上，绝非自己一个人经历此痛，这样对比就会觉得平衡一些。

2. “罪状”加强法——挖掘对方缺点

失恋后，可以擦亮双眼，清醒地翻翻“旧账”。想想对方的恶言劣行、寡义薄情，使自己越来越讨厌他，虽说不至于到咬牙切齿的程度，但是你肯定是更客观了。

3. 思考中断法——转移注意力

失恋者情绪消沉、寂寞无助是正常的，但沉迷于往事中不能自拔就是过度了。一旦睹物思人，请有意识地“叫停”，以中断回忆，将注意力拉回到现实中。

4. 建立信心法——自我快乐

失恋后的某些人会否定自我形象，甚者自信心也会发生动摇。其实，不管怎样，到什么时候爱自己都应该是坚定不移的。改变一下发式、买两套新装，让新鲜艳丽改变自己的心情。

5. 投注工作法——收之桑榆

恋爱是一件需要投入精力的事情，分心是不可避免的，而失恋后一切复归，又可以全心专注于工作或事业上了。“化伤心为力量”，努力地“建设”自己，使自己成为具备更好条件和资本的优秀者，还怕无人赏识吗？既然上天关了这扇门，就会为你再打开另一扇门。做一个有心者，等待合适的机会吧！

6. 融入朋友法——恢复本色

恋爱期间“重色轻友”，现在恢复“单身”，还不趁此机会与老朋友们相聚，有谁会像老朋友一样了解你、包容你又心疼你呢？跟他们在一起，你不用掩饰什么，没有空余去品尝失恋之后的苦涩，有助于你重新找回良好的感觉。

## 抱怨抓不紧不如给他自由

人人都渴望美好的爱情，但是现实总是那么残酷，不断地打碎人们的美梦。自以为找到了爱情，实际上却是陷入了爱的陷阱。很多人无力自拔，一生也就在痛苦和心力交瘁中度过。其实，只要你勇敢一点儿，勇于改变自己，就能走出这个陷阱。

人生原本如月季花一般灿烂，如流星一般闪烁；该追求时就追求，该参与时就参与，该苦恼时就苦恼，该放弃时就放弃……即便是没有开出绚丽的花朵、结出甜美的果实；即便在瞬间化成尘埃，今生今世，也决无遗憾。

我们需要家庭和朋友，这样能够减少我们的孤独感，让我们感觉到安全，但有些时候，人们之间已经没有爱了，却为了逃避寂寞而紧紧地纠缠在一起，最终给自己和他人徒增许多的烦恼。

所以，当爱人和朋友带给你的痛苦多于欢乐时，你应该勇敢地结束和他（她）的关系。一个人退出另一个人的生活，是很平常的事，只有果断地放弃，才能有时间和精力去寻求属于自己的幸福。

一对性格不同的夫妇，丈夫提出离婚要求有 8 次，而妻子就是死活不离。在法院判决中，女方总是胜诉，就这样一直拖了 29 年。29 年的岁月过去了，这位妇女的青春年华在拖延中消失了，乌黑的头发已成白发，红润的脸颊变黄了，刻上了一道道岁月的伤痕，身体也被折磨得满身病痛。

由于妻子的坚持，婚姻仍然存在，然而爱情早已荡然无存。她失去了幸福的家庭，失去了自己的青春，失去了健康的身体，也失去了再婚的机会，孩子也没有因此追回父爱。

结果，法院还是判离了。离婚后不到两年，这位不幸的妇女就因病情加重而离开了人世。

这位妇女的一生都是悲惨和不幸的，然而，她的不幸多是因为自己不肯学会放手，即便对方已经对她没有一点儿留恋，她还认为自己对他是有爱的，所以不会离婚。而这样，痛苦的却是两个人。

所以，会爱也要会放弃。我们越是害怕抓不紧对方，就越可能失去。与其一直在恐惧和抱怨中渴望用爱捆住对方，还不如让他带着爱自由飞翔。要知道，爱需要自由的空间。

生活中一些事情常常是物极必反的：你越是想得到他的爱，越要他时时刻刻不与你分离，他越会远离你，背弃爱情。你多大幅度地想拉他向左，他则多大幅度地向右荡去。

所以，我们应该让爱人有自己的天地去做他喜欢做的事。在你看来，他的爱好也许傻里傻气，但是你千万不可嫉妒他，也不要因为你不能领会这些事情的迷人之处就厌恶它。你应该适时地迁就他。

有些时候要让爱人独自去做他喜爱的事，使他觉得拥有真正属于自己的东西。毫无疑问，爱人时常需要从捆在他脖子上的爱的锁链里挣脱出来。如果我们能够帮助并支持他，去培养一些有趣的爱好，并且给他合理的机会享受完全的自由，那么我们就是在做一些使他快乐的事了。

真正的爱是可以超越时间、空间的。因此，作为婚姻的双方，请留给彼此一段距离，这段距离不仅包含空间的尺度，同样包含心灵的尺度：留下你自己独特的性格，不要与他如影随形；留下你自己内心的隐私，不要让他感到你是曝光后苍白的底片；留下一份意味深长与朦胧的神秘……不要试图挽留他离去的脚步，不要幻想他的目光永远专注于你，一切都应是自然形成。给彼此留下一段距离，让彼此能够自由呼吸吧！

## 爱情，抓得越紧失去越快

常常听结过婚的人谈起自己婚后生活的不顺心，为什么两个人都极为珍视的结合最后会成为感情的障碍？为什么为了更好地拥有对方而结婚却使俩人离得越来越远？看完下面的这篇文章，也许会对我们有所启示。

阿华和丈夫三年前结婚，当时丈夫还是一个小职员，每天在外奔波。他的腰间仅有一个寻呼机。每天一到下班阿华就打寻呼要他回来，生怕他在外面学坏了。久而久之，丈夫的同事都笑称他带的是一台“寻夫机”，弄得他很尴尬，回到家就冲阿华发火：“整天 Call，阿华，你烦不烦啊？”

一听这话，阿华的委屈如潮水一般涌上来：“人家是因为关心你、爱你、害怕失去你才这样，可你却丝毫不领情……”久而久之，他们的感情便日渐疏远。

后来阿华偶然间读到一篇文章《放开他，并不等于失去他》，文章里描写了一个和阿华处境相同的女孩，生怕失去恋人，因此就无时无刻不监视着他，弄得他心烦意乱，最终提出了分手。

读到这里，阿华猛然一惊：是啊，为什么一定要把男人死死地看着呢？他有自己的事业，有自己的天空，为什么不放开他，给他一定的自由呢？从此，阿华改变了很多，不再追根究底地查丈夫的去向，丈夫对阿华的态度也因此有了明显改善，晚回家时总是会给阿华打电话说一声。

在结婚纪念日的时候，丈夫动情地对阿华说：“曾经有一段时间，我觉得自己好像犯人一样。我为了能让我们的生活过得更好而在外面打拼，回家却还要接受你的拷问。那段时间我很苦闷。后来你像变了一个人一样，总是对我很宽容，也给了一个男人足够的自由让我可以专心于事业。也奇怪了，之后我每当超过晚上八点还没有回家就会格外惦记你，所以都会给你打电话。”

女人在爱情上的不幸，除了遇人不淑外，很大程度上是出于对爱理解的偏颇。爱是自私的，但爱人绝不是私有财产，爱应该用温柔、体贴、理解、沟通来维系，而不应该用“刑侦监控”，甚至“一哭二闹三上吊”的方式把丈夫时刻拴在身边，这样只能适得其反。

一个即将出嫁的女孩，向她的母亲提了一个问题：“妈妈，婚后我该怎样把握爱情呢？”

“傻孩子，爱情怎么能把握呢？”母亲诧异道。

“那爱情为什么不能把握呢？”女孩疑惑地追问。

母亲听了女儿的问话，慢慢地蹲下，从地上捧起一捧沙子，送到女儿的面前。只见那捧沙子在母亲的手里，圆圆满满的，没有一点儿流失，没有一点儿撒落。

接着母亲用力将双手握紧，沙子立刻从母亲的指缝间泻落下来。当母亲再把手张开时，原来那捧沙子已所剩无几，其团团圆圆的形状，也早已被压得扁扁的，毫无美感可言。女孩望着母亲手中的沙子，领悟地点点头。原来爱情需要空间，握得越紧，失去的反而越多。

爱无须抓得太死，也不必给得太多，多了也会让人窒息。爱情就是这样，爱本是生命中深挚的关怀与体察，无须刻意去牵扯，越是想抓牢，越容易成为枷锁。爱情需要自由呼吸，不管是“硬泡”还是“软磨”，都不是爱情本该有的形式。

# 第十五章

# 好婚姻，靠修行

## 重新接纳悔过的爱人

什么是爱？爱就是无限的宽容。如果你还爱着他/她，为什么不能原谅他/她曾经的过错，接纳悔过的爱人呢？

人们常用“好马不吃回头草”来形容失去爱情后的立场。说这种话的人其实是不懂得爱情真谛的人。他们考虑的可能是面子问题、志气问题，因此对方回心转意了，你虽然也还爱着她，却由于死要面子不肯再接受她，结果落得个两地相思劳燕分飞，这就是死要面子的结果。

枫和丽在大学就是恋人。丽不仅身材漂亮，而且风雅别致，富于幻想。枫是班长，文采极佳。他们经过了一段浪漫的交往之后，毕业时双双南下，各自找到了适于自己施展才能的单位。一年后他们通过分期付款的形式买了一套住房。也就是在这时，家庭的小舟不知是哪儿出现了毛病，竟不再向前行驶。他们冷战，然后离婚。当两人打车去办理处的时候，心里都很难受，但事情已经闹到这个地步了，两人还是签了字。

离婚后，枫没结婚，丽也没有找朋友，尽管他们都还很年轻。有一次丽的妈妈发现女儿躲在房间里哭，就叹了一口气：“真是冤家呀！你还挂念着他吧！干脆，我牺牲自己的老脸，去帮你说说？”没想到丽却说什么也不肯：“哪有女方主动的呀！”枫的日子也不好过，他总会想起丽来，一个人躲在家里喝闷酒。一个朋友打趣说：“枫！你不是打算和丽复合吧？好马可是不吃回头草的呀！”被说中了心事的枫微怒起来：“谁说我要回头的？下辈子也别想！”这句话不知怎么就传到了丽的耳朵里，半年后，丽结婚了，那一天，枫跑到海边大哭了一场。

“好马不吃回头草！”这句话不知使多少人丧失了找回真爱的机会。太多的人在面临感情的反复时，往往意气用事，明知心中还喜欢对方，却硬要强撑“骨气”，不肯低头，不肯回头。其实，在面临回不回头的关卡时，你要考虑的不是面子问题和志气问题，而是现实问题。如果你还爱她，如果你还留恋那段美好的感情，为什么不回头去试试呢？

如果你还爱着他/她，何苦要为所谓的“面子”所累，理会别人的议论和想法呢？幸福是自己的，只要那“草”的确适合自己，真正的“好马”是不会在意回头与否的，因为不回头才是真正的遗憾！

## 在爱情的天平上，迁就等同于包容

婚姻是人生最重要的结盟。它是心、身与经济的联系，家庭就是最佳的智囊团，当一对夫妇心灵一致、目标一致时，这个无价的结合可以令他们飞向无限的高峰。

每一个成功男人的背后都有一个默默支持他的女人。

香港金王胡汉辉正是这样一位成功而幸运的男人。

胡汉辉与太太杨铭榴在抗日救亡运动中相识后，俩人感情日益深厚。每每讲起自己的太太，胡汉辉就立即变得眉飞色舞。

“我老婆好迁就我。我中意游泳，她不会，就猛学。暑期日日去金银贸易场泳棚苦练。”“我家里，除了我再没人吃辣子，但是我就中意川菜，于是她又去学，专煮川菜，同咖喱一起给我吃。她完全适应着我的嗜好。”

那时，胡太太从师范毕业以后，一直在学校教书，后来又做香港的职业学校的女校长，对教育事业很有感情。但胡汉辉的业务日益庞大，便向太太求助，要她先别教书来帮帮忙。“这样她连退休金都不要，辞了职就来帮我。”

除了这些为了丈夫事业的“牺牲”外，她对胡汉辉事业也有过不小帮助。

胡汉辉是在广州读的书，起初英文知识很有限，而杨铭榴是香港的高才生，所以起初胡汉辉与外商谈判时，身边总少不了太太“保驾”，久而久之，她便成了金王得力的“外交大臣”。胡汉辉大发后，她与以前一样，一点没有阔太太的架子，不但持家朴素，上班也依旧坐公交车，也很少披金挂银。

胡汉辉在事业如日中天时因病去世，可以令他含笑九泉的是，他的太太继承了他的事业，并把他的事业推上了一个更高的台阶。

在婚姻中，互相迁就是维系婚姻关系的一项重要原则。对对方的迁就其实也是对对方的一种尊重与欣赏，是相互之间的体谅。这样的婚姻能令双方都有愉悦的心情工作与生活。

中国自古崇尚夫妻间的相敬如宾，举案齐眉，讲的就是夫妻间能够做到相互体谅，互相尊重。在迁就对方的同时，应该保持一定的自我原则，不可事无对错都一味忍让。盲目服从的爱情并不能称其为伟大的爱情，真正的爱情是相爱双方有原则地妥协与体谅，单方面的牺牲，只能造成单方面的爱。

在婚姻里，很多事情分不清对错，但还是要为对方想一想，不要因为自己的任性或是奢华而破坏家庭的幸福。婚姻是爱情的归宿，我们都要学会经营，从心底学会善待对方。

## 爱情需要有温柔的滋润

挖苦和讽刺并没有使婚姻变得幸福，相反，只会使婚姻走向死亡。不过下面的这位夫人，却为我们上了一堂生动的婚姻课。

法国著名微生物学家路·巴斯德，在他27岁时，写信给洛郎先生，向他女儿玛丽小姐求婚。他在信里坦率地说：他家境贫寒，没有财富，算是一个穷汉。同时，他还给玛丽小姐写了一封求爱信，也说明自己很穷，并说：“小姐，我要请求您，不要判断得太快。判断得太快是会犯错误的……”3个月后，巴斯德如愿以偿，和玛丽小姐结婚了。

结婚后，巴斯德夜以继日地工作着，忘却了一个丈夫的责任和应有的殷勤。巴斯德从事许多奇异的、似乎愚蠢的实验。巴斯德夫人，整夜地等候着、惊异着……巴斯德确实很穷，工作条件很差，没有助手，连一个洗瓶子的人都没有。巴斯德夫人总是温柔地坐在他的身旁。每晚，她坐在直背椅上，身靠小桌，为他记录科学论文……

巴斯德夫人所做的一切，使巴斯德深深感动，当他问及夫人，同他结婚是不是苦了她，她是不是后悔时，他夫人回答说：“结婚前你已经告诉我这一切，我现在更了解了你的一切。”

了解，使巴斯德夫人理解了她丈夫的一切行动。渐渐地，她学会了摘记巴斯德记事簿里的潦草的速记，并整理成文。很快，她的生命也逐渐融入他的工作里去了。

巴斯德结婚后，没有给妻子带来更多的体贴、恩爱和富足，但是，他的夫人对他却那样忠诚，毫无怨言。这种温柔让巴斯德无比感激，也无比珍爱。他虽然还是很忙，但是在忙中总是偷闲来安慰自己的妻子。

爱情需要温柔而非责难，“柔能克刚”这是亘古不变的道理。可是在现实生活中，很多人都擅长责备，擅长给别人施压，而不乐于去用心理解，用心去温润彼此。

也许我们在对方面前表现得很强势，说的话也句句在理，可是对方在保持沉默的同时，一定会产生逆反的心理，甚至于以后不管发生了什么事情，都会刻意地回避我们，不跟我们说。时间久了，夫妻之间就会产生隔阂，甚至形成裂痕。

婚姻生活里，两个人都是平等的，如果一方总是习惯于指责，那么对方一定会觉得我们贪图的太多，或者对于爱情，我们已经感觉到了厌倦，一旦这样想，他就会对生活感觉到疲倦，从而有可能放弃了彼此之间的爱情。

只有温柔才能温润爱情，强硬的攻击只会让相爱的人彼此误会，彼此伤害。所以，要想两个人幸福地走在一起，就应该给对方一些理解和鼓励，而非连珠炮似的责难。

## 要“示弱”不要“示威”

在婚姻生活中，夫妻双方很容易出现争吵，它将会减少共同解决问题的可能，阻碍亲密关系的恢复和发展。年轻夫妻往往任性、好胜、以自我为中心。小两口闹意见、生闷气、谁也不理谁的情况很普遍。他们当中，又多是性格内向的一方首先进入无言的状态。当夫妻间的争吵转为斗闷气后，情况并不比相互争吵时的情况好。“冷战”时，双方都想向对方示威，你不理我，我就不理你，闹到无止无休。

冷战斗气中的夫妻，如果一个是“室内型”的人，一个是“室外型”的人，那情况还好些，一个在外面游荡，一个在家中干自己的事；如果两人都是“室外型”性格，那这个小家庭就有了危险；如果两人都属“室内型”的那类，那么日子过得无疑是十分别扭。就大多数夫妻而言，双方都不愿在冷战中打持久战，关键的问题是双方谁先示弱打破冷战的僵局。

示弱是一种境界，也是让爱情保鲜的好方法。不论是男人还是女人，在爱情面前都不要过分争强好胜。而应该慢慢修炼自己，让自己达到可以随时“示弱”的最高境界，实现夫妻“邦交”正常化。下面这几招示弱的小技巧对你应该能起到帮助作用。

1. 留有余地

当感情中的“冰点”降临时，被动的一方似可“好话一句待回音”。小两口吵架是常有的事，如果在争执当中，任何一方失去理智，说出“快滚吧，永远不要回来”之类的伤人话，甚至动不动就以离婚为由而损伤夫妻感情。如果当丈夫的觉得妻子要回娘家已成定局时，还可采取补救之计，如追妻至大门外：“你走了我怎么活！”“等一等。我去给你叫辆出租！”“就当今天是星期天吧，明天就回来！”如此，等等，话说到点子上，常能打动对方的心，即使她还是走了，但感觉总是不一样的，为她的回归留下了余地。

2. 电话沟通

夫妻生活在一起，家务事总是有的。上班时，你可打一个电话给对方，以有事相告相商来引发对话，如：“下班后我买菜，今天我外出办事，回去得早，怕你买重了东西。”“今天下班我回父母家看看，你有什么事吗？”“早上忘了说，今天晚上我的老同学要到家串门，晚饭做些什么好啊？”此种方法应考虑对方乐意接受的内容来讲，且又给对方发表意见的机会。电话交际，总比当面更从容些。

3. 来个意外惊喜

每天下班回来夫妻相见时，是个突破的好机会。你可制造一些“新闻”来表现出兴奋或热情，显得你被一些“大事或好事”影响得已经忘了结下的矛盾。如一进门就说：“太棒了，今天又发了200元奖金！”“老公，我大哥从海外来信了，不久就要回国了！”“今天上映的片子是超前独家放映的！”听到以上种种报喜，相信对方总是有所反应的。一次打不动对方，第二天再换个话题，一旦启开了配偶的“尊口”，冷战也就有了重大的转折。

4. 创造一个公众场合

冷战中的夫妻，想改变窘态的一方要创造一个多人在场的社交场合。如请自己或配偶的朋友来家做客，这时碍于脸面，夫妻间的冷战矛盾总要有所掩饰，和好欲较强的一方便可趁机与配偶套上近乎，搭上话，有意无意中引对方走出沉默的误区。再如，买两张电影票什么的，谎称是别人送的，约配偶去看场电影或参加个什么活动，在谈论其他事情中恢复夫妻“邦交”正常化。

5. 示弱求助

早晨起床时，已经几天没与妻子说上一句话的丈夫问妻子：“你给我洗好的那件红衬衣放到哪里啦？”早已想和丈夫恢复正常的妻子见有了台阶，忙着应声：“你这人呀，总像客人似的，衣服放在哪里都不清楚，我去给你拿来，噢，对了，前天还给你买了件新的，只是忘了告诉你。”“是吗，快拿来看，还是老婆心里有我，斗气也没忘了冷暖。”这一去一来话就多了。

在化解沉默中，女方“示弱”也是一小招。如早晨或晚上表现出不舒服、不想动、吃几片小药什么的，都能引出丈夫的话题。因为男人在关心妻子时开口，这绝不是屈从的表现，不会有损于他大丈夫的形象。

聪明的夫妇会去找方法令紧张局面和缓下来，以免火上浇油而失控。诚如一般人所说："退一步海阔天空。"夫妻间的情感差别是很大的，各人的性格爱好千差万别，要学会相处，学会让步，学会宽容，学会正视现实，这样，夫妻就可以共同创造出幸福的婚姻。

## 家庭是人生的幸福天堂

法国启蒙思想家伏尔泰曾经说过："对于亚当来说，天堂就是他的家；然而对于亚当的后裔来说，家则是他们的天堂。"

聪明的人是懂得如何找到工作和家庭的平衡点的，他们不会为了工作舍弃家庭，而使自己变得疲惫、沮丧。当工作和家庭发生矛盾时，聪明人往往把家庭放在第一位，因为他们明白，家庭只有一个，而工作可以再找。

爱琳·詹姆是一个积极主张简单生活的女作家，她说："最近，我和一群拥有'实权'的专业人士聚会。我们谈论到种种休闲时的目标，以及我们是否很少真正地去享受那种属于自己的宁静时刻。我们每个人都在纸上列出我们真正想做的事，这些纸条上的内容大致是：看夕阳，看日出，在海滩上散步，穿过公园，山上旅行，和家人聊天，和另一半度过宁静时光，和孩子度过快乐时光……"

而另一位作家鲍勃也说，他特别喜欢停电，因为每逢这时，他的全家人就会顺应情势，名正言顺地把手上永远做不完的工作停下来。本来各忙各的，各自在自己的房间里读书、写作或温习功课，现在全家都聚集一堂，庆幸多出了一段宽裕的家庭时间。有时听女儿们弹钢琴或拉小提琴；有时关上门一家人一起去散步……

可见，家庭的温馨和亲情的馥郁，永远都是我们最渴望、最迷恋的生活内容。推开那些不必要的应酬和令人头痛的聚会，把更多的时间花费在与家人共处上，这对任何一个有家的人来说都是非常必要的。聪明的人都懂得这其中的道理。

然而，由于现代社会快节奏生活与工作的逼迫，越来越多的人已经变得不再重视家庭了，他们把全部心思都放在工作或应酬上了。他们的钱包是鼓起来了，可是他们幸福吗？从他们疲倦的面容上我们便可以得出答案。

岚就是陷溺于其中的一族。让我们来看看岚的一天。

早8点：来到公司，打开电脑，浏览新闻，处理邮件；

9点：召开15分钟左右的部门工作会议；

9点20分：与客户谈判；

11点：去总经理室参加部门经理会议，商谈公司产品展示会筹备事项；

12点10分：盒饭午餐外加一杯咖啡，在公司解决；

下午2点：赶到飞机场，出差海口两天。

每天总是这样马不停蹄，一年大概有1/3的时间在外奔波。为了这份高薪工作，岚结婚6年了一直不要孩子。岚喜欢这样的生活，她说甚至不知道如果有一天忽然闲下来，自己会是怎样地度日如年。虽然有时她也会不由自主地流露出她的愿望：关了手机和老公去度假，摆脱工作养个宝宝……但她实在舍不得今天这来之不易的职位。

岚精致的妆容后面有掩饰不住的疲惫，这使做出另外一种选择的女人们庆幸：她们的薪水不多，但足够维持自己悠闲但不太富足的生活，工作之余有大量的时光属于自己，让自己有时间和家人共享天伦之乐。工作着快乐着，生活着享受着，决不会因为工作耽误建设自己的美好家庭，耽误自己去细细品味生活中的每一个美好瞬间。这样的女人和岚相比，的确可以算是聪明的女人了。

美国著名的作家马克·吐温说："乘在一条陌生的船上，处在一帮陌生人当中，无论你出多大的价钱都买不到重新回到家里的安宁感。"法国启蒙思想家卢梭也说："家庭是世界最美丽的景象。"德国大诗人歌德则告诉我们："能在自己的家庭中寻求到安宁的人是最幸福的人。"由此可见，无论何时何地，我们都应该把家庭放在第一位！

我们从出生到老去，谁能离得开家的怀抱？谁能挣得脱家那永远不变的炽热情怀？小时候，家是母亲；长大了，家是父亲。我们就是被父亲从鸟笼中放飞，却又被时时牵挂着的那只雏鹰，脆弱而又坚强，翅膀虽稚嫩但却怀有崇高的理想。结婚后，家是妻子那温情脉脉的眼神，家是孩子那甜甜的醉人之吻。再往后，家是子孙绕膝的天伦之乐，是风雨同舟几十载的老伴的唠叨。

只有家才是我们生命中永恒的歌谣。无论我们是在茫茫黑暗中，还是在冰天雪地里，充满祝福与爱的歌声永远会萦绕在我们的耳畔，给我们带来希望，带来真正的温暖！

家，像车船，它默默无言地载着你和你的家人，纵横于高山平原、江河湖海。

家，更像一座大厦：爱是基石，深深地沉在心灵的深处，毫不动摇地承受着一切；宽容是墙壁，无论是严寒还是酷暑，都把你拢在温暖的怀中；尊重是屋顶，狂风、暴雨、寒霜、暑热统统被挡在外面；责任是房梁，横穿时间的始末，成为整个大厦的脊梁；积极是炉火，它使屋内四季如春，舒适宜人；知足是门窗，可以让你看到外面的风景，可以让你走向莺飞蝶舞的丰腴平原，走向日升月落的巅峰绝顶；赞美是吹进来的暖风，它可以使你如沐春光，可以使你更加自信地走向社会。

家是人生永远的港湾，无论你遭遇了什么，只要还有家在，你的心便永远不会失去温度。只有拥有家庭，才能让心灵永远不孤独。

## 完美婚姻需要用心呵护

如果只看到太阳的黑子，那你的生活将缺少温暖；如果你只看到月亮的阴影，那么你的生命历程将难以找到光明；如果你总是发现朋友的缺点，你么你的人生旅程将难以找到知音，只看我所有的，不看我所没有的，就能活在阳光里，找到生命的真谛。

有人曾把婚姻分为四种类型：可恶的婚姻、可忍的婚姻、可过的婚姻和可意的婚姻。第一种因为其质量的低劣让人忍无可忍，肯定是要解散的；而最后一种则是理想的婚姻，我们常用一个词来形容：神仙眷侣。但是这种婚姻就像一见钟情的爱情，可遇而不可求。我们的婚姻，大多是可忍或可过的。它是不完美的，有缺陷的，是让人心酸而无奈的，继续下去不甘心，放弃又有太多的牵绊。它是我们心头的一个刺，隐隐地痛着，又拔不去。

放弃可恶的婚姻能轻易为自己找到足够的理由，并因此获得勇气。但放弃可过、可忍的婚姻，则需要一点破釜沉舟的果断。当然，还要有一些冒险精神——谁知道，这是给自己一个机会，还是把自己逼向更危险的悬崖。许多离了数次婚又结了数次婚的人，还是没有找到他们理想的生活伴侣，这样的局面让他们沮丧，甚至没有再试一次的勇气。

现在离婚者一般不需要什么理由了，如果非得给自己找理由，那就是："我们在一起，没有感觉。"也许，在我们看来，他们的婚姻至少是风平浪静的，是可以心平气和过下去的，但当事人却觉得快窒息了，要逃离出来。他们是一群完美主义者，他们在寻找一种理想的婚姻状态，他们采取的是一种置之死地而后生的做法——先断掉自己所有的退路之后，再去找一条通向幸福的捷径。

选择婚姻就像是射箭，无论你感觉自己瞄得有多准，在箭射出去之后，它能否正中靶心，谁也不敢肯定。如果当时起了一阵微风，或者箭本身有些小故障，总之，发生一些不可预知的小意外，常常令结果扑朔迷离。

其实，婚姻是一种有缺陷的生活，那些所谓的完美无缺的婚姻只存在于恋爱时的遐想里。如果你总希望自己完美无缺，假设你的这一愿望真的能如愿以偿，那么你最大的缺点就是没有缺点。

当然，那些婚姻屡败者也许还固守着这个残破的理想。上帝总有些苛刻，或者说公平，他不会把所有的幸运和幸福降临在一个人身上，有爱情的不一定有金钱，有金钱的不一定有快乐，有快乐的不一定有健康，有健康的不一定有激情。向往和追求美满精致的婚姻，就像希望花园里的玫瑰不会在一个清晨全部怒放。

放弃或破坏婚姻不如建设婚姻。许多被大家看好的婚姻因为当事人的漫不经心、吹毛求疵、急不可耐可能很快就破碎了；而那些在众人眼里并不被看好的婚姻，因为两个人用心、细致、锲而不舍地经营，就如一棵纤弱的树，后来居然能枝繁叶茂、郁郁葱葱。可忍或可过的婚姻大抵也是如此，当事人稍一怠慢，它可能很快就会枯萎、凋零。而双方如果用一种积极的心态去修补、保养、维护，也许奇迹就会发生。

有人说，静物是凝固的美，动景是流动的美；直线是流畅的美，曲线是婉转的美；喧闹的城市是繁华的美，宁静的村庄是淡雅的美。生活中处处都有美，只要你有一双发现美的眼睛，有一颗感悟美的心灵。美满的家庭生活需要悉心经营，我们不仅要爱家人，还要讲究爱的方式和技巧。

婚姻是一座花园，是需要用心呵护和耕耘的，如果随意对待，花园内就会杂草丛生，一片荒芜。而要想花园内四季风景怡人，花草鲜美，你就要成为一个辛勤的园丁，精心地培育这块芳草地。

## 包容与理解是美满婚姻的保障

婚姻是一份承诺，一份责任，夫妻之间应该互相关爱、互相信任、互相了解、互相包容，要像光一样地照耀对方，像火一般温暖另一半。婚姻需要的是一点点忍让，带有一点点相依和相知，这样的婚姻才能长久。

曾有人说："不管你是才华横溢，还是富甲一方，就像船只总要靠岸一样，我们每个人都需要一个为自己遮风挡雨的港湾，那便是家。当你快乐时，家是乐园；当你痛苦时，家是心灵的诊所，家的温暖会抚平你那受伤的心。"我们从家庭得到无尽的真情和关爱，家庭修正着我们的劣性，治疗着我们的创伤，没有家庭，我们便感受不到生命的温馨。然而是不是每一个家庭都充满温馨呢？恐怕不尽然。

家庭的形成，先是由夫妻双方进行结合而开始。没有夫妻就没有子女，也就很难称得上是一个家。所以婚姻的美满是家庭幸福的伊始和关键。一段美好的婚姻能够成全男女双方，因为他们在感情上美满，情绪自然高昂，做起事来也就顺畅，即便遇到困难但在爱人的鼓励下，也会变得再次充满干劲。而一段失败的婚姻，往往会毁了两个人，甚至整个家庭。

俄国大文豪托尔斯泰和他的夫人都出身名门望族，原本家庭的优越应是每个人都感到自豪的事情，这却恰恰成了托尔斯泰与夫人之间产生难以逾越的鸿沟的罪魁祸首。托尔斯泰是历史上著名的小说家之一，他的《战争与和平》和《安娜·卡列尼娜》两部小说，在文坛享誉盛名。

托尔斯泰备受人们爱戴，他的赞赏者甚至于终日追随在他身边，将他所说的每一句话都快速地记了下来。即使他说了一句“我想我该去睡了！”这样平淡无奇的话，也都给记录了下来。除了美好的声誉外，托尔斯泰和他的夫人有财产、有地位、有孩子。他们的结合，似乎是太美满、太热烈，所以他们跪在地上，祷告上帝，希望能够继续赐给他们这样的快乐。然而托尔斯泰渐渐地改变了。他变成了另外一个人，他对自己过去的作品竟然感到羞愧。就从那时候开始，他把剩余的生命贡献于写宣传和平、消弭战争和解除贫困的小册子。他曾经替自己忏悔，自己在年轻时候，犯过各种不可想象的罪恶和过错。他要真实地遵从耶稣基督的教训。他把所有的田地给了别人，自己过着贫苦的生活。他去田间工作、砍木、堆草，自己做鞋、自己扫屋，用木碗盛饭，而且尝试尽量去爱他的仇敌。

托尔斯泰的一生是一幕悲剧，而拉开这幕悲剧的便是他不幸的婚姻。他的妻子喜爱奢侈、虚荣，可是他却轻视、鄙弃这些。她渴望着显赫、名誉和社会上的赞美，可是托尔斯泰对这些却不屑一顾。她希望有金钱和财产，而他却认为财富和私产是一种罪恶。妻子时常吵闹、谩骂、哭叫，因为托尔斯泰坚持放弃他所有作品的出版权，不收任何的稿费、版税。可是，她却希望得到那方面带来的财富。当托尔斯泰反对她时，她就会像疯了似的大喊大叫，倒在地板上打滚。她手里拿了一瓶鸦片烟膏，要吞服自杀，同时还恫吓丈夫，说要跳井。本来托尔斯泰的家庭是非常美满的，然而从妻子开始吵闹的那一刻起，他的心灵从没一刻获得安静。经过 48 年的婚姻生活后，他已无法忍受再看自己妻子一眼。在某一天的晚上，这个年老伤心的妻子渴望着爱情。她跪在丈夫膝前，央求他朗诵 50 年前他为她所写的最美丽的爱情诗章。当他读到那些描述以往美丽、甜蜜日子的语句，想到现在一切已成了逝去的回忆时，他们都激动地痛哭起来。在托尔斯泰 82 岁的时候，他再也忍受不住家庭折磨的痛苦，在 1910 年 10 月的一个大雪纷飞的夜晚，离开他的妻子走出了家门，走向酷寒、黑暗，不知去向。11 天后，托尔斯泰患上了肺炎，病倒在一个车站里。他临死前的请求是，不允许他的妻子来看他。

托尔斯泰的妻子这时才对当初自己的行为感到深深地悔恨。在她临死前，她向她女儿忏悔说：“你父亲的去世，是我的过错。”她的女儿们没有回答，而是失声痛哭起来。她们知道母亲说的是实在话。她们的父亲是在母亲不断的抱怨、长久的批评中去世的。

有人曾这样看待家庭中的争吵，笑称它是家庭中“激烈的沟通方式”。其实这种看法不无道理。在每一个家庭中，摩擦不可避免，若是将对彼此的不满都埋在心头，日积月累，便如沉寂的火山在积淀岩流，很有可能在某一天于一个小小的裂缝中迸出，然后一发不可收拾。然而这种“激烈的沟通方式”也要选择形式，若是无理取闹，任何人都无法忍受。

夫妻双方偶尔的摩擦实属寻常，毕竟生活是在磨合中度过的，不过婚姻最需要的就是温馨。相互恩爱，相互诚恳，相互理解，相互容忍，付出真情，不杂私心，这才是真正的爱情，才是真正在一纸契约下的婚姻。有了这样的婚姻生活，人们还何愁生活不美满，日子不快乐呢?

## 婚前睁两只眼，婚后闭一只眼

很多女人都会感慨，结婚以前和结婚以后生活会发生很大的变化，心理上也会跟着发生调整。比如，结婚以前，因为担心自己的未来，总是格外地挑剔自己的另一半。可是结婚以后，就开始专心经营自己的这份感情，慢慢地变得宽容和温柔了。其实，这样做是对的。女人就应该在婚前睁两只眼，婚后闭一只眼，对丈夫宽容，给予他足够的心理空间，这样的婚姻才能幸福。

男人在外打拼，劳累、委屈他都可以不在乎，但他不能失去男人的尊严。许多女孩在谈恋爱时，她们的男朋友可能会用玩笑般的口气告诉她们，在人后我听你的，在人前你可得给我留点面子。确实，男人就是这样好面子的动物。女孩只要不违背原则，暂时委屈一下，给男人一点面子又何妨呢？常言说："量大福大。"大度的女人也更令男人加倍地尊重她。

但是，在现实生活中，有些妻子并不了解男人的这种心理，有时候，自觉不自觉地把在家里的威风也带到家外，当众显示自己对丈夫的管束，自以为很舒服。这样做便会出现两种结果：一是，如果丈夫当众听命于夫人，丈夫就会感到很狼狈，威信扫地，使他们成为交际场合中被人戏弄的对象，这自然有损于他们的交际形象。二是，如果丈夫不满她们的指使，做出反抗的表示，又难免产生矛盾，甚至成为家庭矛盾的导火索。总之，不管哪一种情况，结果都是不好的。产生上述后果都与妻子在公众场合下不注意给丈夫面子有关。

聪明的女人是绝不会这样做的。聪明的女人懂得在什么场合、在什么时候应该给丈夫一点面子，把握这种分寸也是有技巧的。大家不妨把以下几条作为参考。

1. 适当时候不妨示弱

有一位先生在北京开了一家餐馆，生意兴隆。一日餐厅打烊又遇妻子河东狮吼。该先生情急之中逃至桌下，恰好客人返回来寻找丢失的东西，正好撞上，进退两难甚感尴尬。这时八面玲珑的妻子急中生智拍了拍桌子："我说抬，你要扛，正好来帮手了，下次再用你的神力吧！"该先生顺坡下驴直夸夫人想得周到，一场面子危机轻松得到化解。

2. 待他不妨谦和些

对于男人，不要以为你告诉了他，他就会按照你的要求去做，当我们希望得到既定的结果时，一定要为对方的接受程度考虑。比如他在刷过牙后总忘记把牙膏盖盖上，你就多说几句“请记得盖上”，而不要向他频频甩出“不要”“不准”之类的话语，只有这样，他才会欣然接受，而不会恼羞成怒。

3. 聪明的女人家里家外有所区别

不管你在家里把老公当作电饭煲还是当作吸尘器，一旦涉及他的面子时，一定要小心谨慎，给他足够的面子，才能获得“高额回报”。

4. 不妨陪他一起流泪

其实男人很累，睁开眼便是各种责任和义务，他们不敢承认自己也有非常脆弱、需要关怀的时候。在他志得意满时，请给予他足够的欣赏；当他遭遇了不公和挫折时，不妨陪他一起流泪，然后尽快忘却，旧事不提。

5. 聪明的女人多练心

记住，不是操心是练心，如果你想给足男人面子，要多多练心。你的修养、你的谈吐、你的风韵、你的容颜、你的智慧、你的笑容，都是帮衬男人面子的重要组成部分。要不然只有玉树临风，没有佳人相伴，那面子最外层的金边该怎么贴呢?

总之，妻子给丈夫一点面子，这样做不论对于丈夫的交际形象、他的工作，还是对于家庭的和睦，都是有益的。

在婚姻中，给丈夫面子，不是让女人委曲求全，而是要给丈夫体面的自尊，这样既有助于家庭和睦，同时女人也会得到丈夫更多的关心和体贴。

## 夫妻吵架，本没什么成王败寇

关于夫妻之间的争吵，普遍认为这是一件正常的事情——哪能没有马勺碰锅沿的事？甚至还有人认为：打是亲骂是爱，不打不骂是祸害。

其实，和谐的婚姻，并不在于两个人志同道合，完全没有争吵，而在于争吵发生后，彼此如何处理与面对，这是婚姻生活中很重要的一门学问。夫妻之间争吵时应遵循以下三个原则：

一是争吵时先调整心情，再处理事情。夫妻吵架往往不在于是谁对谁错，而在于双方的心情好坏。心情好，能把坏事看成好事；心情不好，能把好事看成坏事。一些夫妻往往把对方的优点、短处忽略不计，或看作理所当然，而单单斤斤计较对方的缺点、毛病，总是将这些看在眼里，烦在心里，就会挑剔、指责不断，吵架不止。夫妻间如果一方长期被挑剔、否定、指责，一定会发泄不快，导致心情沮丧，夫妻吵架就在所难免，而且会由小吵到大吵，由善意转变成恶意。

二是不要企图改变对方，而要先努力改变自己。夫妻之间在一起共同生活，但是二人的兴趣、爱好、性格以及思维模式和行为习惯很少有完全相同的，所以，各自对待生活的态度、处理事情的思想和方法会有很多不同之处。恩爱夫妻都有着共同的特点就是，都能互相包容和顺应，而不能企图抹杀或改变，更不能企图把自己的兴趣、爱好、思维模式及行为习惯强加给对方。

三是夫妻争吵时不求胜利，只求沟通。夫妻吵架不必争谁输谁赢，只要在吵架中把自己心中的不满“吵”给对方就够了。有时大家说，吵架是一种强烈的沟通形式，因为通过吵架，即使对方没有完全接受你的观点、想法或意见，也已起到了交流感受、想法、意见的作用。尽管吵架是一种被动的沟通，但是，它比夫妻间有气发不出来而闷在心里好得多。

夫妻吵架不求胜利，只求沟通的另一个方面是：“不讲道理”是真道理。因为夫妻吵架，很少由原则问题引起，不必较真。如果凡事都较真，非要争出个谁对谁错的道理来，那么“较真”本身就已经错了。夫妻吵架时，彼此都处在不冷静的状态，脑子一热，什么事都干得出来，什么话也都说得出来。双方却不愿意去考虑：有些事做了，有些话说了，也许是自讨没趣，也许是劳民伤财，也许是无法收场，也许会给对方的心灵造成永远无法弥补的创伤。

记住：以下的话以及与之相类似的话，属于争吵中的忌语，这些话是最容易伤害夫妻感情的。如果你希望自己的爱情能够天长地久，夫妻能够白头偕老，不管你当时怎样生气与动怒，也不能将之说出口。

（1）窝囊废（真没用）。

（2）跟你结婚真是倒了八辈子霉。

（3）人家好，你就跟人家过去吧。

（4）当初我真是瞎了眼，竟然嫁给你！

（5）要不是看在孩子的份儿上，告诉你，我早和你离婚了，我一分钟都不想在你们家多待！

（6）你给我滚蛋！滚得远远的，我再也不想看见你！

（7）我对你已经绝望了，你爱怎么着就怎么着吧，我不管了，还不行吗？

十全十美的婚姻不是没有，只是极少，所以身处婚姻中的男女没有必要将生活中的吵架当作是一件多么了不得的事情，甚至因此认为你们的婚姻进入危机，应以一颗平常心对待彼此之间的分歧和争吵。

# 婚姻如鞋子，只有经过磨合才能合脚

当结束一段感情的时候，我们常常会在好友聚会中抱怨自己为何总是遇人不淑，可是，却没有太多的人会从自己身上寻找原因。

在许多童话故事中经常可以看到这样的情节：公主和王子相恋了，然后结了婚，接下来是“从此以后，就过着幸福快乐的生活”了。然而，现实生活并非如此，在现实生活中我们的家庭是需要经营的，而且需要用心地经营，否则便没有幸福可言。

江天和方惠是自由恋爱，后来“有情人终成眷属”。但是却没有像童话故事那般，从此过上了快乐和幸福的生活。结了婚，不知怎么会有那么多的事情要做，有那么多的琐碎要打理，而江天身上更是突然间冒出了许多毛病，让方惠应接不暇。方惠本是满腔热情、心怀憧憬地投入到小家庭建设当中的，可是丈夫经常出现的一些“小打小闹”却似给她当头泼了一盆凉水，浇熄了她的热情，浇灭了她的憧憬。

丈夫在外面时堪称帅哥白领，西服笔挺，干净利落。可回到家里，却“原形毕露”，穿着短裤，光着膀子，甚至一天都不梳头不洗脸。他会把烟灰弹得到处都是，衣物随地乱放。他会小便完不冲水就立即奔到电视机前观看球赛或上网冲浪。他每次看书写文章时，总是把书和纸摊得满屋都是，把原本整洁的房间弄得乱七八糟，让她看到就心烦。好心为他收拾以后，反而引起他的不满，不是哪页纸丢了就是哪本书不见了，总要和她争得面红耳赤。他睡觉时梦话连篇，有时还会“夜半歌声”。有一回睡到半夜，江天不知道梦见了什么暴力事件，突然起腿踹了方惠一脚，差点把她踹到床下。这件件桩桩，真是和他有数不完的气要生。

那天，方惠买了葱回家，本来是想留作葱花用的。可是江天倒好，还没等晚饭出锅，那一捆葱已经被他报销得差不多了，早就蘸着大酱吃起来了，他嘴里的那个味道别提多冲了。晚上两个人躺在床上时，他竟还笑嘻嘻地凑了过来，非要搂着她亲热，气得她一把将他推开，跑到客厅里睡去了。

而江天对妻子也是有一肚子的不满，特别是对妻子每次出门时都拖拖拉拉、磨磨蹭蹭的做法很有意见。虽然嘴上没说，心中却老大不舒服，总想找机会刺刺妻子，消消积怨。

有一天晚上，江天买好了妻子最喜欢的音乐会门票，兴冲冲赶到家里时，方惠正在做晚饭。江天一进门就嚷：“快，快，晚饭快别做了，快换好衣服上路。这是你最喜欢的，速度快一点，否则来不及。”方惠听到丈夫把“你最喜欢的”说得特别响，把“快”

强调得非常突出，感到很不自然，没吭一声，继续做饭。

“嗨，你怎么啦，想不想去啊！？”江天看到她不为所动，不由得有点急了。“不想。”方惠冷冷地、轻轻地回答。

这下可惹怒了江天，他满心不平，为了她，他才下班后就急急忙忙赶到音乐厅买票，人多极了，自己费了九牛二虎之力才买到了两张，又怕误时，打了出租车赶回来，到门口时一着急还差点儿摔了一个跟头，结果落了个吃力不讨好，真倒霉！江天一怒之下，当着妻子的面把门票撕了，丢进了垃圾桶，独自回房看书了。

在这之后，类似的矛盾不断发生，而江天和方惠都没有及时想办法解决，最终导致了他们婚姻的解体。

夫妻关系是一个家庭的基础关系，也可以称得上是家庭关系中最微妙也最难处理的一种关系。两个原本陌生、没有任何渊源的人，只因情投意合，便共同构筑了一个家庭的城堡，心甘情愿地将自己禁锢在了围城之内。可是，两个人毕竟来自不同的环境，拥有不同的背景，要长期地共同生活在一起，自然会产生许多摩擦与碰撞，引起各种矛盾与冲突。所以，夫妻间有一段不合拍的过程是正常的，为生活琐事拌几句嘴、小打小闹是不可避免的。这时应该学会忍耐，不要互相埋怨、数落对方的不是。当双方发生冲突和摩擦时，要设身处地地为对方着想，避免自己在情绪恶劣的状态下做出伤害对方的事情来。

其实现实生活中我们很容易给爱人套上自己想象的帽子，单方面地认为他或她应该怎么样、不应该怎么样，然而我们内心的标准常常只是无端的猜测而已。所以，你应该爱你看上他的那一点，对于不喜欢的方面，要多给予宽容和理解。夫妻在家庭中的地位是平等的，无论是在经济上还是在心理情感方面，都应如此，没有谁理所当然地高出对方一头。

相爱的夫妻间，不论哪一个人都不应盛气凌人地指责对方，而是应该在心理上互相接纳，在生活习性上彼此宽容。即使双方性格迥然，情趣相异，但只要相爱，彼此就会有相当大的相容性。

婚姻就像一双鞋子，只有经过一段时间的磨合才能合脚，所以夫妻双方不要怨恨自己找错对象，要明白真正的金婚银婚，多是走过了一个漫长的磨合之路。

## 低头的瞬间成全了爱

走在一起的两个人，个性完全不同，所以婚姻中总会出现各式各样的摩擦，夫妻之间也一直矛盾不停，麻烦不断。琐碎的事情是最折磨人的，稍微处理不当，就可能引发更大的麻烦，甚至可能会影响到正常的婚姻生活。

其实，夫妻之间的问题很多都是因为彼此都不愿意让步，不愿意先向对方低头，所以才将问题越积累越多，到了最后陷入了无法挽回的地步。所以，如果真正地爱对方，想要跟对方一起幸福地生活下去，就要先学会向对方低头。

对于婚姻的压力要尽可能地去承受，在承受不了的时候，学会弯曲一下，像雪松一样让一步，这样就不会被压垮。婚姻中，不要总是去苛求对方做到完美，因为你也不是完美的，向他（她）低一下头，你们的婚姻就会自有一番风景。

在中国，大男子主义的作风成为爱情婚姻中一道不和谐音符。很多男人都觉得自己任何做法都是无可挑剔的，所以若是和妻子发生争执，那也必须是妻子先低头，不然自己就太没面子。可是妻子也会有自己的委屈，她们也在希望丈夫能够给予理解。这个时候，如果相互之间没有一个人肯低头认错，那么无疑会让僵持的氛围一直延续。时间长了，自然会影响夫妻之间的感情。

当然，在现实生活中，不理解丈夫的妻子也大有人在。她们只是一味追求家庭幸福、夫妻美满，沉醉于卿卿我我的夫妻生活中，对丈夫一心想干好事业的思想不怎么理解，对丈夫的兢兢业业为事业操劳的行动不理解，埋怨丈夫回家晚，埋怨丈夫不知道买家具，甚至同丈夫吵架，不体谅丈夫，使丈夫的精力不能集中。做女人的要知道，一些男人之所以那么钟爱自己的妻子，就是因为他感到妻子很理解自己，体谅自己，支持自己。有的男人说："最了解我的是妻子，最支持我的也是妻子。"

生活中，我们已经活得很累了，不管是男人还是女人，都不容易，当感受到对方已经身心疲惫的时候，就应该低下头去，握住对方的手，用自己的体贴温暖对方。虽然有时候，问题的发生并不是我们故意的，或者能够导致矛盾的产生，也不完全是我们的错，但是能够在对方疲惫的时候，给予一点体贴和谅解，才能更加温润彼此脆弱的心。

## 欣赏你的爱人

婚姻中夫妻双方要相互欣赏，欣赏会使夫妻间的爱越来越醇厚。

有一位画家以其作品富有生命气息而闻名，同时代的画家无人能比。他运用色彩的技巧非同一般。人们看了他的画，都说他画得活灵活现、栩栩如生。

的确，他绘画技艺娴熟。他画的水果似乎在诱你取食，而他画布上开满春花的田野让你感觉身临其境，仿佛自己正徜徉在田野中，清风拂面，花香扑鼻。他画笔下的人，简直就是一个有血有肉、能呼吸、有生命的人。

一天，这位技艺出众的画家遇见了一位美丽的女士，心中顿生爱慕之情。他细细打量她，和她攀谈，越来越产生好感。他对她一片赞扬，殷勤关怀，无微不至，终于女士答应嫁给他。

可是婚后不久，这位漂亮的女士就发现丈夫对她感兴趣原来是从艺术出发而非来自爱情，他投入地欣赏她身上的古典美时，好像不是站在他矢志终身相爱的爱人面前，而是站在一件艺术品前。不久，他就表示非常渴望把她的稀世之美展现在画布上。

于是，画家年轻美丽的妻子在画室里耐心地坐着，常常一坐就是几个小时，毫无怨言。日复一日，她顺从地坐着，脸上带着微笑，因为她爱他，希望他能从她的笑容和顺从中感受到她的爱。

有时她真想大声对他说："爱我这个人，要我这个女人吧，别再把我当成一件物品来爱了！"但是她却没有这样说，只说了些他爱听的话，因为她知道他画这幅画时是多么快乐。画家是一位充满激情，既狂热又郁郁寡欢的人。他完全沉浸在绘画中的时候便能只看见他想看见的东西。他一点都没有发现，也不可能发现，尽管她微笑着，但她的身体却在衰弱下去，内心正在经受着折磨。他没有发现，画布上的人日益鲜润美好，而他可爱模特脸上的血色却在逐渐消退。

这幅画终于接近尾声了，画家的工作热情更为高涨。他的目光只是偶尔从画布移到仍然耐心地坐着的妻子身上。然而只要他多看她几眼，看得仔细些，就会注意到妻子脸颊上的红晕消失了，嘴边的笑容也不见了，这些全部被他精心地转移到画面上去了。

又过了几周，画家审视自己的作品，准备作最后的润色——嘴巴还需用画笔轻轻抹一下，眼睛还需仔细地加点色彩。

女士知道丈夫几乎已经完成了他的作品，精神抖擞了一阵子。当画家画完最后一笔时，倒退了几步，看着自己巧手匠心在画布上展示的一切，画家欣喜若狂！

他站在那儿凝视着自己创作的艺术珍品，不禁高声喊道："这才是真正的生命！"说完他转向自己的爱人，却发现她已经死了。

画家的悲剧在于，他不会欣赏妻子的温情与美丽。婚姻不是工作，画家忘记了在婚姻中他是丈夫，却在用职业的眼光欣赏妻子，而那不是她需要的欣赏，她需要的是对方的爱。

生活中的小事，往往能让我们理解何为欣赏的真谛。

欣赏对方想让你欣赏的那部分，这就是学会欣赏的诀窍。她对你展现出柔情妩媚、风情万种，你就欣赏并赞美她的柔情；他对你表示出关心关爱，你就赞美和欣赏他的细心体贴；他对你宽容放纵，就不失时机地夸奖他的雍容大度……

# 善待自己的妻子

有人在对待妻子的方式上给出了这样一个聪明的建议："第一，理解妻子；第二，要有耐心。在外面，你自己的事情可能遇到了很大的麻烦和困难，但是，你不要把一张愁容满面或眉头紧皱的脸带回家，要知道你的妻子可能有更多的不顺心的事——尽管都是一些琐碎的小事，但也可能到了令她难以忍受的程度。在这个时候，一句安慰的话、一个温柔的眼神、一次真诚的拥抱，都会令她心头的阴霾散尽，重新焕发容光。"

不要以冷漠来对待妻子真挚而热切的情感，更重要的是，不要认为服从于她的愿望便有损于作为男人的尊严。你曾这样想过吗？如果没有，那么当你在妥协让步面前感到为难时，仔细地想一想。这样，当你看到你妻子倾尽全力把你的愿望当成自己的愿望时，你便会有更多的理解和宽容。

不要和你的妻子争执，因为这样会使她认为你不再爱她。她很容易误会你那习惯性的、心不在焉的态度和行为。你应当更有男子气概一些，这样她就会尊敬你、信赖你，为自己把终身托付于你而感到安全。

弗朗西斯·威德说："毫无疑问，婚姻也为破坏另一个人的生活提供了更大的可能。没有任何一个人会像她的丈夫那样如此致命地贬低、侵扰和毁坏一个女人，也没有任何一个人会像他的妻子那样毁灭一个男人的抱负和雄心，销蚀他的活力。只有一个男人娶了一个恶女人，才会使他永久地丧失信心和希望；同样，也没有比一个女人遇人不淑、嫁给一个坏男人更糟糕的事情了。"正如乔治·艾略特所说的，对于两个人，还有什么事情能比在生活中互相扶持、合二为一更好的呢？工作时，他们可以相互鼓劲；悲伤时，他们可以互相安慰；伤痛时，他们可以相互缓解；寂寞时，他们可以聊天抚慰；即使分别时，也可以留下难以言表的美好回忆。每个人都可能是很好的另一半，但单独的个人不可能是一个完整的整体。只有在两个互不适合、彼此抵触的个体组合成一个整体时，这种组合才是令人痛苦沮丧的。

西奥多·帕克先生结婚时，夫妇两人进行了结婚旅行。在新婚期间，帕克先生列出了一些有用的建议来解决婚姻中可能出现的问题和矛盾：

（1）除非有特殊的理由，否则绝不要违背妻子的意愿。

（2）按照妻子的意愿，相互履行义务。

（3）不要责备妻子。

（4）不要轻视妻子。

（5）不因为妻子的要求而抱怨。

（6）鼓励妻子柔顺的品质。

（7）分担妻子的压力和负担。

（8）容忍妻子的缺点。

（9）永远珍爱妻子，保护妻子。

（10）记住，永远为妻子祈福，这样上帝就会为我们赐福。

帕克为自己列出的这些建议可以理解为一个字——爱。爱应当贯穿于整个婚姻的过程中。

要细心留意你的妻子为了你的舒适而做的一切。不要把它们看成是理所当然的事情，同时，不要刻意去寻找那些你认为她应该做而没有做的事情，不要在这些漏洞上斤斤计较。

## 争吵，会让幸福悄悄溜走

仙崖禅师外出弘法，路上，遇到一对夫妇吵架。

妻子："你算什么丈夫，一点都不像男人！"

丈夫："你骂，你如再骂，我就打你！"

妻子："我就骂你，你不像男人！"

这时，仙崖禅师听后就对过路行人大声叫道："你们来看啊，看斗牛，要买门票；看斗蟋蟀、斗鸡都要买门票；现在斗人，不要门票，你们来看啊！"

夫妻仍然继续吵架。

丈夫："你再说一句我不像男人，我就杀人！"

妻子："你杀！你杀！我就说你不像男人！"

仙崖："精彩极了，现在要杀人了，快来看啊！"

路人："和尚！大声乱叫什么？夫妻吵架，关你何事？"

仙崖："怎不关我事？你没听到他们要杀人吗？杀死人就要请和尚念经，念经时，我不就有红包拿了吗？"

路人："真是岂有此理，为了红包就希望杀死人！"

仙崖："希望不死也可以，那我就要说法了。"

这时，连吵架的夫妇都停止了吵架，双方不约而同地围上来听仙崖禅师和人争吵什么。仙崖禅师对吵架的夫妇说教道："再厚的寒冰，太阳出来时都会融化；再冷的饭菜，柴火点燃时都会温热；夫妻，有缘生活在一起，要做太阳，照亮别人；做柴火，温暖别人。希望贤夫贤妇要互相敬爱！"

很多婚姻，并不是因为经不起生活的大风大浪，恰恰是在这风平浪静的生活中被瓦解。稍有不顺，就破口大骂，将婚姻置于口角风暴之中。也许，你只是希望对方能明了你的心意；也许，你有太多的委屈需要宣泄；也许，你只是一时冲动，要知道，争吵不能解决任何问题，争吵只会让矛盾越演越烈。

争吵，是腐蚀婚姻的利风，它让婚姻失去宁日，刮跑幸福，让愤怒与烦恼进入婚姻。其实很多争吵都是可以避免的，少说一句，或者委婉一点，都能化解争吵。俗话说：十年修得同船渡，百年修得共枕眠。夫妻间多年修来的缘分，谁能舍得在争吵中瓦解呢？

不要争吵，在对方不得意的时候，为对方捧一杯暖心的茶；不要争吵，在对方陷入困境的时候，给对方一个阳光的微笑；不要争吵，在对方失落的时候，说一些安慰的甜言蜜语；不要争吵，让幸福回归家庭。

## 用包容的心去对待你的伴侣

为什么情人眼里出西施，你可以说是热切的感情蒙蔽了理智的双眼，所以对方的一切瑕疵都可以视而不见，一切错误都可以被包容。而反过来，如果你能始终拥有一颗宽容的心，包容对方的缺点和纰漏，那么你不是一样拥有了这双“情人的眼”？而夫妻双方都用情人的眼睛互相看待，婚姻才能持久保鲜。

挑剔对方的瑕疵可能是婚姻最大的敌人之一。当夫妻双方都失去了情人眼，看到的都是对方的缺点和不尽如人意的地方，那么就会产生厌恶感。久而久之，你会变得更加挑剔，而你们的婚姻也会岌岌可危。而明智的婚姻守护者懂得如何包容对方。英国著名政治家狄斯瑞利是在35岁时才向一位有钱的、比他大15岁的寡妇恩玛莉求婚的，恩玛莉既不年轻也不美貌，更不聪明，她说话充满了使人发笑的文字上的与历史上的错误。例如，她“永远不知道希腊人和罗马人哪一个在先”，她对服装的品位古怪，对屋舍装饰的品位奇异，但狄斯瑞利也同样地没有过分挑剔这些。无论恩玛莉在公众场所显出如何无意识，或没有思想，狄斯瑞利永不批评她；他从未说过一句责备的话；如果有人讥笑她，他立即起来忠诚地护卫她。

狄斯瑞利也并不是毫无瑕疵的，但30年的婚姻生活中，恩玛莉也从未厌倦谈论她的丈夫，她总是在不断地称赞他。恩玛莉也常常幸福地告诉他与她的朋友们：“谢谢他的恩爱，我的一生简直是一幕很长的喜剧。”正如美国著名的心理学家詹姆斯所说的：“与家人交往，第一件应学习的是，不要只注意对方的瑕疵，如果那些东西并不是激烈得与我们相冲的话。”

让自己在婚姻里变得更有包容心的几种方法：

1. 想他所想

当你们发生摩擦时，设身处地地站在对方的立场上想想，你会发现也许自己也有 50%的责任。认识到他并不是所有麻烦的制造者，会让你减少对他的责怪。

2. 求同存异

没有人是和你受过完全相同的教育和有着完全相同的生活经历的，每个人都会以自己的方式去行事或以自己的观念去考虑和评价问题，要承认有与你不同想法的好人是存在的。而你的另一半自然也是如此。他不可能总是与你持同样的想法，所以有些时候如果意见不同就随它去。

3. 在例数他的缺点之前，先罗列他的优点

婚姻中，妻子往往喜欢数落丈夫的种种不是。当你也有这样的想法时，请先想一想他的优点。不要以“他一无是处”为借口，每个人都有优点。当你能正视这些优点时，你也才能客观地与他谈论他的缺点，而不会让他觉得你在无理取闹。

对你的伴侣多一些宽容，人的生活中就会多一分阳光，多一分温暖。宽容你的伴侣就是解放自己。只要我们远离妒忌和怨恨，就会远离痛苦、绝望和愤怒。

第十六章

# 由心出发，创造成功幸福的人生

## 心态的惊人力量

生活给人怎样的回馈，取决于你以怎样的态度对待生活。

现在做出口贸易的张女士讲过她亲身经历的事情：

上学时期，我很喜欢做数学的解答题，觉得一条一条地列出“因为所以”，然后得出最终答案是一件很有意思的事情，就像小时候和小伙伴们捉迷藏一样，最终把他们找出来的那种欣喜，可以让自己感到无比自豪。因为可以从数学中找到自己的乐趣，所以，我的数学很好。

似乎很多东西都有对立面，就像有喜欢就一定有不喜欢一样。是的，我不喜欢英语，超级不喜欢，那些长长短短的字母密密麻麻地摆在一起，感觉脑子都大了，无论老师怎样苦口婆心地讲解，我还是无法打心眼里喜欢上英语，自然而然，我的英语成绩很差。忘了是什么时候，我收到了一张明信片，是哪里的景色我已经不记得了，但是写在上面的那一行行漂亮得不得了的英文字母，却深深地刻在了我的脑海里。原来，那些曾经讨人厌的字母竟然可以美得如同一幅画。从那之后，我渴望接近英语的心变得欢喜而迫切，等到期终考试的时候，我的英语成绩竟然破天荒地得了 90 分。

听了张女士的故事，你是否也在惊讶心态所起到的巨大作用？

我们常说：念由心生。往往你认为自己是什么样的人，就将成为什么样的人。烦恼与欢喜，成功和失败，良善与邪恶，仅系于一念之间，而这一念即是心态。我们生活在这个大千世界中，受影响的因素有很多，因此，心态也决定于很多方面。比如：同样的生活环境，同样的教育背景，为什么有人可以很成功，工作出色，生活美满，而有的人忙忙碌碌却无所作为，经济拮据，只能维持生计？人与人为什么有这么大差距？到底是什么因素在影响着我们，并决定了我们每个人不同的命运？

面对这些问题，许多人往往把主要原因都归结为外界条件，认为自己之所以没有这么优秀，是因为没有好的家世背景、没念名牌大学、没有好的工作机遇，等等。他们只会用消极悲观的心态来抱怨生活和命运的不公平，却从来没有审视过自己是用怎样的态度来对待生活的，更不用说激发心态的巨大潜能去创造奇迹了。

其实，我们选择什么样的心态，就会有什么样的人生。要知道，决定你一生成败的关键因素就是心态。试想一下，如果你连自己事业不顺心、生活不如意的根本症结都搞不清楚，你还能奢望得到成功的事业和美满的生活吗？这个问题的答案，清清楚楚地写在我们每个人的心中。

世界上最重要的人就是你自己，所以，请不要轻易怜悯你自己，一定要相信自己。

每一个人成功的能量源自于对梦想、价值观和痛苦的凝聚，我们要学着对自己有信心，鼓励自己穿过重重阻碍，体现自身的价值，这一过程中的种种经历，会刺激我们心态的张力，而这种张力往往能够爆发巨大的能量。

怎样使自己有一个好心态，并能获取好心态潜在的惊人力量呢？

这就需要我们不断地去追求内心的充实，并且希望获得较高的文化素养，正如辩证法所说，内因和外因相互转化。内因和外因又是什么呢？内因是人的内功，概括为：知识广，品德正，能力强，发挥佳。外因就是通过内因来表达情感，激情外在的一种流露。往大的方面说这是一个人的德行修为，与佛家修行中表现出的“以静为动，以退为进，以无为有，以空为乐”的心态同出一脉。人的一生，在和世间万事万物打交道的过程中，充满了太多的变化和不可预知，如何改变，让自己变得更好更强大，这就要从自身所具备的条件出发，而自身条件的形成，是进步发展的基础，只有奠定好这个基础，我们才能真正成为具有个性的、快乐并强大的人。

寻找良好的心态，把这种心态投入到我们对人生，对梦想的追求中，会让我们感受到内心的坦然，孔子有言：“知其不可为而为之，知其难为而勉力为之。”而我们需要的就是这种坚韧与执着的心态，有了这种坦然和慷慨进取的人生态度，我们就有了向成功人生冲刺的惊人力量。

# “贵族心态”，圆满人生的保证

心态的好坏，会直接影响到个人能力的发挥和行动的效果，并进一步决定一个人一生的命运。时下很流行的一个词叫作“贵族心态”，还引发了不少人的讨论。其中有褒有贬，看法不一。其实，贵不贵族不重要，重要的是我们可以不是贵族出身，但要有一种积极的、阳光的“贵族心态”。

一个落魄的印度人流浪到了英国，他想在这里谋取一份工作，但每次应征都因为其貌不扬、没有文凭而被拒之门外。就这样，三个月过去了，他依然奔波在求职的路上。

有一天，他来到一家饭店，恳求经理收留他。但是饭店由于经营惨淡，正面临裁员的问题。这个时候，怎么可能留下他呢？印度人并不气馁，他苦苦地哀求经理，并承诺任何工作都可以做。经理见他很真诚，于是收留了他，派给他一份别人都不情愿干的活——负责二楼洗手间的卫生。能够接到这份特别的工作，印度人感到很开心。他并不觉得这份工作有多么卑微，相反，他还对这份工作产生了一种特别的爱。

工作第一天，印度人发现洗手间由于长时间没人打理，灯已经坏掉了，里面黑乎乎的，而且气味很难闻。他马上从仓库找来新的灯泡换上，于是洗手间亮了起来。印度人的心一下子明亮起来，他对自己说：“伙计，开始你的新生活吧，这份工作是多么惬意啊！”然后，他开始跪在地面上用抹布一遍一遍地去整理地板；用刷子去刷马桶，墙壁也被他擦拭得干干净净，连细小的缝隙也不放过。接着，他找来了镜子安装在洗手间的墙壁上，又搬来了一盆夜来香，点燃了熏香，他甚至还搬来了破旧的音响安装在洗手间的角落里。洗手间在这个印度人的美化下，完全变了样。

有一天，饭店来了几位客人，其中一个在中途去洗手间，当他推开洗手间的门时简直不敢相信自己的眼睛。原来，他看到的是朦朦胧胧的灯光，闻到的是沁人心脾的花香，听到的是浪漫悠扬的萨克斯乐曲，由于中午多喝了点酒，不知不觉中他竟然坐在马桶上睡着了。

后来，这位客人迫不及待地把他的奇遇告诉了他最要好的朋友，让他也来享受一下这个特别的洗手间。就这样，一传十，十传百，渐渐地，在这个小镇上，人们都知道这条街上有一家饭店，那里的洗手间最值得一去。于是这家饭店的人气也越来越旺，生意越来越好。

过了几个月后，饭店董事长来视察，当他了解到这种情况后，马上把这个印度人叫到办公室。董事长百感交集：“你对工作如此地付出和用心，你是我公司最优秀的员工。”

其实，任何一件有意义的事情，都值得我们用心去做。生活中，我们可能无法选择贵族所享受的荣耀人生，但我们可以选择以贵族心态去面对所有。这个世界上，没有卑微的人，只要我们自己不轻看自己，任何人都不会影响到你的“贵族”生活。

“王侯将相，宁有种乎”，有谁，生来就注定是达官贵人的命呢？又有谁，从一开始就大富大贵呢？出身光荣，那是你的幸运；出身贫苦，那是公正的命运。哥白尼是一位面包师的儿子，开普勒出身于德国一个小旅馆老板的家庭，拉普拉斯的父亲是一位贫穷农民，当过裁缝。据说，他在华盛顿的就职仪式上发表演讲时，人群中有个声音突然喊出：“这是个裁缝出身的人。”约翰逊回答说：“某些先生们说我过去曾是个裁缝匠，这根本没有使我感到难堪。因为当我是个裁缝匠的时候，我享有一个优秀裁缝匠的良好声誉。”是的，也许我们无法选择自己的出身，但是我们可以选择活得有尊严。

每一个人都有他与众不同的优点，如果，我们不想让自身的这些优点被埋没，如果我们想变得更加非凡卓越，就要相信自己，只要我们肯付出努力，我们就一定可以。其实，我们每个人都怀揣着自己尚未知晓尚未辨认的天赋。关键在于你持有怎样的心态，世界上没有卑微的出身，只有卑微的心态，如果你相信你能成为上层社会的贵族，那就从现在开始，拿出一个贵族应有的心态，积极地为自己的梦想努力，为自己的成功进取，相信你自己，即使两手空空，你也能打造出属于自己的成功人生。

## 好心态让你更优秀

社会在进步，知识也在以飞快的速度更新换代，我们所生存的环境，就像一个庞大的竞技场，输赢全在我们自己。特别是在竞争激烈的现代职场中，作为个人，你要么是卓越的狮子，要么是平庸的羚羊，成为狮子或者羚羊完全取决于你的心态。

有一家成衣销售公司接到一个大订单。由于这笔订单对皮毛货品的需求量很大。老板担心皮毛供货商那里货品不足，就打算派人过去了解一下。正好公司新来了三个员工，老板想不如趁这个机会，考验一下他们，于是他吩咐三个员工去做同一件事：去供货商那里调查一下商品的数量、价格和品质。

第一个员工10分钟后就回来了，他并没有亲自去调查，而是向别人打听了一下供货商的情况就回来汇报。半小时后，第二个员工回来汇报。他亲自到供货商那里了解皮毛的数量、价格和品质。第三个员工90分钟后才回来汇报，原来他不但亲自到供货商那里了解了皮毛的数量、价格和品质，而且根据公司的采购需求，将供货商那里最有价值的商品做了详细记录，并且和供货商的销售经理取得了联系。在返回途中，他还去了另外两家供货商那里了解皮毛的商业信息，将三家供货商的情况作了详细的比较，制订出了最佳购买方案。

面对同样的一件事情，三个人所持有的心态却截然不同。第一个员工只是在敷衍了事，草率应付；第二个充其量只能算是被动听命；真正尽职尽责地行事的只有第三个人。想一想，如果你是老板，你会赏识哪一个？如果要加薪、提升，作为老板，你愿意把机会给谁呢？答案是显而易见的。

根据故事中三个人的表现，我们不妨做一下分析：机会永远都是公平的，它曾到过我们每个人身边，但是否能抓住，就取决于个人的心态。老板给三个人的机会是相同的，只是能意识到的，却是少数。所以，第一个员工注定要成为失败者，第二个员工只能成为一个平庸的人，而第三个员工则会超越平凡，成为卓越的成功者。

在这个世界上，成功的卓越者少，失败的平庸者多。成功的卓越者活得充实、自在、潇洒。失败的平庸者过得空虚、艰难、猥琐。造成这种现状的原因是什么呢？仔细观察、比较一下成功者与失败者，我们就会发现，是“心态”导致了他们的不同人生。这是我们最值得深思的地方。然而，在工作中许多人并不理解这一点：他们对自己的老板牢骚满腹，对自己的工作懒散拖沓，对公司的前景悲观失望；而老板则时刻担心员工消极怠工，对公司产生不满情绪，动辄拍屁股走人。兢兢业业立足于自己的本职工作，心无旁骛地发挥自己潜力的员工少之又少；能专心致志于公司的发展前景，不为担心员工跳槽而费神的老板更是难得一见。

我们常常看到这样一番情形：员工们工作起来十二分不情愿，而做老板的则整天为这类事情心烦意乱。员工想尽办法逃避责任，得过且过，对自己的工作敷衍了事，老板则要为改变这种糟糕的状况而绞尽脑汁。这样发展下去的结果是，员工和老板都把大部分原本应该花在工作上的时间和精力消耗在如何打赢这场内部战争上。这样只可能导致两败俱伤，这样的企业还谈何发展，这样的员工怎么会有前途？

林欣在一家中型企业的做文秘，她的口头禅是：“那么拼命干什么？大家不是都能拿到薪水吗？”所以，林欣从来都是按时上下班，按部就班；职责之外的事情一概不理，不求有功，但求无过。

就算遇到挫折，林欣也很少在意，她最擅长的就是自我安慰：“反正晋升是少数人的事，大多数人还不是像我一样原地踏步，这样有什么不好？”

马宁是林欣的同事，只是普通的销售员。他的职业技能不是一流的，然而在公司里，人们经常可以看到马宁忙碌的身影。他总是热情地和同事们打招呼，一天到晚都是神采奕奕的，对于工作，他也是积极乐观，只要是领导安排的，他一定会力争第一。即使是在项目受到挫折的情况下，他也总是积极地寻求解决问题的办法，而不是打退堂鼓。

在公司，每天都能看到他忙碌的身影，尽管如此，他却始终保持乐观的态度，时刻享受工作的乐趣，因此，同事们都喜欢和他接触。

一年后，林欣仍然做着她的文秘工作，上司对她的评价始终不好不坏。一年一度的大学生应聘热潮又开始了，上司开始关注起相关的简历来，也许，新鲜的血液很快就会补充进来，林欣这时深感自己的处境似乎有些不妙。而马宁却已经从销售员的办公区搬走，这一年，他被提升为销售经理，新的挑战才刚刚开始。

由此可见，无论你正在从事什么样的工作，要想获得成功，就要改变自己的心态。如果你也像林欣那样，总甘于庸庸碌碌地工作，从不为改进工作做任何努力，那么，即使你正从事最不平凡的工作，你也不会有所成就。

纽约中央铁路公司前总裁佛里德利·威尔森被问及如何对待工作和事业时说："一个人，不论在挖土，或者是经营大公司，他都认为自己的工作是一项神圣的使命。不论工作条件有多么困难，或需要多么艰苦的训练，始终用积极负责的态度去进行。只要抱着这种态度，任何人都会成功，也一定能达到目的，实现目标。"

那么，你想要什么样的人生呢？是卓越的品质生活，还是一事无成呢？虽然结果并不一定能尽如人意，但如果你能选择以积极的心态来对待工作、生活，你就一定能够为自己创造出更多的机会。否则，遗憾的不只是你的老板，还有你自己，你会时常懊恼为何当初没有全力以赴。

## 危机中爆发的超人能量

在危机面前，人们的心态不外乎有两种：乐观和悲观。乐观者表现出临危不乱、运筹帷幄，这种人是智者也是英雄；悲观者则惊慌失措，主动放弃，从此走向失败。这两种心态造成了截然不同的两种结局：成功与失败。当我们认定已是败局，狼狈退出的时候，却在转身的瞬间看见成功嘲笑的眼睛。所以，不要轻易放弃，再坚持一下，就一下，成功就会握在你的手中了。

我们常说，有危机就有转机，人往往在面对危难之时，能够发挥出超乎想象的能量。

麦克卢尔是《麦克卢尔》杂志的创始人，他出身贫寒，没读过几天书，从童年开始，他就做过各种各样的工作。靠自学，他读完了中学的课程，又经历了很多困难，才找到一份编辑的工作。他努力工作，得到了上司的赏识和提拔，一步步高升，他渐渐把眼光投向了杂志，希望自己能在这个行业有所作为。创建一份成功刊物的想法，占据了他的头脑。又经历了重重困难，他的想法终于有了实现的机会——他的上司德拉蒙德先生信任他，把这项工作完全交给了他，当他满怀信心和力量，正要大干一番时，却遇到了意想不到的困难。

1893年爆发的美国经济大萧条使36岁的麦克卢尔陷入事业的最低谷。

麦克卢尔强打精神，来到了德拉蒙德先生面前。他垂头丧气，倾诉自己的苦楚，认为自己犯了一个严重的错误——他现在做的工作，完全超过了自己能力。

德拉蒙德先生一直沉默地听着麦克卢尔的讲述，也一直从容、镇静地看着麦克卢尔，脸上没有一丝一毫的焦虑。等麦克卢尔情绪平静之后，他对麦克卢尔说："假如一个人不是超过他的能力而工作，那说明他还没有最大限度发挥自己的潜力。每个人都是如此，如果你总能在最困难时找到最好的解决方案，那么你也一定会因此进入一个全新的领域。之后你会发现，再没有什么困难可以难倒你，也不再有什么力量可以阻止你向前。"

在听完这番话后，麦克卢尔又挺直了腰板，脸上的灰暗也一扫而光。他将上司说的那句话写下来，贴在自己办公室最显眼的地方，作为时时鼓励自己的座右铭。

麦克卢尔每天上班时都会在心里重复这句话，而每当他看到这句话时，总会感觉浑身上下立即就充满了力量，有使不完的劲儿。以前他总是担心自己会遇到无法解决的问题，而现在他开始欢迎难题和阻力。他发现，好像是在一种神奇力量的指引下，他总是能出人意料地找到解决方案。他发现了从来没有发掘的一个领域——想象的领域。他的想象带领他离开常规与习惯，赋予他创造的能力。他总能创造性地解决问题，为他的工作迎来了更大的发展空间！

从优秀到卓越是个人能力的升华。很多时候，危机预示着转机。只要我们肯突破自我，越是危机就越能引爆我们潜藏的能量。也就是说，一个人应当时时超越自己的能力，做超过自己能力的工作，他才能得到最丰厚的成效。

每个上班族都希望的事情就是被老板赏识，体现出自身的价值。老板欣赏怎样的员工呢？老板欣赏那些能够做好自己工作的员工，更欣赏那些在工作中不断进步，不断超越自我的员工。

作为普通的企业员工，我们一样能实现自己的卓越，许多和我们一样普通的人已经以他们的实际行动和取得的成就给我们作出了示范。对这一点，我们一定要有信心。同时，我们还要清醒地认识到，追求卓越不是一件轻松容易的事。在追求卓越的道路上，我们会遇到许多坎坷、挫折甚至是打击。好的员工会在遇到危机时总结自己的不足，不断让自己进步，更进步，更优秀，从优秀到卓越，永远保持积极的进取心。追求卓越，我们要做的，就是努力使自己进入"卓越"的状态，不断督促自己调整心态，提高素质与技能，把工作中的小事做得不平凡，使我们在平凡的岗位上发出耀眼的光芒。

李兰研究生毕业后进入一家规模较大的贸易公司做项目部助理。公司的很多业务对于刚跨出校园的她来讲，都是前所未有的挑战，她常常被元老们“考验”着。可李兰并没有因此而放弃，相反，她越挫越勇，越是危急时刻，她越是显得稳重大气，解决了不少拿不下的项目。

积极的工作态度和良好的工作业绩，使她赢得了领导的信任，不久，李兰便被提升为总经理助理。工作内容也从项目管理拓展到了协助总经理管理财务、人力资源、市场等方面的事宜。没过多久，公司一位人事主管突然离职，李兰顺利地补上了这个“缺”。

在工作中，李兰非常注意积累经验，并且把每次遭遇到的困境都当作历练自己机遇，并因为她明白，更高的职位必然对自己提出更高的要求，只有不断提高综合素质，锻炼自己有独当一面的能力，才有可能获得晋升。三年之后，她顺利成长为人力资源总监。

自我超越是一项修炼，善于自我超越的人会警觉自己的无知、力量的不足以及成长的极限，从而努力去突破这种极限，开启自身的超人能量，不断地发展完善自身，向成功的目标迈进。不断学习，具备自我超越能力的人，会认清及运用那些变革的力量，在不断的超越中让自己得到发展。

## 职场上心想事成的秘密

北京易普斯企业咨询服务中心曾对中国 1576 名白领进行了工作压力状态调查，结果显示：45% 的人觉得压力较大，21% 的人觉得很大，3% 的人觉得极大，而你又是哪一种？的确，我们现在的社会，没有工作的羡慕有工作的，忙碌的羡慕清闲的，年轻的也开始想退休，做领导的说下属太浮躁，做下属的说领导要求太高……于是心态问题与心理危机已成为一个严重的社会问题。社会不缺具备专业技能的人，缺的是在不同的工作和生活脉络中能坦然自若、淡定自如的人，我们是不是该在追逐工业文明的“高速度原则”下停息下来，给自己一个慢的理由，然后好好审视自己的心态是否真的出了问题？

有一位经理讲述了他的亲身经历：

从十几岁开始一直到大学，我做过各种工作——从修理自行车到挨家挨户推销词典，有一年我甚至为一场选美比赛工作整整一个夏天，任务是回收那些已经征订却未付款的票。此外，我还做数学家教，担任商店的收银员、出纳。为了完成大学学业，我替人打扫、整理房间。

这些工作挣不了几个钱，但这几个钱是我当时需要的，说心里话，我当时是看不起这些工作的。但是，最终我知道，我没有白白经历。这些工作以一种潜移默化的方式教会我很多珍贵的东西，就以我在商店做收银员的工作为例。当时，在很长一段时间，我认为自己是一个好雇员，做了自己分内的事——收款。但是后来发生的一件事改变了我的这种看法，也让我的心态发生了巨大的变化。

有一天，我觉得分内的工作完成了，便和同事闲聊起来，经理走了进来，四处看了看，然后示意让我跟他来。他一言不发地走到柜台前，动手整理商品，又走到食物区，将购物车清空。看着经理的一举一动，我很羞愧，以往没有人告诉我要这样做，但我自觉的话应该能看到工作中的不足。

这件小事令我受益匪浅，它不仅使我成为一名更优秀的雇员，而且教会了我如何从每一项细小的工作中获得更多的东西。不仅要对自己分内的工作尽职尽责，还要好上加好，精益求精。

有了这次教训，我改变了对工作的看法，我越是专注于自己的工作，学会的东西就越多，受益就越大。

这个阶段的经历对我的人生、事业影响颇为深远。后来我上了大学，从一个事不关己，高高挂起的旁观者变成了一个有责任感的人。它使我的大学生活变得丰富起来，兼职和实习成为探索未来发展的机会。

毕业后，当我成为管理者时，我依然在努力发现那些需要做的事情，不断超越他人——不仅为自己的雇主努力工作，也使自己能出人头地。

没有不重要的工作，只有不重视工作的人。只有我们调整好自己的心态，才能有端正的态度对待工作。我们每个人都可能有这样或那样的“毛病”，工作态度也许没有那么完美，但首先我们要认识到自己的缺陷与不足，然后再努力改正，这才“善莫大焉”。因为，我们自己就是卓越工作态度的真正受益者。

每一个老板自然而然地觉得，勤勤恳恳、全神贯注、充满热情的员工更有价值，而提升则是老板对员工莫大的鼓励。这些员工的积极心态也常常会感染到老板，老板也知道，这样的员工是在尽力帮助自己。因此，领导者会自觉地与良好心态的员工在一起，关心他们的生活，对那些不专心工作，开脱责任，不注重实绩的员工有一种本能的排斥心理。

迈克曾是美国西里克肥料厂的一名速记员。尽管他的上司和同事均养成了偷懒的恶习，迈克仍保持着认真做事的良好习惯，重视每一项工作。

一天，上司让迈克替自己编一本西里克先生前往欧洲用的密码电报书。迈克不像同事那样，随意地编几张纸完事，而是编成一本小巧的书，用打字机很清楚地打出来，然后又仔细装订好。做好之后，上司便把这本书交给了西里克先生。

“这大概不是你做的吧？”西里克先生问。

“呃——不……是迈克做的……”迈克的上司战栗地回答，西里克先生沉默了许久。

过了几天，迈克代替了以前上司的职位。

迈克的好心态成就了他认真负责的工作态度，也因此打动了老板，最终为自己赢得了升职的机会。

心态平和，最大的受益人是自己。心态浮躁，最大的受害者也是自己。

我们常常发现，同时进公司工作的人，同样的起点，但是，几年之后他们之间却产生了巨大的差距，有的人成为公司里的核心员工，受到老板的器重；有的人却一直碌碌无为，工作总是不见起色。

众所周知，除了少数天才，大多数人的禀赋都相差无几。那么，是什么造成了这种差距？是态度！它可以让一个普普通通毫无背景的人脱颖而出，创造出一番不凡的业绩，也可以让一个才华横溢、能力过人的人碌碌无为，成为下一个被社会淘汰的对象。

那些成就非凡的人一定都是卓越态度的秉持者和践行者，一个态度庸碌的人是不可能在事业上取得巨大成就的。

我们要做的是时刻警惕平庸的工作态度侵袭，永远追求最卓越，用它来帮我们不断进步、成长。

## 好心态解密幸福生活

人的心态对于一个人的生活是幸福还是不幸，是快乐还是忧伤，是成功还是失败具有很重要的作用。从某种意义上说，良好的心态对于一个人具有决定性的作用。不管我们做什么，首先我们应该学会保持这种良好的心态，这样我们才可能获得幸福。

一个人的幸福感和成就感取决于他的生存状态，而其生存状态的好坏又与其心态息息相关。大而言之，心态是人对人生的体验、对命运的感悟、对自我的定位；具体来说，心态是人面对困难时的意志，是对情绪的调控，是对现实与梦想的平衡。

因此我们说，幸福是自己给的，只要你能保持一种好心态，幸福就不会太远。

哈佛大学心理学专业的学生吉姆给自己找了一份兼职——照顾独居的威尔森太太，并帮她做一些家务。吉姆为人热忱，做事认真负责，深得老太太的信赖。

一天晚上，老太太敲响了吉姆的门，有些抱歉地说道："吉姆，很抱歉这么晚来打扰你。我的安眠药吃完了，怎么也睡不着觉，不知道你身边有没有？"

吉姆睡眠一直很好，从来就不吃安眠药，可是他一看到老太太十分疲惫的脸庞，心里十分不忍，这个时候，他突然灵机一动，就对老太太说："上星期我朋友从法国回来，刚好送我一盒新出的特效安眠药，不过我忘记放在哪里了。这样好了，您先回去，我找到就马上给您送过去。"

老太太走后，吉姆找出一粒维生素片，然后送到了威尔森太太的房间，告诉她："这就是那种新出的特效药，您吃了之后一定能睡个好觉。"

老太太接过药片，再三谢过吉姆后，就高兴地服下了那粒"特效安眠药"。

到了第二天吃早餐的时候，老太天兴奋地对吉姆说："你的安眠药效果好极了，我昨晚吃完很快就睡着了，而且睡得很好，好久都没有这么舒服地睡觉了。那个安眠药你能不能再给我一些？"

吉姆只好继续让老太太服用维生素片，直到服完一整盒。事情过去一年多之后，老太太还时常念叨吉姆给她的"特效安眠药"。

吉姆用一粒维生素片就让老太太进入了梦乡，这其实就是心理暗示的作用，由于老太太平时对吉姆十分信赖，因此丝毫没有怀疑吉姆给她的"特效安眠药"，在强烈的心理暗示的影响下，老太太真就相信了"特效安眠药"的神奇效用。

心理学家马尔兹说："我们的神经系统是很'蠢'的，你用肉眼看到一件喜悦的事，它会做出喜悦的反应；看到忧愁的事，它会做出忧愁的反应。"研究发现，积极的自我暗示能调动人的巨大潜能，使人变得自信、乐观。当你习惯地想象快乐的事，你的神经系统便会习惯地令你处在一个快乐的心态。当你习惯地暗示自己很幸福，你的神经系统便会习惯地让你拥有幸福的感觉。所以，我们要对自己进行积极的自我暗示，给自己输入积极的语言，比如，"我的生活正在一天天地变得更美好""我的心情愉快""真的，我过得幸福极了"等。

因此，早晚睡前醒后的时间进行自我暗示是再恰当不过了。你可以躺在床上，每次花上几分钟，身体放松，进行以下自我心理暗示——描述自己的天赋和能力；想象你成功的景象；用简短的语言给自己积极有力的暗示。如：

我知道我想要的生活是什么，我一定可以实现它！

我是一个坚定的人，没有什么能动摇我的决心。

失败只是暂时的，过去的失败意味着将来我会获得更大的成功！

恐慌是顾虑造成的，我只要抛开杂念，专注于我的目标，就不会再恐慌。

我越相信自己，我的能量就越大。

我完全可以干得比别人更好。

我只要专心致志，就能做好每一件事。

我把每一天都过得很幸福，我要继续幸福下去，真好！

美国心理学家威廉斯说："无论什么见解、计划、目的，只要以强烈的信念和期待进行多次反复地思考，那它必然会置于潜意识中，成为积极行动的源泉。"心态也是如此，只要我们相信我们的积极心态是有神奇力量的，是能够帮助我们获取幸福生活的，我们就一定可以依附着这种坚定的信念，找到我们想要的幸福生活。

## 态度，事业成功的关键

中国有句俗语："种瓜得瓜，种豆得豆。"因此你在工作中撒下了什么样的种子，它就会结出什么样的果实。工作如此，事业如此，生活如此，人生如此，这是人间的一条铁律，无人能例外。

悲观的人爱说"人生从来都不会在我们掌控中，命运是上帝的安排"，在这种消极态度的影响下，他们就渐渐地对事业失去了进取心，因为觉得无论多么努力都是徒劳，只能是"为他人作嫁衣裳"。

乐观的人就算相信"人生之事，不如意十之八九"，也还会常想"一二"。他们是一群自信而积极的人，他们相信可以通过自己的努力来改变自己的命运。诚如李敖所言："怕苦，苦一辈子；不怕苦，苦半辈子。"是什么让有些人的工作一团糟，而另一些人却平步青云、事业有成呢？答案是态度。

一个农民，只上了几年学，家里就没钱继续供他上学了。他辍学回家，帮父亲耕种两亩薄田。在他 18 岁时，父亲去世了，家庭的重担全部压在了他的肩上。他要照顾身体不佳的母亲，还有一位瘫痪在床的祖母。

改革开放后，农田承包到户。他把一块水洼挖成池塘，想养鱼。但村里的干部告诉他，水田不能养鱼，只能种庄稼，他只好又把池塘填平。这件事成了一个笑话，在别人看来，他是一个想发财但又非常愚蠢的人。

听说养鸡能赚钱，他向亲戚借了 300 元钱，养起了鸡。但是一场大雨过后，鸡得了鸡瘟，几天内全部死光。300 元对别人来说可能不算什么，但对一个只靠两亩薄田生活的家庭而言，可谓天文数字。他的母亲受不了这个刺激，忧劳成疾而死。

他后来酿过酒，捕过鱼，甚至还在石矿的悬崖上帮人打过炮眼……可都没有赚到钱。36 岁的时候，他还没有娶到媳妇。即使是离异的带着孩子的女人也看不上他，因为他只有一间土屋，随时有可能在一场大雨后倒塌。娶不上老婆的男人，在农村是没有人看得起的。

但他还是没有放弃，不久他就四处借钱买了一辆手扶拖拉机。不料，上路不到半个月，这辆拖拉机就载着他冲入一条河里。他断了一条腿，成了瘸子。而那拖拉机，被人捞起来，已经支离破碎，他只能拆开它，当作废铁卖。

几乎所有的人都说他这辈子完了。

但是多年后他成了一家公司的老总，手中有一亿元的资产。现在，许多人都知道他苦难的过去和富有传奇色彩的创业经历。许多媒体采访过他，许多报告文学描述过他。曾经有记者这样采访他：

记者问："在苦难的日子里，你凭借什么一次又一次毫不退缩？"

他坐在宽大豪华的老板台后面，喝完了桌上的一杯水。然后，他把玻璃杯子握在手里，反问记者："如果我松手，这只杯子会怎样？"

记者说："摔在地上，碎了。"

"那我为什么还要松手呢？"

记者听了，无言以对。

从一个贫苦的农民到拥有上亿资产的老总，他之所以能取得这样的成功，关键在于他迎难而上，永不言弃的人生态度。其实，任何人都有获得成功的潜力，只要我们敢于向困境宣战，不要轻易放弃自己的梦想，我们就一定有机会看到成功。所以，我们要做的就是像故事中的主人公一样，即使只有一口气，也要努力去拉住成功的手，除非上苍剥夺了你的生命。

我们常常困惑，面对差不多的岗位，同样的舞台，有的人能将工作演绎得有声有色，风生水起，有些人却是一番惨不忍睹的景象。不是大家的智商有多大的差距，关键是态度影响了他们事业的成败。

两个乡下人外出打工，一个打算去上海，一个打算去北京。可是在候车厅等车时，又都改变了主意。因为他们听邻座的人议论说，上海人精明，外地人问路都收费；北京人质朴，见吃不上饭的人，不仅给馒头，还送旧衣服。去上海的人想，还是北京好，赚不到钱也饿不死，幸亏车还没到，不然真掉进了火坑。去北京的人想，还是上海好，给人带路都挣钱，还有什么不能赚钱的呢？幸好我还没上车，不然就失去了一次致富的机会。

他们在退票处相遇了。原来要去北京的人得到了去上海的票，要去上海的人得到了去北京的票。去北京的人发现，北京果然好，他初到北京的一个月，什么都没干，竟然没有饿着。不仅银行大厅的太空水可以白喝，而且商场里欢迎品尝的点心也可以白吃。

去上海的人发现，上海果然是一个可以发财的城市，干什么都可以赚钱，带路可以赚钱，开厕所可以赚钱，弄盆凉水让人洗脸也可以赚钱。只要想办法，再花点力气就可以赚钱。

凭着乡下人对泥土的感情和认识，第二天，他从郊外装了十包含有沙子和树叶的土，命名为“花盆土”，向看不见泥土又爱花的上海人出售。当天他在城郊间往返六次，净赚了50元钱。一年后，凭借贩卖“花盆土”的收益，他竟然在大上海拥有了一间小小的门面房。在长期的走街串巷中，他又有一个新发现：一些商店楼面亮丽而招牌较黑，一打听才知道是清洗公司只负责洗楼而不负责洗招牌的结果。他立即抓住这一空当，买了梯子、水桶和抹布，办起了一个小型清洗公司，专门负责清洗招牌。如今他的公司已有150多名员工，业务也由上海发展到了杭州和南京。

前不久，他坐火车去北京考察清洗市场。在北京站，一个捡破烂的人把头伸进卧铺车厢，向他要一个啤酒瓶。就在递瓶时，两人都愣住了，因为5年前他们曾经交换过一次车票。

在每个人的一生中，都有很多次可以改变自己命运的机会，是往好的方面改变，还是往坏的方面改变，完全有赖于一个人对当时情形的认识。也就是说，有什么样的看法，往往就会有什么样的命运。或成或败，关键在你的态度。

一个人对他的事业抱有什么样的态度，就会有怎样的果实。不同的态度塑造不同的人，也缔造不同的人生。我们并非是完全被动的，我们可以选择面对事业用什么样的态度。在情商的概念中有一条相当有影响力的说法，叫作“操之在我”，就是说事物如何发展都是在于“我”，而非其他。

## 内心充满热量，才能释放热量

爱是人生存的根本，也是人的本能。无论是施爱还是被爱的人，他们都是幸福而快乐的，他们的情操也会是坦诚而又高尚的。

一个人内心的热量，便是经由爱产生的。一个内心充满爱的人，会懂得去播撒爱，因为他知道，只有播下种子，从才会得到果实。爱是相互的，这个世界正因为有了爱，才会变得温暖美好。

一个在边远山村支教的女教师接受记者采访，当记者问到让她在贫穷的山村坚持下去的动力是什么时，女教师平静地回到道：“是我的父亲。”她觉得，正因为是受到父亲身体力行的影响，她才会义无反顾地走上支教这条路。最后，这位女教师饱含深情地讲述了他父亲的故事。

我出生在一个山村，父亲在家乡是一名颇有威望的乡村医生，虽谈不上妙手回春，可在那穷乡僻壤的地方来说，算是很不错的了。在我很小的时候，母亲就去世了，所以，我经常会跟着父亲穿街走巷地看望患病的乡里。

那时候，我很崇拜我的父亲，我崇拜的不是父亲精湛的医术，而是他高尚的医德。父亲每每看病，无论对方贫与富、尊与卑，他都会一视同仁，尤其是对那些穷苦人家，父亲每次看完病，绝不提钱的事，而是等对方主动送上门来，有时一等就是好几年，父亲也从没讨要过。如果遇到孤寡老人生病，父亲通常都是免费给他们治疗，而且他还会感觉这是一件很快乐的事情。

我起初并不是很理解父亲的做法，感觉他真的很傻，因为我们本身就不是富裕的家庭。但慢慢地，我理解了父亲，其实父亲在帮助乡里乡亲的同时，也收获了用金钱无法衡量的东西：尊敬与爱戴。每到逢年过节，我们家会来好多的客人；田里的活会有乡邻帮着做；我童年可以吃“百家饭”……我知道，这一切都是因为父亲的缘故。

现在，我的父亲已经不在了，但我能时常感觉到父亲在看着我，看着我做的一切，我相信，我现在的选择是令他骄傲的。

女教师讲的这个故事，令许多人为之动容。

爱，可以让一个人的内心无比富足。

《××晚报》曾登过一则关于“大学生洪战辉带着捡来的妹妹求学12年”的感人报道，这则报道一经刊出，立即引来社会各界的关注。

洪战辉不是富有的人，相反，他的家境贫寒，他要自己挣学费，还要孝敬父母，还要刻苦读书。他贫穷到没有多余的能力来帮助别人，但是他12年如一日的照顾年幼的妹妹，而这个妹妹竟是他捡来的。

洪战辉的事迹对大多数人来说是激励，我们不禁要问：是什么让洪战辉变得这样强大，强大到足以为他人撑起一片天空？答案就是他内心有爱，他内心充满了热量，一个人只有内心充满热量，他才能够释放热量。可我们有太多的人却止步在“心有余而力不足”的消极心态中。

今天，在一片追求明星梦、财富梦的声浪中，每个人都希望自己活得出色快乐。可快乐从哪里来呢？首先我们要保持一种快乐的心态，其次才是快乐的生活。

现代社会提倡和谐，我们讲和谐，不仅要力求人与人和谐，人与社会和谐，人与自然和谐，还要注重人的内心和谐。人的内心和谐是和谐社会的一个高的境界。热量来源于光，要想让我们的内心充满热量，我们就要有和谐的内心和阳光的心态，也就是营造知足、感恩、达观的心理，树立喜悦、乐观、向上的人生态度，通过个人内心和谐来促进家庭和谐、生活和谐和社会和谐。

我们现在有一些人常常会有这样的困惑：就是自己的财富在增加，但是幸福感在减少；拥有的越来越多，但是快乐越来越少；沟通的工具越来越多，但是深入的交流越来越少；认识的人越来越多，但是真诚的朋友越来越少；房子越来越大，里面的人越来越少；精美的房子越来越多，完整的家庭越来越少；路越来越宽，心越来越窄……对此，我们不禁要问：究竟哪里出了问题呢？心态出了问题。我们有了好心情才能欣赏好风光；有了好心态才能让大家建立积极的价值观，获得健康的人生，释放强劲的影响力。

你的内心如果是一团火，就能释放出光和热；你内心如果是一块冰，就是融化了也还是零度。要想温暖别人，你内心要有热；要想照亮别人，请先照亮自己；要想照亮自己，首先要照亮自己的内心。送人温暖，在让他人的心暖起来的同时，自己内心也会更加温暖。

一个被温暖充盈着的人，内心也会变得充实。这种充实，往往伴随着一种人生价值意义的追问，一种精神境界的自觉提升，最终变为一种快乐、幸福的感觉。因而，内心温暖的人，不会排斥物质财富的追求，收入多一点，日子过得好一点，皆是人之常情。但追求并不会到此停步，而是致力于为心灵搭建一座温暖的“大房子”，获得精神上的富足。有的人“穷得只剩下钱”，就在于只追求了身外的“大房子”，心灵却无处归依。“善人通过行善获得幸福”，正在于许多人通过奉献爱心感觉到，为他人送去温暖，自己会更幸福，内心更富足。

## 用心呵护梦想

一个人只有有了梦想，他才会有为之努力奋斗的动力。哈佛法学院教授德里克·博克是位非常受尊重的人，他曾说过这样的话：“我早已致力于我决心保持的东西。我将沿着自己的路走下去，什么也无法阻止我对它的追求。”

每个人都需要梦想，梦想实现与否，全取决于我们自己。只要我们不放开呵护梦想的手，我们就一定会实现。下面我们来看一个关于梦想的故事，这个故事有些长，长到一个人用 40 年的时间来呵护着心中的一个梦。

芝加哥市一位名叫赛尼·史密斯的中年男子，向当地法院递交了一份诉状，要求赎回自己去埃及旅行的权利。因为它涉及的内容非同寻常，所以立即引起了人们极大的关注。

事情发生在40年前，当时赛尼·史密斯只有6岁，在威灵顿小学读一年级。有一天，品德课老师玛丽·安小姐给学生们布置作业，让大家说出自己未来的梦想，全班24名同学都非常积极和踊跃，尤其是赛尼，他一口气就说出两个：一个是拥有一头属于自己的小母牛，另一个是去埃及旅行。

当玛丽·安小姐问到一个名叫杰米的男孩时，不知怎么搞的，他一下子没想出自己未来的梦想，因为他所想到的，别人都说了。为了让杰米也拥有一个自己的梦想，玛丽·安小姐建议杰米向同学购买一个。于是，在老师的见证下，杰米用3美分向拥有两个梦想的赛尼买了一个。由于赛尼当时太想拥有一头自己的小母牛了，于是就把第二个梦想——“去埃及旅行”卖给了杰米。

40年过去了，赛尼·史密斯已是人到中年，并且在商界小有成就。40年来，他去过很多地方，如瑞典、丹麦、希腊、沙特、中国、日本，然而他从来没有去过埃及。难道他没想过去埃及吗？不，他想过。据他说，自从他卖掉去埃及的梦想之后，他就从来没忘记过这个梦想。但是，作为一个虔诚的基督徒来说，他不能去埃及，因为他已经把这个梦想卖掉了。

现在，他和妻子打算到非洲去旅行，在设计旅行线路时，妻子提议埃及的金字塔是重点观光项目。赛尼·史密斯忍无可忍了，他决定赎回那个梦想，因为他觉得只有这样，他才能心安理得地踏上那片土地。

令人遗憾的是，赛尼·史密斯没有如愿以偿。经联邦法院认定，那个梦想已经价值3000万美元，赛尼·史密斯要想赎回去必然会倾家荡产。其中的缘由，从杰米的答辩状中可以略知一二。

杰米是这样说的：“在我接到史密斯先生的律师送达的副本时，我正在打点行装，准备全家一起去埃及，这好像是我一口回绝史密斯先生要求赎回那个梦想的理由。其实，真正的理由不是我们正准备去埃及，而是这个梦想本身的价值。

小时候我是个穷孩子，穷到不敢拥有自己的梦想。然而，自从我在玛丽·安小姐的鼓励下，用3美分从史密斯先生那里购买了这个梦想之后，我彻底改变了，我的心灵变得富有了。我不再淘气，不再散漫，不再浪费自己的光阴，我的学习有了很大进步。我之所以能考上华盛顿大学，我想完全得益于这个梦想，因为我想去埃及。

我的儿子现在斯坦福大学读书，我想也是得益于这个梦想。因为从小我就告诉他，我有一个梦想，那就是去埃及，如果你能获得好的成绩，我就带你去那个美丽的地方。我想他就是在埃及金字塔的召唤下，走入斯坦福大学的。现在我在芝加哥拥有6家超市，总价值超过2500万美元。我想，如果我没有那个去埃及旅行的梦想，我是绝对不会拥有这些财富的。“尊敬的法官和陪审团的各位女士、先生们，我想，假如这个梦想属于你们，你们也一定会认为它已经融入你们的生命之中，已经和你们的生活、你们的命运紧密相连。你们也一定会认为，这个梦想就是你们的无价之宝。”

要花3000万美元赎回一个以3美分卖出去的梦想，在有些人看来也许没有必要，或者说根本不值得。然而，赛尼·史密斯发誓说，哪怕花两个3000万，也要将那个梦想赎回。因为，现在他才明白，人的一生中最珍贵的东西就是——梦想。

美国著名作家杜鲁门·卡波特说：“梦是心灵的思想，是我们的秘密真情。”梦想有一种巨大的魔力，能够不断召唤着你前进。因此，无论你的梦想怎样模糊，也不管你的梦想看似多么地不可思议，只要你勇敢地听从梦想的召唤，正视它，并坚持不懈地走下去，就能使梦想变成现实。

## 心有多大，舞台就有多大

人们常说的一句话：一个人的心有多大，属于他的舞台就有多大。

一个人只要有勇气为自己制定梦想，那么，他就已经成功了一半。如果你只想做一只在金丝笼中安逸生活的金丝雀，就注定会失去整片天空。

摩根诞生于美国康涅狄格州哈特福的一个富商家庭。摩根家族1600年前后从英格兰迁往美洲大陆。最初，摩根的祖父约瑟夫·摩根开了一家小小的咖啡馆，积累了一定的资金后，又开了一家大旅馆，既炒股票，又参与保险业。可以说，约瑟夫·摩根是靠胆识发家的。

生活在传统的商人家族，经受着特殊的家庭氛围与商业熏陶，摩根年轻时便敢想敢做，颇具商业冒险和投机精神。1857年，摩根从哥廷根大学毕业，进入邓肯商行工作。一次，他去古巴哈瓦那为商行采购鱼虾等海鲜归来，途经新奥尔良码头时，他下船在码头一带兜风，突然有一位陌生人从后面拍了拍他的肩膀：“先生，想买咖啡吗？我可以出半价。”

“半价？什么咖啡？”摩根疑惑地盯着陌生人。

陌生人马上自我介绍说：“我是一艘巴西货船船长，为一位美国商人运来一船咖啡，可是货到了，那位美国商人却已破产了。这船咖啡只好在此抛锚……先生，您如果买下，等于帮我一个大忙，我情愿半价出售。但有一条，必须现金交易。先生，我是看您像个生意人，才找您谈的。”

摩根跟着巴西船长一道看了看咖啡，成色还不错。想到价钱如此便宜，摩根便毫不犹豫地决定以邓肯商行的名义买下这船咖啡。然后，他兴致勃勃地给邓肯发出电报，可邓肯的回电是："不准擅用公司名义！立即撤销交易！"

摩根勃然大怒，不过他又觉得自己太冒险了，邓肯商行毕竟不是他摩根家的。自此摩根便产生了一种强烈的愿望，那就是开自己的公司，做自己想做的生意。

无奈之下，摩根只好求助于在伦敦的父亲。吉诺斯回电同意他用自己伦敦公司的户头偿还挪用邓肯商行的欠款。摩根大为振奋，索性放手大干一番，在巴西船长的引荐之下，他又买下了其他船上的咖啡。

摩根初出茅庐，做下如此一桩大买卖，不能说不是冒险。但上帝偏偏对他情有独钟，就在他买下这批咖啡不久，巴西出现了严寒天气，一下子使咖啡大为减产。这样，咖啡价格暴涨，摩根便顺风迎时地大赚了一笔。

从咖啡交易中，吉诺斯认识到自己的儿子是个人才，便出了大部分资金为儿子办起摩根商行，供他施展经商的才能。摩根商行设在华尔街纽约证券交易所对面的一幢建筑里，这个位置对摩根后来叱咤华尔街乃至左右世界风云起了不小的作用。

生机和危机永远是并存着的，只有敢于冒险的人才必有所获。

迎难而上就是一种勇气，害怕挑战的人只会像蜗牛一样，将自己深深地掩埋，再无出头的机会；害怕挑战的人惧怕失败，他们也许不明白挑战与机遇并存的道理。

事实上，机遇本身就蕴藏着风险。任何逆境里边都孕育着机遇，而且这种机遇的潜能和力量都是十分巨大的。为什么逆境也能够产生机遇呢？因为顺境和逆境在一定的条件下是可以转化的。环境本身是无情的，但也是公正的，它对所有人都一视同仁。环境虽然不以人的意志为转移，但是人对于环境却有主观能动性。每个人都可以努力去改变环境，到一定的时候，逆境也可能转化为顺境。摩根之所以能够取得这样大的成功，在于他有一颗敢于冒险的心，他期望更大的成功，为此，他愿意去冒险，去争取，所以，机遇给了他舞台，梦想也成就了他的舞台。

属于你们，你们也一定会认为它已经融入你们的生命之中，已经和你们的生活、你们的命运紧密相连。你们也一定会认为，这个梦想就是你们的无价之宝。”

要花3000万美元赎回一个以3美分卖出去的梦想，在有些人看来也许没有必要，或者说根本不值得。然而，赛尼·史密斯发誓说，哪怕花两个3000万，也要将那个梦想赎回。因为，现在他才明白，人的一生中最珍贵的东西就是——梦想。

美国著名作家杜鲁门·卡波特说：“梦是心灵的思想，是我们的秘密真情。”梦想有一种巨大的魔力，能够不断召唤着你前进。因此，无论你的梦想怎样模糊，也不管你的梦想看似多么地不可思议，只要你勇敢地听从梦想的召唤，正视它，并坚持不懈地走下去，就能使梦想变成现实。

## 心有多大，舞台就有多大

人们常说的一句话：一个人的心有多大，属于他的舞台就有多大。

一个人只要有勇气为自己制定梦想，那么，他就已经成功了一半。如果你只想做一只在金丝笼中安逸生活的金丝雀，就注定会失去整片天空。

摩根诞生于美国康涅狄格州哈特福的一个富商家庭。摩根家族1600年前后从英格兰迁往美洲大陆。最初，摩根的祖父约瑟夫·摩根开了一家小小的咖啡馆，积累了一定的资金后，又开了一家大旅馆，既炒股票，又参与保险业。可以说，约瑟夫·摩根是靠胆识发家的。

生活在传统的商人家族，经受着特殊的家庭氛围与商业熏陶，摩根年轻时便敢想敢做，颇具商业冒险和投机精神。1857年，摩根从哥廷根大学毕业，进入邓肯商行工作。一次，他去古巴哈瓦那为商行采购鱼虾等海鲜归来，途经新奥尔良码头时，他下船在码头一带兜风，突然有一位陌生人从后面拍了拍他的肩膀：“先生，想买咖啡吗？我可以出半价。”

“半价？什么咖啡？”摩根疑惑地盯着陌生人。

陌生人马上自我介绍说：“我是一艘巴西货船船长，为一位美国商人运来一船咖啡，可是货到了，那位美国商人却已破产了。这船咖啡只好在此抛锚……先生，您如果买下，等于帮我一个大忙，我情愿半价出售。但有一条，必须现金交易。先生，我是看您像个生意人，才找您谈的。”

摩根跟着巴西船长一道看了看咖啡，成色还不错。想到价钱如此便宜，摩根便毫不犹豫地决定以邓肯商行的名义买下这船咖啡。然后，他兴致勃勃地给邓肯发出电报，可邓肯的回电是：“不准擅用公司名义！立即撤销交易！”

摩根勃然大怒，不过他又觉得自己太冒险了，邓肯商行毕竟不是他摩根家的。自此摩根便产生了一种强烈的愿望，那就是开自己的公司，做自己想做的生意。

无奈之下，摩根只好求助于在伦敦的父亲。吉诺斯回电同意他用自己伦敦公司的户头偿还挪用邓肯商行的欠款。摩根大为振奋，索性放手大干一番，在巴西船长的引荐之下，他又买下了其他船上的咖啡。

摩根初出茅庐，做下如此一桩大买卖，不能说不是冒险。但上帝偏偏对他情有独钟，就在他买下这批咖啡不久，巴西出现了严寒天气，一下子使咖啡大为减产。这样，咖啡价格暴涨，摩根便顺风迎时地大赚了一笔。

从咖啡交易中，吉诺斯认识到自己的儿子是个人才，便出了大部分资金为儿子办起摩根商行，供他施展经商的才能。摩根商行设在华尔街纽约证券交易所对面的一幢建筑里，这个位置对摩根后来叱咤华尔街乃至左右世界风云起了不小的作用。

生机和危机永远是并存着的，只有敢于冒险的人才必有所获。

迎难而上就是一种勇气，害怕挑战的人只会像蜗牛一样，将自己深深地掩埋，再无出头的机会；害怕挑战的人惧怕失败，他们也许不明白挑战与机遇并存的道理。

事实上，机遇本身就蕴藏着风险。任何逆境里边都孕育着机遇，而且这种机遇的潜能和力量都是十分巨大的。为什么逆境也能够产生机遇呢？因为顺境和逆境在一定的条件下是可以转化的。环境本身是无情的，但也是公正的，它对所有人都一视同仁。环境虽然不以人的意志为转移，但是人对于环境却有主观能动性。每个人都可以努力去改变环境，到一定的时候，逆境也可能转化为顺境。摩根之所以能够取得这样大的成功，在于他有一颗敢于冒险的心，他期望更大的成功，为此，他愿意去冒险，去争取，所以，机遇给了他舞台，梦想也成就了他的舞台。